Adolf Schaufelbüel

Treffende Redensarten, viersprachig

Adolf Schaufelbüel

Treffende Redensarten,

viersprachig

3., völlig überarbeitete und
stark erweiterte Ausgabe

4000 Redewendungen und 500 Sprichwörter
nach deutschen Stichwörtern
alphabetisch geordnet;
mit ihren Entsprechungen
im Französischen,
Italienischen
und Englischen

CIP-Kurztitelaufnahme der Deutschen Bibliothek
Schaufelbüel, Adolf:
Treffende Redensarten, viersprachig: 4000 Redewendungen und 500 Sprichwörter nach deutschen Stichwörtern alphabetisch geordnet / Adolf Schaufelbüel. – 3. Aufl. – Thun: Ott, 1989 / 1991
ISBN 3-7225-6183-3
NE: Schaufelbüel, Adolf (Hrsg.)

1. Auflage 1986
ISBN 3-7225-6180-9

3. Auflage 1989 / 1991
ISBN 3-7225-6183-3

© 1989, Ott Verlag, Thun
Alle Rechte, auch die des auszugsweisen Nachdrucks, der fotomechanischen Wiedergabe, der Übertragung in Bildstreifen und der Übersetzung, vorbehalten.

Printed in Switzerland
Umschlag: Eugen Götz-Gee, Bern
Gesamtherstellung:
Ott Verlag + Druck AG, Thun

Übersicht

Vorwort
Verzeichnis der Abkürzungen

Teil I
Redewendungen in vier Sprachen

Teil II
Meist nur in einer Sprache vorkommende Wendungen

Teil III
Sprichwörter in vier Sprachen

Anhang
1. Register (deutsch, französisch, italienisch, englisch)
2. Verzeichnis der Sprichwörter
3. Vokabular
4. Literaturverzeichnis

Aus dem Vorwort zur 1. Auflage

Sprichwörter haben ihren eigenen Reiz, und auch Dichter pflegen gelegentlich das eine oder andere einzuflechten. So lässt beispielsweise Joseph von Eichendorff in der reizvollen Erzählung «Aus dem Leben eines Taugenichts» seinen Helden meditieren: «Es wird keinem an der Wiege gesungen, was künftig aus ihm wird; eine blinde Henne findet manchmal auch ein Korn; wer zuletzt lacht, lacht am besten; unverhofft kommt oft; der Mensch denkt, und Gott lenkt.» Es gibt auch Menschen, die ihre Rede fleissig mit Sprichwörtern zu schmücken pflegen, oft ohne sich ihres tieferen Sinnes bewusst zu sein. Denn in vielen dieser nicht selten gereimten Formeln stecken Weisheit und Erfahrung unzähliger Geschlechter.

Zu unterscheiden ist das Sprichwort sowohl vom Zitat als auch vom Aphorismus, welch letzteres ein gutes deutsches Wort leicht untertreibend mit «Gedankensplitter» bezeichnet. Während gar manches Sprichwort aus unergründlicher Tiefe und Ferne in den Sprachschatz des Menschen gelangt ist, begegnen wir im Zitat gleichsam einem verkleideten Sprichwort, von dem wir nicht nur den Schöpfer, sondern oft auch Zeit und Ort seiner Geburt kennen. Hauptquellen des Zitates sind neben der Bibel vor allem die Klassiker, und die Form, die knappe Kürze und Treffsicherheit solcher gedanklicher Äusserungen verleiten manchen, sie für Sprichwörter zu halten. Man muss beispielsweise schon ein wenig in Georg Büchmanns Sammlung «Geflügelte Worte» blättern, um sich bewusst zu werden, dass das «Sprichwort» «Blinder Eifer schadet nur» gar keines ist, sondern die Moral einer Fabel bildet, die ein gewisser Herr Lichtwer um die Mitte des 18. Jahrhunderts unter dem Titel «vier Bücher Aesopischer Fabeln» herausgab.

Fliessend ist aber auch die Grenze zwischen Sprichwort und Redewendung, was das Französische mit «locution», das Italienische mit dem entsprechenden «locuzione», bezw. «modo di dire» und das Englische mit dem Ausdruck «figure of speech» bezeichnen, Wendungen wie «den Ast absägen, auf dem man sitzt», «das Gras wachsen hören», «vom Regen in die Traufe kommen» und so weiter und so fort.

Von beiden, von Sprichwörtern und von Redewendungen, enthält dieses Buch eine ansehnliche Sammlung. In einem ersten Teil finden sich über 2000 Redensarten mit ihren Entsprechungen im Französischen, Italienischen und Englischen. Ein zweiter Teil bringt von jeder Sprache noch 250–300 Wendungen, die nur gelegentlich in der einen oder andern Sprache eine bildhafte Entsprechung haben. In einem dritten Teil sind rund 500 Sprichwörter aufgeführt, die wie die Redensarten ohne Anspruch auf Vollständigkeit dem unerschöpflichen Schatz der Sprache entnommen wurden. Wenn hier sowohl Redensarten wie Sprichwörter viersprachig dargeboten werden – wenigstens soweit es irgend ging –, so ist damit nicht in erster Linie beabsichtigt, dem Leser eine Art Wörterbuch in die Hand zu geben, sondern ihm vielmehr den Blick zu öffnen für die Vielfalt der Sprache, in der der ganze Reichtum menschlichen Denkens, Fühlens und Urteilens zum Ausdruck kommt. Aus diesem Grund werden auch ohne methodisches Streben Synonyme beigegeben, und zwar ganz unbekümmert um die in Wörterbüchern meist angedeuteten Stilebenen. So finden sich in bunter Mischung Wendungen aus der gehobenen Sprache neben Ausdrücken wie sie manchmal zwar recht derb, aber darum nicht weniger bildkräftig und treffend aus dem Mund des Volkes tönen.

Ein kleines Vokabular soll mithelfen, einem in der einen oder andern Sprache etwas weniger Bewanderten den Sinn eines fremden Sprichwortes bezw. einer Redewendung aufzuhellen.

Selbstverständlich durfte ein Register nicht fehlen, mit dessen Hilfe festgestellt werden kann, ob ein Sprichwort oder eine bestimmte Wendung in dem Buch zu finden ist.

Ein Verzeichnis der verwendeten Literatur zeigt, wo ich überall geschöpft habe.

Zum Schluss möchte ich mich an dieser Stelle ganz herzlich bedanken bei den Damen M. de Pierrefeu, licenciée ès lettres, Diplomée d'Etudes Supérieures, Mulhouse, und Marti Smith MIL, Member of the Translators' Guild, Cobham, Surrey, sowie bei Herrn Dr. phil. O. Lurati, Professor an der Universität Basel. Alle drei haben wertvolle Anregungen, Verbesserungen und Wendungen zu diesem Buch beigesteuert.

Basel, im Februar 1986   Der Verfasser

Vorwort zur 3. Auflage

Die erfreuliche Aufnahme, welche dieses Buch sowohl bei seinem Erscheinen im Frühjahr 1986 als auch in den folgenden Jahren gefunden hat, ermutigte den Verfasser, auf dem eingeschlagenen Weg weiterzuschreiten und neue Wendungen und Ausdrücke zu sammeln und gleichzeitig das Buch gründlich zu überholen. So wurden denn der 1. und der 2. Teil des Werkes völlig neu gestaltet. Nicht nur wurde die Anzahl der Redewendungen mehr als verdoppelt, sondern das Bestehende einer sorgfältigen Prüfung unterzogen. Nicht bei allen Wendungen liegt der Sinn so eindeutig auf der Hand wie etwa beim Ausdruck «das ist so sicher wie das Amen in der Kirche». Natürlich sind nicht immer alle unter einem bestimmten Stichwort aufgeführten Wendungen völlig synonym. Auch die dabei gegebenen fremdsprachigen Wendungen decken sich zweifelsohne nicht immer so schön und einwandfrei wie beispielsweise das französische «le vin est tiré, il faut le boire» mit dem deutschen «wer A sagt, muss auch B sagen». Bei diesem neuerlichen Sichten und Abwägen hat mir nicht nur die entsprechende Literatur geholfen. Nein, wertvollste Dienste geleistet haben mir vor allem auch die beiden Damen M. de Pierrefeu und Marti Smith, die nicht nur das ganze Manuskript aufs sorgfältigste durchgesehen, sondern Zweifelhaftes mit kompetenten Persönlichkeiten besprochen und abgeklärt und auch manch wertvolles Neue beigesteuert haben. Ihnen an dieser Stelle meinen herzlichsten Denk auszusprechen, ist mir nicht nur ein tief empfundenes Bedürfnis, sondern auch eine echte Freude. Denn ohne ihre nie erlahmende Hilfsbereitschaft, ihren unermüdlichen Einsatz und ihre wache Anteilnahme an dem Werk hätte es wohl nie die Form gefunden, in der es heute dem Leser übergeben werden darf.

Grossen Dank schulde ich aber auch wieder meiner lieben Gattin für ihre Einsatzfreude vor allem beim Erstellen des ebenfalls auf das Doppelte angewachsenen Registers.

Und zu danken habe ich wiederum dem Verlag, der mich, wo immer es nötig war, bereitwilligst unterstützt und dem Werk aufs neue ein stattliches Kleid geschenkt hat.

Basel, im Februar 1989   Der Verfasser

Wie dieses Buch entstanden ist

In den letzten Jahren meiner Schulzeit hat ein begnadeter Deutschlehrer mir die Sinne geöffnet für das Wunder menschlicher Sprache. Und diese Aufgeschlossenheit für die Schönheit und die Phänomene der Sprachgestaltung galt dann auch den Fremdsprachen Französisch, Italienisch und Englisch, an die wir in der gleichen Schule herangeführt wurden. Früh habe ich begonnen, in bescheidenen Oktavheftlein Wörter, Redensarten und Sprichwörter zu notieren, die ich meinem Gedächtnis fest einprägen wollte. Wie und wann sich in meinem Kopf das Sprichwort «Wer A sagt, muss B sagen» mit seiner französischen, italienischen und englischen Entsprechung zusammengefunden hat, weiss ich nicht mehr. Aber ohne diese – ich muss schon fast sagen schicksalhafte – «Entdeckung» wäre dieses Buch wohl nie entstanden. Die Art, wie die vier Sprachen den gleichen Gedanken auf so grundverschiedene Weise formulieren, hat mich fasziniert, und ich habe sowohl in Erwachsenen-Sprachkursen als auch im Freundeskreis bei passender Gelegenheit auf dieses Phänomen hingewiesen. Und da hat dann – ich war bereits in den sogenannten Ruhestand getreten – eine liebe Bekannte mich einmal aufgefordert, weitere Beispiele dieser Art zu sammeln und vielleicht in einer Sprachzeitschrift eine Abhandlung über dieses Thema zu veröffentlichen. Das vorliegende Werk beweist, dass die Anregung nicht in die Dornen gefallen ist. Nur hat sich dann, nachdem ich mich einmal auf den Weg gemacht hatte, das Material in einer Weise gehäuft, dass der Gedanke, es in Buchform erscheinen zu lassen, sich geradezu aufdrängte.

Ein Verzeichnis der verwendeten Literatur zeigt, wo ich überall geschöpft habe. Denn alles fand sich natürlich nicht in meinen Oktavheftlein. Sollte trotz aller Sorgfalt und Aufmerksamkeit sich doch einmal eine «Ungereimtheit» oder gar ein Fehler in die Arbeit eingeschlichen haben, dann werden Verfasser und Verlag, welch letzterem ich für die gediegene Ausstattung des Buches ebenfalls zu grossem Dank verpflichtet bin, entsprechende Hinweise mit Dankbarkeit zur Kenntnis nehmen.

Basel, im Februar 1986 Der Verfasser

Verzeichnis der verwendeten Abkürzungen

a.	auch	f.	weiblich	pl.	Mehrzahl
abs.	absolut	fam.	umgangssprachl.	poet.	dichterisch
adj.	Adjektiv	fig.	bildlich	pol.	politisch
adv.	Adverb	fr.	französisch	pp.	Partizip Perfekt
afr.	altfranzösisch	Geogr.	Geographie	pred.	prädikativ
allg.	allgemein	hist.	Geschichte	pron.	Pronomen
am.	amerikanisch	iron.	ironisch	prov.	Sprichwort
anat.	Anatomie	int.	Ausruf	Rda.	Redensart(en)
ant.	veraltet	jur.	Recht	refl.	reflexiv
arg.	Gaunersprache	lat.	lateinisch	rel.	Religion
astr.	Astronomie	lit.	literarisch	s.	Substantiv
Bed.	Bedeutung	m.	männlich	scherz.	scherzhaft
bes.	besonders	mar.	Schiffahrt	sing.	Einzahl
bibl.	Bibel	mil.	Militär	sl.	Slang
bot.	Botanik	num.	Zahlwort	tech.	Technik
cf.	siehe	o.	oder	text.	Textilbereich
comp.	komparativ	pass.	passivisch	v.	Verb
dial.	dialektisch	Pers.	Person(en)	zool.	Zoologie
dt.	deutsch	phys.	physisch		

Teil 1

Redewendungen in vier Sprachen

Aal er ist aalglatt o. glatt wie ein Aal
il glisse entre les mains (o. il est glissant) comme une anguille
guizza di mano (o è infido) come un'anguilla
he is (as) slippery as an eel

2) sich winden und drehen wie ein Aal – sich hinter Ausflüchten verschanzen – sich herauszuwinden suchen
user de tergiversations, de subterfuges – faire des détours – répondre par des pirouettes – louvoyer – se démener comme un diable dans un bénitier
fare l'anguilla – usare stratagemmi – ricorrere a sotterfugi – dimenarsi come il diavolo nell'acquasanta
to wriggle like an eel – to try to squirm o. worm (o's way) out of it – to shuffle, to hedge, to dodge

3) den Aal beim Schwanz fassen – etw. verkehrt anfangen o. am falschen Ende anpacken
s'y prendre mal o. de travers – prendre l'affaire par le mauvais bout
fare qc. a rovescio
to get o. set about s.th. the wrong way

4) e-n kleinen Aal, e-n Schwips haben – angesäuselt, leicht beschwipst, beduselt, benebelt sein
avoir une pointe (o. des fumées) de vin o. un petit coup dans le nez – être en goguette, un peu gris, légèrement parti – être entre deux vins
avere una leggera sbornia – essere un po' brillo o alticcio
to be (slightly) tipsy

aalen sich in der Sonne aalen
faire le lézard
crogiolarsi al sole
to bask in the sun

ab ab und zu, dann und wann, hie und da, bisweilen, mitunter, hin und wieder, manchmal, gelegentlich, zeitweise, zeitweilig, von Zeit zu Zeit
parfois, quelquefois, par moments, par-ci par-là, de loin en loin, par intervalles, de temps en temps, de temps à autre
ogni tanto, di quando in quando, talvolta, a volte, talora
sometimes, (every) now and then, at times, occasionally, from time to time, once in a while

abbekommen er hat eins (o. sein Teil) abbekommen – es wurden ihm die Leviten gelesen (s. Kopf 19, S. 98: viele dieser Ausdrücke, auch die fremdsprachigen, lassen sich pass. verwenden)
il en a pris pour son grade – il a reçu un savon, une engueulade etc.
si è preso una sgridata – gli hanno fatto la predica
he got a good dressing o. dusting down – he was given a good talking-to etc.

abfärben die Ansichten ihres Mannes haben auf sie abgefärbt
les idées de son mari ont déteint sur elle
le idee di sua marito l'hanno influenzata
the opinions of her husband have rubbed off on her

abfertigen man hat ihn kurz abgefertigt
on s'est débarrassé de lui
l'hanno sbrigato alla svelta
they were short with him – they sent him about his business – he was sent packing

Abfuhr er hat e-e Abfuhr erlitten – er ist abgeblitzt
il a ramassé une pelle
l'hanno rimandato a mani vuote
he has been turned down

abgebrüht o. abgestumpft sein
ne rougir de rien – être endurci o. insensible à tout
essere insensibile o calloso
to be hard-boiled, hardened, callous

abgekartet das ist ein abgekartetes Spiel, ein abgekarteter Handel, e-e abgekartete Sache
c'est une affaire concertée, un coup monté – les dés sont pipés

abgekartet è un affare combinato, una cosa concertata
it's a put-up job

abgewöhnen noch ein Gläschen zum Abgewöhnen
encore un verre pour m'en guérir
beviamo il bicchiere della staffa
just one for the road

Abschied französischen Abschied nehmen – sich auf französisch verabschieden – sang- und klanglos verschwinden – sich seitwärts in die Büsche schlagen – sich dünne machen – verduften – sich verkrümeln
filer à l'anglaise – déloger sans tambours ni trompettes – brûler la politesse à qn – s'esquiver à pas de loup, à pas feutrés, – filer, partir en douce – prendre la tangente – mettre la clé sous la porte, sous le paillasson – jouer la fille de l'air – se déguiser, se transformer en courant d'air – déménager à la cloche de bois
filare all'inglese – prendere il volo – andarsene insalutato ospite o di nascosto – battersela, svignarsela
to take French leave – to slink off o. into the bushes

abschweifen vom Thema abschweifen
s'éloigner du sujet – sortir de la question
allontanarsi, discostarsi dall'argomento – uscire dal seminato
to digress o. stray, wander, run away from the subject

Abstecher e-n Abstecher ins Gebirge machen
pousser une pointe jusqu'à la montagne
fare una scappata in montagna
engl. ---

Abstellgleis man hat ihn aufs Abstellgleis (o. aufs tote Gleis) geschoben o. in die Wüste geschickt o. ausgebootet o. kaltgestellt
il est resté (o. il a été mis) sur la touche o. sur une voie de garage

è stato silurato – l'hanno rimesso in seconda linea
he has been shelved o. put out of action – he has been relegated to the background – he was sent into the wilderness

abwägen seine Worte abwägen
peser ses mots
misurare le (sue) parole
to weigh o's words

abwarten und Tee trinken
patience, on verra bien ce qui arrivera
se son rose fioriranno
(let's) wait and see

abwärtsgehen mit seiner Gesundheit geht es abwärts, bergab
sa santé baisse o. décline – il file un mauvais coton
la sua salute va peggiorando
his health is failing
2) es geht abwärts o. bergab mit ihm (geschäftlich)
ses affaires vont mal o. de mal en pis – il est en pente de vitesse – les affaires vont à la dérive, à vau l'eau
è (o naviga) in cattive (o basse) acque
his business is on the downgrade – he is going downhill

Abwesenheit durch seine Abwesenheit glänzen
briller par son absence
brillare per la propria assenza
to be conspicuous by o's absence

abzielen ich sehe, merke schon, worauf du abzielst o. hinauswillst – (scherz.) Nachtigall, ich hör' dich o. dir (berlinerisch) trapsen o. brausen – a. man merkt die Absicht, und man wird verstimmt (oft zitiert nach Goethe (Tasso): ... so fühlt man Absicht, und man wird verstimmt)
je te vois venir (avec tes gros sabots) – je lis dans ton jeu
vedo dove vuoi andare a parare con le tue parole – a. ti conosco, mascherina

I see what you are after o. driving at

Ach er hat es mit Ach und Krach, mit Mühe und Not o. mehr schlecht als recht geschafft
il a réussi avec bien du mal, avec bien de la peine
l'ha portato a termine a stento o a mala pena
he has managed it by the skin of his teeth

2) ach und weh o. Zeter und Mordio schreien – ein Zetergeschrei erheben
pousser des oh! et des ah! – pousser, jeter les hauts cris
prorompere in lamenti
to cry blue murder – to raise a hue and cry (against)

Achillesferse das ist seine Achillesferse, sein schwacher Punkt, seine schwache Seite
c'est son point o. côté faible
questo è il suo punto debole
that's his weak point

2) das ist die Achillesferse, der schwache Punkt des Projektes
voilà le défaut de la cuirasse o. le point faible du projet
ecco il punto debole del progetto
that's the weak (o. sore) point of the project

Achsel j. über die Achsel, die Schulter o. von oben herab ansehen
regarder qn par-dessus l'épaule o. du haut de sa grandeur
guardare, squadrare qd. dall'alto in basso
to look down o's nose at s.o. – to measure s.o. from head to foot

2) mit den Achseln zucken (als Ausdruck der Resignation o. des Bedauerns, e-e Frage nicht beantworten zu können)
hausser les épaules
stringersi nelle (o alzara, scrollare le) spalle
to shrug (o's shoulders)

Achtung j-m große Achtung zollen
placer qn très hauts dans son estime
avere, tenere qd. in grande stima
to pay respect o. tribute o. homage to s.o.

Adam bei Adam und Eva anfangen – weit ausholen
remonter au déluge o. aux sources
iniziare dalle origini – prenderla alla larga o alla lontana
to go back to Adam and Eve – to go far back

2) den alten Adam ausziehen – ein neues Leben beginnen
dépouiller le vieil homme – commencer une nouvelle vie
cambiar vita
to shake off the old Adam – to begin a new life – to turn over a new leaf

Adamskostüm (dastehen usw.) im Adamskostüm o. barfuss bis an den Hals o. splitternackt
(être etc.) en costume d'Adam o. à poil o. nu comme un ver o. comme le bon Dieu nous a faits
(stare lì etc.) in costume adamitico o nudo come un verme o come ci fece mamma
(to be etc.) in o's birthday suit o. without a stitch on o. in the altogether o. stark-naked

Ader j. zur Ader o. bluten lassen – j. schröpfen, rupfen
saigner, sucer, carotter, plumer, faire casquer (o. cracher) qn
pelare, spellare, spennare qd.
to bleed, fleece, milk, soak s.o.

Adresse an die falsche Adresse geraten
se tromper d'adresse
capitar male
to come to the wrong address o. shop – to catch a Tartar

2) das geht an meine Adresse – der Hieb gilt mir – das ist e-e Spitze gegen mich – das ist auf mich gemünzt
c'est (un coup de patte) à mon adresse – c'est moi qui suis visé – la pointe est dirigée contre moi – c'est une pierre dans mon jardin
la frecciata è per me – sono io che vuol colpire
that was meant for (o. aimed at) me

Affe ich denke, mich laust der Affe – mir bleibt die Spucke weg o. der Wecker stehen – mir steht der Verstand still – ich bin platt o. baff – ich fiel aus allen Wolken o. Himmeln
j'en tombe de haut o. des nues – cela me la coupe – les bras m'en tombent
rimango di sasso o di stucco – sono caduto, cascato dalle nuvole
it blows my mind – I am dumbfounded, thunderstruck, absolutely flabbergasted

ähnlich das sieht ihm ähnlich o. gleich – das gleicht ihm – so sieht er aus
c'est bien lui – cela lui ressemble – en voilà bien des siennes
questa è degna di lui – questa è una delle sue
that's just like him – that's him all over

Akten etw. zu den Akten o. ad acta legen
ne plus parler de qc. – considérer qc. comme réglé
mettere agli atti qc.
to file o. shelve s.th.

Aktien die Aktien stehen gut
les chances sont favorables
le speranze sono buone
prospects are fine

2) unsre Aktien sind gestiegen/gefallen
nos actions sont en hausse/en baisse
le nostre prospettive sono migliorate/peggiorate
our stock has gone up/down

Alarmglocke die Alarmglocke ziehen – Alarm schlagen
donner, sonner l'alarme
sonare a martello
to give o. sound the alarm

Allerweltskerl er ist ein Allerweltskerl, ein Hans Dampf in allen Gassen
c'est un homme à toutes mains
è un Dottore (o Ser) faccenda
he is Jack-of-all-trades

Amen das ist so sicher wie das Amen in der Kirche o. dass zweimal zwei vier sind – das ist tod- o. bombensicher – daran gibt es nichts zu rütteln – darauf kannst du Gift nehmen o. die Hand ins Feuer legen
c'est sûr comme deux et deux font quatre – tu peux en mettre la main au feu
è sicuro come due più due fanno quattro – puoi starne sicuro (o. certo)
it is as sure as eggs is eggs – you can bet your life on it – you can bet your shoes on that (sl.)

anbeissen sie ist zum Anbeissen (hübsch)
elle est (jolie) à croquer
è da mangiare con gli occhi – vien voglia di mangiarla a morsi
she is nice enough to eat

2) er hat nicht angebissen, sich nicht ködern lassen
il n'a pas gobé (o. mordu à) l'hameçon o. l'appât – il ne s'est pas laissé prendre à l'hameçon
non ha abboccato – non c'è cascato dentro
he didn't take the bait

Andeutung er hat (mir) e-e Andeutung gemacht, etwas (Derartiges) verlauten, durchblicken, durchschimmern lassen
il m'en a touché un mot
ha lasciato trapelare qc.
he gave o. dropped (me) a hint

Anfänger er ist ein blutiger Anfänger, ein Grünschnabel
c'est un tout débutant, un blanc-bec

è alle prime armi
he is a rank beginner, a greenhorn

Anflug ein Anflug o. Hauch von Melancholie usw.
une ombre de mélancolie etc.
un'ombra di melanconia etc.
a touch of melancholy etc.

angebunden er ist kurz angebunden
il se montre brusque
è di poche parole
he is a man of few words

angegossen dieser Anzug sitzt ihm wie angegossen
cet habit lui va comme un gant
quest'abito gli sta a pennello o a capello
that suit fits like a glove

angelegen er läßt es sich angelegen sein, er schaut darauf, (pünktlich zu sein usw.)
il prend à cœur (d'être à l'heure etc.)
si prende a cuore o bada a (presentarsi puntualmente etc.)
he makes a point of (being on time etc.)

angeln sich e-n Mann angeln
décrocher un mari
accalappiare un marito
to hook a husband

Angenehme das Angenehme mit dem Nützlichen verbinden
joindre l'utile à l'agréable
unire l'utile al dilettevole
to combine business with pleasure

angewurzelt wie angewurzelt, wie vom Blitz gerührt stehen bleiben
rester cloué sur place – rester comme une souche – être planté, rester comme une borne
restare come inchiodato
to stand rooted o. riveted to the spot

Angriff etw. in Angriff o. in die Hand nehmen
mettre en route qc.
porre mano a qc.
to tackle s.th. – to start on o. set about (doing) s.th.

Anhalter per Anhalter reisen
voyager en auto-stop – faire du stop
viaggiare con (o fare) l'autostop
to hitchhike – to thumb a lift

Anhieb er hat es auf Anhieb o. gleich beim ersten Anlauf geschafft
il a réussi au premier coup o. d'un seul (o. du premier) jet
è riuscito al primo tentativo
he did o. made it at the first go

Anklang das Buch usw. hat großen Anklang o. Widerhall gefunden, ein lebhaftes Echo hervorgerufen, ist sehr gut aufgenommen worden
le livre etc. a trouvé un vif écho, un écho retentissant o. a été bien accueilli
il libro etc. ha avuto vasta risonanza, ha sollevato molto eco
the book etc. met with a lively response o. struck a cord

anknüpfen ein Gespräch/Beziehungen anknüpfen
lier conversation/nouer des relations
attaccare discorso/stringere rapporti
to enter into a conversation/to establish contact

ankurbeln die Wirtschaft ankurbeln
relancer l'économie
incrementare l'economia - dare impulso all' economia
to boost business, the economy

anmalen sie malt sich an (schminkt sich)
elle se peint, se refait la façade
sta verniciandosi – si rifa l'intonaco
she is painting (o. putting on) her face

anrichten da hat er ja wieder etwas Schönes angerichtet o. angestellt
il a encore fait des siennes

ne ha combinato di nuovo una delle sue
a fine mess he has made of it

Anschlag e-n Anschlag auf j. verüben
attenter à la vie de qn
attentare alla vita di qd.
to make an attempt on s.o's life

anschneiden e-e Frage, ein Problem anschneiden, aufwerfen
aborder, soulever, entamer un problème
intavolare, sollevare una questione, un problema
to raise, bring up, broach a problem

Ansichtssache das ist Ansichts- o. Anschauungssache
c'est une question de point de vue
è questione di opinione
that's a matter of opinion

ansprechen das spricht mich nicht an, sagt mir nichts
cela ne me plaît o. chante pas – cela ne me dit rien
non mi piace – non mi va a genio
this does not appeal to me, does not turn me on

Antrieb etw. aus eigenem Antrieb, von sich aus, aus freien Stücken o. freiem Willen tun
faire qc. de son propre mouvement, de son plein gré
fare qc. spontaneamente o di proprio volontà
to do s.th. of o's own accord o. free will o. spontaneously, voluntarily

Anwandlung in e-r Anwandlung von Grossmut usw.
pris d'un accès de générosité
per impulso di generosità
in a fit o. burst of generosity

Anzug ein Gewitter ist im Anzug
un orage se prépare, s'annonce, s'approche
un temporale s'avvicina

a thunderstorm is gathering, coming up

Apfel in den sauren Apfel beißen – die bittere Pille schlucken – a. das muß durchgestanden werden – darum kommt man nicht herum
(il faut) avaler la pilule o. en passer par là
(bisogna) inghiottire la pillola (amara) o. mangiare l'aglio o. trangugiare il boccone amaro o ingoiare il rospo
(to have) to swallow the bitter pill o. to get on with it

April j. in den April schicken
faire un poisson d'avril à qn
fare un pesce d'aprile a qd.
to make an april fool of s.o.

Arm die Beine unter die Arme nehmen – Hals über Kopf davonlaufen – Fersengeld geben – das Hasenpanier ergreifen – sich aus dem Staub machen – Reissaus nehmen – das Weite suchen – Leine ziehen – die Finken klopfen – sich auf- und davonmachen – abhauen – ausreissen wie Schafleder (das weiche Schafleder reißt beim Spannen leichter als Schweins- o. Rindsleder; die gleiche Art Wortwitz findet sich in mancher Rda., z. B.: Einfälle haben wie ein altes Haus, gerührt wie Apfelmus, klar wie Klossbrühe o. dicke Tinte usw.)
prende la clé des champs o. la poudre d'escampette – se donner de l'air – prendre ses jambes à son cou – tourner les talons – filer comme un zèbre – gagner, prendre le large – s'enfuir à toutes jambes – mettre les bouts o. les voiles – piquer un cent mètres – lever le pied – se tirer des flûtes – ficher, foutre le camp – jouer, tricoter des gambades o. des gambettes
darsela a gambe – prendere la porta (o il largo) – tagliare la corda (o la fune) – mostrare le calcagna – alzare i tacchi – darsi alla macchia – correre, fuggire a gambe levate – mettersi le gambe in spalla – correre a rotta di collo – battere

il trentuno – spiccare il volo – filare per la tangente – scivolare – svignarsela
to take to o's heels o. legs – to show a clean pair of heels – to turn tail – to run away helter-skelter – to make (o. dart) off – to make a break for it – to make o's get-away – to cut and run

2) j. auf den Arm, den Eimer, die Schippe nehmen – j. auf die Rolle schieben o. zum Narren o. besten halten – j-m die Schelle umhängen – mit j-m sein Spiel treiben – j. durch den Kakao ziehen – j. hochnehmen, aufziehen, veralbern

se payer la tête o. la poire de qn – mettre qn en boîte – faire monter qn à l'échelle o. au cocotier – se jouer de qn

farsi beffe di qd. – prendere qd. in giro o per il collo (o il culo) – prendersi gioco di qd. – fare a palla con qd.

to pull s.o.'s leg – to take s.o. for a ride – to play games o. fast and loose with s.o. – to make fun o. sport of s.o. – to have s.o. on – to make a proper fool of s.o.

3) j-m unter die Arme greifen o. auf die Sprünge helfen

donner un coup d'épaule à qn

dare una mano, una spinta, l'ossigeno a qd.

to give s.o. a shove, a leg-up, a helping hand – to help s.o. find his feet

4) er hat e-n langen Arm (weitreichenden Einfluss)

il a le bras long

ha le braccia lunghe

he casts a long shadow – he has a lot of pull

Ärmel das kann man nicht aus dem Ärmel schütteln o. aus dem Boden stampfen – das lässt sich nicht so im Handumdrehen machen

on ne peut pas faire sortir cela de terre – cela ne se trouve pas dans le pas (o. sous le pied) d'un cheval (vor allem von Geld)

ciò non si può fare in quattro e quattr'otto

you can't pull (o. produce) that out of your hat – von Geld: it does not grow on trees

2) die Ärmel hochkrempeln

retrousser les manches

rimboccarsi le maniche

to roll up o's sleeves

Art das ist nicht seine Art – das entspricht nicht (o. liegt nicht in) seiner Natur – das ist seinem Wesen fremd

ce n'est pas dans sa nature

non è nel suo carattere

it is not in his nature

Asche Asche auf sein Haupt streuen – in Sack und Asche gehen

faire pénitence dans le sac et dans la cendre

spargersi il capo di cenere

to wear sackcloth and ashes

Ast den Ast absägen, auf dem man sitzt – die Henne schlachten, die die goldenen Eier legt – sich selber das Wasser abgraben – sich ins eigene Fleisch schneiden

scier la branche sur laquelle on est assis – tuer la poule aux œufs d'or

tagliare il ramo su cui si è seduti – darsi la zappa (o l'accetta) sui piedi o il dito nell'orecchio

to cut the ground from under o's feet – to kill the goose that lays the golden eggs

Atem j. in Atem halten

tenir qn en haleine

non dar tregua a qd.

to keep s.o. on the jump o. on his toes o. on the go

Atemzug er widerspricht sich im selben Atemzug

il se contredit au même moment

si contraddice nel medesimo attimo

he contradicts himself in the same breath

aufatmen (erleichtert) aufatmen
respirer – se sentir soulagé
trarre un (profondo) respiro di sollievo
to breathe freely – to heave a sigh of relief

auffahren aus dem Schlaf auffahren
se réveiller en sursaut
svegliarsi di soprassalto
to wake up with a start

auffassen er fasst leicht (o. schnell) auf – er hat e-e rasche Auffassungsgabe
il a l'esprit prompt
capisce al volo
he has a quick grasp – he is quick on the uptake

auffrischen ich muss mein Deutsch, meine Deutschkenntnisse auffrischen
je dois rafraîchir mes connaissances de français
bisogna che rinfreschi il mio tedesco
I must brush up my English

aufgabeln wo hast du denn den aufgegabelt?
où as-tu déniché, pêché, dégoté ce type-là?
dove sei andato a pescare quel tipo?
where did you pick up that fellow?

aufgehen er geht ganz (o. völlig) in seiner Arbeit auf
il ne vit que pour son travail
è completamente assorbito dal suo lavoro – si perde dietro al suo lavoro
he lives only for his work – he is all wrapped up in his work

aufgehoben wir waren gut aufgehoben bei...
nous étions en bonnes mains chez...
eravamo in buone mani presso...
we were well taken care of (o. looked after) by... – we were in good hands with...

Aufsehen das wird (grosses) Aufsehen erregen o. Staub aufwirbeln

cela va faire sensation o. beaucoup de bruit – cela va causer des remous – cela fera du bruit dans Landerneau
ciò farà rumore (o scalpore) – susciterà uno scandalo.
that will make a stir o. a splash – (Gerede: that will set the tongues wagging)

aufstossen das wird ihm sauer aufstossen (er wird es noch bereuen)
il lui en cuira
se ne pentirà
he'll pay for that

Aufwasch das geht in e-m Auf- o. Abwasch
cela fera d'une pierre deux coups
questo si fa tutto in una volta
that can be done in one go

Augapfel er hütet es wie seinen Augapfel
il y tient comme à la prunelle de ses yeux
lo custodisce come la pupilla dei propri occhi
he guards it like gold

Auge mit e-m blauen Auge o. leichten Kaufs o. mit dem blossen Schrecken davonkommen
s'en tirer à bon marché, à bon compte, à bas prix – avoir eu chaud – en être quitte pour la peur – il y a eu plus de peur que de mal
uscirne, salvarsi per il rotto della cuffia – cavarsela a buon mercato – passarla liscia
to get away with a black eye – to get off lightly o. cheaply o. with but a small loss

2) sich die Augen ausweinen o. die Augen blind weinen – heisse o. bittere Tränen weinen, vergiessen – bitterlich weinen
pleurer toutes les larmes de son corps – pleurer à fendre l'âme o. à chaudes larmes – répandre des larmes amères
piangere a calde lacrime – versare lacrime amare

to cry o's heart out – to shed bitter (o. hot) tears

3) das springt in die Augen – das kann man sich an den Fingern o. Knöpfen abzählen o. abklavieren – das liegt auf der Hand o. ist mit Händen zu greifen
cela saute aux (o. crève les) yeux – cela tombe sous le sens – c'est à toucher du doigt
questo salta agli occhi – è facile immaginarselo
it's as plain as a pikestaff

4) es fiel mir wie Schuppen von den Augen – mir fiel die Binde o. ein Schleier von den Augen – endlich gingen mir die Augen auf
mes yeux se dessillèrent – les écailles me tombèrent des yeux
mi cadde la benda dagli occhi
the scales have fallen from my eyes

5) j-m schöne Augen machen o. verliebte Blicke zuwerfen
faire les yeux doux o. faire de l'œil à qn
fare l'occhio languido a qd.
to give s.o. the glad eye – to make eyes at s.o.

6) j., etwas im Auge behalten
ne pas perdre de vue qn, qc.
tenere d'occhio o non perdere di vista qd., qc.
to keep in view o. not to let out of sight s.o., s.th.

7) j., etw. aus den Augen verlieren
perdre de vue qn, qc.
perdere di vista qd., qc.
to lose sight of s.o., s.th.

8) das passt wie die Faust aufs Auge o. wie der Igel zum Taschentuch – das reimt sich wie Fastnacht und Karfreitag
cela vient comme un cheveu sur la soupe
è un pugno in un occhio – c'entra come i cavoli a merenda – ci ha a che fare come la luna con i granchi
it's as like as chalk and cheese

9) er ist mir ein Dorn im Auge
c'est ma bête noire
lo vedo come il fumo negli occhi
he is an eysore to me – he is a thorn in my side

10) j-m Sand in die Augen streuen o. ein X für ein U (o. blauen Dunst o. Wind) vormachen - j. hinters Licht führen – j-m etw. vorspiegeln o. vorgaukeln
jeter de la poudre aux yeux de qn – donner le change à qn – faire prendre à qn des vessies pour des lanternes – a. mener qn en bateau (s. Anmerk. bei Nase 9, S. 118)
gettare la polvere negli occhi di qd. – far vedere a qd. lucciole per lanterne – far la forca a qd. – vendere fumo a qd. – mostrare a qd. la luna nel pozzo
to throw dust in s.o's eyes – to take s.o. in (o. for a ride)

11) man kann die Hand nicht vor den Augen sehen – es ist stockfinster o. finster wie in e-r Kuh
on n'y voit goutte – il fait noir comme dans un four (o. un tunnel o. la gueule d'un loup)
non si vede a palmo di naso – fa buio pesto – c'è un buio che s'affetta col filo (o col coltello) – è così buio che non ci si vede, neanche a bestemmiare
one cannot see beyond o's nose o. o's hand before o's face – it's pitchdark o. as dark as the grave

12) unter vier Augen
entre quatre yeux – en tête à tête
a quattr'occhi – in separata sede
in private

13) ein Auge (o. beide Augen) zudrükken – durch die Finger sehen – fünfe gerade sein lassen – es nicht allzu genau nehmen
ne pas y regarder de trop près – fermer les yeux sur qc.
chiudere un occhio – lasciar correre – non andare troppo per il sottile – pas-

sarla liscia a qd. – essere di mano (o manica) larga (in fatto di qc.)
to turn a blind eye to s.th. – to stretch a point

14) das hätte ins Auge (o. schief) gehen können
cela aurait pu nous retomber sur le nez – moins une l'affaire échouait
sarebbe potuto andare a rovescio – c'è mancato un pelo che la cosa andasse a rovescio
that was a close shave o. a narrow squeak – the matter was saved by a hair's breadth

15) seine Augen blitzten, funkelten vor Zorn
ses yeux flamboyaient de colère
i suoi occhi brillavano (o mandarono un lampo) di collera
his eyes flashed fire

16) dieser Ring usw. hat ihr in die Augen gestochen
cette bague lui a tapé dans l'œil
quest'anello le è saltato agli occhi
that ring caught her eye

17) wir müssen den Tatsachen ins Auge sehen
nous devons regarder les réalités en face
dobbiamo guardare in faccia la realtà
we must face the facts

18) seine Augen an etw. weiden
repaître ses yeux de qc.
deliziarsi alla vista di qc.
to feast o's eyes to s.th.

19) er machte große Augen o. Kulleraugen – es fielen ihm fast die Augen aus dem Kopf – er sperrte Mund und Augen (o. Nase) auf – er kriegte vor Staunen den Mund nicht mehr zu – er guckte o. starrte Löcher in den Himmel – er wäre fast vom Stuhl o. Stengel gefallen – es verschlug ihm den Atem o. die Sprache – er war sprachlos – er kippte aus den Latschen o. Pantinen – er stand Kopf –

er mußte dreimal leer schlucken – er guckte dumm aus der Wäsche
il est resté o. demeuré bouche bée – il a écarquillé les yeux – cela lui a coupé le souffle o. le sifflet – il en est resté comme deux ronds de flan – il a fait des yeux en boule de loto – il en a eu les jambes coupées - il a fait o. ouvert des yeux (grands) comme des soucoupes – cela lui en a bouché un coin – il en fut tout abasourdi – il n'en revenait pas – il fut éberlué, estomaqué, épaté
spalancò o sgranò gli occhi o tanto d'occhi – ha perso la favella – rimase di stucco o a bocca aperta – gli mancò la parola in bocca – si sentì mancare (o ciò gli ha levato) il fiato – è restato senza fiato
he stared with eyes wide open – he gazed wide-eyed – he was gaping (o. standing) open-mouthed – it dum(b)founded him – he was struck dumb – that slew him o. took his breath away – you could have knocked him down with a feather

20) ich habe die ganze Nacht kein Auge zugetan
je n'ai pas fermé l'œil de (toute) la nuit – j'ai passé une nuit blanche
non ho chiuso occhio per tutta la notte – ho passato una notte bianca
I didn't sleep a wink all night – I spent a white night

21) um seiner/ihrer schönen (blauen) Augen willen
pour ses beaux yeux
per i suoi begli occhi
for his/her fair face

22) mit e-m lachenden und e-m weinenden Auge
pleurant d'un œil et riant de l'autre
piangendo d'un occhio e ridendo dall'altro
with mixed feelings

23) er liest ihr jeden Wunsch von den Augen ab
il est aux petits soins avec elle

le indovina i desideri – indovina i suoi desideri
he anticipates her every wish

24) j. mit den Augen verschlingen
dévorer qn des yeux
divorare o mangiare qd. con gli occhi
to devour s.o. with o's eyes – to stare hungrily at s.o.

25) er hätte ihm am liebsten die Augen ausgekratzt o. den Hals umgedreht
il l'aurait mangé o. avalé tout cru
gli avrebbe cavato gli occhi
he would have liked to scratch his eyes out

26) komm mir nicht wieder unter die Augen – lass dich hier nicht wieder sehen
et qu'on ne te revoie plus – ne te présente plus devant mes yeux
non comparirmi più davanti – non farti più vedere qui
don't show your face here again – don't darken my door again

27) ein blaues Auge haben (von e-m Schlag)
avoir un œil poché o. au beurre noir
avere un occhio livido o pesto
to have a black eye

28) so weit das Auge reicht
à perte de vue
a perdita d'occhio o di vista
as far as the eye can see

29) ich traute meinen Augen/Ohren nicht
je n'en croyais pas mes yeux/oreilles
non ho potuto credere ai propri occhi/alle proprie orecchie
I could hardly believe my eyes/ears

30) seine Augen sind größer als sein Magen (er hat sich mehr auf den Teller geschöpft, als er bewältigen kann)
il a les yeux plus grands que le ventre
ha più grandi gli occhi che la bocca
his eyes are bigger than his belly

31) mit dem linken (rechten) Auge in die rechte (linke) Westentasche gucken (= schielen)
avoir un œil qui dit merde à l'autre
guardare con un occhio a levante e con l'altro a ponente
(engl. nur: to be cross-eyed)

32) ein (wachsames) Auge auf alles haben – auf alles achten
avoir l'œil à tout
avere l'occhio a tutto
to keep a watchful eye on everything

33) die Augen verschliessen (vor der Wirklichkeit usw.)
fermer, se brancher les yeux (devant la réalité etc.)
chiudere gli occhi (davanti alla realtà etc.)
to close, shut o's eyes (to the reality etc.)

34) mit bloßem Auge
à l'œil nu
ad occhio nudo
with the naked eye

35) er hat nur seinen eigenen Vorteil im Auge
il ne regarde que son intérêt
mira soltanto al proprio vantaggio
he has an eye to his own interest

36) j-m die Augen öffnen, den Star stechen, ein Licht aufstecken
ouvrir les yeux à qn – dessiller les yeux de qn – faire voir clair à qn
aprire gli occhi a qd. – togliere la benda dagli occhi di qd.
to open s.o's eyes – to put s.o. wise

37) vor aller Augen o. aller Welt
aux yeux de tout le monde
alla presenza di tutti
in front of everyone – in full view – for all the world to see

38) ein Auge werfen o. Absichten haben auf j.

avoir des vues o. jeter son dévolu sur qn
avere delle mire su qd.
to have o's eyes on s.o.

39) j-m Auge in Auge o. von Angesicht zu Angesicht gegenüberstehen
se trouver face à face avec qn
trovarsi faccia a faccia con qd.
to stand eye to eye o. face to face with s.o.

40) mit den Augen zwinkern – j-m zublinzeln
cligner de l'œil – faire de l'œil à qn
ammicare, strizzare l'occhio a qd. – fare l'occhiolino
to wink at s.o. – to give s.o. a wink

41) j., etw. (scharf) ins Auge fassen – den Blick o. die Augen auf j., etw. heften – j., etw. anstarren
fixer sa vue, son regard, ses yeux sur...
fissare lo sguardo su... – piantare gli occhi addosso a...
to fix, rivet, fasten o's eyes on...

42) Auge um Auge, Zahn um Zahn (bibl.)
œil pour œil, dent pour dent
occhio per occhio, dente per dente
an eye for an eye, a tooth for a tooth

43) es wurde mir schwarz vor den Augen – ich habe die Englein singen hören
j'ai vu trente-six chandelles
mi si è abbuiata la vista – ho visto le stelle (a mezzogiorno)
everything went black – I saw stars

44) er hätte sich beinahe die Augen ausgeguckt o. den Hals verrenkt nach...
il s'est rendu aveugle à force de (o. il n'avait pas assez d'yeux pour) regarder
si cavò gli occhi per...
he stared until his eyes nearly fell o. popped out of his head

45) die Augen offenhalten – auf der Hut o. wachsam sein
ouvrir l'œil – être, se tenir sur ses gardes

– se tenir, se garder à carreau, veiller au grain
avere, tenere gli occhi ben aperti – stare in guardia o all'erta
to keep o's eyes open – to be on o's guard o. on the alert o. on o's toes

Augenmass ein gutes Augenmass haben
avoir le coup d'œil o. le compas dans l'œil
avere un buon colpo d'occhio
to have a sure (o. an accurate) eye

Augenweide es ist e-e wahre Augenweide, ein Anblick für Götter
c'est un régal pour la vue
è uno spettacolo unico
it's a sight for the gods o. for sore eyes

Augiasstall den Augiasstall ausmisten
nettoyer les écuries d'Augias
ripulire le stalle di Augia
to cleanse the Augean stables

ausbooten j. ausbooten
débarquer qn
defenestrare qd.
to oust s.o. from office – to put s.o. out of the running

ausbreiten sich ausbreiten o. des langen und breiten auslassen über ein Thema – ein Thema breitwalzen, breittreten – sich über etw. langatmig o. weitschweifig ergehen
allonger la sauce – faire du délayage – raconter qc. en long et en large o. par le menu
diffondersi, dilungarsi a parlare di qc.
to enlarge upon a subject – to expatiate a subject (at great length) – to go on and on about s.th.

Ausdruck für seine Frechheit gibt es keinen Ausdruck
son impertinence n'a pas de nom
la sua sfacciataggine è inaudita
his impudence is breathtaking

2) verzeihen Sie mir den Ausdruck – wenn ich den Ausdruck verwenden darf
passez-moi cette expression
mi si passi la parola
if I may say so

ausgeben er gibt sich als Künstler aus
il se fait passer pour un artiste
si spaccia per (un) artista
he poses as o. sets (himself) up as an artist

ausgedient (das Kleid, Auto usw.) hat ausgedient, hat seinen Dienst getan
(l'habit etc.) a fait son temps
(l'abito etc.) non serve più
(the suit etc.) has served its purpose

ausgeliefert j-m ausgeliefert sein
être à la merci de qn
essere alla discrezione di qd.
to be at s.o's mercy – to be in s.o's hands o. clutches

ausgestorben am Sonntag ist die Stadt wie ausgestorben
le dimanche, la ville est morte
la domenica la città è morta
on Sundays the city o. town is dead

ausgraben alte Geschichten ausgraben, aufrühren, aufwärmen
remuer les cendres – réveiller de vieilles histoires o. le chat qui dort
rivangare vecchie storie
to rake over old embers – to rake up an old story

ausholen ich muß (etwas) weiter ausholen (in meinem Bericht usw.)
je dois remonter plus haut (dans le temps)
devo cominciare dall'inizio
I must go further back

ausklammern (ein Problem usw.) ausklammern o. beiseite lassen
exclure o. laisser de côté (un problème etc.)

stralciare, escludere (un problema etc.)
to put (a problem etc.) to one side

Auskommen sein Auskommen haben o. finden
avoir de quoi vivre
avere di che vivere
to make o. earn o's living – to get along (nicely)

auslernen man lernt nie aus
on n'a jamais fini d'apprendre
nella vita c'è sempre da imparare
we live and learn – there's no end to learning

Ausrede e-e faule o. fadenscheinige Ausrede
une faible excuse – une excuse cousue de fil blanc
una magra scusa – una scusa che mostra la corda
a thin, lame, poor, weak, flimsy excuse

ausschlafen seinen Rausch ausschlafen
cuver son vin, sa bière
smaltire la sbornia
to sleep it off

Ausschlag das hat den Ausschlag gegeben
cela emporta (o. a fait pencher) la balance
ciò ha fatto pendere la bilancia da una parte – ciò ha dato il colpo decisivo
that turned the scale(s) – that tipped the balance o. the scales

aussehen ja wie siehst du denn aus!
comme tu es (o. te voilà) fait!
come ti sei conciato!
you do look like a sight! – just look at you!
2) es sieht nach Regen aus
le temps est à la pluie
il cielo promette pioggia
it looks like rain

Äusserste j. zum Äussersten treiben
pousser qn à bout

Äusserste   **Bär**

far perdere la pazienza a qd.
to drive s.o. to extremes

ausspannen j-m seine Freundin ausspannen
souffler sa petite amie à qn
portar via l'amica a qd.
to steal s.o.'s girl – to cut s.o. out with his girl

Ausweg e-n Ausweg suchen
chercher une issue
cercare una via di scampo
to seek a way out

Backofen hier herrscht e-e Hitze wie in e-m Backofen o. e-e Brutofen-, e-e Affen-, e-e Bombenhitze – welche Affenhitze!
c'est un four ici – quelle étuve!
fa un caldo infernale qui – che caldo soffocante!
it's swelteringly hot here – what a stifling heat!

Bahn auf die schiefe Bahn, aufs falsche Gleis, auf Abwege geraten – vom rechten Weg abweichen
glisser sur une mauvaise pente – s'écarter du (o. quitter le) droit chemin – mal tourner
essere su una brutta china, sulla cattiva strada – lasciare, abbandonare il retto cammino, la retta via
to go astray – to get into bad ways – to leave the straight and narrow

2) j. auf die falsche Bahn o. auf Abwege bringen
détourner qn du droit chemin
condurre qd. sulla cattiva strada
to mislead s.o. – to put s.o. on the wrong track – to lead s.o. astray

3) e-e Idee bricht sich Bahn o. kommt zum Durchbruch
une idée se fait jour
un'idea ha successo o s'afferma
an idea comes to fruition

Ball jetzt bist du am Ball
c'est (à) ton tour
ora tocca a te – è la tua volta
now the ball is in your court

Balsam in e-e Wunde träufeln
mettre, verser du baume sur une plaie o. blessure
versare balsamo sulle piaghe
to pour balsam on (o. to salve) s.o.'s wounds

Bände das spricht Bände – das lässt tief blicken
ça en dit long – cela donne à penser
questo dice tutto – ciò spiega tante cose
that speaks volumes – that is food for thought

Bank etw. auf die lange Bank schieben
remettre, renvoyer qc. aux calendes (grecques)
tirare, rimandare qc. per le calende greche (o per le lunghe) – menare il cane per l'aia
to put s.th. on the shelf – to put off, to shelve, to pigeonhole s.th.

2) die (Spiel)bank sprengen
faire sauter le banc
far saltare il banco
to break the bank

Bär j-m e-n Bären aufbinden o. Lügen auftischen o. Märchen erzählen
monter un bateau, faire avaler des couleuvres, raconter des fables o. des blagues à qn
far vedere bianco per nero o darla a bere a qd. – far credere a qd. che un asino voli o che gli asini volino – raccontar balle o frottole – piantare carote
to tell s.o. a fib o. a story – to spin a yarn

2) ein ungeleckter Bär, ein ungehobelter Bursche o. Geselle
un ours mal léché
un tipo, un soggetto grossolano – un bifolco – un tipo rustico – uno zotico

Bär

a rough diamond

Bärenhaut auf der Bärenhaut o. der faulen Haut liegen – Däumchen drehen – keinen Finger rühren o. krumm machen – die Hände in den Schoss legen – dem lieben (Herr)Gott den Tag abstehlen

tirer sa flemme – avoir un poil dans la main – ne faire œuvre de ses dix doigts – se tourner, se rouler les pouces – ne pas remuer le petit doigt – rester les bras croisés – coincer la bulle – ne pas en ficher o. foutre une rame – ne pas se faire d'ampoules (aux mains) – a. cracher dans l'eau pour faire des ronds

grattarsi la pancia – starsene la pancia all'aria – starsene con le mani in mano (o alla cintola) – non muovere un dito – incrociare le braccia – stare con le braccia in croce – fare la vita del beato porco – darsi bel tempo – fare il mestiere del Michelaccio

to idle (o. laze) away o's time – not to lift o. stir a finger – to twiddle o's thumbs – to lie on o's oars

Bärenhunger e-n Bären-, e-n Wolfs-, e-n Mordshunger o. ein Loch im Bauch haben – Kohldampf schieben – a. mir knurrt der Magen

avoir grand-faim o. une faim de loup (o. du diable) – avoir le ventre creux o. l'estomac dans les talons – a. mon estomac crie famine

avere una fame da lupi – non vederci più dalla fame – a. lo stomaco brontola

to be famished o. ravenously hungry – a. my stomach is rumbling (with hunger)

Bart in den Bart brummen – zwischen den Zähnen murmeln

marmotter, marmonner entre ses dents

borbottare fra i denti

to mutter o. mumble s.th. in(to) o's beard – to mutter s.th. under o's breath – to grumble between o's teeth

2) sich um Kaisers Bart streiten – sich in Haarspaltereien verlieren

Bausch

avoir des discussions byzantines – discuter sur le sexe des anges

fare questioni bizantine – discutere sul sesso degli angeli o della lana caprina

to quarrel over trifles – this is much ado about nothing

3) dieser Witz hat e-n Bart

celle-là est usée jusqu'à la corde o date du (o. remonte au) déluge

questa facezia ha la barba (lunga)

this joke has got whiskers on – that's a hoary chestnut

Bau vom Bau sein

être du métier o. du bâtiment

essere uno del mestiere

to be in the trade

Bauch sich den Bauch vollschlagen – sich toll und voll fressen

se taper la cloche – s'en mettre plein la lampe o. la gueule – se remplir le bocal o. la panse – s'en mettre jusqu'aux (o. plein les) trous du nez – s'en fourrer jusque là – se caler les joues

(ri)empirsi il budella, il gozzo, la pancia, il sacco, il buzzo - fare una spanciata di...

to fill o's belly – to stuff o.s.

Bäume er sieht vor lauter Bäumen den Wald nicht

les arbres lui cachent la forêt

vede gli alberi e non vede la foresta – fa come quello che cercava l'asino e c'era sopra

he cannot see the wood for the trees

2) ich könnte Bäume ausreissen

je me sens fort comme un Turc – je soulèverais des montagnes

mi sento un leone

I could take on the whole world

Bausch etw. in Bausch und Bogen zurückweisen, verdammen usw.

refuser qc. en bloc

respingere qc. globalmente o in blocco

to reject, decline s.th. wholesale o. lock, stock and barrel

Beelzebub den Teufel mit dem Beelzebub austreiben
le remède est pire que le mal
cacciare un diavolo con l'altro – è peggiore il rimedio del male
to cast out the devil by Beelzebub – the remedy o. the cure is worse than the disease

beflügeln die Angst beflügelte seine Schritte
la peur lui fit presser le pas
la paura mise ali ai suoi piedi
fear lent wings to his steps

begiessen das müssen wir begiessen (z. B. ein bestandenes Examen usw.)
ça s'arrose
dobbiamo berci sopra – questo lo dobbiamo bagnare
that calls for a drink

begraben an diesem Ort möchte ich nicht begraben sein
je ne voudrais pas y faire de vieux os
non starei in questo luogo neppure dipinto
I wouldn't be found dead there

Beifall stürmischen Beifall ernten
récolter une tempête, une rafale, un tonnerre d'applaudissements
raccogliere applausi fragorosi
to win a standing ovation – to get a big hand – (nur theat.) to bring the house down

Bein das Bein ist mir eingeschlafen – ich habe ein Ameisenkribbeln in den Beinen
j'ai des fourmis dans la jambe
mi si è intorbidita la gamba
I have got pins and needles in my leg

2) sich die Beine vertreten
se dérouiller les jambes
sgranchirsi le gambe
to stretch o's legs

3) sich kaum mehr auf den Beinen halten können – die Beine wollen e-n nicht mehr tragen o. versagen e-m den Dienst – tod- o. hundemüde o. zum Umfallen müde sein
tomber, être rendu o. mort de fatigue – ne plus tenir sur ses jambes – n'avoir plus de pieds – être sur les genoux – ne plus pouvoir mettre un pied devant l'autre – mes jambes refusent de me porter o. me rentrent dans le corps
non reggersi in piedi o in gambe (per la stanchezza) – non aver bisogno di culla – essere stanco morto o sfinito – essere a pezzi per la stanchezza
to be ready to drop – to be deadtired o. tired out

4) er reisst sich dabei kein Bein aus
il ne se casse pas la tête (geistig) – il ne se tue pas au travail – il ne se foule pas (la rate o. le poignet)
se la piglia comoda
he isn't killing himself over it

5) er ist immer früh auf den Beinen
il est matinal
è sempre alzato di buon mattino
he is an early bird

6) diese Kälte geht e-m durch Mark und Bein
ce froid vous pénètre jusqu'à la moelle
questo freddo vi fa gelare il sangue nelle vene
the cold penetrates to the very marrow

7) mit beiden Beinen (o. Füssen) im Leben o. auf der Erde stehen
avoir les pieds sur terre
avere i piedi ben piantati sulla terra – avere le spalle quadrate
to have both feet firmly on the ground

8) es ist Stein und Bein gefroren
il gèle à pierre fendre
fa un freddo cane o un freddo che spacca le pietre
it is freezing hard – it is bitterly cold

9) sich ein Bein ausreissen, um...
se mettre en quatre pour... – faire des pieds et des mains pour...
farsi in quattro per... – fare i saltomortali
to go to great (o. inordinate) lengths to...

10) sich die Beine o. Schuhsohlen ablaufen, sich die Füsse wundlaufen (für etw.) – die ganze Stadt o. alle Läden abklappern, abklopfen (nach etw.) – sich den Herzbändel abrennen, dem Teufel ein Ohr ablaufen, um...
courir o. faire tous les magasins, toutes les boutiques, toute la ville pour... – courir aux quatre coins de la ville
girare tutti i negozi (per...) – girare a lungo in cerca di qc.
to run o's legs off (trying to get s.th.) – to chase around the shops after (o. looking for) s.th.

11) mein Fahrrad usw. hat Beine gekriegt (ist gestohlen worden)
mon vélo s'est envolé o. est dans l'atmosphère
la mia bicicletta ha preso il volo
my bicycle has sprouted wings

12) j-m wieder auf die Beine o. in den Sattel helfen
remettre qn à flot o. en selle
rimettere in sella qd.
to set s.o. on his feet

13) ich werde dir Beine o. Dampf machen o. dich ganz schön in Trab setzen
je te ferai marcher, pédaler, courir
ti farò saltare, trottare io
I'll make you find your legs o get a move on

14) sich die Beine in den Bauch stehen
faire le pied de grue
aspettare un'eternità
to stand until one is ready to drop

15) er ist immer auf den Beinen o. unterwegs o. im Trab
il est toujours sur les routes o. par monts et par vaux
è sempre in giro, in moto – fa più miglia d'un lupo a digiuno
he is always on the run, on the go, on the move

16) die ganze Stadt war auf den Beinen
tous les habitants étaient descendus dans la rue
tutti gli abitanti erano scesi in piazza
the whole town had turned out

Beinbruch ein Beinbruch wäre schlimmer – das ist doch kein Beinbruch – so schlimm ist das nun auch wieder nicht – das ist doch kein Unglück – das ist ja nicht die Welt
ça vaut mieux que de se casser la jambe – le grand malheur! - ce n'est past la mort du petit cheval
poteva andare peggio – non è poi la morte
that's no tragedy – it's not as bad as all that – it's not the end of the world

Beispiel mit dem guten Beispiel vorangehen
donner l'exemple à qn
dare il buon esempio a qd.
to set (s.o.) a good example

beissen nichts zu beissen und zu brechen haben
n'avoir rien à se mettre sous la dent
non avere nulla da mettere sotto i denti
not to have a bite to eat

bekommen das ist ihm schlecht o. übel bekommen – das hat er schwer büssen müssen
mal lui en a pris
è stato dannoso per lui
he had to pay for that

Beleidigung e-e Beleidigung einstecken, auf sich sitzen lassen
avaler un affront
ingoiare un'offesa

to pocket an insult

beleuchten ein Projekt von allen Seiten beleuchten
tourner et retourner un projet
considerare minutamente un progetto
to throw light upon (o. to look at) s.th. from every angle

Bengel j-m e-n Bengel o. Knüppel zwischen die Beine o. Füsse werfen o. Steine in den Weg legen o. ein Bein stellen – e-n Keil dazwischen treiben – Sand ins Getriebe streuen
mettre à qn des bâtons dans les roues – faire un croc-en-jambes à qn – entraver la marche de qn – semer, mettre des obstacles sur la route de qn
mettere i bastoni tra le ruote a qd. – rovinare la piazza o fare lo sgambetto a qd. – rompere le uova nel paniere a qd.
to put a spoke in s.o.'s wheel o. obstacles in s.o.'s way – to trip s.o. up – to throw a spanner in(to) the works

Berg goldene Berge o. das Blaue vom Himmel versprechen
promettre monts et merveilles
promettere mari e monti o Roma e toma o mirabilia
to promise s.o. the moon o. the world o. pots of gold

2) mit etw. hinter dem Berg o. Busch halten
faire mystère de qc.
far mistero di qc.
to keep s.th. quiet

3) wir sind über den Berg o. aus dem Gröbsten heraus – das Schwerste haben wir geschafft – das Schlimmste haben (o. hätten) wir hinter uns
nous avons franchi le cap – nous arrivons au bout du tunnel – le plus mauvais (moment) o. pour nous le pire o. le plus dur est passé
siamo a cavallo – abbiamo superato il peggio
we are over the hump o. out of the woods – we have broken the back of it – we see daylight at last – the worst is over

4) der Berg hat e-e Maus geboren – a. das war viel Lärm um nichts
la montagne accouche d'une souris
la montagna partorisce il topo
the mountain has brought forth a mouse

5) dastehen wie der Ochs am Berg o. die Kuh vorm Scheunentor – ein Gesicht machen wie die Katze, wenn's donnert o. die Ente, wenn's wetterleuchtet
avoir l'air d'une poule qui a trouvé un couteau o. couvé un canard – être là comme une vache qui regarde passer un train
non sapere che pesci pigliare – sembrare l'asino in mezzo ai suoni
to be completely out of o's depth

6) wir sind noch nicht über den Berg
on n'est pas encore sorti de l'auberge
non abbiamo ancora superato il peggio
we are not yet out of the woods

7) ein Berg, ein Stapel, ein ganzer Stoss von Büchern
une montagne, une pile, un tas de livres
una montagna, un mucchio, una pila, una catasta di libri
masses of books

Berserker wie ein Berserker toben
tempêter, vociférer comme une brute déchaînée
gridare come un satanasso
to go berserk

Bersten der Bus usw. war zum Bersten o. Platzen voll
l'autobus était plein comme un œuf o. plein à craquer, à crever
l'autobus era pieno zeppo
the bus was overcrowded

Beruf er hat den Beruf verfehlt (alle Ausdrücke a. iron.)
il a manqué sa vocation

ha sbagliato mestiere
he has missed his vocation

Bescherung das ist ja e-e schöne Bescherung – da haben wir die Bescherung, den Salat, den Braten, die Pastete – das ist ja reizend
nous voilà propres o. dans de beaux draps – nous sommes frais – c'est (o. en voilà) du joli
eccoci in un bel pasticcio – ora siamo a posto – stiamo freschi – che bella festa – bell'affare
that's a pretty kettle of fish o. a nice mess

beschlafen ich will die Sache nochmals beschlafen
on va laisser passer la nuit sur cela – je vais prendre conseil de mon oreiller
voglio dormirci sopra
I'll sleep on it

Besen ich fresse e-n Besen (mitsamt dem Stiel), wenn... – ich will Hans heissen, wenn...
je veux bien être pendu, si...
mi taglio la testa, se...
I'll be hanged o. damned if... – I'm a Dutchman if...

2) mit eisernem Besen auskehren
donner un coup de balai
fare piazza pulita
to make a clean sweep of it

besinnen er hat sich (plötzlich) e-s andern besonnen – er hat es sich anders überlegt
il a tourné casaque
ha mutato casacca o parere
he (abruptly) changed his mind

besser besser ist besser – man kann nie wissen (ob Fische sich küssen)
sait-on jamais?
non si sa mai
you never know – you never can tell – let's play it safe

2) es kommt noch besser (iron.)
on n'a pas encore tout vu
il bello deve ancora venire
you haven't seen o. heard anything yet – worse is to follow

Bessere j. e-s Besseren belehren
faire revenir qn de son erreur
far ricredere qd.
to set s.o. right – to make s.o. see the error of his ways

Besserung gute Besserung!
meilleure santé!
buona guarigione!
I wish you a speedy recovery – (I) hope you will be better soon

Beste hoffen wir das Beste!
vogue la galère!
speriamo (di sì)!
let's hope for the best!

beste du kannst den ersten besten fragen
tu peux demander au premier venu
puoi domandare al primo venuto
you can ask anyone

besudeln seinen Namen besudeln
saler o. souiller son nom
sporcarsi il suo nome
to stain, sully, smear, besirch o's name

Betbruder er ist ein Betbruder, ein Frömmler
c'est un rat d'église, un cul béni
è un leccasanti, un graffiasanti, un baciapile, un picchiapetto – è tutto Gesù e Maria
he is a bigot

Betracht etw. in Betracht, in Erwägung ziehen – e-r Sache Rechnung tragen
tenir compte de qc. – prendre qc. en considération – faire entrer qc. en ligne de compte
tenere conto di qc. – prendere in considerazione qc.

Betracht to take s.th. into consideration o. account
2) das kommt nicht in Betracht o. Frage
cela n'entre pas en ligne de compte – (il n'en est) pas question!
è fuori questione
that's out of the question

Betrachtung bei näherer Betrachtung – bei genauerem Hinsehen – wenn man genauer hinschaut o. es sich aus der Nähe betrachtet
en y regardant de près
a un più attento esame
on closer inspection o. examination – at a closer look

Betschwester sie ist e-e Betschwester, e-e Frömmlerin
c'est une grenouille de bénitier, une punaise de sacristie
è una bigotta – è tutta santi e madonne
she is a bigot

Bett das Bett hüten
garder le lit
stare a letto
to keep to o's bed
2) er ist ans Bett gefesselt
il est cloué au lit
è inchiodato a letto
he is bedridden o. confined to (his) bed

Bettelstab j. an den Bettelstab bringen
mettre qn sur la paille
gettare, ridurre qd. sul lastrico
to make s.o. a beggar – to reduce s.o. to poverty

betucht er ist gut betucht (wohlhabend) – er hat es dicke
il a les reins solides
vive nell'agiatezza
he is well-off o. well-to-do

Biegen es geht auf Biegen und Brechen o. hart auf hart
on va parvenir au point de rupture
o la va o la spacca
it's do or die – it's neck or nothing – by hook or by crook

Bilanz Bilanz ziehen – sich Rechenschaft geben von etw.
faire, dresser, établir le bilan
fare il bilancio
to take stock o. account of...

Bild ich bin im Bild, auf dem laufenden, wohl unterrichtet – ich weiß genau Bescheid – a. ich kenne das ganze Drum und Dran
je suis au courant o. dans le coup o. au parfum – j'en sais long – je connais les tenants et les aboutissants
sono al corrente – la so lunga
I am in the picture o. up to date – I know it all
2) j. ins Bild setzen
mettre qn dans le (o. au) coup
informare qd.
to put s.o. in the picture – to put s.o. wise (sl.)

Bildfläche auf der Bildfläche erscheinen
faire son apparition
entrare in scena
to appear (on the scene)
2) von der Bildfläche o. in der Versenkung verschwinden
disparaître de la circulation – disparaître, se perdre dans la nature – tomber dans les oubliettes
scomparire dalla (o uscire di) scena – sparire dalla circolazione
to disappear from the scene – to drop out of sight – to sink o. fall into oblivion

bildschön sie ist bildschön o. schön wie ein Engel o. wie die Sünde
elle est belle comme le jour, un astre, un ange
è una bellezza

she is as pretty as a picture – she is a breathtaking beauty

Binde e-n hinter die Binde o. auf die Lampe giessen – e-n heben – sich die Kehle anfeuchten

s'humecter le gosier o. les amygdales – se rincer la dalle o. le bocal – s'en jeter un derrière la cravate – se piquer le nez

bagnarsi l'ugola, il becco, la gola

to wet o's whistle

Bindfäden es regnet Bindfäden – es regnet in Strömen o. giesst wie aus Kübeln

il pleut à verse o. à torrents – il pleut des seaux – il tombe des cordes – il pleut comme vache qui pisse

piove a catinelle, a cateratte, a larghe falde – piove o vien giù come Dio lo manda – l'acqua fa le funi

it's raining cats and dogs – the rain comes down in sheets – it's pouring with rain o. buckets of rain

Blatt er ist noch ein unbeschriebenes Blatt – er hat noch nicht von sich reden gemacht

il n'a pas encore fait parler de lui

deve ancora rivelarsi – è ancora un'incognita

he is (still) an unknown quantity, a dark horse

2) das Blatt hat sich gewendet

le vent o. la chance a tourné – les choses ont changé de face

le cose han cambiato

the tide has turned – the tables are turned

3) kein Blatt vor den Mund nehmen – frei o. frisch von der Leber weg o. nicht um den Brei herum reden – mit seiner Meinung nicht hinter dem Berg halten – unverblümt, ungeschminkt o. ohne Umschweife seine Meinung sagen – aus seinem Herzen keine Mördergrube machen – e-e Lippe riskieren – etw. rund und frei heraussagen – deutsch reden mit j-m

parler à cœur ouvert o. à visage décou-
vert o. sans fard – dire qc. sans ambages o. détours o. en bon français o. à brûle-pourpoint (à qn) – ne pas l'envoyer dire à qn – n'avoir pas peur des mots o. du mot – ne pas mâcher les mots – dire les choses sans prendre de gants o. de fleurs – être franc du collier – dire sa pensée toute nue – avoir le cœur sur la main – parler carrément

parlare chiaro e tondo o a cuore aperto o col cuore in mano o fuori dei denti – dire le cose in (o sulla) faccia o a faccia scoperta o a bruciapelo o senza far giri di parole – dirlo a chiare note – cantarla chiara – non mandarle a dire

not to mince matters – to tell s.th. to s.o's face o. straight out o. point-blank – to be very outspoken o. frank and forthright – not to put too fine a point on it – not to pull o's punches

4) das steht auf e-m anderen Blatt – das sind zwei Paar Stiefel – das ist ein Kapitel für sich

c'est un chapitre à part o. une autre histoire o. une autre paire de manches

è ben altra faccenda – è un altro paio di maniche – è tutt'altra minestra

that's another (o. a different) story o. another pair of shoes – that's a horse of another colour

Blaue ins Blaue hineinreden

parler en l'air o. à tort et à travers

parlare a vanvera o a vuoto o a casaccio – far discorsi campati in aria

to talk wildly

Blei es liegt mir wie Blei in den Gliedern – ich bin o. fühle mich wie gerädert – ich bin ganz zerschlagen

j'ai le corps brisé – j'ai des jambes et des bras en plomb – j'ai du plomb dans les membres – je suis courbaturé, harassé, éreinté

mi sento tutto rotto – ho le ossa rotte o peste

my arms and legs feel like lead – I am dead beat, whacked, fagged, worn out

Blick sein Blick fällt auf...
ses yeux tombent sur...
il suo sguardo cade su...
his gaze falls on...

2) e-n kurzen o. flüchtigen Blick (in die Zeitung usw.) werfen
jeter un coup d'œil sur le journal
dare un'occhiata al giornale
to glance o. have a quick look at the newspaper

3) auf den ersten Blick
du premier coup d'œil
a prima vista
at a glance – at first sight

4) es war Liebe auf den ersten Blick
c'était le coup de foudre
ha avuto un colpo di fulmine
it was love at first sight

5) j-m schmachtende Blicke zuwerfen
lancer à qn des regards languissants – faire de l'œil à qn
fare a qd. gli occhi di triglia o a pesce morto
to cast sheep's eyes at s.o.

blind o. verblendet o. mit Blindheit geschlagen sein
être frappé d'aveuglement – avoir un bandeau sur (o. un voile devant) les yeux
essere cieco o accecato – avere le bende agli occhi o gli occhi bendati
to be blind o. struck with blindness

Blindekuh spielen
jouer à colin-maillard
giocare a mosca cieca
to play at blind-man's-buff

Blinder das sieht doch ein Blinder (mit scherzh. Zusätzen: im Dunkeln, ohne Laterne, ohne Sonnenbrille)
il faudrait être aveugle pour ne pas le voir – cela se voit comme le nez au milieu de la figure o. du visage
lo vede anche un cieco

that sticks out a mile – you can see that with half an eye

Blitz das kam wie ein Blitz aus heiterem Himmel
ce fut un coup de tonnerre dans un ciel bleu
è capitato come un fulmine a ciel sereno
it was like a bolt from the blue

blitzsauber das Zimmer usw. ist blitzsauber
la chambre est étincelante de propreté
la camera è lucida come uno specchio
the room is spick and span o. (as) neat as a pin

Blösse sich e-e Blösse geben
montrer le défaut de la cuirasse
fare una figuraccia
to betray o's weak spot – to lower o's guard

blühen wer weiss, was uns noch blühen mag
qui sait ce qui nous pend au nez
chi sa che cosa ci capiterà
who knows what is in the store for us

Blume etw. durch die Blume sagen
dire qc. à mots couverts o. en termes voilés
dire qc. velatamente
to speak in a veiled manner – to drop a gentle hint

Blut böses Blut machen
irriter les esprits – provoquer le mécontentement
suscitare malcontento
to create bad blood

2) das Blut stockte mir in den Adern o. erstarrte in meinen Adern – mir blieb das Herz stehen
tout mon sang n'a fait qu'un tour – mon sang se glaça (o. se figea) dans mes veines
il sangue mi diede o fece un tuffo o mi si gelò nelle vene

my blood froze o. *ran cold – it made my blood curdle – my heart stopped beating* o. *stood still* o. *missed a beat*

3) an seinen Händen klebt Blut – er hat seine Hände mit Blut befleckt – seine Hände sind mit Blut befleckt o. besudelt

il a du sang sur les mains – ses mains sont couvertes de sang

si è insanguinato le mani

there is blood on his hands

4) j-s Blut zum Kochen o. in Wallung bringen – j. bis aufs Blut o. bis zur Weissglut reizen

échauffer, faire bouillir le sang de qn – chauffer qn à blanc

rimestare, fare bollire il sangue di qd. – irritare a sangue o a morte qd. – far imbestialire qd.

to make s.o's blood boil – to drive s.o. mad

5) das steckt o. liegt ihm im Blut

il a cela dans le sang o. *dans la peau*

ce l'ha nel sangue

that is in his blood – it runs in the blood

6) er hat heisses o. feuriges Blut

il a le sang chaud

ha il sangue caldo o bollente

he is passionate o. *hot-blooded*

7) kühles (o. kaltes) Blut, e-n kühlen Kopf, seine Kaltblütigkeit bewahren – den Kopf nicht verlieren o. oben behalten

conserver sa tête o. *sa présence d'esprit – conserver la tête sur les épaules*

conservare il sangue freddo – non perdersi d'animo

to keep cool o. *a cool head – to keep o's head*

8) nur ruhig Blut! – immer mit der Ruhe! – nur die Ruhe kann es bringen!

du calme, s'il vous plaît! – ne nous emballons pas!

calma (e sangue freddo)!

keep cool! – keep your hair (o. shirt) on!

9) Blut (und Wasser) schwitzen

suer sang et eau

sudare, pisciare sangue

to be in a cold sweat

10) er hat blaues Blut (in den Adern)

il a du sang bleu

ha sangue blu

he is blue-blooded

Blüte in der Blüte der Jahre stehen – in den besten Jahren, im besten Alter sein

être à la fleur o. *dans la force de l'âge*

essere nel fiore dell'età o nella più bella età

to be in the prime of life o. *in o's prime*

Bock den Bock zum Gärtner machen

introduire, enfermer le loup dans la bergerie

affidare la pecora al lupo – fare il lupo pecoraio – dare la lattuga in guardia ai paperi

to set the fox to keep the geese – to set a thief to catch a thief

2) e-n Bock schießen – e-n Schnitzer machen

faire une boulette – commettre une bévue, une blague, un pas de clerc

fare una cappella – fare, prendere un passerotto – pigliare, pescare un granchio – prendere una cantonata

to make a blunder o. *bloomer*

Bockshorn er läßt sich nicht ins Bockshorn jagen

il n'a pas froid aux yeux

non si lascia intimidire

he won't allow anybody to browbeat him – he isn't easily frightened o. *scared*

Boden der Boden brannte ihm unter den Füßen o. wurde ihm zu heiß

les pieds lui brûlaient

gli scottava la terra sotto i piedi

the place was getting too hot for him

2) den Boden unter den Füssen o. den Halt verlieren

perdre pied
sentirsi mancare il terreno sotto i piedi
to get out of o's depth

3) e-e Idee gewinnt/verliert an Boden
une idée gagne/perd du terrain
un'idea guadagna/perde terreno
an idea is gaining/losing ground

4) etw. aus dem Boden stampfen
faire sortir qc. du sol
far nascere qc. dal nulla – far sorgere qc. dal suolo
to produce s.th. out of a hat

5) seine Worte fielen auf fruchtbaren Boden
ses paroles trouvèrent écho
le sue parole hanno sollevato molta eco o hanno avuto risonanza
his words fell on fertile ground

6) den Boden bereiten für...
préparer le terrain pour...
preparare il terreno per...
to prepare the ground for...

Bogen den Bogen überspannen – übers Ziel hinausschiessen – das Mass überschreiten – es zu weit treiben – zu weit gehen
tirer (trop) sur la corde o. la ficelle – forcer la note – dépasser les bornes – aller trop loin
tendere troppo la corda dell'arco – andare oltre il segno – passare ogni limite – spingere le cose troppo in là
to overshoot the mark – to carry things too far – to go too far

2) e-n (großen) Bogen um j. machen – j-m aus dem Weg gehen
faire un détour pour éviter qn
girare al largo da qd.
to give s.o. a wide berth – to keep clear of s.o.

3) den Bogen, den Dreh, die Kurve 'raus haben – den Pfiff o. Rummel kennen – sich im Wurstkessel auskennen

avoir trouvé le joint o. le truc – connaître le système o. les ficelles (o. le truc o. tous les trucs) du métier
sapere il fatto proprio – avere scoperto il trucco
to have got the hang of it – to know the ropes o. all the ins and outs – a. to know on which side o's bread is buttered

4) im hohen Bogen o. hochkantig hinausfliegen o. rausgeschmissen werden
être mis à la porte avec perte et fracas
venire cacciato o gettato fuori
to be turned out on o's ear – to be kicked out

böhmisch das sind böhmische Dörfer für mich – das ist für mich ein Buch mit sieben Siegeln – ich verstehe keinen Deut davon
c'est pour moi de l'hébreu, de l'arabe, du chinois – c'est lettre morte pour moi – je n'y comprends goutte
questo per me è turco o un mistero – non ci capisco un'acca
that's all Greek o. Dutch to me – that's a sealed o. closed book to me

Bohnenstange er ist e-e Bohnenstange, e-e Latte, ein langer Lulatsch (Frau a. e-e Hopfenstange)
(Mann) c'est une grande perche, un échalas, un flandrin, un grand escogriffe; (Frau) une grande perche o. bringue
è uno spilungone, un lucignolo, una latta, una pertica (alles für beide Geschlechter)
he/she is a beanpole, a long streak – he/she is as tall as a lamp post

Bohnenstroh er ist dumm wie Bohnenstroh o. strohdumm – er ist dümmer, als die Polizei erlaubt – er ist ein Mondkalb
il est bête comme une oie, une cruche, in panier, une valise (sans poignée) – il est bête, sot, con à manger du foin o. des chardons – il est con comme la lune – il en a o. tient une couche

Bohnenstroh   **Brett**

è sciocco come un'oca – è senza sale in zucca
he is as thick as two short planks

Bombe die Bombe ist geplatzt – der Schuss ist draussen
la bombe a éclaté
è scoppiata la bomba
the balloon has gone up – the fat is in the fire

2) die Bombe zum Platzen bringen
mettre le feu aux poudres
fare scoppiare la bomba
to drop a bombshell – to spring a mine

3) die Nachricht schlug wie e-e Bombe o. wie ein Blitz ein
la nouvelle a éclaté comme une bombe – c'était le pavé dans la mare
la notizia arrivò come una bomba o un fulmine
the news fell like a bombshell

Bombenerfolg die Aufführung war ein Bombenerfolg
la représentation eut un succès foudroyant, fou, monstre
la rappresentazione fu un successo clamoroso
the performance was a smash hit

Bombengeschäft ein Bombengeschäft, e-n guten Schnitt machen
faire une affaire d'or o. ses choux gras
fare un affarone
to pull off a big deal – to make a pocket o. o's pile

Boot im gleichen Boot sitzen – Leidensgefährten sein
être dans le même bateau – être logé à la même enseigne
trovarsi nella stessa barca
to be in the same boat

Bord alle Vorsicht über Bord werfen
jeter toute prudence par-dessus bord
gettare ogni prudenza a mare
to cast prudence overboard o. to one side o. to the winds

braten sich von der Sonne braten lassen
se faire griller o. rôtir au soleil – se bronzer idiot
arrostirsi al sole
to roast in the sun

Braten den Braten o. Lunte riechen – Unrat wittern
flairer la chose – avoir la puce à l'oreille
sentire odore di polvere o di zolfo – sentir puzzo di bruciato, di bruciaticcio
to smell a rat

Brei wie die Katze um den heissen Brei herumgehen – um die Sache herumreden - mit der Sprache nicht herauswollen
tourner autour du pot
girare alla larga – prendere (un argomento etc.) di fianco
to beat about the bush

brennen wo brennt's? – warum so eilig?
il n'y a pas le feu
perché tanta fretta?
where's the fire – what's the hurry?

brenzlig die Sache wird brenzlig
ça sent le roussi o. le brûlé
la faccenda comincia a puzzare – ora si balla
things are getting hot o. critical

Brett ein Brett vor dem Kopf haben – vernagelt sein – nicht über die Nase hinaussehen
être bouché – ne pas voir plus loin que le bout de son nez
essere limitato – non vedere più in là del proprio naso
to be dense, blockheaded, narrowminded – not to see any further than the end of o's nose

2) hier ist die Welt mit Brettern vernagelt

Brief er hat den blauen Brief bekommen o. den Schuh gekriegt – er ist geflogen o. «gefeuert» worden
on lui a donné ses huit jours – il s'est fait virer – il a été mis à pied – il a été flanqué à la porte
gli hanno dato gli otto giorni
he has got the letter of dismissal – he has been fired – he has got (o. been given) the kick o. the sack

Brille alles durch die rosarote Brille o. in rosigem Licht sehen
voir tout (o. la vie) en rose o. couleur de rose
vedere tutto roseo o rosa
to see things (o. to look at the world) through rose coloured spectacles o. glasses – to take a rosy view of things – to see the bright side of things

Brocken er wirft mit lateinischen Brocken um sich
il parsème ses discours de bribes de latin
dissemina parole latine nei suoi discorsi – sputa frasi latine
he is trotting out his Latin

Brot sein Brot, seinen Lebensunterhalt verdienen
gagner son pain, sa vie
guadagnarsi il pane, la vita
to earn o.'s living

Brötchen seine Brötchen verdienen
gagner son bifteck, sa croûte
guadagnare la sua minestra
to earn o.'s bread and butter

Brotkorb j-m den Brotkorb höher hängen – j. kurzhalten (bezügl. Geld)
rogner les vivres de qn – tenir qn serré
lesinare, misurare il pane a qd. – tenere qd. a stecchetto

c'est le bout du monde – c'est un trou perdu
qui finisce il mondo
this is the back of beyond

to make s.o. tighten his belt – to keep s.o. short (of money)

Brüche ihre Ehe ging in die Brüche
leur mariage est cassé o. rompu
il loro matrimonio è annullato
their marriage broke up o. foundred

Brücken alle Brücken hinter sich abbrechen
couper les ponts derrière soi – brûler tous ses vaisseaux
bruciare i ponti alle spalle – bruciare i vascelli
engl. – – –

2) j-m goldene Brücken bauen
faciliter la retraite o. les aveux de qn
fare ponti d'oro a qd.
to leave the door open for reconciliation – to make it easy for s.o.

brühwarm er hat es mir brühwarm erzählt
il m'a servi cette nouvelle toute chaude
mi ha dato questa notizia calda calda o fresca fresca
he brought me news hot from the press

Brust sich an die Brust schlagen (Reue zeigen)
battre sa coulpe
battersi il petto – fare la Maddalena pentita (eher iron.)
to beat o.'s breast

Brutstätte e-e Brutstätte, ein Herd feindlicher Umtriebe
un foyer de menées antinationales o. révolutionnaires
un nido o covo di attività sovversiva
a breeding-ground o. hotbed of subversive activities

Buch wie ein Buch reden
parler comme un livre
parlare come un libro stampato
to talk like a book

2) er ist ein Arzt usw., wie er im Buch steht

c'est un médecin modèle
è un medico coi fiocchi
he is the epitome of a doctor

Bücher er hockt immer (o. den ganzen Tag) hinter seinen (o. über den) Büchern – er ist in seinen Büchern vergraben
il pâlit sur (o. il est enfoui, enterré dans) les livres
sta sempre curvo sui libri – sta a tavolino tutto il giorno – è sprofondato o immerso nei suoi libri
he sits all day long over o. he is poring over (o. he buries himself in) his books

Bücherwurm er ist ein Bücherwurm
c'est un rat de bibliothèque
è un topo di biblioteca
he is a bookworm

Buchstabe sich an den Buchstaben klammern – am Buchstaben kleben
s'attacher plus à la lettre qu'à l'esprit
attenersi scrupolosamente alla lettera
to keep o. adhere too strictly to the letter

buchstäblich er ist buchstäblich o. im wahrsten Sinne des Wortes ruiniert usw.
il est ruiné à (o. au pied de) la lettre
è rovinato alla lettera
he is literally ruined o. broke

Buckel du kannst mir den Buckel hinunterrutschen o. gestohlen werden – rutsch mir den Buckel 'runter! – steig mir den Buckel 'rauf! – du kannst mich (kreuzweise) am Arsch lecken; für das vulg. «leck mich am Arsch» gibt es e-e große Zahl umschreibend-beschönigender Rdaa.: leck mich am Ärmel – du kannst mich – du kannst mich am Abend besuchen – du kannst mich, wo ich hübsch bin – blas mir den Hobel aus
tu peux toujours courir – je t'emmerde (à pied, à cheval et en voiture)
va al diavolo!
go to hell! – bugger off!

Bude Leben in die Bude bringen – für Stimmung sorgen
mettre de l'ambiance
creare l'atmosfera
to liven things up – to make things hum

Bügelbrett sie ist flach wie ein Bügelbrett o. wie e-e Flunder
elle est plate comme une limande o. une planche à pain, une planche à repasser
c'è passata la pialla di san Giuseppe
she is (as) flat as a board

Bühne von der politischen Bühne abtreten
quitter (o. sortir de o. se retirer de) la scène politique
abbandonare le scene
to withdraw from the political scene

Bumerang das erwies sich als (ein) Bumerang
ça lui est retombé sur le nez
è stato un boomerang
it turned out to be a boomerang

Bündel sein Bündel o. Ränzel schnüren – seine Siebensachen (zusammen)packen
plier, trousser bagage(s) – faire son bal(l)uchon o. son paquet o. ses paquets – ramasser ses frusques o. tout son saintfrusquin – prendre ses cliques et ses claques
far fagotto – prendere, pigliare le proprie carabattole
to pack up and go – to pack up o's traps

2) jeder hat sein Bündel o. Päckchen o. Kreuz zu tragen
chacun porte son bât o. sa croix
ognuno ha la sua croce
everyone has to bear his burden o. cross

Busch auf den Busch klopfen – die Lage, das Terrain sondieren – Fühler ausstrecken – sehen, wie der Hase läuft o. aus welcher Richtung der Wind weht – e-n Versuchsballon steigen lassen
tâter, sonder le terrain o. l'eau – prendre

la température (auprès de qn) – observer d'où vient le vent – lancer un ballon d'essai
tastare, sondare, saggiare il terreno (presso qd.) – guardare che vento tira
to sound out the situation – to see how the land lies o. which way the cat jumps – to put out feelers – to fly a kite – to draw a bow at a venture

Busenfreunde sie sind Busenfreunde
ils sont amis o. copains comme cochons
sono amici intimi o del cuore
they are bosom-friends

Butter er läßt sich nicht für dumm verkaufen o. die Butter vom Brot nehmen o. auf die Zehen treten o. auf den Kopf spucken o. auf dem Kopf herumtrampeln o. auf der Nase herumtanzen – man kann ihm kein X für ein U vormachen – er läßt sich nichts vorspiegeln – er hat Haare auf den Zähnen
il ne se laisse pas marcher sur les pieds o. manger (o. tondre) la laine sur le dos o. prendre pour un idiot, un imbécile
non si lascia mettere sotto i piedi o pestare i piedi o montare la mosca al naso o posar mosche sul naso o prendere per fesso
you can't fool him o. put anything over him o. pull the wool over his eyes o. take him for a ride o. play him for a sucker (am.) – he is a tough customer

2) es ist alles in (schönster) Butter – es klappt
tout passe comme une lettre à la poste – ça roule
tutto è a posto o va liscio
everything is running smoothly

Butterbrot etw. für ein Butterbrot, ein Spottgeld, e-n Pappenstiel o. spottbillig o. um e-n Spottpreis bekommen/verkaufen
avoir/vendre qc. pour une bouchée de pain o. à bas, à vil prix o pour rien
avere/vendere qc. per un pezzo o tozzo di pane o quattro soldi o una pipata di tabacco o un prezzo irrisorio o per niente
to get/sell s.th. dirt- o. dog-cheap o. for a song

2) für ein Butterbrot arbeiten
travailler pour une bouchée de pain
lavorare per la gloria
to work for peanuts

Dach er hat eins aufs Dach, auf den Deckel gekriegt – er hat sein Teil abbekommen o. sein Fett weg
il a reçu un savon – il a eu son compte – il en a pris pour son rhume o. son grade
si è preso un cicchetto o una lavata di capo – ha avuto il resto
he was given hell – he has got it in the neck

2) die Sache ist unter Dach und Fach – es klappt damit
l'affaire est dans le sac
l'affare è in porto
the matter is sewn up

dahingestellt lassen wir es dahingestellt
passons là-dessus
lasciamo stare
don't let us go (further) into it

dalli aber (o. und zwar) ein bisschen dalli! – los! los!
et que ça saute! – et plus vite que ça! (z. B. habille-toi)
sbrigati!
get a move on! make it snappy!

Damm ich fühle mich heute nicht auf dem Damm o. im Strumpf – ich bin nicht im Schuss o. in Form
je ne suis pas dans mon assiette o. en train
sono male in arnese
I don't feel up to the mark – I am not in good shape

Dampf Dampf ablassen – seinem Ärger Luft machen
décharger sa bile

Dampf

sfogare la propria rabbia
to let (o. blow) off steam – to give vent to o's anger

2) Dampf hinter etw. machen – etw. in Schwung bringen
activer une affaire
dare slancio o impulso a qc.
to put on steam – to get things rolling

Dämpfer das hat seinem Eifer e-n Dämpfer aufgesetzt
cela a mis une sourdine à son zèle
ciò ha smorzato il suo zelo
this has put a damper on his zeal – that has cooled his ardour o. cramped his style

danebengehen heute geht mir auch alles daneben o. schief
aujourd'hui je n'en rate pas une – tout va de travers o. tourne mal pour moi
oggi mi va tutto a rovescio o all'incontrario – non ne imbrocco o infilo una
today nothing goes right for me

Daumen er hält den Daumen auf seinem Geldbeutel – er sitzt auf seinem Geld – man muß ihm jeden Pfennig einzeln aus der Tasche ziehen – er ist ein Geizhals, ein Geizkragen, ein Rappenspalter
il serre les cordons de la bourse – il les lâche avec les élastiques o. avec un élastique – il n'attache pas les chiens avec des saucisses – il ne donne qu'au compte-gouttes – il est dur à la détente – il ne les lâche pas – il est près de son argent – il tondrait un œuf – c'est un grippe-sou
è attaccato al denaro – tiene la borsa stretta – ha un granchio alla borsa – scorticherebbe anche un pidocchio – toserebbe un uovo
he tightens the purse-strings – he keeps a tight hold on the purse-strings – he does not part with his money – he would skin a flint – he is a skinflint

2) halt o. drück mir den Daumen
tiens-moi le pouce
fa gli scongiuri per me

keep your fingers crossed

3) über den Daumen gepeilt
à vue de nez – au pifomètre
calcolato a lume di naso
by guess and by god

Decke sich nach der Decke strecken
régler ses dépenses sur son revenue
fare il passo secondo la gamba
to cut o's coat according to o's cloth

2) unter einer Decke stecken
s'entendre comme larrons en foire – être de mèche o. d'intelligence avec qn
essere in combutta o far comunella con qd. – intendersi come i ladri alla fiera – essere tutti una lega
to be hand in glove with s.o.

3) vor Freude an die Decke springen – in Entzücken geraten
sauter de joie
far salti di gioia – toccare il cielo con un dito – andare in visibilio
to jump o. leap with joy

denken das lässt sich denken
cela se conçoit
si può immaginare
I can (well) imagine that

Denkzettel j-m e-n Denkzettel verpassen, e-e Lektion erteilen
donner, infliger une leçon à qn
dare, lasciare un ricordino, un memento a qd. – dare una lezione a qd.
to give s.o. what for – to teach s.o. a lesson

deutsch ich habe es ihm auf gut deutsch gesagt
je lui ai dit son fait
gliel'ho detto in buon latino
I told him so in plain English

2) auf deutsch gesagt, heisst das...
en bon français ça veut dire...
detto in chiari termini significa...

in plain language o. to put it bluntly o. plainly spoken that means...

Dickkopf er ist ein Dickkopf, ein Dickschädel, ein Querkopf – er ist dickschädelig

il a la tête dure o. une tête de cochon, de mule, de bois –c'est une tête de lard o. une mauvaise tête o. un dur à cuire – il n'en fait qu'à sa tête

è una testa dura, un testardo, un testone, uno zuccone

he is a stubborn (a headstrong, a pigheaded) fellow – he is pig-headed

Dickwanst er ist ein Dick- o. Fettwanst – e-e Tonne, ein Fass

c'est un ventru, un gros père, un gros plein de soupe (dieser Ausdruck wird a. auf e-n Krösus angewandt) – il est gros comme une vache, un porc, un moine

è un pancione, un grassone

he is a potbelly, a fat bloke – he looks like a barrel on legs

dies von diesem und jenem sprechen

parler de choses et d'autres – discuter le coup o. le bout de gras

parlare del più e del meno

to talk about this and that

Ding ein Ding drehen

faire un mauvais coup

fare un colpo grosso

to pull a job

2) guter Dinge o. guten Mutes sein

être de bonne humeur

stare di buon animo

to be in good spirits o. of good cheer

3) man muss die Dinge nehmen,wie sie kommen

il faut prendre le temps comme il vient

bisogna prendere le cose come stanno

you have to take things as they are

diplomatisch o. behutsam vor- o. zu Werke gehen

ménager le terrain

fare il diplomatico

to proceed diplomatically – to be diplomatic

Distanz er läßt Distanz walten – er ist zugeknöpft o. geht nicht aus sich heraus

il se tient sur la réserve o. sur son quant-à-moi

mantiene la (dovuta) distanza – osserva le distanze – si tiene a debita distanza – è abbottonato

he keeps aloof o. his distance – he is close(-lipped) o. tight-lipped

Donner wie vom Donner gerührt dastehen

rester comme frappé par la foudre

rimanere (come) fulminato

to be like a duck in a thunderstorm – to be thunderstruck

Donnerwetter ein Donnerwetter loslassen – e-n Mordskrach schlagen

faire un esclandre

far tremare il mondo

to raise hell – to kick up a row

doppelzüngig er ist ein doppelzüngiger Mensch – er redet mit gespaltener Zunge o. mit zwei Zungen

c'est une personne à double face o. visage

è una persona a due facce – ha la lingua biforcuta – è doppio come le cipolle

he is a double-tongued o. double-faced fellow o. a double-dealer – he speaks with a forked tongue

Draht auf Draht sein (verschiedene Bed., hier: wachsam und tüchtig sein)

savoir saisir l'occasion

essere in gamba o in vena

to be on o's toes – to be on the ball o. at the beam

Dreck das geht dich e-n (feuchten) Dreck an – kümmere dich um deinen eigenen Dreck, um deine eigenen Angelegenheiten – ich habe dich nicht um deine

Dreck   42   **dumm**

Meinung gefragt – was schert (o. juckt) dich das?
ce ne sont pas tes oignons – occupe-toi de tes oignons! – qu'est-ce que ça peut te foutre?
questo non ti riguarda un bel niente – pensa a fare il tuo mestiere – fatti gli affari tuoi
that's none of your business – mind your own business

2) j. wie den letzten Dreck behandeln
traîter qn comme un malpropre
trattare qd. come una pezza da piedi
to treat s.o. like dirt

3) Dreck am Stecken o. keine weisse Weste haben
ne pas être blanc comme neige – ne pas avoir les mains nettes
non essere senza macchia – avere macchiato il proprio onore
to have blotted o's copy-book

dreckig es geht ihm dreckig
il est mal en point o. sur la paille – il est dans la dèche, la débine, la mouise, la mélasse – il n'est pas brillant
sta male o come un cane
he is having a rotten time

drehen man kann o. mag es drehen und wenden, wie man will...
on peut essayer de le tourner comme on veut... – on peut regarder la chose sous l'angle qu'on veut...
girala/giratela come vuoi/volete... – gira e rigira
look at it from whatever angle you like...

2) alles dreht sich um ihn – er ist die Hauptperson
il est le pivot de l'affaire o. le centre d'intérêt
tutto ruota attorno a lui – è il perno di tutto – è l'asso di briscola
everything revolves about him

Dreikäsehoch er ist ein Dreikäsehoch
c'est un gosse haut comme trois pommes
è un tappo da botte o una mezza cicca – è alto una spanna o quanto un soldo di cacio
he is a hop-o'-my-thumb o. a Tom Thumb

drosseln die Einfuhr usw. drosseln
limiter, freiner, réduire, mettre au ralenti les importations
limitare, ridurre le importazioni
to throttle, curb, slow down imports

Druck im Druck sein (zeitlich) – unter Druck stehen
être bousculé o. pressé par le temps
essere sotto pressione o tensione
to be very rushed o. hard put to it

2) auf j. Druck ausüben – j. unter Druck setzen – j-m Daumenschrauben anlegen o. ansetzen – j. in die Zange nehmen o. durch die Mangel drehen
faire pression sur qn – serrer la vis à qn
esercitare pressioni a qd. – mettere qd. alle strette
to press s.o. hard – to put pressure o. the screw(s) o. the squeeze on s.o. – to twist s.o's arm

Drum und Dran mit allem Drum und Dran
(et) tout le (saint) tremblement de terre – et tout le tralala
con tutti i sacramenti – con tutti gli annessi e connessi
with all the trimmings

drunter es ist o. geht alles drunter und drüber
tout est en désordre o. sens dessus dessous
tutto è sottosopra o alla rinfusa o a catafascio
everything is at sixes and sevens o. topsy-turvy – it is complete o. utter chaos

dumm dumm bleibt dumm, da helfen keine Pillen – dumm geboren und nichts dazugelernt

dumm   43   **Durst**

il mourra dans la peau d'un imbécile
ital. – – –
born a fool always a fool

Dumme er spielt den Dummen – er tut, als ob er nicht bis drei zählen könnte
il fait l'âne o. la bête – il fait semblant de ne pas savoir (o. il fait comme il ne savait pas) compter jusqu'à deux
fa finta di non saper contare fino a dieci – fa il pollo, lo gnorri, il finto tonto, il pesce (in barile)
he acts the fool

dunkel j. im dunkeln o. ungewissen lassen über...
ne pas dévoiler ses intentions à qn
tenere o lasciare qd. all'oscuro di...
to leave s.o. in the air o. in the dark
2) im dunkeln o. finstern tappen
être encore en plein brouillard
brancolare nel buio – essere all'oscuro di qc.
to be o. grope in the dark – to be all at sea

Dunst ich habe keinen Dunst, keinen blassen Schimmer, nicht die leiseste Ahnung davon
je n'en ai pas la moindre idée – je n'en sais pas un traître mot
non ne ho la più pallida idea
I don't know the first thing about it – I haven't the faintest o. foggiest idea – search me! I haven't a clue

durch und durch er ist durch und durch ehrlich
il est des plus honnêtes – il est honnête au plus haut point o. degré
è onesto fino in fondo all'anima
he is honest through and through

durchbohren j. mit Blicken durchbohren
transpercer qn du regard
trafiggere qd. con lo sguardo
to look daggers at s.o.

durchfallen das (Theater)Stück ist durchgefallen

la pièce est tombée à plat, était un échec, a fait un four, a fait fiasco
la commedia ha fatto fiasco
the play was (o. turned out to be) a flop – the play flopped

durchschlagen sich kümmerlich durchschlagen – kümmerlich sein Leben fristen – (stärker) am Hungertuch nagen
vivre péniblement au jour le jour – traîner la savate – vivre à la cloche de bois – tirer le diable par la queue – (stärker) manger de la vache enragée
vivacchiare – tirare a campare – tirare avanti la baracca – sbarcare il lunario – trascinarsi alla meglio – tirarsi avanti (alla meno peggio) – tirare il diavolo per la coda
to struggle through (o. for) life – to struggle o. plod along – (stärker) to be starving

Durst den Durst löschen, stillen
apaiser, étancher la soif
spegnere, smorzare la sete
to quench o. slake o's thirst

2) er hat eins über den Durst o. ein Gläschen zuviel getrunken o. zu tief ins Glas geguckt o. die Nase zu tief ins Glas gesteckt – er hat den Kanal voll o. e-n Affen sitzen o. gekauft – er hat Schlagseite o. schief geladen – er hat sich volllaufen lassen – er ist blau (wie ein Veilchen) – er hat e-n in der Krone – er sieht weisse Mäuse – er ist sternhagelvoll o. stockbesoffen o. besoffen wie e-e Strandhaubitze – (neuere scherzh. Rda.: er hat noch 20 % Blut im Alkohol)
il a bu un coup de trop o. plus qu'à soif – il a un coup dans l'aile – il est imbibé comme une éponge – il s'est piqué le nez – il a un verre o. un bon coup dans le nez – il a ramassé une bonne cuite – il a du (o. le) vent dans les voiles – il est dans les vignes du Seigneur – il a sa cocarde o. son compte – il s'en est donné dans le casque – il a pris o. il s'est donné une biture – il est plein comme une huître – il

Durst

est rond comme un disque, une balle, un boudin – il est saoul comme une grive, un âne, un Polonais, une bourrique – il est complètement bourré o. bourré comme une valise

ha bevuto un bicchiere di troppo – ha alzato (un po') il gomito – si è preso una cuffia – è ubriaco fradicio o come un ciabattino – è cotto come una monna – è pieno come un otre

he is dead o. blind drunk – he is tight as a tick o. drunk as a lord – he has had one or two too many o. one over the eight – he is in his cups – he has a drop in his eye – he has got a kick – he is loaded – he is three sheets to the wind – he has taken a drop too much – he is half seas over (sl.)

Dusche seine Worte wirkten wie e-e kalte Dusche auf ihn

ses mots avaient l'effet d'une douche froide sur lui

queste parole erano una doccia fredda per lui

his words brought him down to earth

ebenbürtig er ist ihm ebenbürtig o. gewachsen – er kann es mit ihm aufnehmen o. sich (wohl) mit ihm messen – er hält den Vergleich mit ihm aus – er steht ihm in nichts nach – er steht nicht hinter ihm zurück

il le vaut (bien) – il fait le poids – il est de taille à rivaliser (o. se mesurer) avec lui o. à lui tenir tête – il ne le lui cède en rien

sta a petto o alla pari con lui – vale quanto lui – non ha nulla da invidiargli – è (o si trova) al livello di lui

he is a match for him – he is in no way inferior to him

Ecken um sechs Ecken o. von Adam her mit j-m verwandt sein

être cousin à la mode de Bretagne

essere imparentato con qd. alla lontana – essere parente per parte di Adamo

to be distantly related to s.o.

Effeff etw. aus dem Effeff verstehen

savoir qc. sur le bout du doigt o. des doigts

avere qc. sulla punta delle dita – sapere qc. come il paternoster – conoscere qc. per filo e per segno

to have s.th. at o's fingertips

Ehe in wilder Ehe, im Konkubinat leben – unter dem Besen getraut sein

être marié de la main gauche – avoir un collage – s'être marié à la mairie du XXIe arrondissement (da es in Paris nur 20 «arrondissements» gibt, bedeutet das eben: nicht gesetzlich getraut sein)

vivere in concubinato

to live in sin

Ehre j. bei der (o. seiner) Ehre packen

piquer qn d'honneur

appellarsi al senso d'onore di qd.

to put s.o. on his honour

ehrlich um ganz ehrlich o. offen zu sein – um die Wahrheit zu sagen – offen gestanden

à proprement parler – à vrai dire – à parler franc – pour parler franchement

a (o per) dire la verità – per la verità – a dire il vero – per essere franco

frankly (speaking) – to be honest – honestly

Ei sie gleichen sich wie ein Ei dem anderen.

ils se ressemblent comme deux gouttes d'eau

si assomigliano come due gocce d'acqua

they are as like as two peas o. pins

2) sie sieht aus, wie aus dem Ei gepellt – sie ist geschniegelt und gebügelt

elle est tirée à quatre épingles

pare un figurino – è (o sembra) un manichino – sembra uscita da uno scatolino – è tirata a lucido

she is dressed up to the nines o. to kill – she looks as if she had just stepped out of the bandbox

3) er kümmert sich um ungelegte Eier – er ärgert sich über die Fliege an der Wand – er sucht den gestrigen Tag
il cherche midi à quatorze heures
si fascia il capo prima di romperselo – le cerca col lanternino – cerca il nodo nel giunco
don't cross your bridges before you come to them

4) wie auf Eiern gehen
(avoir l'air de) marcher sur des œufs
camminare sulle uova o sopra un filo di seta
to walk gingerly – to pick o's way carefully

5) das ist das Ei des Kolumbus
c'est comme l'œuf de (Christophe) Colomb
è l'uovo di Colombo
that's the philosopher's stone

Eindruck er versucht Eindruck zu schinden
il veut épater o. impressionner la galerie
cerca di far colpo
he wants to show off

einfädeln das hat er geschickt eingefädelt
il a entamé cela adroitement
l'ha avviato abilmente
he has contrived, arranged, engineered that cleverly

eingefleischt er ist ein eingefleischter Junggeselle
c'est un célibataire endurci (o. un vieux garçon = ein alter Junggeselle)
è uno scapolo impenitente
he is a confirmed bachelor

eingeweiht er ist eingeweiht (in das Geheimnis)
il est dans le secret
è iniziato al segreto
he is in on the secret – he is in the know

einhämmern j-m etw. einhämmern, einbleuen, eintrichtern

fourrer o. faire (r)entrer qc. dans la tête à qn
cacciare, ficcare qc. in testa a qd.
to pound, hammer, knock, drill, drum s.th. into s.o's head

Einklang im Einklang stehen mit . . .
être en harmonie, en accord avec o. à l'unisson de . . .
essere in accordo, in armonia con . . .
to be in agreement, keeping, tune, line with . . .

einrosten mein Englisch ist ein wenig eingerostet
je suis un peu rouillé en anglais
il mio inglese è un po' arrugginito
my English has got a bit rusty

Einsiedlerdasein ein Einsiedlerdasein führen
vivre en (o. comme un) ermite
fare una vita da eremita – non fare razza con nessuno – far razza da sé
to live like a hermit – to lead the life of a recluse

Eis ein Projekt aufs Eis legen
mettre un projet au frigidaire, au frigo, en sommeil, en veilleuse
mettere un progetto da parte
to put a project on ice o. in(to) cold storage

2) das Eis ist gebrochen
la glace est rompue
il ghiaccio è rotto
the ice is broken

Eisen zwei (o. mehrere o. noch ein) Eisen im Feuer haben – noch e-n Trumpf in der Hand haben
avoir plusieurs cordes à son arc – avoir une balle à jouer
avere più di una corda (o molte frecce) al proprio arco – tenere il piede in due staffe
to have several irons in the fire o. more

Eisen   46   **Enge**

than one string to o's bow o. an arrow left in o's quiver o. a card up o's sleeve

2) ein heisses Eisen anfassen – in ein Wespennest stechen
s'engager sur un terrain glissant – aborder un sujet brûlant – (sou)lever un lièvre
toccare una questione scottante – suscitare, stuzzicare un vespaio – cacciarsi in un ginepraio
to tackle a hot problem – to stir up a hornet's nest – to bring up a hornet's nest about o's ears

3) zum alten Eisen gehören
ne plus être bon à rien
essere un ferro vecchio (o un rottame) da buttar via
to be ready for the scrap-heap

4) j. zum alten Eisen werfen
mettre qn au rancart o. au rebut
relegare qd. fra i ferri vecchi
to throw s.o. on the (economic) scrap-heap

eisig es herrschte (ein) eisiges Schweigen
un silence glacé régnait
c'era un gelido silenzio
there was a dead silence

Elefant sich wie ein Elefant im Porzellanladen benehmen
être comme un éléphant dans un magasin de porcelaine
essere un elefante fra le porcellane
to be like a bull in a china shop

Element er ist in seinem Element o. im richtigen Fahrwasser
il est dans son élément, dans sa partie, sur son terrain – a. c'est sa fête
si sente nel proprio regno
he is in his element

Elfenbeinturm er lebt in seinem Elfenbeinturm
il vit dans sa tour d'ivoire o. en vase clos
se ne sta nel proprio buco

he lives in his ivory tower

Ellbogen seine Ellbogen gebrauchen
jouer des coudes
lavorare di gomito o di spalle – farsi avanti o largo a furia o a forza di gomiti o di gomitate – andare a vela e a remo
to use o's elbows

Eltern (ein Essen, e-e Antwort, aber a. e-e Ohrfeige usw.) ist nicht von schlechten Eltern – (ein Kerl, e-e Stadt, e-e Ohrfeige usw.), der/die sich gewaschen hat
(un dîner, un froid etc.) n'est pas piqué des vers, des hannetons
ital. – – –
(a meal etc.) is not half bad – (von e-r Ohrfeige usw.) you won't forget for a while

Ende das dicke Ende kommt noch
le venin est à la queue
il peggio deve ancora venire – nella coda sta il veleno – dopo il dolce vien l'amaro (prov.)
there's the devil to pay

2) am falschen Ende o. Ort sparen
faire des économies de bouts de chandelles
fare economie sbagliate
to make false economies

3) letzten Endes – im Grunde (genommen) – alles in allem – schließlich und endlich
en fin de (o. au bout du) compte – tout compte fait – en somme – somme toute – après tout
in fin dei conti – in fondo – alla fin fine
strictly speaking – when all is said and done – after all – at the end of the day

Enge j. in die Enge treiben – j-m die Pistole auf die Brust setzen o. das Messer an den Hals o. an die Kehle legen (o. setzen)
pousser qn dans ses derniers retranchements – mettre qn au pied du mur –

Enge   47   **Erdboden**

mettre le couteau sur (o. sous) la gorge de qn – mettre à qn l'épée dans les reins o. le marché en main

mettere qd. per le strette o con le spalle al muro – stringere i panni addosso a qd. – mettere la pistola o il coltello alla gola a qd. – mettere, stringere qd. tra l'uscio e il muro – prendere qd. per la gola – mettere a qd. la corda al collo

to drive s.o. into a corner o. to the wall – to hold a knife at s.o's throat o. a pistol to s.o's head

Engel ein Engel geht o. fliegt durchs Zimmer

un ange passe

nasce un frate

a ghost walks

2) er ist sein böser Engel o. Geist

il est son mauvais génie, son âme damnée

è la sua anima dannata, il suo cattivo genio

he is his evil genius

Engelsgeduld mit (e-r wahren) Engelsgeduld

avec une patience d'ange o. angélique

con pazienza eroica – con la pazienza d'un santo, d'un certosino, di Giobbe

with the patience of Job, of a saint

Ente wie e-e bleierne Ente schwimmen

nager comme un chien de plomb o. un fer à repasser

nuotare come un gatto di ferro

to swim like a brick

entfesseln e-n Proteststurm entfesseln, auslösen

déchaîner une tempête de protestations

provocare un uragano di proteste

to unleash a storm of protest

entgegensehen e-r Auseinandersetzung gelassen entgegensehen

attendre une discussion de pied ferme

attendere, aspettare una discussione con calma

to put a bold face to the discussion – calmly anticipate events

entlarven j-s Lügen entlarven

démasquer les mensonges de qn

smascherare le bugie di qd.

to unmask s.o's lies

entpuppen er entpuppte sich als Schwindler

il se révéla être un escroc

si rivelò un truffatore

he proved (o. turned out) to be a swindler – he was revealed as a swindler

entschärfen die Lage entschärfen

débloquer la situation

spinare, sdrammatizzare la situazione

to defuse o. ease a situation

entspringen der Fluss entspringt...

la rivière prend sa source...

il fiume nasce...

the river rises o. has its source...

entwaffnen ihr Lächeln entwaffnete mich

son sourire m'a désarmé

il suo sorriso mi ha disarmato

I was disarmed by her smile

Erbarmen er sieht zum Erbarmen aus

il a un air à faire pitié o. à fendre l'âme, le cœur

ha un aspetto da far pietà

he looks pityable

Erdboden e-e Stadt dem Erdboden gleichmachen o. in Schutt und Asche legen

détruire une ville de fond en comble – mettre à feu et à sang une ville

radere al suolo una città

to raze o. level a city to the ground – to flatten a city

2) er ist spurlos o. wie vom Erdboden verschwunden

il a disparu sans laisser de traces

è sparito senza lasciar traccia (di sé) – è scomparso dalla faccia della terra
he vanished into thin air o. as if swallowed up by the earth

3) ich wäre am liebsten im Erdboden versunken – ich hätte in die Erde versinken mögen (vor Scham) – ich hätte mich am liebsten in ein Mauseloch verkrochen
j'aurais voulu rentrer (cent pieds) sous terre (de honte) – je ne savais plus où me mettre, me fourrer
mi sarei nascosto sotto terra (per la vergogna)
I wished the earth would open up and swallow me – I would have liked to crawl into a mousehole

Erde seitdem die Erde sich dreht o. besteht
depuis que le monde est monde
dacché il mondo è mondo
since the beginning of time – from time immemorial

ergreifen e-n Beruf ergreifen
embrasser une profession
abbracciare una professione
to take up a profession, a career – to enter o. go into trade

erhaben seine Ehrlichkeit usw. ist über alle Zweifel, über jeden (o. allen) Verdacht erhaben
sa sincérité, son honnêteté etc. est à toute épreuve o. au-dessus (o. à l'abri) de tout soupçon
la sua onestà etc. è a tutta prova o al di là o sopra di ogni sospetto
his honesty is beyond all doubt o. above suspicion

erhitzen der Prozess usw. erhitzte die Gemüter
le procès a échauffé les esprits
il processo ha riscaldato o eccitato gli animi
the trial made feelings run high

2) die Diskussion erhitzte sich
la discussion s'échauffa – le ton monta
la discussione si fece incandescente
the discussion became heated

Ernst das ist doch nicht Ihr Ernst – Sie scherzen wohl
vous voulez rire – vous plaisantez – vous ne parlez pas sérieusement
non dirà o farà mica sul serio? – sta scherzando?
you don't seriously mean that, do you? – you are only joking – you don't mean it

2) es ist mein völliger o. blutiger Ernst
c'est tout ce qu'il y a de plus sérieux
dico sul serio – non scherzo affatto
I am dead earnest o. serious

ernten die Früchte seiner Arbeit ernten
recueillir les fruits de son travail
raccogliere i frutti del suo lavoro
to reap the fruits of o's work

Espenlaub wie Espenlaub o. am ganzen Leib, an allen Gliedern zittern
trembler comme une feuille – frémir, trembler de tous ses membres, de tout son corps, de la tête aux pieds
tremare come una foglia o a verga a verga o da capo a piedi
to tremble like an aspen leaf o. all over o. from top to toe

Essig damit ist es Essig – das ist im Eimer
c'est tombé à l'eau
è andato a monte
it's all off now – it has fallen through

Eulen nach Athen (o. Wassen in den Rhein, die Donau usw.) tragen
porter de l'eau à la rivière
portare nottole ad Atene o acqua al mare o vasi a Samo o legna al bosco
to carry coals to Newcastle

Evangelium das ist für ihn (ein) Evangelium
c'est parole d'évangile pour lui

per lui queste parole sono vangelo
that's gospel (truth) to him

Evaskostüm im Evaskostüm
en costume d'Ève
in costume evitico
in the nude

Ewigkeit ich habe ihn e-e Ewigkeit nicht gesehen
il y a une éternité, un siècle, des siècles que je ne l'ai pas vu
è un'eternità o mi pare mille anni che non lo vedo
I haven't seen him for ages o. for a month of Sundays

Exempel ein Exempel statuieren
faire un exemple
statuire un esempio
to set a (warning) example

Extrem von einem Extrem ins andere fallen
passer d'un extrême à l'autre o. du blanc au noir – tomber d'un extrême dans l'autre
passare da un estremo all'altro
to go from one extreme to another

Faden keinen guten Faden, kein gutes Haar an j-m lassen – über j. herziehen o. vom Leder ziehen – j. durchhecheln o. durch die Hechel, die Zähne, den Kakao ziehen
dire du mal, tout le mal possible, pis que pendre de qn – casser du sucre sur le dos de qn – descendre qn en flammes – mettre qn plus bas que terre – (pass.: tout le monde y passe = jeder wird durchgehechelt)
dire peste e corna o l'ira di Dio di qd. – gridare, predicare, bandire la croce a qd. – trinciare, tagliare i panni addosso a qd. – fare le calze o il pelo e il contrapelo a qd. – sciacquarsi, lavarsi la bocca di qd. – tirare moccoli contro qd. – rovesciare la broda addosso a qd. – dirne di cotte e di crude
not to have o. find a good word to say for s.o. – to pick o. pull s.o. to pieces – to rail against s.o. – to run s.o. down

2) die Fäden in der Hand halten – alle Fäden laufen in j-s Hand zusammen – der Drahtzieher sein
tenir, tirer les ficelles
tenere in mano le fila – stare dietro le quinte
to hold all the strings in o's hands – to pull the strings – to be the mastermind (behind it)

3) sein Leben hängt an e-m Faden, e-m Haar
sa vie ne tient qu'à un fil
la sua vita è attaccata a un filo, a un capello – gli è rimasto un fil di vita
his life hangs upon (o. by) a thread o. is trembling in the balance

4) keinen trocken Faden mehr am Leib haben – bis auf die Haut durchnässt o. pudel-, patschnass sein
être mouillé comme un chien o. trempé comme une soupe, un canard, jusqu'aux os – être rincé – n'avoir plus un poil de sec (letzteres vor allem vom Schwitzen)
essere bagnato fradicio o fino alle ossa o come un pulcino
to be wet through o. soaked to the skin – I haven't a dry stitch o. thread on me

5) den Faden verlieren – aus dem Konzept geraten – stecken bleiben
perdre le fil (de ses idées) – rester court
perdere il filo, il bandolo, l'erre – arrenarsi – impappinarsi
to lose the thread – to get stuck – (besonders von e-m Schauspieler: to dry up)

6) der rote Faden (e-r Erzählung usw.)
le fil conducteur o. rouge
il filo conduttore
the red thread

Fahrt in Fahrt, in Schwung, in Stimmung sein
être en verve, en train
essere in vena

to be going great guns – to be in high spirits

Fall das ist nicht (ganz) mein Fall o. nach meinem Geschmack
cela ne me chante pas – ce n'est pas mon genre o. de mon goût
non è che mi piaccia poi (o mica) tanto
it's not my pigeon, my cup of tea, my scene

Falle in die Falle, ins Netz o. Garn gehen, geraten – an die Angel gehen – auf den Köder anbeissen – auf den Leim gehen, kriechen
donner, tomber dans le piège, le panneau – se laisser prendre au piège – mordre à l'hameçon – se laisser prendre aux filets (de qn)
cadere in trappola, nel trabocchetto, nel laccio, nelle panie di qd. – incappare, cadere nella rete di qd – rimanere all'esca – far la fine del topo – impaniarsi – invischiarsi
to put o's head into the noose – to walk o. fall into the trap - to take, swallow the bait – to fall into s.o's snare

2) j-m e-e Falle stellen o. Fallstricke legen
tendre un piège o. dresser des embûches à qn
tendere un laccio, un tranello, una trappola a qd.
to set o. lay a trap o. dig a pit o. set a snare for s.o.

Familie das liegt in der Familie
c'est dans la famille
è un vizio di famiglia
that runs in the family

Farbe die Lage in schwarzen (o. den schwärzesten) Farben o. grau in grau schildern – ein düsteres Bild der Lage zeichnen, entwerfen
faire un tableau (bien) noir de la situation – présenter la situation sous un jour sombre
descrivere, dipingere a fosche tinte (o a tinte cupe) la situazione
to paint a (very) gloomy picture of the situation

2) etw. in rosigen Farben schildern
peindre qc. en rose
dipingere qc. a colori rosei
to paint s.th. in rosy, bright, glowing colours – to paint a rosy picture of s.th.

Fass das schlägt dem Fass den Boden aus – das ist der Gipfel – das geht übers Bohnenlied, über die Hutschnur, ins Aschgraue – da hört doch alles o. verschiedenes auf – das setzt allem die Krone auf – da geht einem der Hut hoch – jetzt schlägt's dreizehn – nun wird's Tag – das ist nicht zu fassen
cela dépasse les bornes, les limites – c'est le comble, le bouquet – c'est du propre – on aura tout vu – cela gâte l'affaire sans retour
questo è il colmo – è roba da chiodi – è il colmo dei colmi
that's the limit o. the last straw – that's going too far – that caps the climax o. everything – that beats the Dutch o. takes the cake

2) das ist ein Fass ohne Boden
c'est un puits sans fond
è un pozzo o una botte senza fondo – è il pozzo di san Patrizio
that's a bottomless pit

Fassung aus der Fassung geraten – die Fassung verlieren
perdre contenance
perdere le staffe, la bussola – sconcertarsi
to lose o's composure

Faust etw. auf eigene Faust tun
faire qc. de son propre chef, de sa propre autorité
fare qc. di propria iniziativa o testa
to act on o's own initiative – to do s.th. off o's own bat

2) mit der Faust auf den Tisch schlagen – ein Machtwort sprechen – energisch auftreten
donner un coup de poing sur la table – faire acte d'autorité
agire con energia – dire una parola decisiva
to put o's foot down

Fäustchen sich ins Fäustchen o. auf den Stockzähnen lachen – sich die Hände reiben
rire sous cape o. dans sa barbe
ridersela sotto i baffi
to laugh up o's sleeve

federleicht es ist federleicht
c'est léger comme l'air, une plume, une bulle
è leggero come una piuma
it is (as) light as a feather

Federn sich mit fremden Federn schmükken
se parer des plumes du paon
coprirsi, farsi bello con le penne del pavone – a. farsi onore o bello del sole d'agosto
to adorn o.s., to deck o.s. out with borrowed plumes

2) er hat Federn o. Haare lassen müssen – er ist schön gerupft o. zur Ader gelassen worden – er ist nicht ungerupft davongekommen
il a laissé des plumes – il s'est fait plumer o. lessiver
ci ha lasciato le penne o i denti – l'hanno tosato come una pecora
he lost a few feathers – he didn't escape unscathed

3) lange in den Federn (im Bett) liegen – bis in den Tag hinein schlafen
faire la grasse matinée
covare le lenzuola
to sleep long in the morning

Fehdehandschuh j-m den Fehdehandschuh hinwerfen
jeter le gant à qn
gettare il guanto a qd.
to fling down the gauntlet to s.o.

2) den Fehdehandschuh aufnehmen
relever le gant
raccogliere il guanto
to take o. pick up the gauntlet

fehlen das hat gerade noch gefehlt! – jetzt reicht's aber!
il ne manquait plus que cela
non ci mancava che questa – ci voleva anche questa
that's all we needed o. wanted! – that's the last straw!

fehlgeschossen! (als Ausruf, wenn sich j. irrt) – Sie haben danebengehauen!
vous n'y êtes pas!
sbaglia di grosso!
wide of the mark, my dear!

Feld Argumente ins Feld, ins Treffen führen
avancer, alléguer des arguments
mettere in campo degli argomenti
to put forward, to advance arguments

Fell ein dickes Fell, e-e dicke Haut, e-e Elefantenhaut haben
avoir le cuir épais
avere la pelle, la cotenna, la scorza dura
to have a thick skin

2) j-m das Fell, die Haut über die Ohren ziehen – j. bis aufs Hemd ausziehen o. bis aufs Blut aussaugen o. wie e-e Zitrone auspressen
saigner qn à blanc – sucer qn jusqu'à la moelle – mettre qn sur la paille – écorcher qn
levare il pelo a qd. – lasciare qd. in camicia – succhiare il sangue a qd. – torchiare qd.
to have the shirt off s.o's back – to bleed s.o. white – to clean s.o. out

3) dir juckt wohl das Fell, der Buckel
tu as envie de recevoir une dégelée, une raclée
le vai proprio cercando – cerchi le botte? – vuoi proprio prenderle o prenderne?
you seem to be asking o. looking for trouble

felsenfest ich bin felsenfest davon überzeugt
j'y crois dur comme fer
ne sono fermamente convinto
I am firmly o. absolutely convinced

Fenster das Geld zum Fenster hinaus o. auf die Strasse werfen
jeter son argent par les fenêtres
gettare il denaro, i soldi dalla finestra o al vento
to throw o's money away o. down the drain

Ferne das liegt noch in weiter Ferne
nous en sommes encore loin
questo è ancora di là da venire
that's a far cry

Fersen er ist mir dicht auf den Fersen
il est, marche sur mes talons
sta alle mie calcagna
he is hard, hot, close on my heels – he sticks to my heels

fertig mit dem Kerl bin ich fertig, will ich nichts mehr zu tun haben
c'est fini avec cet homme
non voglio più saperne di quest'uomo – ho rotto con...
I have done with that man

Fesseln die Fesseln sprengen
se dégager des entraves
spezzare le catene, i vincoli
to shake off o. break o's chains

fesseln j-s Aufmerksamkeit fesseln
captiver l'attention de qn
attirare l'attenzione di qd.
to hold, catch, rivet s.o's attention

Fettnäpfchen ins Fettnäpfchen treten – die falsche Taste drücken – e-n Fauxpas begehen
faire une belle o. superbe gaffe – faire une gaffe de première grandeur – mettre les pieds dans le plat
fare una gaffe
to put o's foot in it

Feuer er würde für ihn durchs Feuer gehen
il se jetterait à l'eau o. au (o. dans le) feu pour lui – il passerait à travers le feu... – il se ferait hacher o. couper en morceaux... – il se ferait o. laisserait couper en quatre, en rondelles, en tranches...
si butterebbe o getterebbe nel fuoco o in acqua per lui – a. gli porta l'acqua con gli orecchi
he would go through fire and water for him

2) mit dem Feuer spielen
jouer avec le feu
scherzare col fuoco
to play with fire – to court disaster

3) Öl ins Feuer giessen – ins Feuer blasen – das Feuer schüren
jeter, mettre, verser de l'huile sur le feu
buttare olio sul fuoco – aggiungere esca o mettere legna al fuoco – soffiare sul fuoco – dare fuoco al pagliaio – spegnere il fuoco con la stoppa
to add fuel to the flames – to pour oil on the flames, into the fire – to fan the flame

4) Feuer und Flamme sein für...
être tout feu tout flamme pour... – avoir le coup de foudre pour...
far fuoco e fiamme per...
to be heart and soul for... – to be as keen as mustard about...

5) er hat Feuer gefangen – er ist in sie verknallt
il est tombé amoureux d'elle – il a eu le coup de foudre o. le béguin pour elle – il est fou d'elle

ha pigliato fuoco o ha preso una cotta per lei
he has got a crush on (o. he has fallen for) her

Feuereifer er hat sich mit Feuereifer, mit Volldampf dahintergemacht
il s'y est jeté, élancé à corps perdu
ci si è messo corpo e anima
he went at it hammer and tongs o. full blast

Feuerprobe die Feuerprobe bestehen
passer par le creuset
passare la prova del fuoco, la prova cruciale
to stand the (acid) test – to pass the (crucial) test

feuerrot werden
devenir cramoisi, écarlate
farsi di brace
to turn crimson, scarlet

Figur e-e gute Figur machen
faire bonne figure
fare una buona figura
to cut a good figure

2) e-e schlechte Figur machen – e-e traurige o. jämmerliche Rolle spielen
faire piètre o. triste figure – jouer un rôle pitoyable
fare una cattiva figura
to cut a poor o. sorry figure

Finger er hat sich die Finger, den Mund verbrannt
il s'est brûlé les doigts, les ailes – cela lui est retombé sur le nez
si è scottato le dita, la lingua – si è bruciato le ali
he put his foot in it – he burnt his fingers – he cut off his nose to spite his face – he made a rod for his own back – he opened his mouth too wide

2) er hat an jedem Finger zehn
il les collectionne
è un donnaiolo

he's got more girls than fingers on both hands

3) j-m in die Finger fallen, geraten o. in die Klauen geraten
tomber aux mains, sous la (o. dans les) griffe(s) de qn
capitare sotto le unghie di qd. – cadere nelle grinfie, sotto gli artigli di qd.
to fall into s.o's hands o. clutches

4) sich die Finger wundschreiben
écrire à s'engourdir les doigts
farsi venire male alle dita a furia di scrivere
to write o's fingers to the bone

5) er leckt sich die (o. alle zehn) Finger danach – er würde alles dafür hergeben
il sèche, crève, meurt d'envie de...
si lecca le dita, i baffi per... – muore dalla voglia di...
he would give his eyetooth for it – he is very keen on...

6) etw. mit spitzen Fingern anfassen
prende qc. avec des pincettes
prendere qc. con la punta delle dita
to pick s.th. up gingerly

7) klebrige Finger haben – lange o. krumme Finger machen – böhmisch einkaufen – den Unterschied zwischen mein und dein nicht kennen
avoir les doigts crochus
avere le mani, le unghie lunghe o la mano lunga – giocare o essere lesto di mano – far man bassa o viva Maria
to be light-fingered

8) lass die Finger davon o. von der Butter!
ne t'y risque o. frotte pas!
lascia perdere! – non metterci mano!
keep your fingers o. hands off! – give it a miss!

9) mein kleiner Finger hat es mir gesagt
mon petit doigt me l'a dit
me lo sento nel sangue
a litte bird has told me

10) es juckt, kribbelt mir in den (o. in allen) Fingern o. es juckt mich, zu...
la main me démange de... – les doigts, les mains, les poings me démangent de...
mi sento prudere le mani o mi viene il pizzicore di...
I am itching o. dying to...

11) j-m auf die Finger schauen, sehen – ein wachsames o. scharfes (o. ständig ein) Auge haben auf j. – j. nicht aus den Augen lassen
avoir l'œil sur qn – avoir, tenir qn à l'œil
tenere d'occhio qd. – rivedere le bucce a qd.
to have a sharp o. close eye on s.o.

12) ohne e-n Finger zu rühren
sans bouger, lever, remuer le petit doigt
senza muovere un passo
without lifting a finger

Fisch gesund und munter wie ein Fisch im Wasser
frais et dispos
vivo e vegeto
as fit as a fiddle – hale and hearty – alive and kicking

2) er blieb stumm wie ein Fisch – er sagte kein Wort
il est resté muet comme (o. plus muet qu') une carpe – il n'a pas soufflé mot
stava muto come un pesce – non disse una parola o né ai né bai – non proferì verbo
he kept mute as a fish – he didn't say a word

Fischblut er hat Fischblut (in den Adern)
il est froid
è un pezzo di ghiaccio
he is as cold as a fish – he is fish-blooded

Fittiche j. unter seine Fittiche nehmen
prendre qn sous son aile
prendere qd. sotto le ali

to take s.o. under o's wings o. by the hand

Flasche er ist e-e Flasche, e-e Niete, e-e Null
c'est une nullité, un zéro (en lettres)
è una scartina, una scamorza, una schiappa, uno zero
he is a cipher, a zero, a nonentity, a complete dud, a wash-out (sl.)

Fleisch er ist mein eigen Fleisch und Blut
c'est ma propre chair o. mon propre sang
è il sangue del mio sangue
he is my own flesh and blood

2) das ist mir in Fleisch und Blut übergegangen
c'est devenu une habitude chez moi
mi è entrato nel sangue
that has become second nature to me

3) das ist weder Fleisch noch Fisch, weder Fisch noch Vogel
ce n'est ni chair ni poisson
non è né carne né pesce
that's neither fish nor fowl o. neither fish, fowl nor good red herring

Fliege zwei Fliegen mit einer Klappe schlagen
faire d'une pierre deux coups – faire double coup
prendere due piccioni con una fava – fare un viaggio e due servizi
to kill two birds with one stone

2) er kann keiner Fliege etw. zuleide tun o. ein Bein ausreissen
il ne peut pas faire de mal à une mouche
non farebbe male a una mosca – a. non darebbe noia neanche all'erba che calpesta – chiede scusa anche all'aria che respira
he couldn't hurt a fly

fliegen ich kann doch nicht fliegen o. hexen o. zaubern
je n'ai pas d'ailes – je ne peux (quand

même) pas aller plus vite que les violons, la musique
non posso mica far miracoli
I don't have wings – I can't work miracles

Flinte die Flinte ins Korn (o. das Handtuch) werfen – das Rennen aufgeben – den Hut nehmen – den (ganzen) Kram hinwerfen o. -schmeissen
jeter le manche après la cognée – baisser les bras – jeter l'éponge – abandonner la partie – déclarer forfait – ficher tout en l'air
piantare baracca e burattini – gettare il manico dietro la scopa o la scure – gettare la spugna, le armi – prendere le proprie carabattole e andarsene – tirare i remi in barca – dichiarare forfait
to throw in the towel o. up the sponge o. o's cards

Floh j-m e-n Floh ins Ohr setzen
mettre à qn la puce à l'oreille
mettere una pulce nell'orecchio a qd.
to put a fly in s.o's ear o. ideas into s.o's head

fluchen wie ein Bierkutscher, ein Landsknecht, ein Türke fluchen – a. wie ein Rohrspatz schimpfen
jurer comme un charretier
bestemmiare come un vetturino, un turco – tirar giù tutti i santi del calendario
to swear like a trooper, a bargee – a. to scold like a fishwife

Flug die Zeit vergeht im Flug
le temps fuit
il tempo vola
time flies

Flügel j-m die Flügel stutzen – j. zurückbinden
rogner les ailes de qn (veraltet)
tarpare le ali a qd. – levare a qd. le penne maestre
to clip s.o's wings

flügge werden
voler de ses propres ailes
mettere le ali
to leave the nest

Fluss das Gespräch im Fluss, im Gang halten
poursuivre, maintenier la conversation
tenere in piedi la conversazione
to keep the ball rolling o. the conversation going

Flut e-e Flut von Beleidigungen über sich ergehen lassen
subir un flot, un feu roulant d'insultes
subire un torrente d'ingiurie
to endure a flood o. torrent of insults

2) mit e-r Flut von Vorwürfen überschüttet werden – es hagelte Vorwürfe
récolter une tempête de reproches – les reproches tombèrent dru comme grêle (sur)
diluviavano, grandivano, fioccavano, piovvero i rimproveri (su)
to be showered with reproaches

Folter j. auf die Folter spannen o. in Atem halten o. zappeln lassen
mettre qn au supplice o. à la torture – tenir qn en haleine – tenir la dragée haute à qn
tenere qd. sulla corda – far stare qd. sulle spine – far allungare il collo a qd.
to keep s.o. dangling o. on tenterhooks – to put s.o. on the rack

Form in (Hoch)Form, im Schuss sein
être, se sentir en (pleine) forme – être en train o. frais comme l'œil – tenir la (grande) forme
essere in palla
to be in (good) form o. shape o. trim – to feel like a fighting cock – to be going strong

Frage das ist noch die Frage o. noch völlig in der Schwebe – das mag dahingestellt bleiben – das ist noch völlig offen

c'est à savoir – cela reste en suspens
questo rimane aperto o in sospeso
that remains to be seen – that's still an open question – that's in the balance

2) etwas in Frage stellen (zwei Bed.: a) als zweifelhaft erscheinen lassen; b) gefährden)

a) *(re)mettre en question, en cause – porter atteinte à...; b) compromettre – mettre en danger, en péril – porter atteinte à...*

a) mettere in dubbio, in forse – b) compromettere – mettere in pericolo

a) *to question, query, doubt s.th.; b) to jeopardize s.th. – to make s.th. doubtful, uncertain*

3) das kommt (gar) nicht in Frage, in die Tüte, aufs Tablett! – fällt mir gar nicht o. nicht im Traum ein! – nie im Leben! – das wäre ja noch schöner! – das würde o. könnte dir so passen! – wo denkst du hin! – denkste! – i bewahre! – ohne mich! – nichts da! – ja Kuchen! – und sonst bist du gesund?

(il n'en est) pas question! – tu peux toujours te fouiller o. gratter! – penses-tu! – tu n'y penses pas! – cette idée ne m'effleure même pas l'esprit! – pas de ça, Lisette! – jamais de la vie! – tu ne m'as pas regardé! – je ne marche pas! – des prunes! – des nèfles! – des clous! – mon œil! – et ta sœur! – tu es tombé sur la tête, non? – ça va pas, la tête?

non se ne parla neppure! – non ci penso neanche lontanamente! – non mi passa neppure per l'anticamera del cervello! – neanche per sogno o per idea! – ma no! – ma che! – ma va (là)! – ma che pensi! – stai fresco! – ti piacerebbe, eh? – col cavolo!

that's out of the question! – nothing doing! – not on your life! – my foot! – I wouldn't dream o. think of doing that – catch me doing that! – not at all! – not a bit! – think again!

Freiersfüsse auf Freiersfüssen gehen

chercher femme
cercare moglie
to go o. be courting

fressen er frisst (glaubt) alles, was man ihm aufbindet

il avale tout – il boit tout comme du petit lait
beve grosso – crede che un asino voli
he is easily taken in

Frieden dem Frieden nicht trauen – auf der Hut sein – sein Pulver trocken halten

être, se tenir sur ses gardes – se garder à carreau
stare in guardia o all'erta – tenere le polveri asciutte
to be on o's guard, on the alert, on o's toes

2) um des lieben Friedens willen

pour avoir la paix – de guerre lasse
per amore di pace
for the sake of peace

3) lass mich in Frieden, in Ruhe, ungeschoren (damit) – verschon mich mit...

fiche-moi la paix (avec...) – fais-moi grâce de...
lasciami in pace! – risparmiami i/le ... – non parlarmi di ...
leave me alone o. in peace (with...) – give over!

frisieren die Bilanz frisieren

maquiller le bilan
mascherare, camuffare la bilancia
to cook the books

fromm das bleibt ein frommer Wunsch

c'est un vœu pieux
ciò rimane un pio desiderio
that's wishful thinking

Frosch e-n Frosch, e-e Kröte im Hals haben (heiser sein)

avoir un chat dans la gorge
essere rauco

Frosch   57   **Fuss**

to have a frog in the throat

frostig j-m e-n frostigen Empfang bereiten
faire un accueil glacial à qn
fare un'accoglienza glaciale a qd.
to get, to receive a frosty o. chilly reception

Früchtchen ein nettes o. sauberes Früchtchen, ein übler Patron o. Kunde – ein mieser Vogel, ein Nichtsnutz, ein Tunichtgut, ein Taugenichts
un mauvais sujet, une mauvaise graine, un joli monsieur (o. oiseau o. moineau), un vaurien, un propre à rien
un bel tipo (o tomo), un tipaccio, un briccone, un buono a nulla
a bad egg (o. lot), a good-for-nothing, a ne'er-do-well, a nasty piece of work (sl.)

Früchte seine Anstrengungen, Bemühungen haben Früchte getragen, waren von Erfolg gekrönt
ses efforts ont porté des fruits, étaient couronnés de succès
le sue fatiche, i suoi sforzi furono coronate/coronati da (o dal) successo
his efforts, his endeavours bore fruit, were crowned with success

Fuffziger aufgepasst, das ist ein falscher Fuffziger (ein falscher, heuchlerischer Mensch)
prenez garde, c'est un faux jeton
attenzione, è una persona doppia o che ha il miele in bocca e il rasoio alla cintola
watch out, he is a snake in the grass

Fug man kann mit Fug und Recht o. mit (vollem) Recht sagen...
on peut dire avec juste raison, à juste titre, à bon droit...
si può dire a buon diritto...
you are fully justified in saying... – you can say with good reason...

Fugen die Welt ist aus den Fugen geraten
le monde est boulversé
il mondo è a rovescio
the world has come off its hinges – time is out of joint

Fühlung mit j-m Fühlung nehmen o. Kontakt aufnehmen
entrer, se mettre en contact o. prendre contact avec qn
entrare in contatto con qd.
to get in touch with s.o. – to establish, make contact with s.o. – to contact o. approach s.o.

Fünkchen er hat kein Fünkchen, kein Quentchen gesunden Menschenverstand
il n'a pas un grain de bon sens
non ha un briciolo di cervello o un'oncia di sale in zucca
he has no sense at all (o. whatever) o. not a shred of common sense

funkelnagelneu es ist funkelnagelneu o. brandneu
c'est tout flambant neuf
è nuovo di zecca o nuovo fiammante
it is brand new

Furore diese Mode hat Furore gemacht, ist der grosse Schlager
cette mode a fait fureur
questa moda ha fatto furore, ha avuto un successo strepitoso
this fashion has caused o. created a sensation o. quite a stir o. has become a hit o. is all the rage

Fuss er ist mit dem linken Fuss o. dem falschen Bein (zuerst) aufgestanden – es ist ihm e-e Laus über die Leber gekrochen
il s'est levé du pied gauche – il est mal luné – a. il est à crins o. comme un crin = sehr schlechter Laune – il a les nerfs en boule
gli è saltata la mosca al naso – si è svegliato con la luna di traverso – si è segnato male
he got out of bed on the wrong side

2) mit j-m auf gespanntem Fuss leben; stärker: j-m spinnefeind sein – Todfeinde sein
être en froid o. en mauvais termes avec qn; stärker: être à couteaux tirés o. être brouillé, fâché à mort avec qn
essere in urto con qd.; stärker: essere ai ferri corti con qd.
to be on (rather) bad terms with s.o.; stärker: to be at daggers drawn with s.o.

3) auf grossem Fuss leben – gross auftreten – den grossen Herrn spielen
vivre sur un grand pied – mener grand train de vie – mener la vie à grandes guides – faire le (o. vivre en) grand seigneur
fare una vita (o vivere) da gran signore
to live in grand o. great style – to lord it

4) auf vertrautem Fuss stehen, leben mit j-m
être, vivre sur un pied d'intimité o. sur la voie des confidences avec qn
essere intimato o in confidenza con qd.
to be on friendly o. intimate terms with s.o.

5) ein Brauch usw. fasst (festen) Fuss, bürgert sich ein
une coutume prend pied, passe dans les mœurs, s'établit solidement
un uso prende piede, si afferma
a custom is gaining a foothold, becomes firmly established

6) auf eigenen Füssen stehen – auf sich selbst gestellt sein
voler de ses propres ailes
essere indipendente
to stand on o's own feet – to paddle o's own canoe

7) j-s Ehre mit Füssen treten
fouler aux pieds l'honneur de qn
non rispettare o prendere a calci l'onore di qd.
to trample on s.o's honour – to tread s.o's honour underfoot

8) sich (ein wenig) die Füsse vertreten
se dégourdir les jambes
sgranchirsi le gambe
to stretch o's legs

9) auf freiem Fuss sein (Angeklagter)
être en liberté
stare a piede libero
to be at large

10) gut/schlecht zu Fuss sein
avoir de bonnes/mauvaises jambes – être/ne pas être bon marcheur
avere buone/cattive gambe – essere/non essere buon camminatore
to be a good/poor walker

11) er ist noch gut zu Fuss o. auf den Beinen (noch rüstig)
il a bon pied bon œil – il a encore ses jambes de quinze o. vingt ans
ha ancora buone gambe – è sempre in forma
he is still going strong – he walks like s.o. half his age

Fussstapfen in j-s Fussstapfen treten – in j-s Kielwasser segeln – auf j-s Spuren wandeln
marcher sur (o. suivre) les traces de qn – marcher dans (o. suivre) le sillage de qn – emboîter le pas à qn – suivre les brisées de qn
seguire, calcare le orme di qd. – seguire la (mettersi sulla) scia di qd. – navigare sulla scia di qd.
to follow in s.o's footsteps – to tread in s.o's steps – to follow in the wake of s.o.

Futterkrippe an der Futterkrippe sitzen
tenir l'assiette au beurre – avoir trouvé un bon fromage
mangiare alla greppia, alla mangiatoia
to have a cushy job

Galgenstrick das ist ein Galgenstrick o. -vogel
c'est un gibier de potence (pl.: Galgenvögel = gens de sac et de corde)
è un avanzo di (o un pezzo da) galera

he is a scallywag

Galle die Galle steigt ihm hoch, läuft ihm über – die Zornadern schwellen ihm an – er sieht rot
la moutarde lui monte au nez – il voit rouge
gli si gonfiano le vene per l'ira – vede tutto rosso
his blood is up – his anger is rising – he sees red

Galopp in gestrecktem Galopp (ankommen usw.)
ventre à terre
a gran (o a tutta) carriera
in full career

gang das ist gang und gäbe
c'est monnaie courante
è corrente o in uso
that's nothing unusual – it is common practice

Gang die Diskussion in Gang setzen
amorcer la discussion
avviare, impiantare la discussione
to start the discussion – to get the discussion going on o. started

Gängelband j. am Gängelband führen
tenir qn en laisse, en lisière
tenere qd. sotto la propria tutela
to lead s.o. by the nose
2) er lässt sich am Gängelband leiten von ...
il se laisse maintenir en tutelle par ...
si lascia menare come un cagnolino o guidare come un bambino da ...
(his friend etc.) keeps him in tutelage o. leads him by the nose

Gänsehaut ich bekam, es überlief mich e-e Gänsehaut – es lief mir (eis)kalt über den Rücken
j'en eus le frisson o. la chair de poule o. froid dans le dos – il me prit un frissonnement le long du dos
mi venne la pelle d'oca o il sudore fred-

do – mi si accapponava la pelle – un brivido mi corse lungo la schiena – mi corsero i brividi giù per la schiena
it made my flesh creep – it gave me the creeps – my flesh was crawling – a shudder ran down my back – it sent shivers up my spine

Gänsemarsch im Gänsemarsch gehen
marcher à la file indienne o. à la queue leu leu
camminare in fila indiana
to walk single (o. Indian) file

Ganze aufs Ganze gehen
brûler les étapes
giocare il tutto per tutto
to go all out – to go for the kill

Gardinen hinter schwedischen Gardinen, hinter Schloss und Riegel, auf Nummer Sicher sitzen – im Kittchen stecken – Knast schieben – Tüten kleben – gesiebte Luft atmen – brummen müssen
être en taule, à l'ombre, au trou, au violon, en lieu sûr, sous les verrous
stare al fresco o in gattabuia – essere dentro, al sicuro, sotto chiave, col muso all'inferiate – vedere il sole a scacchi
to be behind (prison) bars – to do time

gären es gärt im Volk
le peuple est en effervescence
la popolazione è in fermento
there is unrest among the people – the population is in a (state of) ferment

Gaumen das kitzelt den (o. schmeichelt dem) Gaumen
ça flatte le palais
ciò stuzzica il palato o l'appetito
that tickles my palate

Gebet j. ins Gebet nehmen, zur Rede stellen, zur Rechenschaft ziehen, auf Vordermann bringen
demander raison à qn – mettre qn au pas o. sur la sellette
chiedere conto o ragione a qd. – fare la predica o la paternale a qd. – mettere a

Gebet   **Geister**

posto o a segno qd. – rimettere qd. in riga
to call s.o. to account – to bring s.o. to book – to carpet s.o. – to make s.o. toe the line o. pull his socks up

Geburt das war e-e schwere Geburt, e-e Zangengeburt
c'était un accouchement laborieux
questo è stato un parto difficile
that was a tough job

Gedächtnis ein Gedächtnis wie ein Sieb haben
avoir une mémoire trouée o. de lièvre o. comme une passoire
non ricordarsi dal naso alla bocca
to have a memory o. head like a sieve

Gedanken in Gedanken vertieft, versunken, verloren sein – seinen Gedanken nachhängen
être plongé dans ses pensées – être absorbé dans ses réflexions – suivre le cours de ses pensées
essere assorto in pensieri – seguire il filo dei propri pensieri
to be absorbed (o. lost) in thought – to be daydreaming

2) sich Gedanken, Sorgen machen wegen...
se faire du souci à cause de...
darsi pensiero di...
to trouble o's head about...

Geduld j-s Geduld auf e-e harte Probe stellen
mettre la patience de qn à une rude épreuve
mettere a dura prova la pazienza di qd.
to put s.o's patience to a severe test – to try o. tax s.o's patience

Geduldsfaden ihm reisst der Geduldsfaden
sa patience est à bout
gli scappa la pazienza – è giunto a saturazione – esce dal manico

his patience is wearing thin

Gegengewicht ein Gegengewicht bilden zu...
faire contrepoids à...
fare contrappeso a...
to counterbalance s.th.

Gehege j-m ins Gehege, in die Quere kommen
marcher sur les plates-bandes, les brisées, le/les pied(s) de qn
contrariare i disegni di qd.
to break into (o. to poach on) s.o's preserve

Gehirnwäsche e-r Gehirnwäsche unterzogen werden
subir un lavage de cerveau
sottoporsi a un lavaggio di cervello
to be subjected to brainwashing

Gehör j-m Gehör schenken
prêter l'oreille à qn
dare ascolto o attenzione a qd.
to lend s.o. an (o. o's) ear

Geige die erste Geige spielen – den Ton angeben – das Sagen o. das letzte Wort haben
tenir, jouer le premier rôle – donner le ton, la la – faire la pluie et le beau temps
essere il numero uno – dare il tono, il la – fare il bello (o buono) e il cattivo tempo – fare la pioggia e il bel tempo
to play first fiddle – to set the tone – to call the tune – to lay down the law – to have the final say

2) der Himmel hängt ihm voller Geigen
il voit la vie en rose
vede tutto rose e fiori
he is on top of the world – for him life is one long sweet song

Geister er ist von allen guten Geistern verlassen
il est privé de tout bon sens – il a perdu la tête

ha perso la testa – non è di buon senno –
è uscito di senno
he has taken leave of his senses

Geistesblitz ich hatte e-n Geistesblitz
j'eus un trait d'esprit, de lumière o. un coup de génie
ebbi un lampo di genio, un'alzata d'ingegno
I had a flash of genius, a brainwave

Gelächter in ein schallendes Gelächter ausbrechen
éclater de rire
dare in una risata sonora
to burst into (peals of) laughter

gelaufen die Sache ist gelaufen (es kann nichts mehr schiefgehen)
c'est couru
l'affare non può più fallire
it's in the bag

Geld das ist nicht mit Geld zu bezahlen, mit Gold aufzuwiegen – das ist Goldes wert
cela n'a pas de prix – cela vaut son pesant d'or
vale oro o più dell'oro
money will not buy it – it is worth its weight in gold

2) mit seinem Geld auskommen – über die Runden kommen
joindre les deux bouts – boucler son budget, son mois
cavarsela con i suoi soldi
to manage – to make both ends meet

3) mit Geld um sich werfen – das Geld mit vollen Händen ausgeben
faire valser l'argent – répandre l'or à pleines mains – dépenser à tort et à travers
spendere e spandere – spargere denaro a piene mani
to throw, to splash money about (like dirt) – money burns in his pockets

4) Geld wie Heu haben – im Geld, im Fett schwimmen – vor Geld stinken – steinreich, ein Krösus sein
avoir de l'argent à foison – rouler sur l'or – être (tout) cousu d'or – être bourré o. pourri de fric – avoir du foin dans ses bottes – remuer l'argent à la pelle – être plein aux as – être riche à millions o. comme Crésus – avoir des mille et des cents
nuotare, sguazzare nell'oro – avere denari a palate o un sacco, un pozzo di soldi – essere ricco sfondato o pieno di grana – zappare i quattrini
to have money to burn – to have pots of money – to be rolling in money o. wealth – to stink of money (sl.)

5) j-m das Geld aus der Tasche locken o. Geld abknöpfen
soutirer de l'argent à qn
svuotare le tasche di qd. – spillare soldi a qd.
to sting s.o for money – to squeeze money out of s.o.

6) das Geld zerrinnt ihm in (o. unter) den Fingern
l'argent lui file entre les doigts o. lui fond dans les mains – c'est un panier percé
ha le mani bucate
money runs through his fingers like water

7) für Geld und gute Worte
pour de l'argent et un sourire
pagando e pregando
for love or money

8) das Geld liegt nicht einfach auf der Strasse
l'argent ne vous tombe pas sur la tête o. ne se trouve pas dans (o. sous) le pas (o. le sabot) d'un cheval
non se ne trovano ad ogni uscio – denari non si trovano mica sul lastrico
money does not grow on trees

9) Geld scheffeln – scheffelweise Geld verdienen

ramasser, gagner (de l'argent) à la pelle – rafler beaucoup d'argent

guadagnare (denaro, soldi) a palate – far denaro o denari

to rake in the money – to rake it in – to make a pile

10) dem Geld nachjagen

courir après l'argent

dare la caccia al denaro

to scramble for wealth (o. money)

Geldhahn j-m den Geldhahn zudrehen (die finanzielle Unterstützung entziehen)

couper les vivres à qn

rifiutare a qd. l'appoggio finanziario – tagliare i viveri a qd.

to cut s.o. off with a shilling

Gelegenheit die Gelegenheit beim Schopf packen – mit beiden Händen zugreifen

prendre, saisir l'occasion aux cheveux, au vol – saisir la balle au bond – sauter sur l'occasion

prendere, afferrare l'occasione al volo – cogliere la palla al balzo – battere il chiodo mentre che è caldo

to seize, grasp the opportunity by the forelock – to jump, snap at the chance

gemacht er ist ein gemachter Mann

c'est un homme arrivé

è un uomo arrivato

he has made it

gepfeffert gepfefferte, gesalzene Preise

des prix salés

prezzi salati, pepati, saporiti

steep prices

Gerechte den Schlaf des Gerechten schlafen

dormir du sommeil du juste o. sur ses deux oreilles

dormire il sonno del giusto o tra due guanciali

to sleep the sleep of the just

Gerede ins Gerede kommen – zu Gerede Anlass geben – im Mittelpunkt des Klatsches stehen

faire parler de soi – défrayer la chronique

dar luogo a pettegolezze

to be the talk of the town – to set the tongues wagging

Gerücht es geht das Gerücht, dass...

le bruit court que...

c'è in giro la (o corre) voce che...

it is rumoured o. rumour has it o. the story goes that... – a rumour is abroad o. the report goes that...

gerufen das kommt wie gerufen – das trifft sich ausgezeichnet

cela arrive fort à propos o. au bon moment o. comme mars en carême – cela tombe à pic

ciò viene o cade a proposito

(von Pers.) he arrives in the nick of time – (von Sachen) it comes in handy – it is just what I want

gesagt gesagt getan

aussitôt dit, aussitôt fait – aussitôt fait que dit

detto fatto

no sooner said than done

geschehen das geschieht dir ganz recht

c'est bien fait pour toi – tu n'as que ce que tu mérites – tu ne l'as pas volé

ti sta bene – te lo sei meritato

that serves you right

Geschenk das ist ein Geschenk des Himmels, ein Glücksfall

c'est un coup de chance

è un colpo di fortuna

it's a god-send, a windfall, a stroke of luck

Geschmack an etw. Geschmack finden – e-r Sache Geschmack abgewinnen

trouver du goût o. prendre goût à qc.

trovar gusto in qc.

Geschmack | **Gesicht**

to develop, acquire a taste for s.th.

Geschmackssache das ist Geschmackssache
(c'est une) question de goût
è questione di gusti
that's a matter of taste

Geschütz grobes (o. schweres) Geschütz auffahren
employer des arguments massue
ricorrere a mezzi violenti – usare la maniera forte
to bring up o's heavy artillery o. big guns – to turn o's heavy guns on s.o. – to take the gloves off

Geschwätz das ist leeres Geschwätz o. Gerede
ce sont des contes en l'air
sono discorsi campati in aria
those are empty words

Gesetz Unkenntnis des Gesetzes schützt vor Strafe nicht
nul n'est censé ignorer la loi
nessuno può invocare a propria scusa l'ignoranza della legge
ignorance of the law is no excuse

Gesicht er strahlt übers ganze Gesicht
son visage rayonne
ha il viso illuminato dalla gioia
he is beaming with joy – he is all smiles

2) er machte ein langes Gesicht
il fit une longue mine o. une mine de dix pieds de long – son nez, son visage, sa mine s'est allongé(e)
fece un viso lungo – allungò il viso
he made a long face – his countenance fell

3) das Gesicht wahren
sauver la face
salvare la faccia
to save face

4) das Gesicht verlieren
perdre la face
perdere la faccia
to lose face

5) er macht ein Gesicht wie sieben Tage Regenwetter o. als wäre ihm die Petersilie verhagelt worden o. die Frau davongelaufen o. die Butter vom Brot gefallen o. als wären ihm alle Felle davongeschwommen – er macht e-e Leichenbittermiene
il fait une figure d'enterrement o. une mine longue comme un jour sans pain
ha una faccia, un'aria da funerale
his face is as long as a wet week-end – he looks as if he had swallowed a poker – he has a real hangdog look

6) die Sache erhält ein anderes Gesicht
l'affaire revêt un autre aspect, prend un autre visage
la faccenda cambia aspetto
that puts a new face upon it

7) er ist seinem Vater wie aus dem Gesicht geschnitten – er ist ganz sein Vater o. sein Vater, wie er leibt und lebt
il est le portrait vivant o. tout le portrait de son père – c'est son père tout craché o. trait pour trait
pare il ritratto di suo padre – è il padre in carne e ossa o nato e sputato (o spaccato)
he ist the very (o. spitting) image of his father – that's his father all over – he is a chip of the old block

8) ein saures Gesicht zeigen – ein Gesicht machen wie saures Bier
faire grise mine o. une sale tête
fare un viso agro
to pull a sour (o. to make a wry) face (at s.o.)

9) das schlägt allen Regeln ins Gesicht
c'est contraire à toutes les règles
è contrario a (o fa a pugni con) tutte le regole
that conflicts (o. clashes) with the rules – that is against all the rules

10) sein wahres Gesicht o. den Pferdefuss o. sich im wahren Licht zeigen – die Maske fallen lassen

se montrer sous son vrai jour – jeter, ôter, lever le masque

rivelare il proprio animo o il proprio vero volto – gettare o lasciare cadere la maschera

to show (o. come out in) o's true colours – to show the cloven hoof o. o's true face – to throw off the mask

11) j-m (frech) ins Gesicht lachen

rire au nez de qn

ridere in faccia a (o sul muso di) qd.

to laugh s.o. in the face

Gestalt ein Projekt nimmt Gestalt an

un projet prend corps, couleur, figure, tournure

un progetto prende forma o corpo

a plan is taking shape

gestochen er schreibt wie gestochen

il a une écriture calligraphique

scrive in modo nitido e regolare

his writing is like copperplate

Gesundheit vor Gesundheit strotzen – kerngesund sein – gesund sein wie der Fisch im Wasser

respirer la (o. resplendir, éclater de) santé – être plein de santé – se porter comme un charme

scoppiare (o essere un fior) di salute – sprizzare salute da tutti i pori – avere salute da vendere

to be bursting with (o. to be a picture of) health – to be as sound as a bell

2) er hat e-e eiserne Gesundheit o. e-e Pferde- o. Rossnatur

il a une santé de fer – c'est un vrai cheval – il est bâti à chaux et à sable – il a un bon coffre, un coffre solide

ha una salute, un fisico di ferro

he has a (cast-)iron constitution

3) Gesundheit! (zu einem, der niest)

à vos souhaits!

salute!

(God) bless you!

4) auf Ihre Gesundheit! (beim Trinken)

à votre santé! – à la (bonne) vôtre! – à la tienne!

alla Sua salute!

your health! – here's to you! – cheers!

gesunken er ist tief gesunken

il est tombé bien bas

è caduto in basso

he has sunk very low

gewachsen der Lage gewachsen sein – sich der Lage gewachsen zeigen

être, se montrer à la hauteur de la situation

stare all'altezza della situazione

to show o.s. equal to (o. able to cope with) the situation

Gewalt hier liegt höhere Gewalt vor

c'est un cas de force majeur

è un caso di forza maggiore

it is an act of God, a case of force majeur

Gewicht dieses Argument fällt nicht (o. kaum) ins Gewicht, in die Waagschale, ist nicht von Bedeutung o. grossem Belang, zählt kaum

cet argument n'a pas de poids, ne pèse pas lourd

quest'argomento non ha peso

this argument does not carry weight, does not count

Gewissen j-m ins Gewissen reden

s'adresser, faire appel à la conscience de qn

parlare, fare appello alla coscienza di qd.

to appeal to s.o's conscience – to reason with s.o.

Giftpfeile abschiessen – j-m Nadelstiche versetzen – gegen j. sticheln

donner des piques, des coups d'épingles à qn

lanciare frecciate a (o frizzi contro) qd.
– dare una graffiata o colpi di spillo a qd.
to needle s.o.

Gipfeltreffen das Gipfeltreffen, die Gipfelkonferenz
la rencontre, la conférence au sommet
l'incontro, la conferenza al vertice
the summit conference, the summit

Glas er schaut gern ins Glas – er spricht tüchtig der Flasche zu
il aime, caresse, tète la bouteille – il lève le coude – il a la dalle o. le gosier en pente – il a une bonne descente – il aime à faire sauter le bouchon
gli piace bere
he is fond of a drop

glatt das ist e-e glatte Lüge
c'est un pur mensonge
è una bugia bell' e buona
it's a downright o. outright lie

2) das ist doch glatter o. heller o. der reinste Wahnsinn
c'est pure folie
è pura follia
that's sheer o. utter nonsense

3) das ist ja glatter o. reiner Mord! (als Ausruf bei e-m gefährlichen, kaum verantwortbaren Unternehmen)
c'est diablement dangereux!
è un crimine! – è spaventoso!
that's (plain) murder!

4) er ist ein glatter Versager
c'est un fruit sec
è un inetto bell' e buono
he is a complete failure, a dead loss

5) das kostet (mich) glatt 1000 Mark
cela me coûte aussitôt mille marks
(mi) costa mille marchi tondi tondi
that will cost (me) a cool 1000 marks

6) glatt o. rundweg ablehnen, leugnen usw.
refuser net o. purement et simplement
rifiutare nettamente
to refuse flatly

Glatteis j. aufs Glatteis führen
entraîner qn sur un terrain glissant
mettere qd. fuori (di) strada – trarre in inganno qd.
to lead s.o. on to dangerous ground o. up the garden (path)

glauben er wird dran glauben müssen – er wird nicht darum herumkommen
il n'y coupera pas
avrà da sopportarlo
he'll have to face the music

Glauben j-s Worten Glauben schenken
ajouter foi aux mots de qn
prestar fede alle parole di qd.
to give credit o. credence to s.o's words

gleich bis gleich! – bis bald!
à tout à l'heure!
a fra poco! – ci vediamo!
see you soon (o. later!) – until then!

Gleis etwas wieder ins rechte Gleis, ins Lot, ins reine bringen – etwas ausbügeln o. einrenken – die Karre (o. den Karren) aus dem Dreck ziehen
remettre qc. sur la bonne voie – tirer qc. au clair – remettre, arranger l'affaire – remettre les choses en ordre
rimettere qc. in carreggiata – mettere qc. in chiaro o a posto – sbrogliare la matassa – metterci una pecetta
to put o. set s.th. right o. to rights (again) – to straighten things out

2) sich in ausgefahrenen Gleisen, in ausgetretenen Bahnen bewegen
suivre les (o. ne pas sortir des) sentiers (o. chemins) battus
andare per (o seguitare) la carreggiata
to stay in the (same) old rut o. groove – to follow (o. keep to) the beaten track

Glocke er weiss, was die Glocke geschlagen hat
il sait à quoi s'en tenir

ha riconosciuto la gravità della situazione
he knows what o'clock it is – he knows the time of the day o. which way the wind is blowing

2) etw. an die grosse Glocke hängen – etw. ausposaunen
crier qc. sur les toits – divulguer qc. à son de trompe – carillonner qc.
strombazzare, gridare, spargere qc. a tutti i (o ai quattro) venti – gridare qc. dai tetti – mettere qc. in piazza – dar fiato alle trombe – andare col cembalo in colombaia
to tell the whole world about it – to trumpet o. blazon s.th. forth

Glück sein Glück machen
faire fortune
fare fortuna
to make o's fortune

2) sein Glück mit Füssen treten
faire bon marché de sa fortune
dare un calcio alla fortuna
to be blind to o's own fortune

3) sein Glück versuchen
tenter sa chance
tentare la sorte, la fortuna
to try o's luck

4) ein unverschämtes Glück haben
avoir une veine de pendu
avere una fortuna sfacciata
to be damn lucky

5) mehr Glück als Verstand haben
avoir plus de chance que d'intelligence
avere più fortuna che cervello
to have more luck than sense

6) das Glück lächelt ihm, ist ihm hold o. gewogen
la chance lui sourit
la fortuna gli arride
luck is with him – fortune favours (o. smiles upon) him

7) Sie können von Glück reden
vous pouvez vous vanter d'avoir (eu) de la chance
Lei può dirsi (o si può chiamare) fortunato
you may thank your lucky stars

8) etwas auf gut Glück, aufs Geratewohl tun
faire qc. au hasard, au petit bonheur
fare qc. a caso, alla ventura
to do s.th. on the off-chance o. for luck – to take a chance on doing s.th.

Glückssträhne e-e Glückssträhne haben – vom Glück begünstigt sein
avoir le vent en poupe
navigare col vento in poppa
to have a streak (o. run) of luck

Gnade Gnade walten o. Gnade vor Recht ergehen lassen
user de clémence
usare clemenza
to show mercy – to temper justice with mercy

2) j-m auf Gnade und Ungnade ausgeliefert sein
être livré pieds et poings liés à qn
dipendere dalle buone grazie di qd.
to be at s.o's mercy, in s.o's hands o. clutches

Gnadenstoss das gab ihm den Gnadenstoss, den Rest
cela lui a donné le coup de grâce – cela l'a achevé
questo gli ha dato il colpo di grazia
that gave him the coup de grâce o. the deathblow

Goldgrube sein Laden ist e-e (wahre) Goldgrube
son magasin est une mine d'or – son magasin, c'est de l'or en barre
il suo negozio è una miniera d'oro
his shop is a gold mine

Goldwaage man darf nicht jedes seiner Worte auf die Goldwaage legen
il ne faut pas prendre ses paroles au pied de la lettre o. prendre à la lettre tout ce qu'il dit
non si deve pesare ogni sua parola (con la bilancia del farmacista o dell'orefice)
take it (o. his words) with a grain of salt

2) seine (eigenen) Worte abwägen, auf die Goldwaage legen
peser bien ses mots o. toutes ses paroles
pesare ogni parola
to weigh o's words carefully

Gosse in der Gosse landen
finir dans la rue – tomber dans le ruisseau
finire nel fango
to end in the gutter

2) sich in der Gosse wälzen
être, traîner dans le ruisseau
guazzare nel fango
to revel in filth o. in the gutter

Gott wie Gott in Frankreich o. wie die Made im Speck o. der Vogel im Hanf leben – im Speck sitzen – ein Herrenleben führen
vivre comme un coq en pâte
fare una vita da principe o da papi – vivere, stare come un papa – nuotare nel lardo, nel lardello, nelle lasagne
to live in the lap of luxury o. in clover o. like a king – to have o's bread buttered on both sides – to live (o. be) (as) snug as a bug in a rug

Götter wann er kommt, das wissen die Götter
quand il viendra Dieu seul le sait
quando verrà indovinala grillo
heaven knows when he will come

Gotteslohn um Gotteslohn arbeiten
travailler pour la gloire – faire du bénévolat o. un travail à l'œil
lavorare per la gloria o la fama – fare qc. a ufo
to undertake a labour of love

Grab am Rande des Grabes o. mit e-m Fuss (o. Bein) im Grabe stehen
avoir un pied dans la tombe – être à deux doigts de la mort o. de la tombe
avere (o essere con) un piede nella fossa o bara
to have one foot in the grave – to be at death's door

2) er ist verschwiegen wie das Grab
il est muet comme une tombe – c'est un tombeau
è una tomba
he is (as) silent as the grave

3) sein eigenes Grab graben, schaufeln
causer sa propre ruine
cavarsi la fossa da sé o con le proprie mani
to be digging o's own grave

4) sich im Grabe umdrehen
se retourner (o. bondir) dans sa tombe
rivoltarsi nella tomba
to turn in o's grave

5) j. zu Grabe tragen – j-m die letzte Ehre erweisen o. das letzte Geleit geben
accompagner qn à sa dernière demeure – rendre les derniers honneurs, les honneurs funèbres à qn
accompagnare qd. alla tomba, all'ultima dimora – rendere le estreme onoranze, gli ultimi onori a qd.
to carry s.o. to the grave – to pay s.o. the last honours

Grabesstimme mit Grabesstimme
d'une voix sépulcrale o. caverneuse
con una voce d'oltretomba
in a sepulchral voice

Gras er hört das Gras wachsen, die Flöhe husten

Gras

il se croit bien fin o. malin – c'est un malin
fa il saccentone
he is a know-all, a clever Dick

2) darüber ist längst Gras gewachsen – das ist e-e alte Geschichte – das sind alte Geschichten – a. die Sache ist vom Tisch
il y a belle lurette qu'on n'y pense plus – c'est une vieille histoire
è acqua passata o roba vecchia o una cosa morta e seppellita
this matter has long been forgotten – that's an old story

3) wo er hinhaut, wächst kein Gras mehr
il n'y va pas de main morte
dà certi colpi da far paura
he packs a terrible punch

4) ins Gras beissen – die Schuhe stehen lassen – die Beine strecken – den Löffel wegschmeissen – sich die Radieschen von unten ansehen – abkratzen – ums Leben kommen – das Zeitliche segnen – die letzte Reise antreten – von der Bühne des Lebens o. der Welt abtreten – aus dem Leben scheiden – zur grossen Armee abberufen werden
casser sa pipe – passer l'arme à gauche – lâcher la rampe – aller manger les pissenlits par la racine – avaler sa chique o. son extrait de naissance – cesser de vivre – rendre l'esprit o. l'âme
mordere la polvere – mettere le scarpe al sole – stendere, stirare le gambe – andare a ingrassare i cavoli o sentir cantare i grilli o a far terra per ceci – tirare le cuoia o le calze – rimetterci la (o uscire di) vita – far l'ultimo viaggio – passare a miglior vita – andare a Patrasso – sparire dalla faccia della terra – andarsene all'altro mondo
to bite o. lick the dust – to go west – to peg out – to kick the bucket – to pass o. hand in o's check – to kick (o. tip o. turn) up o's heels – to depart from (this) life – to give o. yield up the ghost – to go to glory

Groschen

– to pass away – als sl. gelten: to slip the cable – to drop off the hooks – to hop the perch o. the twig

Grenzen die Kosten halten sich in Grenzen o. Schranken
les frais restent raisonnables o. dans la mesure des moyens
le spese stanno nei limiti
the costs remain within (reasonable) bounds

2) alles hat seine Grenzen – alles mit Mass und Ziel
il y a une limite à tout – usez, n'abusez pas
tutto (o ogni cosa) ha un limite – non si devono passare (o bisogna rispettare) i limiti
there is a limit to everything – we must draw the line somewhere

3) seine Frechheit usw. kennt keine Grenzen, übersteigt jedes Mass, ist grenzenlos
son impertinence passe les bornes, les limites
la sua sfacciataggine non ha (o conosce) limiti o non ha né modo né misura
his impertinence knows no bounds o. exceeds all limits (o. bounds) o. is boundless

Grillen Grillen fangen – Trübsal blasen – schwarzen Gedanken nachhängen
broyer du noir – avoir des idées noires
avere il muso
to be in the doldrums o. (down) in the dumps – to have the blues – to feel blue

Grimassen o. Gesichter machen, schneiden
faire des grimaces
fare le facce, le boccacce
to make, to pull faces o. grimaces

Groschen der Groschen ist gefallen – es hat bei ihm geklingelt o. gefunkt
il a enfin compris – il a pigé – ça a fait tilte
l'ha capita

the penny has dropped

Grössenwahn er leidet an Grössenwahn
il a la folie des grandeurs
ha manie di grandezza
he is bigheaded – he is a megalomaniac

Grossmutter das kannst du deiner Grossmutter erzählen – das kauf ich dir nicht ab – damit kannst du zu Hause bleiben – da musst du dir schon e-n Dümmeren suchen – wer's glaubt, wird selig o. bezahlt e-n Taler
à d'autres! – mon œil! – tu m'en contes de belles!
raccontalo a tua nonna! – a me lo vieni a raccontare! – questo puoi raccontare ad altri!
tell that to the marines! – tell me another! – don't give me that!

Grund e-r Sache auf den Grund gehen
aller au fond de l'affaire – a. vouloir en avoir le cœur net
andare in fondo a una faccenda
to go to the bottom of s.th.

2) den Grund, das Fundament legen zu etwas
jeter les bases, les fondements de qc.
gettare le basi, i fondamenti di qc.
to form, to lay the basis of s.th.

Gürtel den Gürtel enger schnallen
se mettre, se serrer la ceinture
stringere la cintola – tirare la cinghia
to draw in, to tighten the belt

Gürtellinie das war ein Schlag unter die Gürtellinie
c'était un coup bas
questo era un colpo basso
that was a punch below the belt

Guss diese Arbeit ist aus einem Guss
ce travail est d'un seul jet
questo lavoro è fatto di getto, è tutto d'un pezzo
this work is of a piece

Gute das ist zuviel des Guten!
c'en est trop! – a. vous forcez la dose!
troppa grazia, sant'Antonio!
that's too much of a good thing!

Haar j-m kein Haar krümmen
ne pas toucher (à) un cheveu de qn
non torcere un capello a qd.
not to touch o. harm a hair of s.o's head

2) um ein (o. bei e-m) Haar (wäre er überfahren worden usw.) – es fehlte wenig, so . . .
il s'en est fallu d'un poil, d'un cheveu qu'il (ne se fît écraser etc.) – un peu plus il (était écrasé etc.) – abs.: il était moins une o. moins cinq
ci mancò (o mancava) un pelo o capello che (non finisse sotto una macchina etc.) – a momenti (finiva sotto . . .)
he came within an ace of (being run over etc.) mit andern Verben: he came within an inch of . . .

3) in jeder Suppe ein Haar finden – immer etwas zu meckern haben – ein Meckerfritze sein
chercher la petite bête – trouver à redire à tout
cercare il pelo nell'uovo – trovare sempre qualcosa da ridire
to find a fly in the ointment

4) an den Haaren herbeigezogen
tiré par les cheveux
tirato per i capelli, i denti, con gli uncini
far fetched – dragged in by the head and ears

5) sich in die Haare, in die Wolle geraten
se prendre aux cheveux – se bouffer le nez – (von Frauen) se crêper le chignon
prendersi per i capelli
to fall foul of each other – to be at loggerheads – to come to blows

6) da sträuben sich einem die Haare – da stehen einem die Haare zu Berge
c'est à faire dresser les cheveux sur la tête

ciò fa rizzare i capelli
that makes your hair stand on end – it's enough to curl your hair

7) ich könnte mir die Haare ausreissen o. mich ohrfeigen, dass...
je m'arracherais les cheveux o. je me mordrais les doigts pour...
mi morderei le mani o mi batterei a sangue per...
I could kick myself for...

8) darüber lasse ich mir keine grauen Haare wachsen
c'est là le moindre de mes soucis – je ne vais pas me faire du mauvais sang – je ne me fais pas de cheveux pour ça (ellipse de «se faire des cheveux blancs o. gris») – je ne me ferai pas de bile o. un sang d'encre o. du mouron
non me ne do pensiero – non mi guasto il sangue per questo
I won't lose any sleep over it

9) sich die Haare raufen
s'arracher les cheveux
mettersi le mani nei capelli
to tear o's hair

Haaresbreite um Haaresbreite o. mit knapper Not entging er dem Tod
il a échappé de justesse à la mort
sfuggì alla morte per un pelo
he escaped being killed by the skin of his teeth

Haarnadelkurve e-e Haarnadelkurve
un virage en épingle à cheveux
una curva a ferro di cavallo
a hairpin bend

Haarspalter er ist ein Haarspalter – er ist tüftelig, pingelig
c'est un homme à couper un cheveu en quatre o. un coupeur de cheveux en quatre
è un cavillatore – è stretto di maniche – mette i puntini sulle i
he dots the (o. his) i's and crosses the (o. his) t's – he splits hairs o. straws

Haarspalterei das ist Haarspalterei
c'est couper les cheveux en quatre
lo stesso come spaccare un capello in quattro
that's just (o. all) splitting hairs

Hackfleisch aus j-m Hackfleisch o. Kleinholz machen
réduire qn en chair à pâté – hacher menu qn
fare salsicce o polpette di qd. – ridurre qd. in poltiglia
to make mincemeat of s.o.

Hafer ihn sticht der Hafer
il veut faire le malin – ça lui monte à la tête
alza la cresta, la coda
it has gone to his head – he is getting too big for his breeches o. boots

Hahn Hahn im Korb sein – dick in der Wolle sitzen
être le coq du village
essere il gallo della checca
to be the cock of the walk

halb er macht die Sachen nur halb
il ne fait les choses qu'à moitié
fa le cose a mezzo
he does things by halves only

Hälfte meine bessere Hälfte (die Gemahlin)
ma chère o. tendre moitié
la mia dolce metà
my better half

Hälmchen ziehen
tirer à la courte paille
tirare a sorte
to draw straw o. lots

Hals er hat es in den falschen Hals gekriegt o. krummgenommen – es ist ihm in die falsche Kehle geraten
il l'a pris de travers
ciò gli è andato di traverso – gli è rimasto nel gozzo

he took it the wrong way o. amiss – it didn't go down well

2) e-r Flasche den Hals brechen
faire un sort à (o. décacheter) une bouteille
aprire, sturare una bottiglia
to crack a bottle

3) j./etw. auf dem Hals haben
avoir qn/qc. sur le dos, sur les bras
avere qd./qc. sulle (o alle) spalle o alle costole
to have s.o./s.th. on o's back – to be saddled (o. stuck) with...

4) bis an den Hals o. über die Ohren in Schulden stecken – mehr Schulden als Haare auf dem Kopf haben
être criblé de dettes – être endetté jusqu'à la gauche – avoir des dettes jusqu'au cou
essere indebitato fin sopra i capelli o fino al collo o alla punta dei capelli – essere impelagato in un mare di debiti – affogare nei debiti – avere più debiti che capelli
to be up to o's ears o. chin in debt

5) das Wort blieb mir im Hals, in der Kehle stecken – ich brachte kein Wort hervor o. über die Lippen
le mot me restait, m'expira dans la gorge – je suis resté sans voix o. demeuré interdit
la voce mi morì o la parola mi rimase in gola – sono rimasto senza parola – non proferì o spicciavo parola
the word stuck in my throat – I couldn't say o. utter a single word

6) sich j. vom Hals schaffen
envoyer à la balançoire qn
levarsi qd. dai piedi o d'attorno – togliersi di dosso qd.
to get s.o. off o's back – to brush s.o. off

7) j-m um den Hals fallen
sauter, se jeter, se pendre au cou de qn
saltare, gettarsi al collo di qd. – buttare le braccia al collo di qd.
to throw o's arms round s.o's neck

8) aus vollem Halse, aus Leibeskräften schreien
crier à tue-tête, à pleine gorge
gridare con quanta voce si ha in corpo – gridare a squarciagola o a più non posso o come un'anima dannata
to shout at the top of o's voice

9) man hat ihm dieses Amt auf den Hals geladen o. aufgehalst
on lui a collé cette charge sur le dos
gli hanno accollato o addossato questa carica
he was saddled with that office

10) e-n langen Hals machen – den Hals strecken o. sich fast den Hals ausrenken (um etw. zu sehen)
allonger, tendre le cou
allungare il collo
to crane o. stretch o's neck

11) das wird ihm noch den Hals, das Genick brechen o. den Hals kosten
cela va lui casser le cou o. les reins
ciò lo manderà in rovina – va a rompersi l'osso del collo
that's going to break his neck o. to be his undoing – that may cost him his head

12) ich könnte ihm den Hals umdrehen
je pourrais lui tordre le cou
lo mangerei vivo
I could strangle him

13) Hals über Kopf abreisen
partir en coup de vent
partire su due piedi
to depart head over heels

14) Hals- und Beinbruch!
bonne chance!
in bocca al lupo!
the best of British!

Halt ich habe e-n festen Halt an ihm
il m'est d'un grand appui
ho un appoggio in lui
I find a prop and support in him – he is a real brick

Hammer zwischen Hammer und Amboss, zwischen zwei Feuer, zwischen Scylla und Charybdis geraten
être pris, se trouver entre l'enclume et le marteau o. entre deux feux
essere tra l'incudine e il martello o tra Scilla e Cariddi – trovarsi tra due fuochi
to be between the devil and the deep (blue) sea

2) unter den Hammer kommen
passer sous le marteau
essere messo all'asta
to come, to go under the hammer

Hand freie Hand haben – nach Belieben schalten und walten (können) – es steht e-m völlig frei zu . . .
avoir les mains libres, le champ libre, les coudées franches, la main haute – gouverner à sa fantaisie, à son gré, selon son bon plaisir
avere le mani libere – avere libertà d'azione
to have a free hand – to be able to do as one pleases

2) j-m freie Hand, volle Freiheit, viel (o. freien) Spielraum lassen – j-m nicht die Hände binden – j. frei schalten und walten lassen
laisser les mains, les coudées, le champ, le quartier libre(s) à qn – donner, laisser de la marge, de la latitude à qn – laisser la bride sur le cou à qn – donner carte blanche à qn – ne pas lier la main à qn – laisser faire qn à son gré, à sa fantaisie
dare mano libera, campo franco, carta bianca a qd. – lasciare libertà d'azione a qd.
to give s.o. a free hand, full swing, plenty of rope, a blank check – to leave, to allow s.o. scope

3) j. (völlig) in der Hand, in seiner Gewalt, an der Leine haben
avoir qn bien en main
avere in mano, in pugno qd. – tenere al guinzaglio qd.
to have s.o. in the hollow of o's hand, at

o's mercy, over the barrel – to hold s.o. in leash

4) von langer Hand vorbereitet
préparé de longue main
preparato da lungo tempo
carefully planned – planned long before

5) j-m an die Hand gehen – Hand anlegen – mitanpacken (beide abs.)
prêter la main, donner un coup de main à qn – mettre la main à la pâte o. à la charrue (beide abs.)
dare una mano, dare o prestare man forte a qd.
to give s.o. a hand – to lend a (helping) hand

6) von der Hand in den Mund leben
vivre au jour le jour – vivre à la petite semaine
vivere, campare alla giornata
to live from hand to mouth

7) j-m aus der Hand fressen
faire tout ce que qn veut
essere servile verso qd.
to eat out of s.o's hand

8) das hat Hand und Fuss
cela tient debout
è ben fondato
that holds water – that's very much to the point

9) das hat weder Hand noch Fuss – das ist weder gehauen noch gestochen
cela n'a ni queue ni tête o. ni rime ni raison – cela ne tient pas debout
non ha né capo né coda – non sta né in cielo né in terra – son cose senza verso
that has neither head nor tail – there is neither rhyme nor reason in this

10) etw. unter der Hand verkaufen
vendre qc. en sous-main
vendere qc. sotto banco
to sell s.th. on the quiet

11) dafür lege ich meine Hand ins Feuer – ich wette meinen Kopf o. zehn ge-

gen eins, dass ... ich lasse mir den Kopf abhauen o. abreissen, wenn ...
j'en mettrai ma main au feu – je mettrai ma main à couper o. sur le billot – je donnerais ma tête à couper que ...
ne metterò la mano sul fuoco – ci scommetterei la testa che ... – mi lascio tagliare la testa se ...
I put my hand into the fire (for it) – I bet you anything you like

12) e-e glückliche Hand haben
avoir la main heureuse
avere le mani fatate
to have a lucky touch

13) mit eiserner Hand regieren
gouverner avec une main de fer
governare con mano ferrea
to rule with an iron hand

14) er hat e-e lockere Hand – die Hand rutscht ihm leicht aus
il a la main leste
è lesto di mano
he is apt to let fly (o. to hit out) at the slightest provocation

15) (die) letzte Hand an etw. legen – e-r Sache den letzten Schliff geben
mettre la dernière main o. donner le dernier coup de lime à qc.
dare l'ultimo tocco o l'ultima limata a qc. – aver fatto trenta e fare trentuno
to put the finishing touch(es) to a work

16) etw. aus erster Hand, aus guter o. sicherer Quelle haben
avoir qc. de bonne source
avere qc. di prima mano o da fonte diretta
to have s.th. firsthand o. straight from the horse's mouth o. from a reliable source

17) er ist die rechte Hand seines Chefs
il est le bras droit de son chef
è il braccio destro del padrone
he is the right hand of the boss

18) j-m die Hand salben – j. schmieren
graisser la patte o. donner un pot de vin à qn
ungere le ruote o la ruota – dare, passare la bustarella
to grease, to oil, to cross s.o's palm o. hand

19) Hand aufs Herz! – (grosses) Ehrenwort! – ehrlich!
la main sur le cœur, sur la conscience! – parole d'honneur!
parola (d'onore)!
honestly! – upon my word of honour!

20) ich habe es bei der (o. zur) Hand
je l'ai sous la main
l'ho a portata di mano
I have it at (o. on) hand

21) j-m aus der Hand lesen
lire dans les lignes de la main de qn
leggere la mano a qd.
to read s.o's palm

22) Hand an sich legen
attenter à ses jours
attentare alla propria vita
to attempt suicide

23) um j-s Hand anhalten
demander qn en mariage
chiedere la mano di qd.
to ask for s.o's hand in marriage

24) ich werde die Sache in die Hand nehmen (mich damit befassen)
je prendrai la chose en main
prenderò la (o questa) faccenda in mano
I'll take the matter in hand – I'll take charge of it

25) e-e offene Hand haben
avoir le cœur sur la main
essere generoso
to be openhanded, generous

26) es liegt in deiner Hand, du hast es in der Hand, es liegt an dir zu ...

(la décision etc.) est o. repose entre tes mains
dipende da te di...
(the decision etc.) rests o. lies with you – it's for you to... – it's up to you

27) j. auf Händen tragen
être aux petits soins pour qn
portare qd. in palma di mano
to wait on s.o. hand and foot

28) die Hände über dem Kopf zusammenschlagen
lever les bras au ciel
mettersi le mani nei capelli
to throw up o's hands

29) seine Hände in Unschuld waschen
s'en laver les mains
lavarsene le mani
to wash o's hands of it

30) mir sind die Hände (o. Hände und Füsse) gebunden
j'ai les mains liées
ho le mani (o le braccia) legate – sono legato mani e piedi
my hands are tied – I am tied hand and foot

31) sich mit Händen und Füssen (gegen etw.) wehren o. stemmen
se défendre avec bec et ongles (contre qc.) – faire des pieds et des mains (pour ne pas faire qc.)
difendersi con le unghie e con i denti (da)
to fight s.th. tooth and nail

32) zwei linke Hände haben – a. über seine eigenen Füsse stolpern (ungeschickt sein)
être la maladresse en personne – s'y prendre comme une savate
non sapere tenere l'ago in mano – avere le mani di ricotta – essere un marinaio d'acqua dolce
his fingers are all thumbs

33) das Dokument ist in meinen Händen

le document est entre mes mains
sono in possesso del documento
the document is to hand

handeln darum handelt es sich o. geht es (hier) nicht
la question n'est pas là – ce n'est pas la question
di questo non si tratta
that's not the point

Handgelenk er macht es aus dem Handgelenk o. spielend o. mit dem kleinen Finger (der linken Hand) – das ist ein Kinderspiel für ihn
c'est un jeu pour lui – il fait cela (comme) en se jouant – il réussit comme une fleur
lo fa sotto gamba o come per gioco – per lui è una passeggiata
he does it with the greatest ease o. just like that o. with a flick of the wrist – a. he will take that in his stride

Handschuhe j. mit seidenen (o. Glacé-) Handschuhen anfassen – j. wie ein rohes Ei behandeln
prendre, mettre des gants avec qn
trattare qd. con i guanti (bianchi o gialli)
to treat s.o. with velvet (o. kid) gloves

Handumdrehen im Handumdrehen – in Null Komma nichts – ehe man bis drei zählen konnte
en deux ou trois coups de cuiller à pot – en un tournemain – en moins de rien – en moins de deux – en moins de temps qu'il n'en faut pour le dire – en un clin d'œil – en cinq sec – le temps de dire ouf – en deux temps (et trois mouvements)
in un batter d'occhio o d'ali – in un botto o soffio – in men che non balena o che non si dica – in un lampo – in quattro e quattr'otto
in no time – in the twinkling of an eye – in two shakes (of a lamb's tail) – before you can say Jack Robinson (o. knife) – before you know where you are – in a jiffy

Handwerk j-m ins Handwerk pfuschen
s'immiscer dans le travail de qn
immischiarsi nei fatti altrui
to meddle in s.o's business

2) j-m das Handwerk legen
mettre fin aux menées de qn
porre fine ai maneggi, alle malefatte di qd.
to put a stop to s.o's game

3) sein Handwerk verstehen
connaître son métier
essere del mestiere – sapere il fatto proprio
to know o's business, o's onions

hängen er hängt am Leben
il tient à la vie
è attaccato alla vita
he loves life

hapern wo hapert's? – wo fehlt's? – was ist los? – läuft etwas nicht rund?
qu'est-ce qui ne tourne pas? – qu'est-ce qui cloche o. ne va pas, ne marche pas?
cos'è che non va?
what's the trouble? – what's wrong?

Happen e-n Happen, ein Häppchen essen – e-e Kleinigkeit futtern
manger, prendre un morceau – casser la croûte o. la graine
mangiare un boccone
to have a bite, a snack

Harke ich werde ihm zeigen, was e-e Harke ist o. wo Barthel den Most holt – ich werde ihm den Meister zeigen o. die Flötentöne beibringen – ich werde ihn Mores lehren o. ihm zeigen, wo es langgeht o. mit wem er es zu tun hat – der soll (o. wird) mich noch kennenlernen.
je vais lui montrer comment je m'appelle o. de quel bois je me chauffe – je vais le remettre à sa place – je vais lui faire les pieds o. lui apprendre à vivre – je lui ferai voir à qui il a affaire

lo metterò a posto – lo farò rigare dritto – gli farò vedere io – gli insegnerò io
I'll teach him manners – I'll tell o. show him what's what – I'll show o. fix him

Harnisch er gerät leicht in Harnisch – er geht gleich hoch o. in die Luft – bei ihm ist gleich Feuer im Dach
il a la tête près du bonnet – il prend la mouche – il s'emporte o. monte comme une soupe au lait – il prend le mors aux dents
gli salta la mosca o il grillo al naso – si accende o piglia fuoco come un fiammifero, uno zolfanello
he flies into a rage at the drop of a hat – he flies easily off the handle – he is very hotheaded

2) j. in Harnisch, in die Wolle, auf die Palme bringen
mettre qn en boule o. hors de ses gonds – faire tourner qn en bourrique – échauffer la bile, les oreilles de qn – faire devenir chèvre qn – faire mousser qn
mandare in bestia qd. – far andare su tutte le furie o su di giri qd.
to get, to put s.o's monkey o. back up – to make s.o. see red – to get s.o's goat (sl.) – to get s.o's shirt out (sl.)

Hase da liegt der Hase im Pfeffer o. der Hund begraben – das ist der springende Punkt
c'est là que gît le lièvre – voilà o. c'est bien le chiendent – voilà le hic – c'est le point saillant o. décisif
qui sta il busillis o il punto – qui casca (o mi cascò) l'asino – questo è il punto saliente o importante
there's the rub o. snag – that's the crux o. the (whole) point

2) er ist ein alter Hase – (in e-m Betrieb) er gehört zum Inventar
c'est un vieux renard o. un vieux de la vieille
è una vecchia volpe, un vecchio del mestiere
he is an old hand

Hasenfuss er ist ein Hasenfuss, ein Angsthase – er fürchtet sich vor seinem eigenen Schatten
c'est une poule mouillée – il est peureux comme un lièvre – il a peur de son ombre
è un cuor di coniglio – è pauroso come una lepre – ha paura della propria ombra
he is chicken-hearted, lily-livered, a scaredy-cat – he ist afraid of his own shadow

hässlich sie ist hässlich wie die Nacht, die Sünde
elle est laide comme un pou, un singe, un crapaud, les sept péchés capitaux – elle est laide o. d'une laideur à faire peur
brutta (come una scimmia)
she is (as) ugly as sin

Haufen j-s Pläne über den Haufen werfen
boulverser les projets de qn – ficher les projets de qn par terre
mandare a monte o a carte quarantotto i progetti di qd.
to throw s.o's plans into disarray – to thwart s.o's plans

2) j. über den Haufen rennen
renverser, culbuter qn
buttare a terra qd. urtando
to run o. bowl s.o. over – to knock s.o. down

Haupt gesenkten Hauptes, mit gesenktem Blick
la tête basse
a capo basso o chino
with head bent – with downcast eyes

Haus das Haus, die Bude usw. auf den Kopf stellen – auf die Pauke hauen – ausser Rand und Band sein – es bunt treiben
faire le diable à quatre – faire la noce, la bombe, les quatre cents coups – faire du foin o. un foin du diable
mettere tutto a soqquadro – fare il diavolo a quattro – farne di tutti i colori
to paint the town red – to let o's hair down

2) er ist ein gelehrtes Haus, ein Ausbund an Gelehrsamkeit
c'est un puits de science, une grosse tête
è un'arca o un pozzo di scienza
he is a prodigy of learning

3) auf e-m Gebiet zu Hause o. beschlagen sein o. Bescheid wissen o. sich auskennen
être versé dans (o. rompu à o. ferré sur) un domaine – connaître à fond un domaine – bien s'y connaître – connaître un rayon, un bout – être orfèvre en la matière – a. être en pays de connaissance
essere pratico o esperto di (o versato in) un campo
to feel at home with a subject – to be familiar, acquainted, conversant, well versed, well up with a subject

4) er ist ein fideles Haus
c'est un joyeux drille, un gai luron
è un giovialone, un allegrone
he is great fun, a jolly fellow

5) nicht wissen, was e-m (alles) ins Haus steht
ignorer à quelle sauce on sera mangé
non sapere che cosa vi pende
not to know what's coming to you

6) tun Sie, als ob Sie zu Hause wären
faites comme chez vous
stia comodo – faccia come a casa Sua
make yourself at home

7) er hat weder Haus noch Herd – er hat kein Dach überm Kopf – er ist nirgends zu Hause
il n'a ni feu ni lieu
non ha né casa né tetto
he has no roof over his head

Häuschen aus dem Häuschen geraten – Zustände bekommen
sortir de ses gonds – se mettre dans tous ses états
uscire di squadra, dai gangheri

to have (a litter of) kittens – to get into a state – to have a fit

2) ganz aus dem Häuschen, (ganz) ausser sich sein (vor Freude usw.)
être hors de soi, de ses gonds – être dans tous ses états
essere fuori dei gangheri – non stare in sé o nella pelle, nei propri panni
to be beside o.s.

3) j. ganz aus dem Häuschen o. durcheinander bringen – j-m den Kopf wirr machen
mettre qn dans tous ses états – faire sortir qn de ses gonds – faire perdre la tête o. casser la tête à qn
far perdere la testa a qd. – mettere qd. in scompiglio – confondere qd.
to get s.o. in a flap o. state – to get s.o. (all) mixed up – to confuse, to bewilder s.o.

Haut ich möchte nicht in seiner Haut, in seinen Schuhen stecken
je ne voudrais pas être dans sa peau
non vorrei essere nella sua pelle o nei suoi panni o piedi
I wouldn't like to be, to stand in his shoes

2) seine Haut zu Markte tragen – sein Leben aufs Spiel setzen o. in die Schanze schlagen – Kopf und Kragen riskieren
risquer sa peau, sa vie – faire bon marché de sa peau – jouer sa tête
rischiare la vita, la pelle – mettere a rischio o a repentaglio la propria vita
to risk o's life o. hide – to take o's life in o's hands

3) mit heiler Haut o. knapper Not davonkommen – wir sind noch einmal davongekommen
en sortir indemne o. sain et sauf – l'échapper belle – il était moins cinq
salvare, scampare la pelle – cadere in piedi – scamparla bella – farla franca
to save o's skin – to escape unscathed o. by the skin of o's teeth – that was a narrow squeak o. a hairbreadth escape – we had a hairbreadth escape

4) er ist e-e gute o. gutmütige Haut, e-e Seele von Mensch
c'est une bonne pâte (d'homme)
è buono come il pane – è una buona pasta d'uomo
he is a good o. long-suffering soul

5) es ist um aus der Haut zu fahren o. um auf die Bäume zu klettern o. an den Wänden hochzugehen – es ist zum Davonlaufen o. zum Verrücktwerden – da geht einem der Hut hoch
c'est à s'arracher les cheveux, à se taper (o. se cogner) la tête contre un mur o. les murs – il y aurait de quoi se jeter la tête contre le mur o. de quoi faire une jaunisse, de quoi se jeter à l'eau o. de devenir fou – c'est à n'y pas tenir
è cosa da far impazzire o uscire dai gangheri o andare in bestia
it's enough to drive you mad o. round the bend – it is for crying out loud o. to jump out of o's skin

6) er ist nur noch Haut und Knochen – er ist zum Skelett abgemagert – er ist e-e Ruine o. nur noch ein armseliges Wrack – er sieht aus wie der leibhaftige Tod
il n'a que la peau et les os – il n'a que la peau sur les os – c'est un vrai squelette o. une pauvre ruine
non è più che pelle e ossa – è tutto pelle e ossa – è un sacco d'ossa – è un osso – è ridotto o sembra uno scheletro o un cencio – è un relitto (umano)
he is nothing but skin and bone(s) – he is a wreck – he looks like death warmed up

7) sich nicht recht wohl fühlen in seiner Haut
être mal à l'aise – être mal dans sa peau
stare a disagio
to feel ill at ease

Hebel alle Hebel o. Himmel und Hölle in Bewegung setzen – alle Register ziehen – alle Minen springen lassen – kein Mittel unversucht lassen remuer ciel et terre – faire flèche de tout bois – faire jouer tous les ressorts – faire feu des quatre fers o. pieds – faire des pieds et des mains – mettre tout en œuvre – employer, essayer (o. recourir à) tous les moyens

muovere, mettere sottosopra cielo e terra – aiutarsi con le mani e con i piedi – tentare tutte le vie – ricorrere a (o valersi di) ogni mezzo

to move heaven and earth – to pull all the stops – to leave no stone unturned

2) hier müsste man den Hebel ansetzen

c'est par là qu'il faudrait s'attacher à la chose

qui si dovrebbe far leva

that's where we should tackle it

Hecht er ist der Hecht im Karpfenteich, ein Spielverderber, ein Störenfried

il est le trouble-fête – c'est un rabat-joie

fa come il lupo nell'ovile – è un guastafeste

he ist a spoilsport, a kill-joy, a wet-blanket

Heft das Heft in der Hand haben – der Herr im Haus sein – das Zepter o. Regiment führen

tenir le gouvernail, la queue de la poêle – mener, conduire la barque

tenere le redini – avere il mestolo in mano – essere il padrone del vapore

to hold the reins (in o's hands)

Heidenangst er hat den Bammel, e-e Heiden- o. Höllenangst, die Hosen gestrichen voll – er macht fast in die Hosen o. stirbt fast vor Angst

il a une peur bleue o. le trouillomètre à zéro – il meurt de peur – il a (o. ça lui donne) des sueurs froides – il a les foies (blancs) o. chaud aux fesses – l'angoisse le saisit à la gorge – il mouille (o. tremble dans) sa culotte – il fait dans son froc (arg.)

ha una paura matta o numero uno o del diavolo – ha una fifa blu o la tremarella – se la fa addosso o nei calzoni – si piscia sotto (dalla paura) – la paura gli stringe la gola

he is in a blue funk o. frightened (o. scared) stiff – fear is choking him – he is choked with fear – he is in a cold sweat o. quaking in his boots

Heidengeld das kostet ein Heiden- o. Sündengeld o. e-e schöne Stange Geld – das geht an den Beutel – das reisst ein arges Loch in den Beutel

cela coûte les yeux de la tête o. un argent fou

costa un sacco, un mucchio di soldi o un orrore, un occhio, molti bigliettoni

that costs a pretty penny, a tidy sum, a packet – it costs an arm and a leg

Heidenmühe sich e-e Heiden- o. Riesenmühe geben, um...

se donner du mal o. un mal de chien pour...

fare ogni sforzo per...

to make a supreme effort, to try hard to...

Heilige bei allen Heiligen o. hoch und heilig o. hoch und teuer schwören

jurer ses grands dieux

giurare solennemente

to swear by all the saints o. by all that's holy

Heiliger er ist ein wunderlicher o. sonderbarer Heiliger, ein komischer Kauz, e-e Nummer für sich

c'est un drôle de corps, de paroissien, de pistolet, de numéro, d'oiseau – c'est un type à part

è un tipo bizzarro o da spiaggia – è un bel tomo

he is a queer fish, an odd character, a rum one

heimzahlen das werde ich ihm heimzahlen – das wird er mir büssen müssen

il me le paiera – il ne l'emportera pas au paradis – je vais lui jouer un tour de ma façon – je l'attends au tournant – je lui garde un chien de ma chienne

me la pagherà – gliela farò pagare (cara)
he'll pay o. suffer for that – I'll make him pay for that

Heisssporn er ist ein Heisssporn, ein Hitzkopf
c'est une tête chaude, un cerveau brûlé
è una testa calda
he is a hotspur, a hothead

Heller ich besitze keinen roten Heller o. Groschen, Pfennig, Rappen – ich sitze auf dem trockenen – in meinem Geldbeutel herrscht Ebbe – ich bin (völlig) abgebrannt o. blank
je n'ai pas le sou, un sou vaillant, un rond, la queue d'un sou – je n'ai plus un radis, un rotin – je suis fauché o. à sec – je suis à la côte o. à fond de cale
resto in secco – non ho il becco o l'ombra di un quattrino – non ho un quattrino da far cantare il cielo – sono al verde, all'asciutto, agli sgoccioli – ho le tasche vuote – sono corto di denaro – non ho un baiocco
I haven't (got) a penny to bless myself with (o. to my name) – I am on the rocks – my funds are at low ebb – I am hard up o. stony-broke

2) das ist keinen roten Heller, keinen Pfifferling, keinen Schuss Pulver wert
cela ne vaut pas un sou, un clou, une tripette, quatre sous, un radis, un pet (de lapin) – c'est bon à jeter aux chiens
non vale una cicca, una rapa, un ficosecco, un quattrino, un nocciolo, un'oncia, uno zero, un fischio, un torsolo, un baiocco
that's not worth a penny, a brass farthing, a button, a tinker's curse (o. cuss o. damn)

3) e-e Schuld auf Heller und Pfennig bezahlen
payer rubis sur l'ongle
pagare fino all'ultimo centesimo
to pay to the last penny

Hemd er würde sein letztes Hemd hergeben
il donnerait jusqu'à sa dernière chemise, jusqu'à la dernière goutte de son sang
darebbe anche la camicia
he would give you the shirt off his back

Hemmschuh das ist ein Hemmschuh (für die Entwicklung usw.)
c'est un frein à...
riesce d'impiccio a...
this is a drag on...

herausfahren es fuhr mir so heraus
ce propos m'échappa
queste parole mi scapparono di bocca
it just slipped out

herauskommen das kommt auf eins (o. dasselbe) heraus
cela revient au même
è lo stesso, la stessa cosa
it comes o. amounts to the same thing – it is all the same

herausnehmen sich (j-m gegenüber) Freiheiten o. allerhand herausnehmen
prendre des libertés (avec qn)
prendere delle libertà (contro qd.)
to take liberties o. make free (with s.o.)

hereinfallen ich bin hereingefallen
j'ai donné dedans o. dans le panneau
ci sono cascato – sono rimasto fregato – ho preso un bidone, una fregatura – sto fresco
I was bitten o. had o. taken for a ride – I fell for it

Heringe wie Heringe o. Sardinen zusammengepfercht sein – a. da kann kein Apfel zur Erde fallen
être serrés, pressés comme des sardines, des harengs (en caque)
stare pigiati, stipati, stretti come sardine o acciughe – a. non c'è posto nemmeno per bestemmiare
to be packed like sardines

Herr sein eigener Herr und Meister sein
être son (propre) maître
non dipendere da nessuno
to be o's own master o. boss

2) der Schwierigkeiten Herr werden – mit den Schwierigkeiten fertig werden, sie meistern, in den Griff o. unter Kontrolle bekommen
se rendre maître (o. venir à bout) des difficultés – maîtriser les difficultés
superare le difficoltà
to cope with, to surmount the difficulties

3) Herr der Lage sein – die Lage fest in der Hand, im Griff, unter Kontrolle haben
être maître de la situation – avoir la situation bien en main
essere padrone della (o dominare la) situazione
to be master of the situation – to have the situation well in hand o. under control

Herrlichkeit es ist aus mit der Herrlichkeit – die Herrlichkeit war von kurzer Dauer
le miracle eut bientôt pris fin – ça n'a pas fait long feu
è finita la cuccagna – è festa finita
it's all over and done with

herumhacken alle hacken auf ihm herum
il sert de tête de Turc à tous
tutti gli tagliano i panni addosso
they all have a go at him

herumreiten auf etw. herumreiten – es mit etw. sehr genau nehmen
être à cheval sur qc. (Prinzipien)
battere sul medesimo tasto
to harp on one string

herumschwirren die Gedanken schwirren mir nur so im Kopf herum
les idées se bousculent dans ma tête
mi frulla per il capo ogni sorta di pensieri
all kinds of thoughts are going round in (o. are flashing through) my mind

Herz das Herz auf der Zunge haben, tragen
avoir le cœur sur les lèvres
avere il cuore sulle labbra o in bocca
to wear o's heart (up)on o's sleeve

2) das lässt die Herzen höher schlagen
cela met les cœurs en fête
questo fa battere il cuore di tutti
that thrills the heart o. makes the heart beat faster

3) das Herz lacht mir im Leibe, hüpft mir vor Freude
j'ai o. je me sens le cœur en fête – mon cœur bondit o. tressaillit de joie
il cuore mi balza in petto dalla gioia
that warms the cockles of my heart – my heart is leaping for joy

4) j./etw. auf Herz und Nieren prüfen o. unter die Lupe nehmen
examiner qn/qc. sur toutes les coutures
sottoporre qd./qc. a un severo esame
to put s.o./s.th. to the acid test – to put s.o. through it o. through his paces

5) das Herz fiel ihm in die Hosen – er bekam kalte Füsse
il perdit courage – le cœur lui manqua – il a serré les fesses
gli cascavano le brache
his heart sank into his boots – he got cold feet

6) das Herz auf dem rechten Fleck haben
avoir bon cœur
essere una persona di cuore
to have o's heart in the right place

7) es wird mir leichter ums Herz – mir fällt ein Stein vom Herzen – tief o. erleichtert aufatmen
me voilà soulagé d'un grand poids – cela m'ôte un poids de la conscience – respirer de soulagement
mi cade un peso dal (o mi si allarga il)

cuore – mi sono levato un peso dallo stomaco – trarre un (profondo) respiro di sollievo
that's a weight, a load off my mind o. a stone off my chest – to breathe again

8) sie sind ein Herz und eine Seele
ils sont comme les doigts de la main – ils sont les deux doigt de la main – ils filent le parfait amour
sono due anime in un nocciolo – sono due cuori e un'anima sola – è tutto fiori e baccelli o tutto pane e cacio con lui/lei – sono carne e unghia l'uno con l'altro – sono culo e camicia
they are as thick as thieves

9) sein Herz in beide Hände nehmen – sich ein Herz fassen
prendre son courage à deux mains
prendere il coraggio a due mani
to take heart – to pluck up courage – to screw up o's courage – to take o's courage in both hands

10) (bei dem Anblick usw.) blutet mir das Herz o. schnürt sich mir das Herz zusammen – (der Anblick) zerreisst mein (o. mir das) Herz – das Herz dreht sich mir im Leibe, wenn...
(à la vue de ce spectacle) le cœur me saigne – (ce spectacle) me fend o. déchire le cœur
(davanti a questo spettacolo) mi sanguina o mi si stringe il cuore – (questo spettacolo) mi spezza o strugge il cuore
(the sight) makes my heart bleed o. cuts me to the quick

11) j-m sein Herz ausschütten, sein Leid klagen
s'épancher auprès de qn – a. pleurer dans le gilet, le giron de qn
aprire l'animo o il proprio cuore a qd.
to open o's heart to s.o. – to pour o's heart out – to unburden o's heart

12) er ist ihm ans Herz gewachsen – er hat ihn in sein Herz geschlossen
il le porte dans son cœur
nutrisce un grande affetto per lui

he has become attached to him

13) das Herz schlug mir bis zum Halse
mon cœur battait à tout rompre
il cuore mi batteva forte forte
I had my heart in my mouth

14) dieser Verlust brach ihr das Herz
cette perte lui a brisé le cœur
questa perdita le spezzò il cuore
that loss broke her heart

15) er hat kein Herz o. ein Herz von Stein – er ist hartherzig
il a un cœur de pierre – il n'a pas, il manque de cœur
ha un cuore di pietra o di sasso o il cuore con tanto di pelo – non ha (o è senza) cuore – non ha sangue nelle vene – è duro (d'animo)
he has no heart – he is hard-hearted o. cold-hearted

16) das liegt mir am Herzen – es ist mir sehr (o. viel) daran gelegen
cela me tient à cœur
ciò mi sta a cuore
I have it at heart – it matters a great deal to me

17) ich bringe es nicht übers Herz zu...
je n'ai pas le cœur, le courage de...
mi manca il cuore per...
I haven't the heart to... – I can't find it in my heart (o. bring myself) to...

18) mir ist schwer ums Herz
j'ai le cœur gros
ho il cuore oppresso
my heart is heavy

19) das gab mir e-en Stich ins Herz
cela m'a donné un coup au cœur
ciò mi diede una fitta al cuore
it cut me to the quick – I felt a pang

20) gib deinem Herzen e-n Stoss (und tu etwas)
ne te montre pas si dur (et fais qc.)
lasciati commuovere (e fa qc.)

have a heart (and do s.th.)

21) du hast dir das zu sehr zu Herzen genommen
tu as pris cela trop à cœur
l'hai preso o pigliato troppo a cuore
you have taken it too much to heart

22) nimm dir's nicht zu sehr zu Herzen! – nimm's nicht zu schwer! – mach dir nichts draus!
il ne faut pas prendre cela trop à cœur o. au tragique – a. ne t'en fais pas!
non te la prendere (troppo a cuore)!
don't take it to heart o. too hard! – don't worry!

23) zu Herzen gehen – ans Herz greifen, rühren
aller droit au cœur
penetrare nel cuore
to move s.o. o. s.o's heart – to pull s.o's heartstrings

24) das ist etw. nach meinem Herzen
voilà ce que j'aime
ecco qc. che mi piace
that's s.th. after my own heart

Herzensbrecher er ist ein Herzensbrecher, ein Don Juan
c'est un bourreau des cœurs
è un rubacuori
he is a lady-killer

Herzenslust nach Herzenslust
à cœur joie
a piacere
to o's heart's content o. delight

Hexe sie ist e-e (richtige) Hexe, ein Satansbraten
c'est une vieille sorcière, une (vraie) peste
è una strega
she is a witch, a hell-cat, a devil in petticoats

Hieb der Hieb hat gesessen
le coup a porté
la frecciata ha colpito
the dig went home

hieb- und stichfeste Argumente
des arguments bâtis à chaux et à sable
argomenti irrefutabili
unassailable o. watertight o. cast-iron arguments

Himmel unter freiem Himmel o. bei Mutter Grün schlafen
loger, coucher à la belle étoile
dormire all'albergo della luna, a cielo scoperto, all'aria aperta
to sleep out in the open o. under the open sky

2) j. in den (o. in alle) Himmel heben – j. über den grünen Klee o. in den höchsten Tönen loben – j. durchs Abc loben, preisen – j. mit Lob überschütten – ein Loblied auf j. singen – a. j-m ein Kränzlein winden
porter, élever qn (jusqu') aux nues – ne pas tarir d'éloges de qn – faire de grands éloges de qn – dire merveille de qn – chanter, entonner les louanges de qn – a. tresser des couronnes à qn
portare, innalzare qd. alle stelle, al cielo, sugli scudi – cantare, tessere le lodi di qd. – mettere qd. sul piedistallo – porre qd. sugli altari
to praise s.o. to the skies – to ring o. sing s.o's praises – to heap praise on s.o. – to be loud in o's praises of...

3) im siebenten Himmel sein – vor Wonne zerfliessen – in e-m Meer von Seligkeit schwimmen
être au septième ciel o. aux anges – nager dans la joie, dans un océan de délices – voir tout en rose – être plongé dans la béatitude
essere al settimo cielo – andare in brodo di giuggiole – nuotare in un mare di beatitudine
to be in the seventh heaven (of delight) – to tread, walk, be riding on air – it is heaven

4) das Blaue vom Himmel o. wie gedruckt lügen – lügen, dass sich die Balken biegen – jedes zweite Wort (aus seinem Mund) ist e-e Lüge – a. er ist ein Meister im Lügen

mentir comme un arracheur de dents – mentir comme on respire – il ne saurait dire trois mots sans mentir – a. il est passé maître dans l'art de mentir

mentire per la gola o come un lunario, un epitaffio, una gazzetta – essere più bugiardo d'un gallo

to lie like a book, a trooper – to lie in o's teeth o. throat

5) (diese Ungerechtigkeit usw.) schreit o. stinkt zum Himmel

(cette injustice etc.) crie vengeance (au ciel)

(quest'ingiustizia etc.) grida vendetta

(this injustice etc.) stinks o. cries out to (high) heaven o. is a crying shame

Himmelfahrtsnase e-e Himmelfahrtsnase

un nez retroussé, en pied, en trompette

un naso all'insù

a tiptilted o. snub nose

himmelhoch jauchzend, zu Tode betrübt

c'est Jean qui pleure et Jean qui rit

ital. – – –

up one minute and down the next

Himmelswillen ums Himmelswillen! – gütiger (o. du lieber) Himmel! – Gott im Himmel! – mein Gott! – grosser Gott! – ach, du meine Güte! – heiliger Bimbam!

au nom du ciel! – pour l'amour du ciel o. de Dieu! – bonté du ciel! – Dieu du ciel! – mon Dieu!

per l'amor del cielo o di Dio! – Dio mio! – per carità! – santa pazienza!

(good) Heavens! – good (o. my) God! – for Heaven's o. for goodness' sake! – good (o. my) gracious! – dear me!

Hin nach langem Hin und Her – nach längerem Tauziehen

après bien des discussions – après de long(ue)s palabres

dagli oggi, dagli domani – dagli e ridagli – tira e molla – dopo un lungo tiremolla

considering the pros and cons – after long o. lengthy deliberations

hinauswollen worauf will er hinaus?

où veut-il en venir?

dove vuole andare a battere?

what is he driving at?

2) zu hoch hinauswollen

viser trop haut

mirare troppo in alto

to aim o. aspire too high – to set o's sights too high

Hindernis das soll kein Hindernis sein – darauf soll es nicht ankommen – davon soll es nicht abhängen

qu'à cela ne tienne

che ciò non riesca d'impiccio

never mind that – that need not matter

hinken dieser Vergleich hinkt

c'est une comparaison boiteuse – il y a qc. qui cloche dans cette comparaison

il paragone non regge o si regge sulle grucce

you have to (o. should) compare like with like

Hinterbeine sich auf die Hinterbeine stellen

ruer dans les brancards

puntare i piedi (al muro) – impuntarsi

to stand, to get on o's hind legs

Hintergedanken ich sage es ohne Hintergedanken

je le dis sans arrière-pensées – je n'y entends pas malice – je le dis sans penser à mal

lo dico senza secondi fini

I say that quite innocently – I have no ulterior motive

2) j-s Hintergedanken kennen

savoir ce que qn a dans le ventre

conoscere i secondi fini di qd.
to know what s.o. has at the back of his mind

Hintergrund sich im Hintergrund halten – im Hintergrund bleiben
rester dans l'ombre
tenersi nell'ombra – restare nella (o in) penombra – non mettersi in vista
to keep, to stay in the background

2) diese Probleme treten in den Hintergrund
ces problèmes passent au second rang
questi problemi passano in seconda linea
these problems pale into insignificance

Hintern j-m in den Hintern kriechen, die Stiefel o. den Staub von den Füssen (o. den Schuhen) lecken – vor j-m auf dem Bauch kriechen – ein Liebediener o. Schweifwedler sein – beständig um j. herumscharwenzeln – vor j-m katzbukkeln, schweifwedeln, liebedienern
lécher les bottes, le cul de qn – être, se mettre à plat ventre devant qn – faire du plat, des ronds de jambes, des courbettes, le joli cœur, de la lèche à qn – passer la brosse à reluire – être un lèche-bottes, un lèche-cul
leccare i piedi, le zampe a qd. – fare il leccapiedi, il tirapiedi, il leccone, lo struscione
to suck up to s.o. – to bow and scrape (before s.o.) – to lick s.o's boots o. shoes – to cringe to (o. before) s.o. – to fawn (up)on s.o. – to be a toady, a lickspittle – to kiss s.o's ass (am.)

Hintertreffen ins Hintertreffen geraten – an Boden verlieren
être éclipsé o. mis à l'écart
perdere terreno
to fall behind – to go to the wall – to lose ground

Hintertürchen j-m ein Hintertürchen offenlassen o. -halten

ménager une sortie o. une porte de derrière à qn
lasciare aperta una via di scampo a qd.
to leave s.o. a loophole, a way out

hinunterschlucken seinen Ärger hinunterschlucken
ravaler son dépit
ingoiare la propria rabbia
to swallow o's anger

hinweggehen über e-n Vorschlag usw. hinweggehen, ihn nicht beachten o. zur Kenntnis nehmen, ihm keine Beachtung schenken
passer sur une proposition
ignorare una proposta
to pass over, to ignore, to disregard a suggestion, a proposal

hinwegsetzen sich über Vorschriften usw. hinwegsetzen
ne pas tenir compte des règlements
non rispettare le norme
to ignore, to disregard the rules

Hitze in der Hitze des Gefechtes
dans le feu du combat, de l'action
nel fervore del dibattito – nella foga del discorso – a sangue caldo (scherz.)
in the heat of the moment, of the battle

Hochtouren der Markt läuft auf Hochtouren, ist in vollem Gange
le marché bat son plein
il mercato è in pieno corso
the market is in full swing

Hof e-r Dame den Hof machen
faire la cour à (o. courtiser) une dame – tourner autour d'une dame
fare la corte a (o corteggiare) una donna
to pay court to (o. to court) a lady

Hoffnungsschimmer es bleibt uns ein Hoffnungsschimmer
il nous reste une lueur d'espoir
ci rimane un filo di speranza
there is still a glimmer of hope

Höhen er hat die Höhen und Tiefen des Lebens erfahren – in seinem Leben ist es bergauf und bergab gegangen
il a connu dans la vie des hauts et des bas
ha avuto nella sua vita alti e bassi
he has known the ups and downs of life

Höhle sich in die Höhle des Löwen wagen o. begeben
se jeter, se fourrer, se précipiter dans la gueule du loup – se hasarder dans l'antre du lion
cacciarsi nella tana del leone – affrontare il leone nella sua tana
to venture into the lion's den – to put o's head into the lion's mouth

Hölle j-m die Hölle heiss machen – j-m tüchtig einheizen
faire prendre une suée à qn – retourner qn sur le gril
tenere sulle spine qd.
to haul s.o. over the coals – to give s.o. hell – to make it hot for s.o.

2) j-m das Leben zur Hölle (o. sauer) machen – j-m das Leben verbittern
rendre la vie dure à qn – en faire voir des vertes et des pas mûres à qn – en faire voir à qn de toutes les couleurs – faire mener à qn une vie d'enfer
rendere a qd. la vita amara o un inferno
to make life hard o. bitter o. a (perfect) hell for s.o.

3) das war die Hölle
c'était l'enfer
era la fossa dei serpenti
that was hell

4) weder Hölle (o. Tod) noch Teufel fürchten
ne craindre ni Dieu ni diable
non aver paura nemmeno del diavolo
to fear neither death nor (the) devil

Höllenqualen Höllen-, Todes- o. Tantalusqualen erdulden, ausstehen
souffrir comme un damné – souffrir mille morts o. le supplice de Tantale – être à la torture
soffrire (le) pene dell'inferno – patire il supplizio (o soffrire la pena) di Tantalo
to suffer agonies o. (the torments of) hell – to go through hell

Holz er ist aus e-m andern Holz geschnitzt
il est taillé dans un (o. fait d'un) autre bois – il est d'un tout autre calibre, d'une autre trempe
è un'altra tempra
he is of a different stamp, of quite a different cut – he is made of sterner stuff

2) Holz anfassen! – unberufen! – toi, toi, toi! – man darf es nicht beschreien – beschrei es nicht!
touchez du bois!
tocca ferro! – facciamo le corna!
touch wood (it's sure to come good)!

3) sie hat Holz vor dem Haus, vor der Hütte
il y a du monde au balcon
ital. – – –
she is top-heavy o. well-stacked

4) Holz o. Bretter schneiden o. sägen (schnarchen)
ronfler comme une forge
sonar la tromba – russare come un contrabasso
to saw wood

Holzweg auf dem Holzweg o. schief gewickelt sein – auf dem falschen Dampfer sitzen
faire fausse route – se mettre, se fourrer le doigt dans l'œil (jusqu'au coude) – se tromper dans les grandes largeurs
essere fuori strada – sbagliare di grosso
to be on the wrong tack – to be off the rails, the track – to be barking up the wrong tree – to be off the mark

Honig j-m Honig um den Mund, den Bart streichen, schmieren – j-m um den Bart gehen
passer de la pommade à qn – faire du

plat o. des risettes à qn – passer la main dans le dos de qn – chatouiller l'épiderme à qn
essere tutto miele o lattemiele con qd. – lisciare il pelo a qd. – lustrare gli stivali a qd. –fare mille moine a qd.
to scratch s.o's back – to softsoap s.o. – to butter s.o. up

Hopfen bei ihm ist Hopfen und Malz verloren
c'est peine perdue que de vouloir le corriger – on ne peut rien en tirer
con lui si butta via il ranno e il sapone
he is hopeless

hören ich werde von mir hören lassen – du wirst von mir hören
je te donnerai de mes nouvelles
mi farò vivo
you'll be hearing from me

2) das lässt sich hören – das ist ein Wort – darüber lässt sich reden
voilà qui s'appelle parler o. qui n'est pas déraisonnable – c'est acceptable – on peut en discuter o. s'entendre là-dessus
su questo si quò discutere
that sounds reasonable – now you are talking

3) hör mal!
dis donc!
senti un po'!
I say!

4) der kriegt o. bekommt was zu hören – dem werde ich was erzählen
il va en entendre – ça va être sa fête
si prenderà una bella sgridata – quello mi sentirà
I'll give it to him yet

Hören da vergeht einem Hören und Sehen
vous ne savez plus où vous êtes
ci fa venire i vertigini – ci fa rimanere di stucco
that takes your breath away

Hörensagen ich kenne ihn (nur) vom Hörensagen
je le connais par ouï-dire
lo conosco per sentito dire
I know him (only) by (o. from) hearsay

Horizont seinen Horizont o. Gesichtskreis erweitern
élargir son horizon
estendere il suo orizzonte, il campo delle proprie idee
to broaden o's mind

2) das geht über meinen Horizont – da komme ich nicht mehr mit – das ist mir zu hoch
c'est au-dessus (o. hors) de ma portée – je m'y perds
non ci arrivo – per me è algebra
that's too deep for me – this is beyond my compass o. reach o. depth – that goes over my head – that beats me

3) er hat e-n engen, beschränkten, begrenzten Horizont – er sieht nicht über seine Nase hinaus
il ne voit pas plus loin que le bout de son nez – il voit les choses par le petit bout de la lorgnette
non vede più in là del proprio naso – è di vedute ristrette
he has a limited, a narrow horizon – he doesn't see beyond his nose o. any further than the end of his nose

4) er hat e-n weiten Horizont
il a des vues larges
è di ampie vedute
he has a broad outlook o. horizon

Horn ins gleiche Horn stossen – in die gleiche Kerbe hauen
être du même avis
essere della stessa opinione
to chime in with s.o. – to sing the same tune (as s.o.) – to be of one mind with s.o.

Hörner sich die Hörner abstossen
jeter sa gourme

rompersi le corna
to sow o's wild oats

2) den Stier bei den Hörnern packen
prendre le taureau par les cornes
prendere il toro per le corna
to take the bull by the horns

3) j-m Hörner aufsetzen
faire porter des cornes à qn
fare, mettere le corna a qd. – mandare qd. in (o farlo conte, duca di) Cornovaglia (Wortspiel mit Cornwales)
to put horns on s.o.

Hornochse er ist ein Hornochse, ein Rindvieh, ein Mords- o. Riesenkalb, ein Kamel, ein Quadratesel
c'est un âne bâté, une buse, une (espèce d') andouille, un(e) nigaud(e), un(e) bêtasse, un animal (nur Mann), une pécore (nur Frau)
è un asino, un gran babbeo, un bue, un cretino, un animale, un fesso
he is a (stupid) ass, a blockhead, a halfwit, a nitwit, an oaf

Hosen das ist in die Hosen gegangen, danebengegangen – der Schuss ging nach hinten los
il a fait chou blanc
è stato un fiasco – (la faccenda) è andata in vacca
(the plan) backfired

2) j-m die Hosen straff ziehen, die Jakke ausklopfen, den Hosenboden versohlen, das Fell o. Leder gerben, e-e Tracht Prügel verabreichen, e-e Abreibung verpassen, den Buckel blau färben – j. grün und blau o. krumm und lahm o. windelweich schlagen – j. verbleuen
donner une fessée, flanquer une volée, une raclée, les étrivières à qn – meurtrir, rouer qn de coups – tanner la peau, le cuir de qn – passer qn à tabac – bourrer, travailler les côtes à qn – battre qn vertement o. comme plâtre
accarezzare, spolverare le spalle, il gob-

bone a qd. – fiaccare le ossa, le costole a qd. – fare il culo rosso (o nero) o gli occhi neri a qd. – sonarle di santa ragione a qd. – benedire qd. col manico della granata – scuotere la polvere di dosso a qd. – far sentire a qd. il sapore del bastone – spianare il dorso, la gobba a qd. – lisciare il pelo a qd. – curare qd. con sugo di bosco – picchiare sodo qd. – far fango di qd.
to tan s.o.'s hide – to dust s.o.'s jacket – to give s.o. a good thrashing – to beat s.o. black and blue

Hosentasche etw. wie seine Hosen- o. Westentasche o. in- und auswendig kennen
connaître qc. par cœur o. à fond o. comme sa poche – (von e-r Person) connaître qn comme si on l'avait fait
conoscere qc. per filo e per segno o come le proprie tasche o in lungo e in largo
to know s.th. through and through o. like the back of o's hand

Hühnchen mit j-m ein Hühnchen zu rupfen o. e-e (alte) Rechnung zu begleichen haben
avoir maille à partir o. un compte à régler avec qn
avere dei conti da regolare con qd.
to have a bone o. a crow to pick o. a score to settle with s.o.

Hühner mit den Hühnern zu Bett o. schlafen gehen
se coucher avec les poules
andare a letto con le galline
to go to bed early

2) mit den Hühnern, mit dem ersten Hahnenschrei, in aller Herrgottsfrühe aufstehen
se lever avec le soleil o. de grand matin o. dès le (o. au premier) chant du coq o. à potron-minet
alzarsi con i polli o di buon mattino o al canto del gallo

to rise with the lark – to get up at the crack of dawn o. at an unearthly hour

3) da lachen ja die Hühner! – das wäre ja gelacht! – dass ich nicht lache!
c'est tout simplement risible
è cosa da far ridere i polli – fai ridere i panchi
that's enough to make a cat laugh – that's a laugh

Hülle in Hülle und Fülle – in rauhen Mengen – im Überfluss
à foisons – à gogo
a profusione – a bizzeffe – a. avere la cava di qc.
in abundance – an abundance (o. plenty) of

Hund wie Hund und Katze leben – sich wie Hund und Katze vertragen
vivre comme chien et chat – a. vivre en mauvaise intelligence avec qn
vivere, essere come cani e gatti – essere come l'acqua e il fuoco o come il diavolo e l'acqua santa – stare come suocera e nuora
to lead a cat-and-dog life – to live (o. agree) like cat and dog

2) damit lockt man keinen Hund hinter dem Ofen hervor – damit ist kein Blumentopf zu gewinnen
ça ne prend pas – cela n'attire personne
con ciò non si cava un ragno da un buco
that won't get you anywhere

3) auf dem Hund sein: a) wirtsch.; b) phys. –
a) am Ende, pleite, erledigt sein, auf der Strasse sitzen
b) erledigt, fertig, völlig ausgepumpt, mit seinen Kräften am Ende sein
a) être fichu, flambé, frit, foutu, ruiné – avoir coulé à fond
b) être épuisé ,claqué, crevé, fichu, foutu, à bout de forces, sur les dents, sur le flanc, à plat
a) essere ridotto al verde, al lastrico, agli scogli
b) essere ridotto un cencio – essere da raccattare col cucchiaio – reggere l'anima con i denti
a) to be done for o. down and out – to be on the rocks o. at the end of o's tether o. o's resources
b)to be finished, worn out, done in, washed out, completely fagged out – to be a wreck o. at the end of o's tether

4) vor die Hunde gehen – zuschanden werden
aller à sa perte – s'abîmer
andare in rovina o a carte quarantotto
to go to the dogs

5) diese Arbeit ist unter allem Hund, unter aller Kritik o. Kanone, ist hundsmiserabel
ce travail est au-dessous de tout – a. il a travaillé comme un pied – il a fait cela comme un sabot
è un lavoro fatto da cani o coi piedi
this work is beneath (all) contempt

6) er ist bekannt wie ein bunter Hund – er ist stadtbekannt
il est connu comme le loup blanc
è noto a (o in) tutta la città
he is known all over the place

Hundekälte es herrscht e-e Hundekälte
il fait un froid de canard, de chien, de loup, du diable
fa un freddo cane
it's beastly cold

Hundeleben ein Hundeleben führen
mener une vie de chien
vivere come un cane – fare vita da cani
to lead a dog's life

Hundertste vom Hundersten ins Tausendste o. vom Hölzchen aufs Steckchen kommen – ins Uferlose geraten
parler à bâtons rompus – passer, sauter du coq à l'âne
saltare di palo in frasca
to ramble – to go on and on

Hundewetter es ist ein Hunde- o. Sauwetter
il fait un temps de chien, un temps à ne pas mettre un chien dehors
fa un tempo da cani o da lupi
what filthy o. nasty weather

Hundsgemeinheit das ist e-e Hundsgemeinheit, e-e grenzen- o. bodenlose Gemeinheit – das ist hundsgemein
c'est une vacherie, une infamie, une méchanceté sans nom, sans borne, sans pareille – c'est un coup de vache
è un'infamia inaudita
that's a dirty, a lowdown trick

Hungerlohn für e-n Hungerlohn arbeiten
travailler pour un salaire de famine, de misère
lavorare per una paga misera o di fame
to work for starvation wages o. for a (mere) pittance

Hürde e-e Hürde, ein Hindernis nehmen
franchir, surmonter un obstacle
saltare un ostacolo
to overcome an obstacle

husch es geht bei ihm, er erledigt alles husch husch o. hopp hopp o. im hurra (hastig und ohne Sorgfalt)
il fait tout à la va-vite o. à la six-quatre-deux
fa tutto in fretta e furia
he is a slapdash worker

Hut ab vor e-r solchen Leistung
chapeau bas (o. je tire mon chapeau) devant une telle performance
faccio tanto di cappello a tale prestazione
hats off to that (achievement)

2) den Hut schief auf dem Kopf tragen
le chapeau sur l'oreille
il cappello sulle ventitré
with his hat tilted o. cocked at an angle

3) alles unter einen Hut bringen

concilier des opinions divergeantes
accordare i suoni, gli strumenti, le campane
to get everyone to agree – to find common ground

Jacke das ist Jacke wie Hose, Hinz wie Kunz, gehupft wie gesprungen
c'est bonnet blanc et blanc bonnet – c'est kif-kif (bourricot) – c'est du pareil au même
se non è zuppa è pan bagnato
that's six of one and half a dozen of the other – that is as broad as it is long

Jahre die sieben fetten Jahre sind vorbei
le temps des vaches grasses est passé – les années d'abondance sont passées
non è più il tempo delle vacche grasse
the seven fat years are over (wenig gebr.)

Joch das Joch abschütteln
secouer le joug
scuotersi di dosso il giogo
to shake (o. throw o. cast) off o's yoke

jonglieren mit Zahlen jonglieren
faire valser les chiffres
giocare con cifre
to juggle (with) figures

Jota um kein Jota, keinen Zoll, keinen Fuss- o. Fingerbreit nachgeben, weichen
ne pas céder d'un pouce o. un pouce de terrain – ne pas démordre d'un iota – ne pas céder, reculer d'une semelle
non spostarsi o cedere di un palmo
not to budge an inch

Jubeljahre das geschieht nur alle Jubeljahre einmal
cela arrive tous les trente-six du mois
ciò capita ad ogni morte di papa – è una cosa da segnarsi col carbon bianco
that happens once in a blue moon

Kaffee das ist alter Kaffee, Schnee von gestern, aufgewärmter Kohl, ein alter Hut

c'est du réchauffé, du déjà vu
è minestra riscaldata – questo è cavalo riscaldato – son cose fritte e rifritte
that's old hat, a raked-up story, water unter the bridge

kahl er ist kahl wie e-e Billardkugel – der Kopf ist ihm durch die Haare gewachsen – auf seinem Kopf können die Fliegen Schlittschuh laufen
il est chauve comme une bille, un genou, un œuf – il n'a pas un poil sur le caillou, sur la fontaine
è in piazza – è pelato come un ginocchio, un uovo, una palla di biliardo o il culo delle scimmie – gli è venuta la chierica
he is as bald as a coot

Kalb das goldene Kalb (das Geld) anbeten
adorer le veau d'or
adorare il vitello d'oro
to worship the golden calf

Kalender etw. im Kalender rot anstreichen
marquer qc. d'une pierre blanche, d'un caillou blanc – faire une croix à la cheminée
segnare qc. in rosso
to mark s.th. as a red letter day

kalt das lässt mich kalt
cela me laisse froid, ne me fait ni chaud ni froid
non mi fa né caldo né freddo
that leaves me cold – I couldn't care less

Kamm alles über einen Kamm scheren, mit der gleichen Elle messen, über einen Leisten schlagen, in einen Topf werfen
mettre tout dans le même sac o. pot o. panier o. sur le même pied – (man sollte nicht alles... = il ne faut pas mélanger les torchons et (o. avec) les serviettes)
mettere tutto in un mazzo, in un muc-

chio, nello stesso calderone – fare di ogni erba un fascio
to measure everything by (o. with) the same yardstick – to lump everything together – to apply the same standard to everything

2) ihm schwillt der Kamm
il se rengorge
alza la cresta
he has a swollen head

3) j-m den Kamm stutzen – j. vom hohen Pferd herunterholen
rabattre le caquet à qn
far abbassare la cresta a qd.
to cut s.o. down to size – to make s.o. sing small

Kandare j. (fest) an die Kandare nehmen, im Zaum halten
serrer la bride, tenir la bride haute à qn – conduire, mener, faire marcher qn au doigt et à l'œil
tenere a freno, a segno qd.
to take s.o. in hand – to keep a tight rein on s.o.

Kanonen mit Kanonen auf Spatzen schiessen
brûler, tirer sa poudre aux moineaux ital. - - -
to break butterflies on the wheel – to use a steam o. sledge hammer to crack a nut

Kanonenfutter als Kanonenfutter dienen
servir de chair à canon
servire di carne da cannone
to serve as cannon fodder

Kante Geld auf die hohe Kante o. auf die Seite legen – a. sein Schäfchen ins trockene bringen
mettre de côté – mettre de l'argent (o. en mettre) à gauche – faire sa pelote, son beurre
mettere da parte soldi o un bel gruzzolo
to put s.th. by (for a rainy day) – to make o's pile – to feather o's nest

Kapital aus etw. Kapital schlagen o. Nutzen ziehen
tirer profit o. parti de qc.
far capitale di qc. – trarre profitto da qc.
to make capital out of s.th. – to cash in on s.th.

Kappe ich nehme es (o. alles) auf meine Kappe – ich stehe gerade dafür
je le prends sous mon bonnet o. sur mon compte
ne rispondo io – me ne assumo la responsabilità
on my head be it – I answer for it o. accept responsability for it

2) man hat mir schön die Kappe gewaschen (und andere Wendungen von «Kopf 19», S. 98 in pass. Form)
je me suis fait sonner les cloches – j'en ai pris pour mon grade – j'ai reçu une douche, une engueulade
ho ricevuto una lavata di capo
I was given a good telling-off o. dressing-down o. wigging

Karte alles auf eine Karte, aufs Spiel setzen
jouer son va-tout o. quitte ou double – risquer le tout pour le tout – mettre tous ses œufs dans le même panier
puntare tutto su una carta – buttarsi, gettarsi allo sbaraglio
to stake everything on one card o. chance – to play (at) double or quit(s) – to put all o's eggs in one basket – to go nap

2) sich nicht in die Karten sehen lassen
cacher son jeu
non scoprire le proprie carte
not to show o's hand

3) seine Karten (offen) auf den Tisch legen – mit offenen Karten spielen – Farbe bekennen
jouer, mettre cartes sur table – abattre ses cartes – montrer, découvrir son jeu – jouer franc jeu – démasquer, dévoiler ses batteries – annoncer la couleur
mettere le carte in tavola – scoprire le carte o le proprie batterie – rivelare il proprio gioco – giocare a carte scoperte – spiegare le insegne
to show o's cards o. hand o. colours – to lay, to put o's cards on the table – to come into the open

4) er hat alle Karten o. Trümpfe in der Hand
il a tous les atouts en main
ha tutte le carte in mano
he holds all the trumps

Kartenhaus das Projekt fiel wie ein Kartenhaus zusammen
le projet s'est écroulé comme un château de cartes
il progetto crollò come un castello di carte
the plans collapsed like a house of cards

Käseblatt ein Käseblatt (kleine, unbedeutende Zeitung)
une feuille de chou
un giornaletto, un giornaluccio
a (local) rag

Kasse gut bei Kasse sein
avoir la bourse bien garnie – être en fonds
stare bene a quattrini – avere le tasche ben fornite
to be flush (with money)

2) schlecht bei Kasse o. schwach auf der Brust sein – a. mein Beutel hat die Schwindsucht – in meinem Geldbeutel herrscht Ebbe
avoir la bourse peu garnie o. plate – être (un peu) gêné aux entournures – être à court d'argent – les fonds sont bas o. en baisse – a. il lui manque toujours dix-neuf sous pour faire vingt
essere a corto di quattrini – stare a stecchetto
to be out of cash o. pocket – to run short of money

Kassenschlager der Film usw. war ein Kassenschlager
le film a fait recette
il film era un successo di cassetta
the film was a box-office success o. a moneymaker

Kastanien für j. die Kastanien aus dem Feuer holen
tirer les marrons du feu pour qn
cavare le castagne dal fuoco per qd.
to pull the chestnuts out of the fire for s.o. – to be s.o's cat's-paw

Kasten er hat etw. auf dem Kasten – er kann mehr als Brot essen – er ist auf Draht
il est capable, doué
sa il fatto proprio – a. c'è della stoffa in lui
he is on the ball – he knows a thing or two – he's got brains – he is no slouch

Kater e-n Kater, Katzenjammer, das graue Elend haben
avoir mal aux cheveux o. la gueule de bois
avere mal di testa dopo la sbornia
to have a hangover, a head

Katze die Katze im Sack kaufen
acheter chat en poche
comprare la gatta nel sacco, la scatola chiusa, a occhi chiusi
to buy a pig in a poke

2) die Katze aus dem Sack lassen
montrer le bout de son nez o. de l'oreille
spiattellare un segreto
to let the cat out of the bag

3) mit j-m Katze und Maus spielen
jouer avec qn comme le chat avec la souris – jouer avec qn au chat et à la souris
fare, giocare con qd. come il gatto col topo
to play cat and mouse with s.o.

4) das war (alles) für die Katze
on a travaillé pour le roi de Prusse – j'en suis pour mes frais – on pédale dans la choucroute, dans le yaourt = alle Bemühungen sind für die Katze – tous mes conseils sont restés lettre morte = alle meine Ratschläge waren für die Katze
era buttato via o sprecato
that was a waste of time o. for the birds

katzenfreundlich sein – honigsüss tun.
faire patte de velours – être tout sucre tout miel – faire le/la sucré(e)
essere (o avere un fare) mellifluo
to be honeyed, sugary, oversweet

Katzensprung es ist nur ein Katzensprung o. wenige Schritte bis dorthin – es ist nur e-n Steinwurf weit o. von hier
c'est à deux pas d'ici
è a due passi, a un tiro di sassi (o di schioppo)
it's only a stone's throw away o. from here – it's but a step to...

Katzenwäsche machen
faire une toilette de chat – se laver seulement le bout du nez
lavarsi come i gatti
to have a cat's lick

Kehle er hat Gold in der Kehle
il a une voix d'or
ha l'ugola d'oro
he has a voice of gold

2) mir war die Kehle wie zugeschnürt
j'avais (o. ça me faisait) comme un nœud à la gorge
avevo il fiato (o il respiro) mozzato
I felt a lump in my throat

3) aus voller Kehle singen
chanter à pleins poumons, à tue-tête, à gorge déployée
cantare a piena gola o a squarciagola
to sing at the top of o's voice

Kehrseite das ist die Kehrseite der Medaille

Kehrseite   **Kind**

voilà le revers de la médaille
ecco il rovescio o l'altra faccia della medaglia
that's the reverse of the coin

Keim etw. im Keim ersticken
étouffer qc. dans l'œuf o. dans son germe
soffocare qc. sul nascere
to nip s.th. in the bud

Kelch den Kelch bis zur (bittern) Neige leeren
boire le calice (o. la coupe) jusqu'à la lie
bere il calice fino alla feccia
to taste the bitter draught of sorrow to the dregs – to drink, to drain to the lees

Kerbholz er hat allerhand auf dem Kerbholz – er ist nicht ganz sauber übers Nierenstück – er hat keine weisse o. saubere Weste
il n'est pas innocent comme l'enfant qui vient de naître – il n'a pas les mains nettes
non è senza macchia
he has much to answer for

Kern unter e-r harten (o. rauhen) Schale steckt o. verbirgt sich oft ein weicher Kern
sous une écorce rude se cache souvent un bon cœur
sotto una ruvida scorza si cela spesso un cuore generoso
a rough exterior often conceals a heart of gold

2) in ihm steckt ein guter Kern
il a un bon fond
ha un fondo buono
he is sound at heart

3) zum Kern der Sache kommen, vorstossen
venir au cœur de l'affaire – entrer dans le vif du sujet
venire al nocciolo (della questione) – venire al dunque – entrare nel vivo dell'argomento

to get to the core o. heart o. bottom of the matter

kerzengerade er hält sich kerzengerade
il se tient droit comme un i o. un cierge
sta diritto come un fuso
he stands bolt upright o. (as) straight as a ramrod

Kesseltreiben ein Kesseltreiben, e-e Hexenjagd gegen j. veranstalten
organiser une poursuite acharnée contre qn
organizzare una caccia spietata a qd.
to carry out a witch-hunt against s.o.

Kilometer fressen
avaler, dévorer, bouffer des kilomètres
macinare chilometri
to eat up the miles

Kind das Kind mit dem Bade ausschütten
jeter le bébé avec l'eau de bain – jeter le bon avec le mauvais
buttar via col bagno il bambino o l'acqua sporca col bambino dentro – gettar via il buono insieme col cattivo
to throw the baby out with the bath-water

2) wir werden das Kind schon schaukeln o. die Sache deichseln – wir werden den Laden schmeissen
nous allons goupiller l'affaire
sistemeremo anche questa
we'll swing it (all right)

3) das Kind, die Dinge beim (rechten) Namen nennen
appeler, nommer les choses par leur nom – dire les choses tout rond – appeler un chat un chat (et Rollet un fripon)
chiamare le cose col proprio nome – dire pane al pane e vino al vino
to call things by their proper name – to call a spade a spade

4) mit Kind und Kegel abziehen
partir avec armes et bagages
partire con tutta la (sacra) famiglia
to leave bag and baggage o. kith and kin

5) sei kein Kind! – stell dich nicht so (dumm)!
ne fais pas l'enfant, la bête, l'âne!
non fare il bambino, il finto tonto!
don't act the fool!

Kinderschuhe er ist den Kinderschuhen entwachsen – er hat die Kinderschuhe abgestreift
il est sorti de l'enfance
ha messo i calzoni lunghi
he is no longer a child

2) diese Erfindung steckt noch in den Kinderschuhen
cette invention est encore à l'état embryonnaire o. dans les limbes
quest'invenzione muove i primi passi
this invention is at an experimental stage

Kinderspiel das ist ein Kinderspiel o. kinderleicht – das ist doch kein Kunststück, keine Hexerei
c'est un jeu d'enfant o. simple comme bonjour – c'est du gâteau, du nougat, du billard – c'est bête comme chou – il ne faut pas être (grand) sorcier pour . . . – a. ce n'est pas la mer à boire
è una passeggiata, un giochetto – è (facile) come bere un uovo o un bicchiere d'acqua o fare uno starnuto
it's child's play – it's as easy as falling off a log o. as easy as pat – no sweat! (sl.)

Kindsbeine von Kindsbeinen, von frühster Jugend an
dès ma, ta etc. plus tendre enfance
dalle mammelle
from a child – from early childhood

Kippe auf der Kippe stehen
branler dans le manche
essere in sospeso
to be touch and go – to hang in the balance

Kirchenmaus er ist arm wie e-e Kirchenmaus o. bettelarm

il est pauvre comme un rat d'église o. comme Job – il n'a ni sou ni maille
è povero in canna – non ha scarpe ai piedi
he is (as) poor as a church-mouse

Kirchturmpolitik betreiben
faire de la politque de clocher
fare (del) campanilismo
to practice parish-pump politics

Kirschen mit ihm ist nicht gut Kirschen essen
c'est un mauvais coucheur
è meglio non avere a che fare con lui
he is not a pleasant customer to deal with – he is a tough customer

Klang sein Name hat e-n guten Klang
il a (il jouit d') une bonne réputation
ha un buon nome – gode una buona fama
he has a good name

Klappe er hat e-e grosse Klappe o. Schnauze, ein grosses Maul – er ist ein Grossmaul, ein Maulheld
il est fort en gueule – c'est un hâbleur, un fanfaron
le sballa grosse – è un fanfarone, uno spaccone
he shoots off his big mouth – he is a bigmouthed person, a braggart, a boaster, a swaggerer

Klapperstorch der (Klapper)Storch hat ein Kind gebracht
la cigogne a apporté un bébé dans un chou (Knabe) o. dans une rose (Mädchen)
a casa N è arrivata la cicogna
engl. – – –

Klasse sein neues Auto ist (einfach) (ganz grosse) Klasse o. ein Ding o. 'ne Wucht
sa nouvelle voiture, c'est le pied o. c'est formidable, chouette
la sua nuova macchina è fantastica o una cannonata

his new car is fantastic, super, a wow

Klauen j. in seinen Klauen o. Krallen haben
tenir qn dans ses griffes
avere qd. tra (o sotto) le unghie
to have s.o. in o's clutches

2) in j-s Klauen o. Krallen geraten
tomber sous la griffe o. entre les griffes de qn
cadere nelle grinfie di qd.
to fall into s.o's clutches

klein ich kenne ihn von klein auf – ich habe ihn schon als Kind o. in der Wiege gekannt
je le connais dès l'enfance – je l'ai vu naître
lo conosco da piccolo o da quando era un bambino
I have known him man and child o. ever since he was a child

Klemme in der Klemme, Patsche, Tinte, Brühe sein o. sitzen – in der Zwickmühle, tief im Schlamassel, in der Scheisse, bis über die Ohren im Dreck stecken – in e-er misslichen o. schlimmen Lage o. aufgeschmissen sein – sich nicht mehr zu helfen o. nicht mehr ein und aus wissen
être dans le bain, le pétrin, les choux, dans de beaux o. mauvais draps o. en mauvaise posture – être bon comme la romaine – être au trente-sixième dessous o. en plein gâchis o. dans un beau gâchis, dans la merde (jusqu'au cou)
essere nei guai, nei pasticci, in un bell'impiccio, in un mare di guai, alle strette – trovarsi nelle peste, nelle secche
to be in a tight spot o. corner – to be in the soup, in a jam, a hole, a fix, a plight, a nice mess, a pretty predicament – to be caught in a quagmire, in a cleft stick – to be stranded o. on the mat, in Q-street, up a tree, in a (nice) pickle o. scrape – to be deep in the mire

2) in die Klemme, Patsche, Tinte geraten
se mettre dans le bain etc.
cacciarsi nei pasticci
to get into hot water, into a fix etc.

3) j-m aus der Klemme helfen
tirer qn d'embarras – tirer à qn une épine du pied – tendre la perche à qn
trarre d'impaccio qd.
to help s.o. out of a fix, a scrape

4) j. in der Klemme usw. sitzen lassen
laisser qn en plan, en carafe
lasciare qd. nei guai, nelle peste o secche
to leave s.o. in the lurch

Klette sie hängen wie Kletten aneinander o. halten wie Pech und Schwefel zusammen – sie gehen miteinander durch dick und dünn
ils sont (liés) comme deux frères siamois – ils sont comme cul et chemise
sono legati (o cuciti) a filo doppio – sono pane e cacio
they are hand in glove (with each other)

Klippe e-e Klippe (glücklich) umschiffen
franchir un obstacle
girare uno scoglio
to clear a hurdle, an obstacle

Kloss e-n Kloss im Halse haben
avoir la gorge serrée – avoir un nœud, une boule dans la gorge
avere un nodo, un groppo alla gola
to have a lump in o's throat

klug jetzt bin ich gerade so klug wie vorher – ich bin nicht klüger als zuvor – ich bin keinen Schritt weiter
je n'en suis pas plus avancé – je suis gros Jean comme devant
ne so (proprio) quanto prima – non ho fatto un bel guadagno
I am none the wiser (for it)

2) daraus werde ich nicht klug
je n'y comprends rien
non ci capisco nulla

I can't make any sense (o. head or tail) of it

Knall er wurde Knall und Fall entlassen
il fut congédié sur-le-champ
venne licenziato su due piedi o di punto in bianco
he was summarily dismissed

Knie j. in die Knie zwingen
mettre qn à genou
mettere qd. in ginocchio
to force, to bring s.o. to his knees
2) ich bekam weiche Knie, die Knie zitterten mir
j'avais les jambes en coton, en flanelle – j'en ai eu les jambes coupées
le gambe mi facevano giacomo giacomo
I went weak at the knees
3) j. auf den Knien o. kniefällig bitten, anflehen
demander à genoux à qn
supplicare qd. in ginocchio
to beg, to implore s.o. on o's bended knees – to go on o's knees to s.o. (for s.th.)
4) der Fluss bildet dort ein Knie
le fleuve fait là un coude
il fiume fa un gomito lì
the river bends there

Knollennase e-e Knollen- o. Kartoffelnase
un nez en patate, en pomme de terre, en pied de marmite
un naso a patata, una patata
a bulbous nose

Knoten den gordischen Knoten durchhauen
trancher le nœud gordien
sciogliere, tagliare un nodo gordiano – tagliare la testa al toro
to cut the Gordian knot

Kohl das macht den Kohl auch nicht fett
cela me, te etc. fait une belle jambe
questo non cambia nulla
that's a fat lot of good

Koloss ein Koloss auf tönernen Füssen – pol. a. ein Papiertiger
un colosse aux pieds d'argile
un colosso o gigante dai piedi d'argilla
a colossus with feet of clay

kommen komm mir nicht so! – das lass ich mir nicht bieten
je ne me laisse pas traiter comme ça
non mi lascio trattare in questo modo
don't (you) try that one on me

Komplimente j. mit Komplimenten überschütten
jeter des fleurs à qn – couvrir qn de fleurs
colmare qd. di complimenti
to shower, to inundate s.o. with compliments – to shower compliments on s.o.

Kontor das war ein harter o. schwerer Schlag, ein Schlag ins Kontor für ihn
ça a été pour lui une terrible secousse – ce fut pour lui le coup de Trafalgar – c'est un sale coup pour la fanfare – quelle douche pour lui! – il lui est arrivé une tuile – quelle tuile!
fu per lui un duro o brutto colpo – gli è cascata una tegola sul capo
that was a bad blow for him o. a real slap in the face

Konzept j. aus dem Konzept bringen
faire perdre le fil à qn
far perdere il filo (del discorso) a qd.
to put s.o. off (his stroke) – to make s.o. lose the train of his thought

Kopf die Arbeit wächst mir über den Kopf – ich ertrinke in der Arbeit
j'ai du travail par-dessus la tête o. jusqu'aux oreilles – je suis noyé dans le travail
sono carico di lavoro fin sopra i capelli
the work ist getting beyond me o. the better of me o. is more than I can cope with – I am up to my eyebrows (in work)

2) sich etw. in den Kopf setzen
se mettre qc. en tête – se fourrer qc. dans la tête
mettersi in testa qc. – ficcarsi, cacciarsi, fissarsi in mente qc.
to take s.th. into o's head

3) Kopf hoch!
du courage! – haut les cœurs!
su, coraggio!
chin up! – take heart!

4) mir dreht sich alles im Kopf – mir wirbelt o. raucht o. platzt fast der Kopf
la tête me tourne – j'ai le tournis – j'ai la tête pleine à éclater
mi gira o fuma la testa – ho il capogiro – sono fuori (di) tono
my head is in a whirl o. reels o. is spinning

5) den Kopf, die Flügel hängen lassen
être découragé
perdersi d'animo – abbassare le ali
to be down in the mouth – to look crestfallen

6) mit dem Kopf durch die Wand wollen
vouloir donner de la tête contre un mur o. les murs
fare alle capate col muro – dare del capo nel muro
to go at everything head first

7) es hoch (o. grosse Rosinen) im Kopf o. es hoch im Sinn haben – hoch hinauswollen
avoir de hautes visées, de grandes prétentions, des vues ambitieuses – ne pas se moucher du pied, du coude, du doigt de la main – vouloir péter plus haut qu'on a le derrière, plus haut que le cul
mirare in alto – mettere in alto la mira
to aim high – to be a high flyer

8) ich bin wie vor den Kopf geschlagen
les bras m'en tombent – ça me coupe bras et jambes
rimango di stucco
I am thunderstruck – you could have knocked me down with a feather

9) sie hat ihm (ganz gehörig) den Kopf verdreht
elle lui a tourné la tête
lo ha cotto a puntino – gli ha fatto prendere una cotta
she has turned his head (good and proper)

10) den Kopf hinhalten müssen für ...
devoir pâtir pour ...
pagare per ... – rispondere con la propria testa
to take the blame for ...

11) den Kopf verlieren
perdre la tête, la boule, la boussole, le nord
perdere la testa, la bussola, la tramontana – scaldarsi la testa
to lose o's head – to go off the deep end (sl.)

12) e-e Idee geht mir im Kopf herum, schwirrt mir durch den Kopf
une idée me trotte dans la tête
un'idea mi occupa la mente, mi frulla per la testa
an idea revolves in my mind – I keep thinking about s.th.

13) sich etw. aus dem Kopf, dem Sinn schlagen
s'ôter qc. de la tête, de l'esprit
levarsi qc. dalla testa, dal capo, dalla mente
to put s.th. out of o's mind – to dismiss s.th. from o's thoughts

14) der Erfolg ist ihm zu Kopfe gestiegen, hat ihm den Kopf verdreht
le succès lui a tourné la tête, l'a grisé – il est grisé par son succès
il buon successo gli ha dato alla testa, lo ha montato – a. la camicia non gli tocca il culo
success went to (o. turned) his head

15) alles auf den Kopf stellen – das Oberste zu unterst kehren
mettre tout sens dessus dessous – mettre tout en l'air
mettere tutto a soqquadro
to turn everything topsy-turvy o. upside down

16) j-m (e-e Beleidigung usw.) an den Kopf werfen, ins Gesicht schleudern
jeter (une injure etc.) à la tête de qn
gettare (un'offesa etc.) in faccia a qd.
to fling, to cast (an insult etc.) in s.o's teeth – to hurl an insult at s.o.

17) den Kopf in den Sand stecken – Vogel-Strauss Politik betreiben
adopter la politique de l'autruche – faire (comme) l'autruche
nascondere la testa sotto la sabbia – fare lo (o la politica dello) struzzo
to bury o's head in the sand (like an ostrich) – to pursue an ostrich policy

18) er ist nicht auf den Kopf gefallen
il n'est pas tombé sur la tête
sa distinguere il pan dai sassi
his head is screwed on the right way

19) j-m den Kopf, die Kappe waschen, den Text o. die Leviten lesen, e-e Standpauke, e-e Straf- o. Gardinenpredigt halten, den Marsch blasen, eins auf den Deckel geben, den Kopf zurechtsetzen, (gründlich) die Meinung o. Bescheid sagen, den Standpunkt klarmachen, die Ohren langziehen, aufs Dach steigen, e-e Abreibung o. Zigarre verpassen – j-m sagen, was die Glocke o. die Uhr geschlagen hat – j-m auf die Finger klopfen, e-n Rüffel erteilen, heimleuchten – j. zur Sau machen, aus den Lumpen schütteln, scharf zurechtweisen, abkanzeln, abkapiteln, rüffeln – mit j-m Fraktur reden
secouer les puces, passer un savon, sonner les cloches, faire la morale o. un sermon, tirer o. frotter les oreilles, dire son fait o. ses quatre vérités, casser le morceau à qn – secouer qn comme un prunier – tomber, sauter sur le râble o. taper sur les doigts de qn – engueuler qn comme du poisson pourri – mettre qn au pas – moucher qn – (pass.: se faire moucher etc. – a. recevoir son paquet)
dare una lavata di capo, una tiratina d'orecchi, una bella strigliata a qd. – fare una ramanzina, una risciacquata a qd. – mettere la testa a posto o dirne quattro a qd. – contarle, dirle alla papale a qd. – dire a qd. il fatto suo – sturare a qd. gli orecchi – sonarla a qd. – catechizzare qd. – rispondere per le rime – (pass.: prendere una bella sgridata da qd. etc.)
to tick s.o. off (properly) – to read the riot act to s.o. – to lecture s.o. (severely) – to give s.o. a good talking-to o. dressing-down – to jump down s.o's throat – to talk to s.o. like a Dutch uncle – to read s.o. a lecture – to rap s.o's fingers o. s.o. over the knuckles – to pin s.o's ears back – to bite o. snap s.o's nose off – to tell s.o. what's what – to bring s.o. to his bearings – to give s.o. a piece of o's mind – to send s.o. about his business o. away with a flea in his ear – to straighten s.o. out – am. s.l. to give s.o. beans = j-m «Saures» geben

20) sich den Kopf zerbrechen, das Gehirn zermartern
se creuser, se casser la tête, le cerveau, la cervelle – se mettre la tête à l'envers o. l'esprit à la torture – se mettre martel (o. mille choses) en tête
stillarsi, lambiccarsi, torturarsi il cervello – rompersi la testa – spremersi le meningi
to rack, to puzzle, to cudgel o's brain(s) – to beat o's brains out – to bother o's head

21) ich weiss nicht mehr, wo mir der Kopf steht – ich bin ganz durcheinander
je ne sais plus où donner de la tête, sur quel pied danser, de quel côté me tourner, à quel saint me vouer – j'ai la tête à l'envers – je ne m'y trouve plus
non so dove sbattere la testa, dove vol-

tarmi, a che santo voltarmi, che santo baciare, che pesci prendere o pigliare, che acqua bere
I don't know whether I am coming or going – I am all mixed up

22) man wird dir nicht gleich den Kopf abreissen
on ne va pas te manger tout cru
non ti si toglierà la messa – non è il demone
(don't worry), they won't eat o. bite you

23) sich den Kopf vollstopfen, vollpfropfen mit...
se farcir la tête, la mémoire de qc.
imbottirsi la testa di...
to stuff o's head with...

24) ein Gedanke fuhr o. schoss mir durch den Kopf
une idée me vint à (o. me traversa) l'esprit
un'idea mi balenò improvvisa – un pensiero mi traversò la mente
an idea flashed through (o. suddenly crossed) my mind

25) das will mir nicht in den Kopf
je n'arrive pas à réaliser cela
non mi cape – non mi entra in testa
I can't get it into my head

26) das will mir nicht aus dem Kopf
cela ne me sort pas de la tête
non mi esce dalla testa
I can't get it out of my head

27) mit dem Kopf voran, kopfvoran o. kopfüber ins Wasser fallen
tomber à (o. dans) l'eau la tête la première
cadere nell'acqua a capofitto
to fall into the water head first

28) den Kopf ganz woanders haben – mit seinen Gedanken woanders sein, sie nicht beisammen haben – nicht bei der Sache o. geistesabwesend sein
ne pas avoir la tête à ce qu'on fait – avoir

la tête, l'esprit ailleurs – être tout à fait ailleurs
avere il cervello in processione – non avere il cervello a casa
to have o's thoughts elsewhere – to be absentminded

29) von Kopf bis Fuss, vom Scheitel bis zur Sohle, vom Wirbel bis zur Zehe
de la tête aux pieds – de pied en cap
da capo a piedi
from head to foot – from top to toe

30) über j-s Kopf hinweg (etw. tun)
sans s'occuper de qn
senza consultarsi con qd.
over s.o's head

31) mit dem Kopf nicken (Zeichen der Zustimmung)
faire oui de la tête – faire un signe de tête affirmatif – hocher la tête
fare di sì – far cenno di sì
to nod (o's head) in agreement – to nod agreement

32) den Kopf schütteln (Zeichen der Verneinung)
secouer la tête – faire non de la tête
far segno o cenno di no
to shake o's head

33) er hat seinen (o. folgt seinem) eigenen Kopf – es muss alles nach seinem Kopf gehen
il n'en fait qu'à sa tête
fa o agisce di testa propria
he follows his own bent – he has a will of his own

34) er würde sich lieber den Kopf abschlagen lassen o. sich die Zunge abbeissen, als...
il se ferait plutôt hacher o. tuer que de...
piuttosto si farebbe tagliare la testa (o a pezzi) che...
he would rather die (o. do anything) than...

35) die Köpfe zusammenstecken
se parler à l'oreille

Kopf

bisbigliare – sparlare
to put o's heads together – to go into a huddle

kopflos o. überstürzt handeln
y aller tête baissée
agire con la testa nel sacco – cavalcar la capra
to act rashly o. in panic

kopfüber sich kopfüber in die Arbeit stürzen
foncer dans le brouillard
buttarsi nel lavoro a capofitto
to throw o.s. headlong into o's work

Kopfzerbrechen das macht, bereitet, verursacht mir viel Kopfzerbrechen o. Kummer
cela me donne du fil à retordre o. beaucoup d'ennui
ciò mi dà molto da pensare o del filo da torcere
that gives me quite a headache – that gives, causes me no end of trouble

Korb sie hat ihm e-n Korb o. den Laufpass gegeben o. ihn abblitzen lassen – er ist abgeblitzt, hat e-n Korb bekommen
elle l'a éconduit o. envoyé au bain o. sur les roses
lo ha mandato a spasso – gli ha dato le pere – gli ha risposto picche
she gave him the cold shoulder o. the brush-off – he was snubbed o. sent packing

Korn j./etw. aufs Korn nehmen
prendre qn/qc. pour cible
prendere qd./qc. di mira
to go o. gun for, to pick on s.o./s.th.

Kosten keine Kosten scheuen
ne pas regarder à la dépense
non badare a spese
to spare no expense

Kostgänger unser Herrgott hat allerlei Kostgänger – es gibt (eben) solche und solche – es muss auch solche geben

Kram

il faut de tout pour faire un monde
non sono tutti uguali
it takes all sorts (to make a world)

Kraft er hat es aus eigener Kraft geschafft o. es zu etwas gebracht – er hat sich hochgearbeitet
il a réussi par ses propres moyens – il est le fils de ses œuvres
ce l'ha fatta con le proprie forze o da solo
he did o. made it (all) by himself o. under his own steam o. by his own efforts

2) das Gesetz ist in Kraft
la loi est en vigueur
la legge è in vigore
the law is in force

Kragen jetzt geht's ihm an den Kragen
ça va aller mal pour lui – son compte est bon (iron.)
la sua situazione è più che delicata
now he'll get it in the neck o. he is for it

2) schliesslich platzte ihm der Kragen
il finit par éclater
stava perdendo le staffe – allora non ci vide più
he flew off the handle – he blew his top

3) j. beim Kragen o. Schlafittchen nehmen, packen
saisir qn au collet – mettre la main au collet de qn
prendere qd. per il collo
to take s.o. by the scruff of the neck

Krähenfüsse (in den Augenwinkeln) haben
avoir des pattes-d'oie
avere zampe di gallina
to have crow's-feet

Kram das passt mir nicht in den Kram
cela ne fait pas mon affaire
non mi quadra – non mi va a genio

that doesn't suit me o. my plans – I don't like it a bit

Kratzbürste er ist e-e Kratzbürste
il est aimable o. gracieux comme un chardon
è un porcospino
he is a crosspatch

Kraut dagegen ist kein Kraut gewachsen
il n'y a pas de remède à cela
a ciò non c'è rimedio
there's no remedy for it

Krebsgang den Krebsgang gehen
progresser, faire des progrès à reculons
fare come i gamberi – tornare di papa vescovo o da calzolaio ciabattino
to go downhill

Kreide bei j-m in der Kreide stehen
avoir une ardoise chez qn
avere dei debiti con qd.
to be in debt o. in the red with s.o.

kreideweiss kreideweiss, toten- o. leichenblass, weiss wie ein Leintuch o. e-e Wand, schneeweiss sein
être blanc comme un linge, un (pied de) lavabo, un cachet d'aspirine, un mort – être plus pâle que la mort – être livide, cadavérique, d'une pâleur mortelle
essere bianco come un lenzuolo, un cencio o un panno lavato – essere cadaverico o pallido come un morto
to be (as) white as chalk o. a sheet, (as) pale as death, deathly o. deadly pale

Kreis der Skandal zog immer weitere Kreise
le scandale prit des proportions de plus en plus grandes
lo scandalo si estese sempre di più
the scandal drew ever wider circles

2) im engsten Kreis
dans la plus stricte intimité
nell'intimità
with o's intimates o. close friends (only)

3) den besten Kreisen angehören
appartenir au meilleur monde
essere del miglior ceto
to move in the best circles

Kreuz es ist ein (wahres) Kreuz (o. man hat sein Kreuz) mit ihm
c'est la croix et la bannière avec lui
è una croce per me – è la mia croce o dannazione
there is no end of trouble with him

Kriegsfuss mit j-m auf (dem) Kriegsfuss stehen
être, vivre sur le pied de guerre avec qn
essere sul piede di guerra con qd.
to be at daggers drawn o. at war with s.o.

Krokodilstränen weinen, vergiessen
verser des larmes de crocodile
piangere lacrime di coccodrillo
to shed crocodile tears

Kropf den Kropf leeren – alles sagen, was man auf dem Herzen hat
lâcher le (o. son) paquet – casser le morceau
sciogliere la bocca al sacco – rompere lo scilinguagnolo
to get s.th. off o's chest

Kuchen ein Stück vom Kuchen abbekommen, sich ein Stück vom Kuchen abschneiden
avoir part au gâteau o. sa part du gâteau
ital. – – –
to get a slice of the cake

Kuckuck weiss der Kuckuck, der Teufel, der Himmel, wo (o. wer usw.) ...
qui diable peut savoir où...
lo sa il diavolo, il cielo dove...
goodness o. God knows where...

2) das ganze Geld ist zum Kuckuck o. hin o. zum Teufel
tout l'argent est fichu
i soldi sono andati a farsi benedire
all the money is gone, is down the drain

Kuckuck

3) zum Kuckuck! – zum Teufel! – Donnerwetter (noch mal)! – in drei Teufels Namen! – Himmelkreuzdonnerwetter! – verflixt (o. verflucht) und zugenäht! – verdammter Mist! – Scheisse! – Himmel, Arsch und Zwirn (o. Wolkenbruch)!

nom de nom, d'une pipe, d'un petit bonhomme, de Dieu, d'un chien! – diable! – dame! – diantre! – bougre! – fichtre! – peste! – sacrebleu! – sacré nom d'un chien! – mille tonnerres! – merde (alors)!

diavolo! – corpo del diavolo, di Bacco! – maledizione! – dannazione!

damn (it)! – damn and blast! – darn! – hang! – shit! – (bloody) hell! – hell's bells (and buckets of blood)! – for crap's sake! (am.)

Kugel e-e ruhige Kugel schieben

se la couler douce – a. avoir trouvé un bon fromage

prendersela comoda

to have a cushy life, a soft job

2) sich e-e Kugel durch den Kopf jagen

se brûler la cervelle – se faire sauter le caisson

farsi saltare o bruciarsi le cervella

to put a bullet through o's head – to blow o's brains out

Kulissen alles spielte sich hinter den Kulissen ab

tout se déroula dans la coulisse

tutto si svolse dietro le quinte

everything took place (o. happened, occurred) behind the scenes

Kunst er hat mich nach allen Regeln der Kunst o. nach Strich und Faden hereingelegt

il m'a eu dans toutes les règles de l'art

mi ha abbindolato per bene o di santa ragione

he well and truly took me in

kurz kurz (gesagt) – kurzum – kurz und gut – um es kurz zu machen – in einem Wort

Lächerliche

bref – en un mot

insomma – in breve – per farla breve – in una parola

in short – in a word – to cut a long story short – to put it briefly – a. in a nutshell

kürzeren er hat den kürzeren gezogen

il ne s'en est pas tiré à son avantage – il a eu le dessous

ha avuto la peggio

he got (o. was) worsted – he was the loser – he came off a loser o. second best

Lächeln sich ein Lächeln abringen – sauersüss, gezwungen lächeln

se forcer à (un) sourire – rire jaune o. du bout des lèvres

costringersi a ridere – sorridere in modo sforzato – ridere verde o a fior di labbra

to force a smile – to give a forced smile

lachen sich biegen, krümmen, kugeln, ausschütten, wälzen, die Seiten, den Bauch halten vor Lachen – sich e-n Ast, e-n Bruch, den Buckel voll lachen – sich krumm, tot, krank lachen – Tränen lachen

se pâmer de rire – rire à gorge déployée, à pleine gorge, aux éclats, aux larmes, à en pleurer, à s'en tenir les côtes – rire comme un bossu, un fou, une baleine – se payer une bosse de rire – se fendre la gueule, la pêche, la pipe – se payer une pinte de bon sang – s'en payer une tranche – être malade o. plié en deux de rire – se dilater la rate – se taper le cul par terre de rire

ridere a crepapelle, a squarciagola – tenersi i fianchi dal gran ridere – sbellicarsi, sbracarsi, sgangherarsi, sganasciarsi, spanciarsi, torcersi, scompisciarsi dalle risa – morire dal ridere – ridere fino alle lacrime

to roar, to howl, to split o's sides, to be convulsed, to rock, to make s.o. hold his sides with laughter – to laugh fit to burst o. till the tears come

Lächerliche etw. ins Lächerliche ziehen

tourner qc. en dérision

Lächerliche

gettare il ridicolo su qc. – volgere qc. al ridicolo
to turn s.th. into a joke – to ridicule s.th.

Laden du kannst den Laden zumachen – jetzt kannst du einpacken
tu peux fermer la boutique
puoi chiudere bottega
you can shut up shop

Lage versetzen Sie sich in meine Lage
mettez-vous à ma place
si metta nei miei panni
put yourself in my position o. place

2) wie die Lage jetzt ist – nach Lage der Dinge – so wie die Dinge stehen
dans la conjoncture présente – au point où nous en sommes o. en sont les choses
dato le circostanze – al punto in cui stanno le cose
as matters stand – under the circumstances

Lamm er ist sanft, geduldig wie ein Lamm – er ist lammfromm
il est doux comme un agneau, un mouton
è docile come un agnello
he is (as) meak o. gentle as a lamb

Länder aus aller Herren Ländern
des quatre coins du monde
da ogni dove
from all corners of the globe

Länge die Verhandlungen zogen sich in die Länge
les négotiations traînaient en longueur
le trattative andavano per le lunghe
the negotiations dragged on

2) er fiel der Länge nach o. längelang hin
il est tombé de tout son long, de son haut, de toute sa hauteur, les quatre fers en l'air
ha misurato il pavimento

he fell full length (o. flat) on his face – he was sent sprawling

langweilig es ist zum Gähnen, Schlafen o. Sterben langweilig – es ist stinklangweilig
c'est ennuyeux à mourir o. comme la pluie
è noioso da morire
it's terribly boring – it bores you stiff o. to tears

2) e-e zum Sterben langweilige o. stinklangweilige Geschichte
une histoire à dormir debout
una storia noiosa da morire
a story as dull as ditchwater

Lanze für j. e-e Lanze brechen, einlegen – für j. auf die Barrikaden steigen
rompre une lance pour qn
spezzare una lancia in favore di qd. – difendere qd. a spada tratta
to break a lance, to stand up, to strike a blow, to take up the cudgels for s.o.

Lappen die Gelegenheit ist mir durch die Lappen gegangen
cette occasion m'a passé sous le nez
quest'occasione mi è sfuggita (di mano)
this opportunity slipped through my fingers

Lärm viel Lärm, Wesens, Aufhebens, e-n Wirbel, e-e grosse Geschichte, e-e Staats- o. Riesenaffäre um o. e-e Staatsaktion aus etw. machen – etw. aufbauschen
faire grand bruit de qc., du tapage autour de qc., beaucoup d'histoires pour qc. – faire tout un plat, toute une histoire, une affaire d'Etat de qc.
fare grande scalpore per qc., molto chiasso intorno a qc., un affare di stato di qc.
to make a great fuss, a to-do, a big thing about s.th.

lassen das muss man ihm lassen o. zugestehen

c'est une justice à lui rendre
questo non glielo si può negare
we must grant him that point – you have to give it to him

Last j-m zur Last fallen
être à charge à qn
essere di peso a qd.
to be a burden to s.o.

Latein er ist mit seinem Latein, seiner Weisheit, seinen Argumenten am Ende – die Puste ist ihm ausgegangen
il y perd son latin o. les pédales – il est à bout d'arguments
non sa più che fare o dire
he is at his wit's end

Laube fertig ist die Laube! (die Sache ist abgemacht und erledigt)
et voilà tout! – ça y est! – tout est liquidé! – le tour est joué! – emballez, c'est pesé!
ecco fatto il becco all'oca!
there you are! – Bob's your uncle!

Lauf das ist der Welt Lauf – so geht es in der Welt – das ist nun einmal so in der (o. auf dieser) Welt – so ist das Leben
c'est la vie o. le train du monde – ainsi va le monde
così va il mondo
that's o. such is life – that's the way the cookie crumbles (am.)

2) den Dingen ihren Lauf, die Karre laufen lassen
laisser les choses suivre leur cours – laisser tout aller à vau-l'eau – laisser pisser les mérinos
lasciar correre l'acqua alla sua china – lasciar perdere – dare libero corso a qc. – lasciare che tutto vada per la sua strada – non metterci né sale né olio
to let things take their course – to let things drift o. rip o. slide

3) seinen Tränen freien Lauf lassen
laisser, donner libre cours à ses larmes – laisser couler librement ses larmes
non trattenere le lacrime
to let o's tears flow freely

laufen was die Beine hergeben
courir à toutes jambes o. comme un perdu, un dératé, un (beau) diable
correre a più non posso
to run as fast as one can

Lauffeuer die Nachricht verbreitete sich wie ein Lauffeuer o. mit Windeseile
la nouvelle se répandit comme une traînée de poudre o. avec la rapidité de l'éclair
la notizia si dilagò come un incendio o con la rapidità del vento
the news spread like wildfire

Laune (in) guter Laune, in guter Stimmung, gutgelaunt, aufgekratzt sein
franz. ---
essere di buon umore
to be in high spirits

2) schlechter o. verdriesslicher Laune, schlechtgelaunt, griesgrämig, verstimmt sein
être de mauvaise humeur, de mauvais poil – être grincheux
essere di cattivo umore o giù di corda – avere la luna di traverso
to be in a bad mood o. temper – to be grumpy o. cross

Laus j-m e-e Laus in den Pelz setzen o. Schereien bereiten
donner du fil à retordre o. faire des histoires à qn
procurare guai o piantar grane a qd.
to cause s.o. no end of trouble

lauthals etw. lauthals fordern
réclamer qc. à cor et à cri
chiedere qc. a gola spiegata
to clamour for s.th.

lawinenartig die Bevölkerung ist lawinenartig angewachsen, angestiegen
la population a fait boule de neige
la popolazione à cresciuta come una valanga

the population has snowballed

Leben etw. ins Leben rufen
donner naissance à qc. – mettre qc. sur pied
dare vita a qc.
to call s.th. into being

2) sein Leben, seine Haut teuer verkaufen
vendre chèrement sa vie, sa peau
vendere cara la vita, la propria pelle
to sell o's life dear(ly)

Lebensabend den Lebensabend verbringen in...
passer ses vieux jours à...
trascorrere gli ultimi anni a...
to spend the last years of o's life at...

Lebenslicht j-m das Lebenslicht ausblasen, den Garaus machen – j. ins Jenseits befördern, kaltmachen, um die Ecke bringen, aus dem Leben schaffen
couper le sifflet o. faire passer (o. perdre) le goût du pain à qn – envoyer, expédier qn dans l'autre monde o. ad patres – achever, refroidir qn
spedire qd. all'altro mondo – togliere qd. di mezzo o dalla circolazione – mandare qd. al cimitero – far la festa a qd. – far fuori o liquidare qd.
to snuff out s.o's life – to send s.o. to glory – to do s.o. in – to make away with s.o. – to bump s.o. off – to rub s.o. out

Leber was ist dir über die Leber gekrochen o. in die Krone gefahren? – was kommt dich an?
quelle mouche te pique o. t'a piqué?
che (cosa) ti prende? – che ti piglia?
what's eating you?

Leder das Schnitzel ist zäh wie Leder, wie e-e Schuhsohle
l'escalope est dure comme une semelle – c'est de la semelle
la scaloppina è dura come una suola
the escalope is (as) tough as shoe leather

Lehre das wird ihm e-e Lehre sein
cela lui apprendra à vivre – cela lui fera les pieds – cela lui donnera une bonne leçon o. lui servira de leçon
ciò gli servirà di lezione
that will teach him a lesson

2) du kannst dir deine weisen Lehren o. guten Ratschläge sparen (iron.)
je te dispense de tes leçons de morale
non so che farmene dei tuoi saggi consigli
you can keep your advice – I can do without your advice

Leib sich j. vom Leib halten
tenir qn à distance
tenere qd. alla larga – stare alla larga da qd.
to keep s.o. at arm's length o. out of o's hair o. at a distance

2) bleib mir (drei, zehn Schritte) vom Leib!
en arrière! – n'approche pas!
stammi lontano! – alla larga!
keep your distance! – keep away from me!

3) er ist mit Leib und Seele, mit Lust und Liebe dabei – a. er hat sich der Sache mit Haut und Haaren verschrieben
il s'en donne à cœur joie, à corps perdu – il a le (o. du) cœur à l'ouvrage
ci sta anima e corpo – lo fa con amore
he puts his whole heart, his heart and soul in(to) it – he does it with heart and soul

4) er ist mit Leib und Seele Arzt usw.
il est médecin corps et âme
è medico per la pelle
he is with heart and soul a doctor

Leichen er geht über Leichen hinweg
il passerait sur des cadavres o. sur le corps de... – il vendrait père et mère
non ha riguardo per nessuno – passa sul corpo di chiunque sia

he'll stop at nothing

leid du tust mir leid – du dauerst mich
tu me fais pitié
mi fai pena
I feel, I am sorry for you – I pity you

2) es tut mir leid (entschuldigend)
j'en suis désolé, navré
mi dispiace
I am sorry

Leier es ist immer die alte Leier o. Platte, das gleiche Lied
c'est toujours la même chanson o. musique, le même refrain o. tabac
è sempre la solita storia o solfa – è sempre la stessa cantilena o minestra
it's always the same old story o. cant

Leim er kriecht nicht auf jeden Leim – er frisst nicht alles – er ist auch nicht von gestern
il n'est pas né d'hier o. de la dernière couvée – il n'est pas (tombé) de la dernière pluie – a. on n'est pas des bœufs!
non è nato ieri
he wasn't born yesterday – he won't swallow o. buy everything

Leisten sie sind über einen Leisten geschlagen, aus dem gleichen Holz geschnitzt, vom gleichen Schlag o. Kaliber – sie können einander die Hand o. das Wasser reichen
ils sont coulés dans le même moule – ils sont du même calibre, tabac, tonneau, de la même trempe, eau, farine – ils sont taillés sur le même modèle o. frappés au même coin – ils peuvent se donner la main – ils sont bons à mettre dans le même sac
sono dello stesso stampo o calibro, della stessa lana – possono porgersi la mano – sono macchiati della stessa pece – sono d'un pelo e d'una buccia
they are of the same stamp o. kidney – they are two birds of a feather – they are cast in the same mo(u)ld

Leitung e-e lange Leitung haben – schwer von Begriff, begriffsstutzig, vernagelt sein – langsam schalten
être bouché à l'émeri – avoir la comprenette lente, la tête dure – ne pas être aidé
avere il cervello a pigione, la testa dura – essere duro di comprendonio, grosso di cervello, tondo come l'O di Giotto o la luna – essere tordo d'ingegno, di mente – non conoscere neanche l'ortica al tasto – a. tiene il capo solo per bellezza
to be slow on the uptake o. slow to catch on o. a bit dense – to have a thick skull

Lexikon er ist ein wandelndes Lexikon
c'est un dictionnaire ambulant, une encyclopédie vivante
è una biblioteca, un'enciclopedia ambulante
he is a walking encyclopa(e)dia

Licht in e-e Sache bringen – etw. völlig aufklären
jeter une lumière, du jour o. faire (toute) la lumière sur qc.
fare, gettare luce su qc.
to throw, to shed (day)light upon a matter

2) mir geht ein Licht, ein Seifensieder auf – es beginnt mir zu dämmern
je commence à voir clair – la lumière se fait dans mon esprit
comincio a vedere chiaro
I am beginning to see daylight – it's beginning to dawn on me

3) etw. ins rechte Licht setzen, rücken
faire voir qc. sous son vrai jour
mettere qc. nella giusta luce
to show, to present s.th. to advantage

4) die Sache erscheint in e-m andern Licht
l'affaire se présente sous un tout autre jour
l'affare si presenta sotto una luce diversa

the matter appears under (o. in) a new light – that puts a new face on the matter

5) das (Tages)licht scheuen
redouter la lumière – fuir le jour
fuggire la luce del giorno
to shun the light

6) das wirft kein gutes, bzw. ein schlechtes, schiefes Licht auf ihn
cela jette un faux jour sur lui – cela le fait paraître sous un mauvais jour
getta una falsa luce su di lui – non apparisce o ciò non lo mette in buona luce
that throws o. casts a bad light (up)on him

7) die Wahrheit ans Licht bringen
mettre la vérité au (grand) jour – dévoiler la vérité
portare la verità alla luce – svelare la verità
to bring the truth to light – to unearth the truth

8) das Licht der Welt erblicken
voir le jour
vedere la luce – aprire gli occhi alla luce
to draw o's first breath

9) er erhielt grünes Licht für sein Projekt
on lui a donné feu vert pour son projet
gli hanno dato il via per il suo progetto
he got the green light for his project

10) sein Licht nicht unter den Scheffel stellen
ne pas mettre la lumière sous le boisseau
non mettere la fiaccola sotto il moggio
not to hide o's light under a bushel

11) bei Licht besehen, bei näherer Betrachtung, bei genauerem Hinsehen, wenn man es aus der Nähe betrachtet (zeigt es sich, dass... usw.) – a. streng genommen o. alles in allem (genommen)
en y regardant de près – en examinant l'affaire de près – à tout prendre
a un più attento esame – a rigor di termine
on closer inspection o. examination – at a closer look – strictly speaking

12) im Lichte o. aufgrund der neuesten (wissenschaftlichen) Erkenntnisse
à la lumière des découvertes les plus récentes (de la science)
in base alle (o in virtù delle) scoperte più recenti (della scienza)
on the basis o. strength of the latest (scientific) discoveries

Lichtseiten das Leben hat seine Licht- und seine Schattenseiten
la vie a ses beaux et ses mauvais côtés
la vita ha degli alti e dei bassi
life has its lighter and its darker side

liebäugeln mit dem Gedanken liebäugeln, spielen
caresser l'idée de...
accarezzare l'idea di...
to flirt, to toy with the idea of...

Liebesmüh das ist vergebliche o. verlorene Liebesmüh
c'est peine perdue
è fatica sprecata
it's a waste of time (and effort)

Lied das ist das Ende vom Lied
les carottes sont cuites
doveva finire così
that's the end of that – we've had it

2) ich weiss ein Lied(chen) davon zu singen – wem sagen Sie das?
j'en parle à bon escient – j'en sais qc. – je suis (bien) payé pour le savoir – je puis en dire long à ce sujet o. en dire des nouvelles – ne m'en parlez pas
ne so qualcosa io – posso raccontare delle belle su...
I can tell you a thing or two about that

Lineal er geht einher, als hätte er ein Lineal, e-n Besenstiel, e-n Ladestock verschluckt

il a l'air d'avoir avalé son parapluie, sa canne, un manche à balai
va in giro come se avesse ingoiato un palo o il manico della scopa
he walks as straight as a ramrod, as stiff as a poker – he looks as if he had swallowed a poker

Linie auf seine Linie achten
soigner (o. prendre soin de) sa ligne
badare alla linea, alla propria figura
to keep o's waist-line under control – to watch o's figure, o's weight, o's waist-line

Linsengericht etw. für ein Linsengericht hergeben
échanger, vendre qc. contre un plat de lentilles
dare qc. per un piatto di lenticchie
to sell s.th. for a mess of potage

Lippen an j-s Lippen (o. wie gebannt an j-s Mund) hängen
être suspendu aux lèvres de qn – boire les paroles de qn
pendere dalle labbra, dalla bocca di qd.
to hang (spellbound) on s.o's lips o. words

2) sich auf die Lippen beissen; versch. Bed.: a) bereuen, etw. gesagt zu haben; b) den Mund fest schliessen, um nichts auszuplaudern; c) die Lippen zusammenpressen, um das Lachen zu unterdrücken
a) se mordre la langue, les lèvres – avaler sa salive
mordersi le labbra
to bite o's lips
b) tenir sa langue
mordersi le labbra
to mind o's tongue
c) dt. a.: das Lachen verbeissen
se mordre les lèvres pour ne pas rire
trattenersi dal ridere – soffocare una risata
to stifle, to repress a laughter

Liste auf der schwarzen Liste stehen
être sur la liste noire
essere nel libro nero
to be on a blacklist – to be blacklisted, blackballed

Loch j-m zeigen, wo der Zimmermann das Loch gelassen hat – j-m die Türe weisen – j. zum Tempel hinauswerfen o. an die (frische) Luft o. vor die Tür setzen
mettre, flanquer qn à la porte – faire passer qn par où (o. montrer à qn l'endroit où) le maçon n'a pas mis de briques
mettere qd. alla (o mostrare a qd. la) porta
to show s.o. the door – to chuck s.o. out

2) trinken, saufen wie ein Loch, wie ein Bürstenbinder
boire comme un trou, un Polonais, un tonneau, une éponge – boire à tire-larigot
bere come una spugna, un otre, un lanzo
to drink like a fish

3) ein Loch mit e-m andern stopfen
prendre à Pierre pour donner à Paul – déshabiller Pierre pour habiller Paul
scoprire un altare per ricoprire un altro
to rob Peter to pay Paul

4) Löcher in die Luft starren
avoir les yeux perdus dans le vague – regarder dans le vide o. sans voir
continuare a guardare nel vuoto
to stare into space

locker er läßt nicht locker
il n'en démord pas
tiene duro
he sticks to his point

Löffel er tut, als ob er die Weisheit mit Löffeln gefressen hätte
il croit avoir la science infuse
si dà arie di sapientone
he thinks he knows all the answers

Lorbeeren auf seinen Lorbeeren ausruhen
se reposer sur ses lauriers
riposare, dormire sugli allori
to rest on o's laurels

Los das grosse Los ziehen
gagner le gros lot, le cocotier – tirer le bon numéro
vincere un terno al lotto
to hit the jackpot – to strike lucky

Lücke e-e Lücke ausfüllen
combler une lacune
colmare una lacuna, un vuoto
to fill a gap

Lückenbüsser er dient als Lückenbüsser
il sert de bouche-trou
fa da riempitivo, il tappabuchi
he is (used as) a stopgap

Luft es herrscht dicke Luft – die Luft ist elektrisch geladen – die Zeichen stehen auf Sturm
ça va chauffer – il y a de l'orage (o. de l'électricité) dans l'air
tira una brutta aria – c'è maretta o aria di burrasca – nell'aria c'è odore di tempesta – qui non tira buon vento
trouble is brewing – the heat is on – s.th. is up

2) er ist Luft für mich
il n'existe pas pour moi
non esiste, non conta nulla per me
he does not exist for me

3) es liegt etw. in der Luft – es tut sich etw.
il y a qc. dans l'air o. qui se prépare
c'è qc. nell'aria – qc. bolle in pentola
there is s.th. in the wind

4) halt die Luft (o. den Atem) an! – gib nicht so an!
ne fais pas le fanfaron!
non darti tante arie!
pipe down!

5) das ist aus der Luft gegriffen o. von A bis Z erfunden – daran ist kein wahres Wort – das entbehrt jeder Grundlage
cela est inventé (o. forgé) de toutes pièces – ce sont des contes en l'air – cela est dénué de tout fondement
questo è inventato di sana pianta – non c'è una parola di vero in (tutto) ciò – ciò non ha alcun fondamento – questo è del tutto infondato
it's sheer invention – there is not a word of truth in it – that's completely unfounded

6) seinen Gefühlen, seinem Herzen Luft machen – alles sagen, was man auf dem Herzen hat (Zorn, Ärger, Kränkungen usw. loswerden)
soulager, épancher son cœur – dévider, débiter, égrener son chapelet
sfogarsi
to give vent to o's feelings

7) die Luft ist zum Schneiden (dick)
il y a une fumée à couper au couteau
c'è un'aria che si può tagliare a fette
the air is so thick you could cut it (with a knife)

8) das hängt (o. schwebt) völlig in der Luft
cela n'a aucun fondement solide
questo è campato in aria
it hangs in the air

9) die Luft ist rein
rien à l'horizon – il n'y a pas de pet
è tutto a posto
the coast is clear

10) von der Luft und (der) Liebe leben
vivre d'amour et d'eau fraîche
campare d'aria o di vento
to live on air (alone) – (meist negativ: you can't live on air (alone))

Luftlinie es sind 100 km in der Luftlinie
il y a 100 km à vol d'oiseau
sono 100 chilometri in linea d'aria

it's a distance of 100 km as the crow flies

Luftschlösser bauen
bâtir des châteaux en Espagne – tirer des plans sur la comète
fare dei castelli in Spagna o progetti campati in aria
to build castles in the air

Lüge das ist e-e faustdicke Lüge – das ist erstunken und erlogen
c'est un mensonge gros comme une maison – c'est un mensonge grossier o. cousu de fil blanc – c'est un abominable mensonge
questo è una grossolana menzogna
that's a gross, a hopping, a barefaced lie

lumpen er lässt sich nicht lumpen
il ne se fait pas tirer l'oreille
non fa l'avaro
he gives with an open hand - he is generous

Lunge sich die Lunge, den Hals ausschreien – sich heiser schreien
s'époumoner à (force de) crier
rimetterci i polmoni – sgolarsi
to shout at the top of o's voice – to shout, to scream o's head off – to shout o.s. hoarse

Lupe etw. unter die Lupe nehmen
examiner qc. à la loupe o. sur toutes les coutures – passer au crible, au peigne fin qc.
passare al vaglio qc.
to scrutinize, to examine s.th. closely

Mache das ist alles nur Mache, Augenwischerei
tout ça n'est que façade, qu'un trompe-l'œil
è tutta una commedia
that's eyewash

Macht die Macht ergreifen, an sich reissen
s'emparer du pouvoir
assumere il potere

to seize power

Magen das liegt mir schwer o. wie Blei auf dem Magen
cela me serre le cœur
ce l'ho sullo stomaco
it preys on my mind

2) da dreht sich mir der Magen
ça me soulève le cœur
mi si rivolta lo stomaco
that makes my stomach turn over

Mann der Mann von der Strasse
l'homme de la rue
l'uomo qualunque
the man in the street

2) die Politik des starken Mannes o. der Stärke
le régime à poigne
politica del pugno di ferro
a get-tough o. big stick policy

3) das Schiff ging mit Mann und Maus unter
le navire se perdit corps et bien
la nave si è affondata con tutti quanti
the ship went down with all hands (on board)

Mantel den Mantel, das Mäntelchen, die Fahne nach dem Wind drehen, hängen – e-e Wetter- o. Windfahne sein – seine Meinung wie ein Hemd wechseln
tourner à tout vent, à tous les vents, comme une girouette – être une girouette – manger à tous les râteliers – aller selon le vent – changer d'avis comme de chemise
navigare secondo (o girare con) il vento – voltarsi a tutti i venti – far più parti in commedia – voltare la casacca – aver mantello per ogni acqua – essere una banderuola
to trim o's sails to the wind – to have a cloak for every rain – to be a time-server, a turn-coat, a weathercock o. like a weathercock in the wind

Mark das geht e-m durch Mark und Bein (scherz. durch Mark und Pfennig) – das geht e-m durch und durch
cela vous pénètre jusqu'à la moelle des os
ciò vi penetra dentro le midolla delle ossa
that sets your teeth on edge

2) seine Worte trafen ihn ins Mark
il a été piqué au vif par ses mots
fu colpito nell'intimo dalle sue parole
his words cut him to the quick

Maske j-m die Maske vom Gesicht reissen
arracher le masque à qn
strappare la maschera a qd.
to unmask s.o.

Mass das macht das Mass voll o. bringt das Fass zum Überlaufen – das war der Tropfen, der das Gefäss zum Überlaufen brachte
c'est la goutte d'eau qui fait déborder le vase
ciò colma la misura o rincara la dose – questo è la goccia che fa traboccare il vaso
that fills the cup to the brim – that was the drop that made the cup run over o. the straw that broke the camel's back

2) er kennt kein Mass o. weder Mass noch Ziel
il n'a ni règle ni mesure
non conosce misura o né modo né misura
he knows no bounds (in whatever he does)

3) das Mass ist voll
la mesure est comble, pleine
la misura è colma
that's the limit

4) mit zweierlei Mass o. nicht mit der gleichen Elle messen
avoir deux poids et deux mesures
far due pesi e due misure
to apply double standard

Massnahmen einschneidende o. drastische Massnahmen ergreifen – hart durchgreifen
prendre des mesures radicales o. énergiques – trancher dans le vif – faire le coup de poing
prendere misure drastiche o radicali – intervenire energicamente
to take vigorous action – to take (o. to resort to) drastic o. strong measures o. steps – to crack down (on)

Mauerblümchen sie spielt das Mauerblümchen
elle fait tapisserie
fa tappezzeria
she is a wallflower

Maul j-m das Maul stopfen, ein Schloss vor den Mund hängen
rabattre, rabaisser le caquet à qn – clouer le bec o. river son clou à qn
chiudere il becco o tappare, cucire la bocca a qd.
to shut s.o. up – to shut s.o's mouth

2) sie hat ein loses, böses, ungewaschenes Maul – sie ist ein Lästermaul, e-e Giftspritze – sie hat e-e scharfe o. spitze Zunge
elle a (o. est) une mauvaise o. méchante langue – elle a une langue de vipère – elle est mauvaise comme la gale
ha una lingua tagliente o mordace o che taglia e cuce o che taglia come le forbici – ha la lingua lunga – è linguacciuta o una malalingua – mena la lingua – è una persona piena di veleno
she has a foul, a sharp, a malicious tongue

3) mit dem Maul kann es jeder – das ist leichter gesagt als getan
c'est facile à dire – c'est plus facile à dire qu'à faire – a. la parole est aisée, mais l'art est difficile
è facile a dirsi (ma non a farsi)

that's easier said than done – actions speak louder than words

Maulaffen feilhalten
bayer aux corneilles
stare a guardare a bocca aperta – stare a guardare le mosche che volano
to stand gaping

Maulkorb j-m e-n Maulkorb anlegen, umhängen
mettre une muselière à qn
mettere la museruola, il bavaglio, il guinzaglio a qd.
to muzzle s.o.

mäuschenstill sich mäuschenstill verhalten
ne (pas) piper (o. souffler) mot
stare zitto zitto – non dire mezza parola
to stand, to sit there as quiet as a little mouse

2) es (o. alles) ist mäuschen- o. totenstill – es ist so still, dass man e-e Stecknadel zu Boden fallen hörte – es herrscht Grabes- o. Totenstille
on entendrait trotter une souris o. voler une mouche o. une mouche voler – il règne un silence absolu o. de mort
non si sente volare una mosca – c'è un silenzio sepolcrale, di tomba, di morte
there is a dead o. deathly silence – you could have heard a pin drop

mausetot er ist mausetot
il est raide mort
è morto stecchito
he is stone-dead o. (as) dead as a doornail

mehr das schmeckt nach mehr
cela a un goût de revenez-y
era troppo poco per sentirne il gusto
it tastes moreish

Meinung ich teile Ihre (o. bin ganz Ihrer) Meinung o. Ansicht – ich pflichte Ihnen bei o. stimme Ihnen zu
j'abonde dans votre sens – je me range o. rallie à votre avis – j'approuve votre opinion – je suis du même avis que vous
sono del Suo parere, della Sua opinione – condivido la (o aderisco alla) Sua opinione
I (quite) agree with you – I share your view – same here

Meister er hat seinen Meister gefunden – er ist an die richtige Adresse geraten (iron.)
il a trouvé son maître o. à qui parler
ha trovato chi gli dà dei punti
he has found o. met his match

Meisterleistung das ist (wirklich) e-e Meisterleistung, ein Bravourstück
c'est (vraiment) un coup de maître
è (proprio) un'opera magistrale
that's a masterstroke o. a daring feat

2) das ist nicht gerade e-e Meisterleistung, ein Meisterwerk – damit ist kein (grosser) Staat zu machen – das ist kein Ruhmesblatt für ihn – darauf braucht er sich nichts einzubilden
il n'y a pas de quoi pavoiser, se vanter, faire beaucoup de parade o. d'étalage, crier au miracle – ce n'est pas la gloire pour lui – ça ne casse rien – ça ne casse pas les vitres o. trois pattes à un canard
non vi è da fare sfoggio – non è una pagina di gloria per lui
that's nothing to be proud of o. to write home about

Menschenleben es sind keine Menschenleben zu beklagen
il n'y a pas eu mort d'homme
non ci sono stato vittime
there were no casualties – no one was killed

Menschenseele es war keine Menscheno. Sterbensseele, kein Bein, kein Aas, kein Schwanz da – ich war mutterseelenallein
il n'y avait pas âme qui vive – il n'y avait pas un chat

non c'era anima viva, un cristiano, un cane – ero solo soletto
there was not a (o. no) living soul (in sight)

Menschenverstand das ist, verstösst gegen den gesunden Menschenverstand
cela heurte le bon sens – cela n'a pas le sens commun
è contrario al buon senso
it lacks common sense

Messer er muss unters Messer (operiert werden)
il doit passer sur le billard
deve andare sotto i ferri
he will have to go under the knife

Miene mit eisiger Miene
d'un air glacial
con viso gelido
with an icy, glacial, freezing look

Milch wie Milch und Blut, wie das ewige Leben aussehen
avoir un teint de lis et de rose
essere latte e rosa
to look all lilies and roses – to be a picture of health

2) das Land, wo Milch und Honig fliessen
le pays de cocagne
il paese dove si legano le viti con le salsicce
the land of milk and honey

Misskredit in Misskredit, schlechten Ruf, Verruf geraten
tomber en discrédit
cadere in discredito
to be brought into discredit – to get a bad name

Mist das ist nicht auf seinem Mist, in seinem Garten gewachsen
ce n'est pas de son crû
non è farina del suo sacco o erba del suo orto

he didn't dream that up all by himself

mitmachen er hat viel mit- o. durchgemacht, viel Schweres erfahren, manchen Schicksalsschlag erlitten
il en a vu de dures – il a essuyé bien des revers
ne ha passate tante o di tutti i colori
he has been through (o suffered) a lot

Mittel meine Mittel erlauben es nicht – das übersteigt meine Mittel – das kann ich mir nicht leisten
c'est au-dessus de mes moyens
i miei mezzi non lo consentono
that is beyond my means – I cannot afford it

2) wir müssen Mittel und Wege finden, zu...
il nous faut trouver moyen de...
bisogna trovare la strada, la via per arrivare a...
we must find ways and means to...

3) sich ins Mittel legen (vermitteln)
se poser en médiateur – s'interposer, intervenir
fare opera di mediazione – fare da mediatore – interporsi
to act as mediator – to mediate

Mittelweg den goldenen Mittelweg gehen, einschlagen
se tenir dans un juste milieu
prendere una via di mezzo
to strike a happy medium – to steer a middle course

Mode ... ist Mode o. die grosse, die herrschende Mode, der letzte Schrei
... est à la mode o. en vogue o. la grande mode – c'est la folie du jour – c'est dans le vent o. le dernier cri
... è di (o alla) moda – è la moda del giorno o del momento – è l'ultimo grido, l'ultima moda
that's the latest rage, craze, fashion – it's (very much) the in thing – it's all the go

Mohr e-n Mohren weisswaschen wollen
vouloir blanchir un nègre
voler lavare la testa all'asino o cavar sangue da una rapa o raddrizzare le gambe ai cani
to try to whitewash s.o.

Mond in den Mond, in die Röhre gucken – mit leeren Händen dastehen, zurückkehren – leer ausgehen – das Nachsehen haben – der Dumme, Geprellte, Gelackmeierte sein
faire tintin, chou blanc – revenir bredouille – en être pour ses frais – être marron, le dindon de la farce – être, rester le bec dans l'eau – avoir été le pigeon dans l'affaire – ne rien décrocher
restare a mani vuote, all'asciutto, a piedi, con un pugno di mosche (in mano) – rimanere a bocca asciutta o con tanto (o un palmo) di naso – restare, tornare con le pive (o le trombe) nel sacco – tornare a piè zoppo – restare sull'albero a cantare – far come i pifferi di montagna – andarsene per lana e tornarsene tosi
to be left empty-handed – to be left out (in the cold)

2) hinter dem Mond leben o. zu Hause sein
être, vivre dans la lune
vivere sulla (o nel mondo della) luna – essere ancora al (o venire dal) mondo della luna – essere più indietro della coda del maiale
to be behind the times

Morgen wie der junge Morgen aussehen – sich taufrisch fühlen
être frais comme une rose
avere un aspetto rugiadoso
to feel as fresh as a daisy

Morgenluft wittern
sentir un vent favorable
sentire l'avvicinarsi di tempi nuovi
to see a gleam, a ray of hope

Mücke aus e-r Mücke e-n Elefanten, aus e-m Splitter e-n Balken, aus e-m Maulwurfshaufen e-n Berg, aus e-m Furz e-n Donnerschlag machen
faire d'une puce un éléphant – faire une montagne de qc. – faire une tempête dans un verre d'eau
fare di una mosca un elefante o d'un fuscello una trave
to make a mountain out of a molehill

Mucken die Sache hat ihre Mucken, ihren Haken – die Sache läuft nicht rund – es harzt damit – da ist irgendwo Sand im Getriebe
l'affaire cloche, ne tourne pas rond – il y a un revers à la médaille – il y a un os – il y a une ombre au tableau o. de l'eau dans le gaz
la cosa non funziona come dovrebbe – c'è dell'imbroglio
there is a snag, a hitch, a catch somewhere

Mühe das ist nicht der Mühe wert – das lohnt sich nicht
cela ne vaut pas la peine – le jeu n'en vaut pas la chandelle
non (ne) vale la pena – il gioco non vale la candela
it is not worth the trouble, the effort, the bother

Mühle das ist Wasser auf seine Mühle, Wind in seine Segel – das ist ein gefundenes Fressen für ihn
cela apporte de l'eau à son moulin – c'est une bonne aubaine pour lui
questo è acqua al suo mulino – casca come il cacio sui maccheroni
that is grist to his mill – that is playing right into his hands

Mumm er hat keinen Mumm in den Knochen; zwei Bed.: a) er hat keine Arbeitslust, keinen Antrieb o. Unternehmungsgeist – b) er ist ein Waschlappen, ein Schlappschwanz
a) il manque d'allant, d'envie de travailler
b) il n'a pas de sang dans les veines – il n'a rien dans le ventre – c'est une nouille,

une couille molle, une carpette, une descente de lit

a) non è in vena di lavorare – manca d'iniziativa
b) è uno smidollato, una pasta frolla

a) he has no (o. he lacks) drive o. spunk (to do s.th.)
b) he is a sissy, a weakling, a softie

Mund den Mund wässerig machen – das Wasser läuft einem im Mund zusammen

faire venir o. avoir l'eau à la bouche – a. s'en lécher les babines

far venire l'acquolina in bocca – è roba da leccarsi le dita

to make s.o's mouth water

2) Sie nehmen mir das Wort aus dem Mund

j'avais le mot sur les lèvres, sur le bout de la langue

Lei mi leva, mi toglie la parola di bocca

you are taking the very words out of my mouth

3) wie aus einem Mund

d'une seule voix

come un sol uomo

as one man – as (if) with one voice

4) reinen Mund halten über etw.

ne pas souffler mot de qc.

cucirsi la bocca – tenere la bocca chiusa, cucita

to keep s.th. under o's hat

5) reinen Mund gehalten!

bouche close (o. cousue)!

acqua in bocca!

mum's the word! – keep your tongue between your teeth!

6) er kann den Mund nicht halten, nicht dicht halten

il ne sait pas tenir le secret – il a la langue trop longue

non sa mantenere il segreto o tenere il becco chiuso

he can't keep mum o. hold his tongue

7) sie spart sich jeden Bissen am Mund ab (z.B. für ihr Kind)

elle s'ôte o. s'enlève les morceaux o. le pain de la bouche – elle se saigne les quatre veines – elle gratte sur sa nourriture

si cava il boccone (o si leva il pane) di bocca

she stints herself of food (for ...)

8) in aller (Leute) Mund sein – das Stadtgespräch bilden

être sur toutes les bouches – défrayer les conversations

essere sulla bocca di tutti – essere la favola della città

to be the talk of the town

9) den Mund nicht auftun – ein Schloss vor dem Mund haben – keinen Laut o. Mucks von sich geben – stumm sein wie ein Fisch – sich in Schweigen hüllen

ne pas desserrer les dents – rester bouche close o. muet comme une carpe – ne dire, piper, souffler mot – se renfermer dans le silence – avoir avalé sa langue (meist als Frage: alors, tu as avalé ta langue? = du hast wohl deinen Mund verloren?)

non aprire bocca – non dire una parola o né ai né bai – non proferire verbo – avvolgersi nel silenzio – stare muto come un pesce – fare la (o parere una) statua

not to say a word o. utter a sound – to wrap o.s. in silence – to keep mute as a fish

10) sie ist nicht auf den Mund gefallen, nie um e-e Antwort verlegen – sie ist schlagfertig o. mit der Antwort rasch bei der Hand

elle n'a pas sa langue dans sa poche – elle a la langue bien pendue, la répartie facile o. prompte – elle a réponse à tout – elle répond du tac au tac – elle vous renvoie la balle

ha sempre la risposta pronta – ha la battuta pronta – è lesta di lingua – fa a botta e risposta

she has a ready, a nimble, a quick tongue

– *she is never at a loss for an answer – she is quick on the draw, at repartee*

11) den Mund voll nehmen – dick auftragen
charrier (dans les bégonias)
sballarle grosse
to draw the long bow

12) du legst mir Worte in den Mund, die...
tu me fais dire des choses que...
mi fai dir cose che...
you put words into my mouth which...

13) ein Wort, das er beständig im Munde führt
un mot qu'il a toujours sur les lèvres
una parola che ha sempre in bocca
it's his favourite expression

14) die Nachricht ging von Mund zu Mund
la nouvelle a passé de bouche à oreille
la notizia correva di bocca in bocca
the news spread like wildfire

Mundwerk sie hat ein gutes, ein geschliffenes, ein gutgeschmiertes o. -geöltes Mundwerk – ihr Mundwerk läuft wie geschmiert, wie geölt, wie ein Mühlwerk – sie redet wie ein Wasserfall – sie schwatzt dem Teufel ein Ohr ab – sie scheint ein Maschinengewehr verschluckt zu haben – sie schwatzt einem ein Loch in den Bauch – sie ist zungenfertig
c'est un moulin à paroles – elle a une bonne tapette – elle jacasse comme une pie – elle tient le crachoir
ha la lingua sciolta, lo scilinguagnolo sciolto – parla come un mulino a vento o senza tregua o come una macchinetta – sembra una mitragliatrice – pare che dia i numeri del lotto – ha una buona parlantina
she has a glib tongue o. the gift of the gab – she talks her (o. your) head off o. nineteen to the dozen o. a mile a minute – she talks the hind leg off a donkey

Münze j-m mit gleicher Münze heimzahlen o. Gleiches mit Gleichem vergelten – j-m nichts schuldig bleiben – a. Wurst wider Wurst
rendre le change, la pareille, le réciproque o. la monnaie de sa pièce à qn – a. c'est un prêté pour un rendu
rendere a qd. pan per focaccia – ripagare qd. con la (o della) stessa moneta – pagare qd. di egual o pari moneta
to pay s.o. (back) in his own coin – to repay s.o. in kind – to give as good as one gets o. takes – to return like for like – to give s.o. a taste of his own medicine

2) etw. für bare Münze nehmen
prendre qc. pour argent comptant
prendere qc. per oro colato – accettare qc. per buona moneta
to take s.th. at its face value o. for gospel truth

mürbe den werde ich schon mürbe kriegen
je l'aurai à l'usure
piegherò il suo orgoglio, la sua resistenza
I'll wear him down

Murmeltier wie ein Murmeltier, ein Dachs, ein Sack schlafen
dormir comme une marmotte, une souche, un loir, un sonneur, à poings fermés, sur les deux oreilles
dormire come una marmotta, un ghiro, un giocco, della grossa
engl. –––

mustern j. von oben bis unten mustern
regarder qn de haut en bas
squadrare qd. da capo a piedi
to look s.o. up and down

Mut guten Mutes sein
avoir bon courage – y aller de bon cœur
essere di buon animo
to be of good cheer

Mütchen an j-m sein Mütchen kühlen

décharger, épancher sa bile sur qn
sfogare la propria stizza contro qd.
to vent o's anger on s.o. – to take it out on s.o.

Muttermilch etw. mit der Muttermilch einsaugen
sucer qc. avec le lait maternel
succhiare qc. col latte (materno)
to imbibe s.th. from (o's) earliest infancy o. with o's mother's milk

Nabelschau betreiben – sich für den Nabel der Welt halten
se regarder, contempler le nombril – se prendre pour le nombril du monde
credersi l'ombelico del mondo
to indulge in self-contemplation o. navel-picking – to consider o.s. the centre of the universe

Nacht sich die Nacht um die Ohren schlagen
passer une nuit blanche – passer la nuit à regarder les étoiles
passare la notte in bianco
to stay up all night

2) bei Einbruch der Nacht – bei einbrechender Dunkelheit o. Nacht – in der Abenddämmerung
à la nuit tombante – entre chien et loup
al calar della notte
at nightfall – at dusk

Nachteil j-m zum Nachteil gereichen – von Nachteil sein für j.
porter préjudice à qn
tornare a svantaggio di qd.
s.th. is to s.o's disadvantage

Nacken j-m den Nacken, den Rücken steifen
mettre du cœur au ventre de qn
infondere coraggio a qd.
to stiffen s.o's back

2) j-s Nacken beugen
faire courber la nuque à qn – faire mettre les pouces à qn

piegare la testa a qd.
to make s.o. bow down

Nadeln (wie) auf Nadeln, auf glühenden Kohlen sitzen – auf der Folter sein
être sur des épines, des œufs, des charbons ardents, le gril – être au supplice, sur des braises
essere, stare sulle spine, sui carboni ardenti
to be on tenterhooks – to be, to sit on thorns

Nagel er ist ein Nagel zu meinem Sarg – er wird mich noch unter den Boden, ins Grab, in die Grube bringen
il me fera mourir
mi fa morire prima del tempo – mi manderà al camposanto
he is a nail in o. he drives a nail into my coffin – he will be the death of me

2) seinen Beruf an den Nagel hängen
renoncer à son métier
attaccare al chiodo il suo mestiere
to throw o. chuck up o's job

3) den Nagel auf den Kopf o. ins Schwarze treffen – e-n Treffer landen
mettre le doigt dessus – frapper, toucher, tomber juste – mettre, taper dans le mille – faire mouche
cogliere, colpire nel segno o in pieno – far centro
to hit the nail on the head – to hit the mark o. the bull's eye

namenlos ein namenloses Elend
une misère sans nom
una miseria indicibile
unspeakable o. unheard-off distress

Narr sie hat den Narren o. Affen gefressen an ihm – sie ist in ihn vernarrt
elle est engouée o. coiffée de lui
è o va pazza per lui
she is besotted with him – she is crazy o. nuts about him (beides am.)

Nase die Nase o. Schnauze voll haben –

bis oben genug o. etw. dicke haben – das hängt mir zum Hals heraus – es stinkt mir

en avoir marre o. plein le dos o. pardessus la tête, les épaules – en avoir soupé – en avoir sa claque o. ras le bol – cela me sort par les yeux o. par le nez o. par les oreilles – ça me fait suer

averne piene le tasche o le scatole o fin sopra i capelli (o gli occhi)

to be fed up (to the teeth) with ... – to be sick and tired with it all

2) die Nase rümpfen – das Gesicht, den Mund verziehen (über etw.) – ein schiefes Maul, e-e Schnute ziehen – die Lippen aufwerfen

faire la moue, la gueule, la lippe

storcere la bocca – arricciare il naso (per qc.)

to turn up o's nose o. look down o's nose (at s.th.) – to pull, to make a wry face

3) es liegt vor deiner Nase – du stösst gleich mit der Nase darauf

c'est sous ton nez – tu as le nez dessus

lo hai sotto il naso

it's right under your nose – it stares you in the face

4) seine Nase in alles, in jeden Quark, in alle Töpfe stecken – andern Leuten in die Töpfe gucken

fourrer son nez partout

ficcare, cacciare il naso (o mettere, ficcare lo zampino) negli affari altrui – essere un ficcanaso

to poke o's nose into other people's affairs

5) man sieht es ihm an der Nase an, man kann es ihm vom Gesicht ablesen, es steht ihm im Gesicht o. an der Stirn geschrieben, dass ...

il le porte sur sa figure, on lit sur son front, c'est écrit sur son front que ...

gli si legge in faccia che ... – bisogna guardarlo in faccia per ... – ce l'ha scritto in fronte che ...

it's written all over his face – you can read in his face that ...

6) er hat ihn in der Nase, auf dem Strich – er hat e-e Pike auf ihn – er kann ihn nicht riechen – er ist ihm nicht grün – er ist schlecht zu sprechen auf ihn – er hat ihn gefressen

il l'a dans le nez o. pris en grippe – il ne peut pas le sentir o. piffer o. le voir en peinture – il a, garde, conserve une dent contre lui – il ne le porte pas dans son cœur – c'est sa bête noire

ce l'ha sullo stomaco – non lo può digerire – non lo vede di buon occhio – ha il dente avvelenato contro lui – lo vede come il fumo negli (o agli) occhi – non riesce a mandarlo giù – lo ha sulle corna o a carte quarantotto – non lo ha sul proprio calendario

he hates his guts – he has a grudge against him – he has it in for him – he cannot stand o. stick him

7) j-m etw. unter die Nase reiben o. aufs Butterbrot streichen, schmieren

jeter, flanquer qc. au nez, à la figure, à la tête de qn

rinfacciare qc. a qd.

to bring s.th. home to s.o.

8) j-m e-e lange Nase machen, drehen – j-m Rübchen schaben

faire la nique o. un pied de nez à qn

far marameo o tanto di naso a qd.

to thumb o's nose o. cock a snook at s.o. – to make a long nose o. snap o's fingers at s.o.

9) j. an der Nase, am Narrenseil herumführen – j. zum Narren o. besten haben, halten (Anmerkung: diese drei Wendungen sind nicht so eindeutig wie beispielsweise die nachfolgende (Nr. 10). Es klingt in ihnen sowohl das «foppen, sich mit j-m e-n Scherz machen» als auch das «hereinlegen» im Sinn von «falsche Hoffnungen machen» an, Hoffnungen, von denen man zum voraus weiss, dass man sie nicht erfüllen wird. Entsprechend schillernd sind

auch die beiden franz. Wendungen «mener qn en bateau» und «monter un bateau à qn», deren Grundbedeutung «tromper, duper, mystifier», also «täuschen» ist, während das ital. «prendere in giro» auch die Bedeutung «auf den Arm nehmen» hat.)
(em)mener qn en bateau – monter un bateau à qn – faire monter qn à l'arbre
menare qd. per il naso o a spasso – prendere in giro qd. – dare la baia a qd.
to lead s.o. up the garden path – to make a fool, an ass of s.o.

10) j-m auf der Nase herumtanzen (sich alles erlauben mit j-m)
faire des pieds de nez à qn
mettersi qd. sotto i piedi
to lead s.o. a (pretty) dance

11) mit langer Nase o. hängendem (o. eingezogenem) Schwanz o. wie ein begossener Pudel abziehen, davonschleichen
s'en aller tout penaud o. les oreilles basses o. la queue entre les jambes
andarsene con la coda tra le gambe o con le pive nel sacco o come un cane frustato
to slink off o. go away with o's tail between o's legs

12) j-m die Würmer aus der Nase ziehen
tirer les vers du nez à qn
cavare, strappare la parola di bocca a qd. – tirare su le calze a qd.
to worm a secret out of s.o.

13) j-m etw. vor der Nase wegschnappen
enlever qc. au nez, à la barbe de qn – souffler qc. à qn
portare via qc. a qd. sotto il naso
to take s.th. away from under s.o's nose

14) j-m die Tür vor der Nase zumachen, zuschlagen
fermer la porte au nez de qn
sbattere la porta in faccia a qd.

to shut, to slam the door in s.o's face

15) (immer) der Nase nach gehen
aller tout droit devant soi
andare sempre diritto
to follow o's nose

16) j. mit der Nase auf etw. stossen
faire toucher qc. à qn du doigt
mettere qc. sotto il naso a qd. – far toccare con mano qc. a qd.
to place s.th. under s.o's very nose

17) er hat e-e (gute) Nase, e-n (feinen o. den richtigen) Riecher o. e-n sechsten Sinn (für solche Sachen)
il a du nez, le nez creux, des antennes pour...
ha (buon) fiuto per...
he has a (good) nose, a flair for...

18) der Zug fuhr mir vor der Nase weg
le train a passé sous mon nez
il treno mi è partito sotto il naso
I missed the train by a whisker

19) (mit dem Finger) in der Nase bohren
se mettre, se fourrer les doigts dans le nez – mettre, fourrer ses doigts dans le nez
ficcarsi le dita nel naso
to pick o's nose

nebenbei bemerkt – beiläufig gesagt – aber das nur nebenbei
entre parenthèse – soit dit en passant
tra l'altro – (sia detto) tra parentesi
incidentally – by the way

Neid er ist grün (o. gelb o. blass) vor Neid – er verzehrt sich vor Neid
il se consume, se dévore, se ronge (o. il est consumé etc.) d'envie
è verde d'invidia – si rode dall'invidia – l'invidia gli rode il fegato
he is green o. eaten up with envy

neigen ich neige zur Auffassung o. Ansicht... – ich möchte glauben, dass...
je penche à croire que...

sono portato o incline a credere che...
I am inclined to think that...

Nenner auf e-n gemeinsamen Nenner bringen
réduire au même dénominateur
ridurre a un comune denominatore
to reduce to o. arrive at a common denominator

Nerv(en) er hat eiserne Nerven o. Nerven wie Drahtseile
il a les nerfs solides
ha i nervi a posto – ha nervi d'acciaio
he has nerves of steel

2) meine Nerven sind zum Zerreissen gespannt
j'ai les nerfs à vif, en pelote
ho i nervi a fior di pelle
my nerves are taut as bowstrings

3) er zerrt mir am (o. tötet mir den) Nerv – er fällt mir auf den Wecker – er geht mir auf die Nerven o. an die Nieren – er macht mich müde – er ist e-e Nervensäge
il me tape sur les nerfs, le système – il me court, me trotte sur le haricot – il me casse les pieds, les oreilles, la tête – il me les casse – il me fait suer, chier – c'est un rasoir
mi dà di (o sui) nervi – mi fa venire i nervi, la barba, il nervoso – mi logora i nervi – mi rompe le scatole, le tasche, gli stivali, gli stinchi, gli zebedei – mi scuote o urta i nervi – mi scoccia – è noioso come una mosca
he gets o. grates o. jars on my nerves – he gets in my hair – he gives me the pip – he sets my teeth on edge – he is a strain on my nerves – that gives me the hump (sl.)

4) die Nerven verlieren
perdre le contrôle de ses nerfs
perdere il controllo dei propri nervi
to lose o's nerve

5) der hat (vielleicht) Nerven! – was der sich alles herausnimmt o. erlaubt!
il ne manque pas de souffle o. d'air – il est gonflé dur
che sfacciataggine! – che cosa gli è saltato in mente!
he has got a nerve!

Nervenbündel er ist ein Nervenbündel
c'est un paquet de nerfs
è un fascio di nervi
he is a bundle, a bag of nerves, a nervous wreck

Nesseln sich in die Nesseln setzen – in die Klemme, Tinte, Patsche geraten – sich etw. Schönes einbrocken
se mettre, se ficher, se fourrer dans le pétrin – se mettre dans le bain, dans de beaux draps – tomber, se fourrer dans un guêpier
mettersi, cacciarsi nei guai, nei pasticci, in un bell'impiccio
to get into a fix, into hot water o. a fine mess – to put o's foot in it – to let o.s. in for it

Nest sein eigenes Nest beschmutzen
médire des siens
gettare, tirare sassi in colombaia – sputare nel piatto in cui si mangia
to foul o's own nest

2) sich ins warme Nest setzen
être couvé
trovare la minestra bell' e scodellata – trovare il letto rifatto
to have it made (for one)

3) es ist ein gottverlassenes Nest, ein Kaff
c'est un trou (perdu)
è un paesucolo, un buco
it's a godforsaken place, an awful hole

Netz sich im eigenen Netz verstricken
s'empêtrer dans ses machinations
essere preso nelle proprie reti
to become entangled in the web of o's own lies etc.

Netz   121   **Nuss**

2) j. in seine Netze locken – j. umgarnen
attirer, prendre qn dans ses filets
attirare qd. nella propria rete
to lure s.o. into a trap – to ensnare s.o.

neugeboren ich fühle mich wie neugeboren
je me sens rajeuni, tout autre, frais et dispos
mi sento rivivere o rinato
I feel a new person

Neuland wissenschaftliches Neuland betreten
aborder un nouveau domaine scientifique
muoversi in un nuovo campo della scienza
to enter new scientific territory o. ground

Neunmalkluger er ist ein Neunmalkluger, ein Besserwisser, ein Klugscheisser
c'est Gros Jean qui remontre à son curé – c'est un petit génie (iron.)
è un saccentone, un cacasenno, un bastiancontrario
he is a wiseacre, a know-all

Nickerchen ein Nickerchen machen
piquer un (petit) somme, du nez, un roupillon – coincer la bulle
schiacciare un pisolino
to have, to take a snooze, a catnap, (o's) forty winks

Nimmerleinstag du wirst dein Geld am Nimmerleinstag (o. wenn Ostern und Pfingsten auf einen Tag fallen) erhalten
tu auras l'argent à la saint-glinglin o. à la semaine des quatre jeudis o. quand les poules auront des dents – tu n'en verras plus la couleur
i soldi li vedrai al giorno del mai – sarai pagato nella valle di Giosafat (ultima resa dei conti del Giudizio Universale)
you'll get your money a day after doomsday o. when two Sundays meet o. when hell freezes over

2) etw. auf den Nimmerleinstag verschieben
renvoyer qc. aux calendes (grecques)
rimandare qc. alle calende greche
to put s.th. off indefinitely

Not aus der Not e-e Tugend machen
faire de nécessité vertu
fare di necessità virtù
to make a virtue of necessity

Notgroschen e-n Notgroschen zurücklegen
garder une poire pour la soif
mettere da parte un gruzzolo (per casi di bisogno)
to save up o. put s.th. by for a rainy day

Notlüge zur e-r Notlüge Zuflucht nehmen
recourir à un pieux mensonge
ricorrere a una bugia pietosa
to resort, to have recourse to a white lie

Null wir müssen nochmals bei Null o. von vorn beginnen
il nous faut revenir sur nos pas o. à la case départ o. repartir à zéro
dobbiamo tornare sui nostri passi o ricominciare da zero – bisogna rifare la cosa di sana pianta o da cima a fondo
we have to start from scratch o. all over again o. go back to square one

Nullpunkt auf dem Nullpunkt, auf e-m Tiefpunkt angelangt sein
être au point zéro
essere o arrivare a zero
to have reached zero level o. rock bottom o. an all-time low

Nummer auf Nummer Sicher gehen (kein Risiko eingehen)
n'agir qu'à coup sûr – ne courir aucun risque
giocare una carta sicura – evitare ogni rischio
to play safe – not to (under)take any risk

Nuss e-e harte Nuss zu knacken haben

tomber sur un bec, un os
avere una gatta da pelare
that's a hard, a tough nut to crack

2) das ist e-e harte Nuss, ein harter Brocken
c'est un casse-tête – c'est pas de la tarte
è un osso duro – non è pane per i suoi denti – non è la via dell'orto
that's a hard, a tough nut, a big headache

O-Beine haben
avoir les jambes arquées o. en cerceau
avere le gambe ercoline o storte
to have bandy o. bow-legs

oben der Befehl kommt von oben
l'ordre vient d'en haut
l'ordine viene dall'alto
the order comes from the top

Oberhand die Oberhand gewinnen (über)
prendre le dessus, la haute main – l'emporter (sur)
prendere il sopravvento (su)
to gain, to get the upper hand (of)

Oberwasser bekommen, haben
tenir le haut du pavé
avere il vantaggio
to get, to have the whip hand

Ofen er hockt immer hinter dem Ofen
il ne quitte pas le coin du feu
se ne sta rintanato o ammuffisce in casa – cova la cenere
he is a stay-at-home

Öffentlichkeit etw. an die Öffentlichkeit zerren
jeter qc. en pâture à l'opinion publique
dare qc. in pasto al pubblico
to drag s.th. into the limelight

2) in aller Öffentlichkeit
au vu et au su de tout le monde
in faccia al mondo
openly and publicly

Ohr er hat es faustdick hinter den Ohren
o. so dick hinter den Ohren wie die Sau die Läuse – er ist ein (schlauer) Fuchs, ein Schlaukopf, ein Pfiffikus, ein abgefeimter, gerissener, durchtriebener Bursche
il a plus d'un tour dans son sac – il est rusé comme un renard o. malin comme un singe – c'est un franc dissimulé, un rusé compère (Mann), une fine mouche (Frau)
ne sa uno di più del diavolo – è un furbo matricolato o di tre cotte – è (scaltro come) una volpe – è un volpone, un furbacchione
he knows (o. is up to) all the tricks o. dodges (of the trade) – he is a deep one, a sly dog o. fox, a smart fellow, a slyboots

2) er ist bis über die Ohren o. sterblich verliebt (in sie)
il est éperdument amoureux (d'elle)
è innamorato cotto (di lei)
he is up to the ears (o. head over ears) in love (with her)

3) es geht zum einen Ohr hinein und zum andern (wieder) hinaus
cela (r)entre par une oreille et (res)sort par l'autre
entra da un orecchio ed esce dall'altro
it goes in at one ear and out at the other

4) ich bin ganz Ohr
j'écoute de toutes mes oreilles – je suis tout ouïe
sono tutt'orecchi
I am all ears

5) die Ohren steif halten – standhaft bleiben
tenir bon o. ferme
farsi forza e coraggio
to keep a stiff upper lip o. o's chin, o's pecker up

6) tauben Ohren predigen – an e-e Wand o. Mauer o. in den Wind reden – ein Prediger in der Wüste sein
prêcher dans le désert, pour les murs, à

des sourds – parler en pure perte – perdre sa salive – dépenser sa salive pour rien
predicare, parlare al muro, al vento, ai sordi – sprecare il fiato – predicare al deserto – cantare ai sordi
to preach to deaf ears – to talk to the winds – that's a (complete) waste of breath

7) auf diesem Ohr hört er nicht o. schlecht o. ist er taub – er ist auf beiden Ohren taub – er sitzt auf den Ohren – er stellt sich taub
il n'entend pas de cette oreille – il fait la sourde oreille
da quest'orecchio non ci sente – non ci sente da quel lato – fa orecchi da mercante
he is deaf to that – he turns a deaf ear to...

8) er ist noch nicht trocken (o. noch feucht o. nass) hinter den Ohren – er ist kaum aus dem Ei gekrochen – er ist noch grün
c'est un blanc-bec – il est encore au biberon – il n'est pas encore sevré – si on lui pressait le nez, il en sortirait encore du lait
ha ancora il latte alla bocca – è di primo pelo
he is (still) wet (o. not yet dry) behind the ears – he is a greenhorn

9) j-m in den Ohren liegen, die Ohren vollschwatzen, vollschreien, ein Loch in den Bauch reden
rebattre, rompre, casser les oreilles à qn
riempire gli orecchi, rompere i timpani, attaccare un bottone a qd.
to keep dinning s.th. into s.o's ears – to pester the life out of s.o. – to talk s.o. blind

10) die Ohren spitzen
dresser l'oreille
tendere l'orecchio – allungare, drizzare gli orecchi – stare con le orecchie tese
to prick up o's ears – to be all ears

11) j. übers Ohr hauen, über den Löffel balbieren, aufs Kreuz legen, hereinlegen, anschmieren – j-m die Augen auswischen
mener qn en bateau – mettre, foutre, ficher qn dedans – rouler qn – (pass.: hereingelegt werden usw.: se faire avoir jusqu'au trognon – on m'a drôlement eu = man hat mich ganz schön angeführt)
dare, fare un bidone a qd. – dare una fregata, una fregatura, una stangata a qd. – prendere per il collo o fare fesso qd.
to take s.o. in o. for a ride – to play, to have s.o. for a sucker – to steal a march on s.o. – to do s.o. in the eye (sl.)

12) sich hinter dem Ohr kratzen (überlegend)
se gratter l'oreille
grattarsi la testa
to scratch o's ear o. head

13) schreiben Sie sich das hinter die Ohren – lassen Sie sich das gesagt sein
mettez-vous bien cela dans la tête – tenez-le-vous pour dit – faites-en votre profit
se la tenga bene a mente – per vostra norma e regola
let that be a warning to you

14) j-m sein Ohr leihen – j-m Gehör schenken
prêter l'oreille à qn
prestare orecchia a qd. – porgere ascolto o orecchio a qd.
to incline o's ear to s.o. – to lend s.o. o's ear

15) das werde ich mir hinter die Ohren schreiben, hinter den Spiegel stecken, gesagt sein lassen – das wird mir e-e (heilsame) Lehre sein – die werden mich nicht mehr erwischen
je vais l'écrire, mettre, noter sur mes tablettes – ce n'est pas tombé dans l'oreille d'un sourd – je me le tiendrai pour dit – cela me servira de (o. j'en tirerai) leçon – j'en ferai mon profit – bien fin qui m'y

reprendra o. rattrapera – a. cela lui fera les pieds o. lui mettra du plomb dans la cervelle
me la legherò al dito – lo terrò bene a mente – me lo terrò per detto – questo mi servirà di lezione o è una lezione per me
that will teach me a lesson – I'll remember that

16) Watte o. Dreck in den Ohren haben (im eigentlichen Sinn: schwerhörig sein)
avoir du coton dans les oreilles – avoir les portugaises ensablées – être dur d'oreille
avere gli orecchi foderati di prosciutto – avere il cotone negli orecchi – essere duro d'orecchio o di campane grosse
to be hard of hearing

17) nur mit halbem Ohr zuhören
n'écouter que d'une oreille
ascoltare a mezz'orecchio
to listen with half an ear

18) bis über die (o. beide) Ohren rot werden – e-n roten Kopf kriegen – knall- o. puterrot o. rot wie e-e Tomate werden
rougir jusqu'aux oreilles, jusqu'au blanc des yeux – devenir rouge comme une tomate – piquer un fard
arrossire fino alla radice (o alla punta) dei capelli – diventare rosso come un peperone
to blush right up to o's ears – to turn crimson o. scarlet

19) es ist mir zu Ohren gekommen – ich habe etw. (o. davon) läuten hören
j'ai eu vent de la chose
mi è pervenuto alle orecchie
it has come to my ears – I have heard s.th. to that effect

20) die Ohren klingen mir
les oreilles me sonnent
mi sento fischiare gli orecchi
my ears are ringing

Ohrfeige das war e-e (moralische) Ohrfeige für ihn
c'était une gifle pour lui
era per lui uno schiaffo (morale)
that was a slap in his face

Ohrfeigengesicht er hat ein Ohrfeigengesicht
il a, il est une figure, une tête à claques, à gifle(s)
ha una faccia da schiaffi
he has a face you'd love to swipe

Öl auf die Wogen giessen
mettre de l'huile dans les rouages – arrondir les angles
gettare olio sulle onde – versare acqua sul fuoco
to pour oil on the (o. on troubled) waters

Ölgötze er steht da wie ein Ölgötze
le voilà comme une souche, une buse, une bûche
se ne sta lì come un babbeo
he is standing there like a stuffed dummy

Ort es verlautet höheren Ortes, von massgeblicher Stelle...
on annonce en haut lieu...
si annuncia in alto luogo...
the word is...

Pantoffel er steht unter dem Pantoffel, unter ihrer Fuchtel – sie schwingt den Pantoffel, das Zepter – sie ist der Herr (o. führt das Regiment) im Haus – sie hat die Hosen an – sie hat ihn unter dem Daumen o. an der Strippe
il est sous la coupe, la férule, le joug de sa femme – elle le mène par le bout du nez – c'est elle qui porte la culotte, qui gouverne dans la maison
è lei che comanda, che porta i calzoni o i pantaloni – in casa comanda lei – lo ha in pugno – ha il mestolo in mano – è succube della moglie
she wears the trousers, the breeches – he is tied to her apron-string – she has him

under her thumb – he is henpecked – she rules the roost

Pappenheimer ich kenne meine Pappenheimer
je connais mes gens, mes bonshommes, mon monde
conosco i miei polli – so di che panni è vestito
I know my men

Pappenstiel das ist kein Pappenstiel
ce n'est pas une bagatelle
non è una bazzecola
that's no(t) chicken feed

päpstlich er ist päpstlicher als der Papst
il est plus royaliste que le roi
è più realista del re o più papalino del papa
he is more catholic than the pope

Partei für j. Partei nehmen – j-s (o. für j.) Partei ergreifen – sich auf j-s Seite stellen, schlagen – j-m die Stange halten – zu j-m o. es mit j-m halten
se mettre, se ranger du côté de qn – prendre parti o. fait et cause pour qn
prendere partito per qd. – mettersi, tenersi dalla parte di qd.
to take sides with o. to side with s.o. – to take s.o's part – to back s.o. up – to stand by s.o.

Partie mit von der Partie sein – mitmachen
être, se mettre de la partie – être dans le coup
essere della partita
to be, to make one of the party o. crowd – a. count me in

2) er/sie ist e-e gute Partie
il/elle est un beau parti – a. elle a une belle dot
lui/lei è un buon partito
he/she is a good match o. catch

Patron er ist ein schwieriger Patron – es ist nicht leicht, mit ihm auszukommen

il est difficile à vivre – il faut se le farcir
è un tipo scontroso – non si può andare d'accordo con lui
he is an awkward character o. customer

Passagier ein blinder Passagier
un passager clandestin
un passeggero clandestino
a stowaway

Pech er ist vom Pech, vom Unglück verfolgt – er ist ein Pechvogel, ein Unglücksrabe
il joue de malheur – il est mal loti o. poursuivi par le malheur – c'est un guignard
ha sempre la disdetta – è perseguito dalla sfortuna – è fortunato come un cane in chiesa – è uno scalognato
he is pursued by misfortune o. dogged by bad luck – luck has passed him by – he is an unlucky fellow o. devil

2) welch ein Pech! – das war wirklich Pech!
ça tombe mal! – ce n'est pas de veine!
che disgrazia!
hard luck!

3) er hat Pech gehabt
il a manqué de pot
è stato scalognato
he has had bad luck – he's been down on his luck

Pechsträhne seine Pechsträhne reisst nicht ab
il a une série noire o. des malheurs en cascade – il est dans une mauvaise passe
naviga in basse acque – ha il male, il malanno e l'uscio addosso
his run of bad luck never ends

Perlen die Perlen vor die Säue werfen
jeter les perles aux pourceaux – donner de la confiture aux cochons
buttare, gettare le perle ai porci – dare la biada all'asino
to cast pearls before swine

Person er ist die Güte, Ruhe usw. in Person o. selber
c'est la bonté même o. en personne
è la bontà in persona o la personificazione della bontà
he is good nature personified o. kindness itself o. the soul of kindness

2) er ist der Teufel in Person, der leibhaftige Teufel
c'est le diable en personne o. incarné
è il diavolo in persona
he is the devil incarnate

Pest j. wie die Pest, wie Gift o. tödlich hassen
haïr qn à la mort o. comme la peste
detestare qd. come la peste – odiare qd. a morte
to hate s.o. like poison

2) j. meiden, fliehen wie die Pest
fuir qn comme la peste
evitare qd. come la peste
to avoid s.o. like the plague

Peter j-m den schwarzen Peter zuspielen
faire porter le chapeau à qn
far portare il cappello a qd.
to pass the buck to s.o. else

Petersilie ihm ist die Petersilie verhagelt worden
il a manqué o. raté son coup
gli è andata male
his hopes were dashed o. blighted

Pfau eitel sein, sich brüsten, sich aufblasen, sich spreizen wie ein Pfau – sich in die Brust werfen
être vaniteux comme un paon – faire la roue – se pavaner – bomber la poitrine, le torse
essere vanitoso come un pavone – sembrare un tacchino – fare la ruota, il passo – pavoneggiarsi
to be (as) proud o. vain as a peacock – to swell (o. be puffed up) with pride

Pfeffer er wünscht ihn dorthin, wo der Pfeffer wächst
qu'il aille à tous les diables
lo manda a quel paese, all'inferno
he wishes him at the bottom of the sea o. at the other end of the world o. a thousand miles away

Pfeife nach j-s Pfeife o. Geige tanzen – unter j-s Fuchtel stehen
être sous la férule de qn
lasciarsi comandare a bacchetta da qd.
to dance to s.o's tune

2) j. nach seiner Pfeife tanzen lassen
mener qn à la baguette o. par le bout du nez – avoir qn sous sa coupe o. férule
comandare qd. a bacchetta
to have s.o. under o's thumb – to make s.o. dance to o's tune

Pfeifkonzert ein Pfeifkonzert brach los
un concert de (coups de) sifflets éclata
scoppiò una salva di fischi
a chorus of whistles and catcalls broke out

Pfeil wie ein Pfeil, ein geölter Blitz davonsausen
partir, filer comme une flèche, un trait
scappare via come un lampo, un fulmine
to run like greased lightning

Pfennig er dreht jeden Pfennig dreimal um, bevor er ihn ausgibt
il est près de (o. il compte) ses sous
bada al centesimo
he is very tight-fisted – he watches every penny

2) ohne einen Pfennig auszugeben
sans bourse délier
senza spendere una lira
without untying o's purse strings

Pferd aufs falsche Pferd setzen – sich den falschen Finger verbinden
miser sur le mauvais cheval

puntare sul cavallo perdente
to back the wrong horse

2) mit ihm kann man Pferde stehlen
il est toujours de la partie
di lui ci si può fidare ad occhi chiusi
he is a good sport

3) das Pferd am Schwanz aufzäumen – die Ochsen hinter den Pflug spannen
mettre la charrue avant (o. devant) les bœufs
mettere il carro innanzi ai buoi
to put the cart before the horses

4) sich aufs hohe Pferd setzen – grosse Töne o. Bogen spucken – Wind machen – Schaum schlagen – das Maul weit aufreissen – die Nase hoch tragen – Eindruck schinden – wichtig tun, angeben, aufschneiden, sich aufspielen – ein Maulheld, Windbeutel, Angeber, Aufschneider, Grosssprecher sein
se donner des airs, de grands airs, des allures – se pousser du col – faire de l'esbroufe – faire le fanfaron, le tranchemontagne, la mouche du coche, le mariol/la mariolle – être un pourfendeur, un fort en bouche (o. gueule), un casseur d'assiettes, un fier à bras, un braillard – se croire le premier moutardier du pape
montare in superbia – peccare di presunzione – darsi tono o delle arie – andare impettito – fare il bello, il papasso/la badessa, l'ammazzasette – fare da mosca cocchiera – credersi un padreterno o sul caval d'Orlando – farsi onore (o bello) col sol di luglio – vendere fumo – essere un millantatore, un braccone, uno spaccone, uno smargiasso, uno spaccamonti, un otre gonfio di vento, una vescica piena di vento
to mount the (o. to get on o's) high horse – to talk big o. tall – to give o.s. airs – to carry o's head high – to lay it on thick – to be a loudmouth, a braggart, a boaster, a show-off – to shoot the line (sl.) – he is a pompous ass

5) vom hohen Pferd herabsteigen – den Schwanz o. die Hörner einziehen – zu Kreuze kriechen – klein und hässlich werden
baisser le ton – courber l'échine o. le front – perdre son aplomb – faire amende honorable
mettersi la coda tra le gambe – abbassare le corna, le ali, la cresta – picgare la testa, le ginocchia – diventar mogio mogio – farsi piccolo piccolo
to draw, to pull in o's horns – to lower o's colours – to pocket o's pride – to eat humble pie – to tuck o's tail – to take in sail – to come down a peg – to climb down

6) wie ein Pferd, wie besessen o. verrückt, auf Teufel komm 'raus arbeiten – arbeiten, was das Zeug hält o. dass die Schwarten krachen, die Fetzen fliegen, die Funken stieben
travailler d'arrache-pied o. comme un nègre, un forçat, une bête de somme
lavorare a tutto spiano, a più non posso, come un negro, un matto, un facchino, un dannato, una bestia da soma
to work like a slave, a beaver, like mad o. blazes o. stink o. for all one is worth o. for dear life

7) keine zehn Pferde bringen mich dazu, zu...
il n'y a pas de puissance au monde qui puisse...
non c'è barba d'uomo che possa...
wild horses would not drag me to...

Pflaster Paris ist ein teures Pflaster
la vie est chère à Paris
Parigi è una città cara
Paris is an expensive place (to live)

Pflock er musste e-n Pflock, einige Pflökke zurückstecken, Wasser in seinen Wein giessen, e-n Rückzieher machen, den Rückwärtsgang einschalten, zum Rückzug blasen
il était obligé de mettre une sourdine à ses prétentions, de mettre de l'eau dans son vin, de jeter o. lâcher du lest, de faire marche arrière

Pflock

doveva ridursi o moderare le proprie pretese, calarsi le brache, far marcia indietro, battere in ritirata
he had to come down a peg or two o. to back down, to climb down

Pfund mit seinem Pfund wuchern
faire valoir son talent
sfruttare il proprio talento
to turn o's talents to good account

Phantasie die Phantasie ist mit ihm durchgegangen
son imagination s'emballa
la sua immaginazione lo ha sopraffatto
his imagination ran away with him

Phantasiepreise das sind Phantasiepreise
ce sont des prix fous
questi sono prezzi folli
those are fancy prices

Phantome Phantomen nachjagen
poursuivre des fantômes
inseguire fantasmi
to chase illusions – to grasp at shadows

Phrasen dreschen
faire des phrases, des contes en l'air
fare della retorica
to talk in clichés

Pike von der Pike auf dienen – klein anfangen – sich (aus eigener Kraft) hocharbeiten
passer par la filière, par tous les grades – gravir les échelons – entrer par la petite porte
venire dalla gavetta – percorrere tutti i gradi – cominciare dal basso – farsi strada o salire in alto da solo
to rise from the ranks – to work o's way up – to start in a small way

Pille j-m die (bittere) Pille versüssen
dorer la pilule à qn
indorare la pillola a qd.
to sugar, to gild the pill o. to soften the blow for s.o.

Pilze wie Pilze aus dem Boden schiessen
sortir de terre o. pousser comme des champignons
crescere, nascere, spuntare come i funghi, la gramigna
to shoot up like mushrooms

Platte e-e neue Platte auflegen – das Thema wechseln – von etw. anderem reden
changer de musique
cambiar argomento
to change the subject

Platz (Schelten usw.) ist fehl am Platz
(gronder etc.) n'est pas de mise
(sgridare etc.) è fuori posto
(to scold etc.) is out of place

Pontius von Pontius zu Pilatus laufen
aller de Caïphe à Pilate – frapper à toutes les portes
andare da Ponzio a Pilato – fare la visita delle sette chiese
to run from pillar to post

2) j. von Pontius zu Pilatus schicken
envoyer qn de Caïphe à Pilate
mandare qd. da Erode a Pilato
to send s.o. on a wild goose chase

Portion e-e ganz schöne Portion, ein gerüttelt Mass, e-e gehörige Dosis (Mut, Frechheit usw.)
une forte o. fameuse dose de (courage etc.)
una buona dose di (coraggio etc.)
a good dose o. deal of (courage etc.)

Porzellan unnötig Porzellan zerschlagen
faire de la casse pour rien – casser les vitres, les carreaux pour rien
fare il diavolo a quattro per nulla
to do a lot of unnecessary damage

Posten auf verlorenem Posten kämpfen
défendre une position perdue
combattere una battaglia perduta
to fight a losing battle

Pranger j. an den Pranger stellen o. anprangern, brandmarken
mettre, clouer qn au pilori
mettere qd. alla (o in) berlina o alla gogna – dare l'ostracismo a qd. – bollare qd. al fuoco o d'un marchio d'infamia
to pillory s.o.

Preis um jeden Preis – koste es, was es wolle – auf jeden Fall – auf alle Fälle – und sollte es den Kopf kosten – und wenn die Welt zugrunde geht – mag es biegen oder brechen
à tout prix – coûte que coûte – en tous cas
ad ogni costo – costi quel che costi – in ogni caso – cascasse il mondo
at any price o. rate – at all costs o. events – by all means

2) um keinen Preis (der Welt) – um nichts in der Welt – nicht für viel Geld – nicht um alles Gold der Welt – nicht für ein Königreich – weder für Geld noch gute Worte – auf gar keinen Fall
à aucun prix – en aucun cas – pour rien au monde – pas pour tout l'or du monde – pas pour un empire
a nessun costo – in nessun caso – per nulla al mondo – neanche per tutto l'oro del mondo – neanche se m'impiccano
not at any price – not for (anything in) the world – not for love or money – not for all the tea in China

3) auf seinen Kopf wurde ein Preis ausgesetzt
sa tête a été mise à prix
sul suo capo pende una taglia
a price was put on his head

Presse er hat e-e schlechte Presse, ist schlecht angeschrieben bei ihm – er ist nicht gut auf ihn zu sprechen
il est mal vu (o. mal noté auprès) de lui – il n'est pas dans ses papiers – il n'est pas en odeur de sainteté auprès de lui – il le regarde d'un mauvais œil – il est mal disposé à l'égard de (o. envers) lui
è mal visto da lui – ha il dente avvelenato contro di lui – è mal disposto verso lui

he has a bad press – he is not well regarded – he does not think much of him

Preussen so schnell schiessen die Preussen nicht
ce n'est pas demain la veille
non è una cosa che si fa in quattro e quattr'otto
you can't rush things

Prozess kurzen Prozess o. nicht viel Federlesens machen – nicht lange fackeln – kurzerhand – mir nichts dir nichts (alles abs.)
ne pas y aller par quatre chemins o. avec le dos de la cuiller – ne pas faire de façons – ne faire ni un ni deux – aller vite en besogne – sans autre forme de procès
farla breve – andare per le spicce o le corte – tagliar corto o netto – bruciare le tappe – agire senza tante tergiversazioni
not to waste time – not to let grass grow under o's feet

2) kurzen Prozess machen mit j-m/etw.
en user sans façons avec qn – ne faire qu'une bouchée de qn – ne pas prendre de gants avec qn
non far tante storie con qd. – fare giustizia sommaria con qd. – dare un taglio netto a qc.
to make short work of s.o./s.th. – to give short shrift to s.o./s.th.

Pudel wie ein begossener Pudel dastehen
être, rester tout penaud
stare lì come un cane bastonato – essere un pulcino bagnato
to stand aghast – to look crestfallen

2) das ist des Pudels Kern, des Rätsels Lösung, der wahre Beweggrund
voilà le fin mot (de l'affaire, de l'histoire) o. le cœur, le fond du problème, de la question, le mot de l'énigme
ecco il nocciolo della questione, il nodo della vicenda, la soluzione del problema
that's the heart of the matter, the real

motive, the answer to the riddle – there's the rub

Pufferstaat ein Pufferstaat
un état tampon
uno stato cuscinetto
a buffer state

Pulver er hat sein Pulver verschossen
il a brûlé toutes ses cartouches – il est à bout d'arguments
ha sparato tutte le cartucce
he has shot his bolt

2) er ist keinen Schuss Pulver wert
il ne vaut pas la corde pour le pendre
non vale un ficosecco
he is not worth powder and shot o. his salt

3) er hat das Pulver nicht erfunden, die Weisheit nicht mit Löffeln gefressen – er kann nicht bis drei zählen – er ist kein Kirchenlicht, keine grosse Leuchte, nicht besonders hell auf der Platte, nicht gerade der Schlauste – er ist geistig minderbemittelt, ein bisschen unterbelichtet – (in den verschiedenen dt. Mundarten finden sich weitere reizvolle Beispiele: er ist beim Professor Muh in Ochsenhausen zur Schule gegangen – der ist auch nicht schuld daran, dass die Eisenbahn fährt – der ist wegen seiner Gescheitheit auch noch keine Treppe hinaufgefallen – dem sein Witz lässt sich mit e-m Fingerhut messen – er ist der erste von hinten – die Dummen sind noch lange nicht ausgestorben, sonst wärst du nicht mehr da usw.)
il n'a pas inventé la poudre, l'eau chaude, le fil à couper le beurre – ce n'est pas une lumière, un aigle, un génie – il en a une (bonne) dose o. couche
non ha inventato la polvere – non è un luminare, una cima, un'aquila – non sa contar fino a dieci o sulle dita della mano – ha le orecchie lunghe
he won't set the Thames on fire – he is no great light, no shining light – he is not exactly the brightest

Pulverfass auf e-m Pulverfass sitzen – auf e-m Vulkan tanzen – sich auf des Messers Schneide bewegen
être assis o. danser sur un volcan o. un baril de poudre
stare seduto, dormire su un vulcano – trovarsi, camminare sul filo del rasoio – tenere il lupo per gli orecchi
to be sitting on a powder keg

2) das war der Funke ins Pulverfass
c'est l'étincelle qui a mis le feu aux poudres
ciò ha dato fuoco alle polveri
that was like a spark to a powder keg

Punkt den wunden Punkt berühren – den Finger auf die wunde Stelle legen – j. an seiner empfindlichen Stelle, an seiner Achillesferse treffen
trouver le point sensible, le talon d'Achille, le défaut de la cuirasse de qn – mettre le doigt dessus o. sur la plaie – toucher, piquer qn au vif – toucher la corde sensible de qn – appuyer sur la chanterelle
toccare un punto o tasto doloroso – mettere il dito sulla piaga – ferire, pungere, toccare qd. sul (o nel) vivo – toccare qd. nel suo punto debole o dove gli prude – colpire il tallone d'Achille di qd.
to put o's finger on the sore spot – to touch s.o. on the raw – to touch s.o's tender o. sore o. vulnerable o. weak spot – to find s.o's Achilles' heel

2) den toten Punkt überwinden
sortir de l'impasse
superare il punto morto
to get o's second wind

3) nun mach aber e-n Punkt!
arrête maintenant! – ça suffit!
ora però basta! – ma ora smettila!
come off it!

4) in seinem Leben gibt es irgendwo e-n dunklen Punkt

dans sa vie il y a quelque part un point obscur
nella sua vita esiste un punto nero o oscuro
there is a skeleton in the cupboard

5) etw. Punkt für Punkt o. in allen Einzelheiten besprechen
discuter qc. point par point o. dans tous les détails
discutere qc. punto per punto o in tutti i parti
to discuss s.th. point by point o. in detail

Punktum Punktum! – und damit basta! – Schluss damit!
un point, c'est tout!
punto e basta!
and that's the end of it! – and that's that! – that's flat!

Pyrrhussieg das ist ein Pyrrhussieg
c'est une victoire à la Pyrrhus
è una vittoria di Pirro
it's a Pyrrhic victory

Quadratur das ist die Quadratur des Kreises o. Zirkels (e-e unlösbare Aufgabe)
c'est la quadrature du cercle
è la quadratura del circolo
that's the squaring of the circle

Quecksilber im Leib haben – ein Quecksilber, ein Wirbelwind sein
avoir du vif-argent dans les veines – s'agiter comme une puce
avere l'argento vivo addosso – avere la (o essere morso dalla) tarantola – essere un terremoto
to be a whirlwind o. like quicksilver – to have got ants in the pants – to be a real live wire

Quere es ist ihm etw. in die Quere gekommen
il lui est survenu un contretemps, un empêchement
ha avuto un contrattempo

he hit a snag – s.o. put a spoke in his wheel

quietschvergnügt o. kreuzfidel o. vergnügt wie ein Maikäfer sein
être gai comme un pinson
essere contento come una Pasqua
to be (as) merry as a cricket

quitt jetzt sind wir quitt (miteinander)
nous voilà quittes
sono pari con te, con Lei etc.
now we are quits – that leaves us even

Quittung das ist die Quittung für deine Frechheit
voilà la réponse à ton insolence o. impertinence
ecco la risposta alla tua impertinenza o. sfacciataggine
that's what you get for your impudence o. impertinence

Rabe ein weisser Rabe
un merle blanc – un oiseau rare
una mosca bianca
one in a million

Rache brüten
ruminer, couver sa vengeance
covare (la) vendetta
to brood vengeance

rächen das wird sich rächen
on aura à s'en mordre les doigts
ciò costerà caro
that will take its toll one day

Rad das fünfte Rad am Wagen sein
être la cinquième roue de la charrette, du carrosse – faire le quatorzième à table
essere l'ultima (o la quinta) ruota del carro – contare quanto il due a briscola
to be the odd man out

2) das Rad der Geschichte zurückdrehen
renverser, remonter le cours de l'histoire
ital. ---

to put the clock back – to turn back the clock

radebrechen er radebrecht o. spricht gebrochen französisch – er kann ein paar Brocken Französisch

il parle français comme une vache espagnole – il écorche le français

mastica qualche parola (o bestemmia un po') di francese

he speaks broken French

Räderwerk ins Räderwerk der Bürokratie usw. geraten

mettre le doigt dans l'engrenage de la bureaucratie etc.

essere preso nell'ingranaggio della burocrazia

to be caught (up) in the machinery of bureaucracy

Rahm den Rahm abschöpfen – sich den Löwenanteil sichern

faire son beurre – prendre, se tailler la part du lion – se sucrer

farsi, prendersi la parte del leone – togliere il fiore di...

to skim the cream off – to take the pickings, the lion's share

Rahmen im Rahmen des Möglichen

dans le cadre des possibilités – dans la mesure du possible

nella misura delle possibilità

within the bounds of possibility

2) das sprengt den (o. fällt aus dem) Rahmen (des Üblichen)

cela fait sauter le cadre (des usages établis)

ciò esula dal campo dell'usanza comune

that goes beyond common practice

Rampenlicht im Rampenlicht o. Blickpunkt (der Öffentlichkeit) stehen

être au centre de l'intérêt (public) – tenir la vedette

essere di scena o al centro dell'interesse

to be in the limelight

Rang j-m den Rang ablaufen o. über den Kopf wachsen – j. in den Schatten stellen, in den Hintergrund drängen, in die Tasche stecken, aus dem Feld schlagen – j. überflügeln

damer le pion à qn – mettre qn dans sa poche – reléguer qn au second plan – rendre des points o. faire la pige à qn – éclipser, effacer, supplanter qn

mettere qd. in ombra o nel sacco – spingere qd. in seconda linea – rivendere, scavalcare qd.

to put s.o. in the shade – to get the better of s.o. – to thrust, to push s.o. into the background – to steal s.o's thunder o. a march on s.o.

Ränke schmieden – Intrigen spinnen, anzetteln

nouer, forger des intrigues – ourdir une trame, un complot

ordire, intessere inganni o intrighi

to hatch plots – to plot and scheme

Rappe auf Schusters Rappen reisen, reiten – auf dem Apostelpferd reiten – per pedes apostolorum reisen

aller à pied – prendre le train onze (arg.)

servirsi delle proprie gambe – andare col caval di san Francesco o col vetturino Gamba

to go by shank's pony o. mare – to pad the hoof (sl.)

Rat da ist guter Rat teuer

on ne sait quel parti prendre – le cas est difficile

è un bel pasticcio

now we are really in a fix – now what!

2) j-m mit Rat und Tat beistehen, zur Seite stehen

aider, assister qn par tous les moyens – soutenir qn en paroles et en actes

assistere qd. con le parole e con gli atti

to assist, to stand by s.o. in word and deed – to do everything in o's power to help s.o.

Rätsel ich stehe vor e-m Rätsel – das ist, bleibt mir ein Rätsel o. schleierhaft
je me trouve devant (o. c'est pour moi) une énigme
per me questo è un enigma
it's a mystery to me – it puzzles o. beats me

Ratten die Ratten verlassen das sinkende Schiff
les rats quittent le navire
i topi abbandonano la nave che affonda
the rats are leaving the sinking ship

Raub das Schloss wurde ein Raub der Flammen, fiel den Flammen zum Opfer
le château fut la proie des flammes
il castello divenne preda delle fiamme
the castle fell prey to the flames

Raubbau mit (o. an) seiner Gesundheit Raubbau treiben
brûler la chandelle par les deux bouts
rovinarsi la salute
to burn the candle at both ends

Rauchfang das kannst du in den Rauchfang, in den Schornstein, ins Kamin schreiben – das kannst du abschreiben o. dir ans Bein streichen
tu peux te l'accrocher o. en faire ton deuil o. faire une croix dessus – raye cela de tes tablettes
puoi fare una croce su questo – te lo puoi scordare – devi rassegnarti alla perdita di...
write that off – you may whistle for it

Rechenschaft j. zur Rechenschaft ziehen – von j-m Rechenschaft verlangen
demander raison o. compte à qn
chiedere ragione a qd.
to call s.o. to account – to bring s.o. to book for...

Rechnung j-m e-n Strich durch die Rechnung machen – j-s Pläne durchkreuzen – j-m die Suppe versalzen, die Tour vermasseln – j-m in die Suppe spucken

traverser, déranger, bouleverser, contrecarrer, contrarier les projets, les plans de qn – se mettre, venir à la traverse des projets... – démonter les batteries de qn – gâter le plaisir à qn
mandare a monte i piani di qd. – attraversare, contrastare i progetti di qd. – rompere le uova nel paniere a qd. – guastare la minestra a qd.
to upset, to thwart, to foil s.o's plans – to spike s.o's guns – to queer s.o's pitch – to cook s.o's goose

2) die Rechnung ohne den Wirt machen
compter sans son hôte
fare i conti senza l'oste
to reckon without o's host – to bring eggs (o. hogs o. goods) to a bad (o. the wrong) market

3) seine Rechnung geht nicht auf – er hat sich verkalkuliert
son calcul est faux – il a fait un mauvais calcul – il s'est trompé dans ses calculs
il suo conto non torna
things are not working out the way he had planned

4) bei etw. auf seine Rechnung kommen
trouver son compte à qc.
trovare, averci il proprio tornaconto
to get o's money's worth

5) den Umständen Rechnung tragen
tenir compte des circonstances
tener conto delle circostanze
to make allowance for the circumstances – to take the circumstances into account o. consideration

Rechtsweg den Rechtsweg beschreiten
prendre la voie des tribunaux
adire le (o ricorrere alle) vie legali
to take legal action (o. steps o. measures) – to go to law o. court

Rede was ist der langen Rede kurzer Sinn?

quel est en peu de mots le sens de ce long discours?
ma insomma che cosa vuol dire tutto questo?
what is it all about?

2) es (o. das) ist nicht der Rede wert; zwei Bed.: a) es lohnt sich nicht, darüber zu sprechen b) es macht nichts (cf. «sagen» 2, S. 137)
cela ne vaut pas la peine d'en parler
non vale la pena parlarne
it is nothing to write home about

reden er lässt nicht mit sich reden
il ne veut pas entendre la voix de la raison – il n'a qu'un mot
non intende ragioni – non si può ragionare con lui
he won't listen to (o. hear) reason

Redensart das ist (nur) so e-e Redensart – das sagt man halt so – das ist nicht so gemeint – das war nicht meine Absicht
c'est une façon o. manière de parler
non è questa la mia intenzione
that's just a manner of speaking – I don't mean it that way

Regen vom Regen in die Traufe kommen
tomber de mal en pis o. de Charybde en Scylla
cascare dalla padella nella brace – cadere da Scilla in Cariddi – fuggir l'acqua sotto le grondaie
to jump out of the frying pan into the fire

reichen jetzt reicht o. langt es aber!
j'en ai assez maintenant!
adesso basta!
that does it!

reiflich nach reiflicher Überlegung
après mûre réflexion
dopo matura riflessione
(up)on careful o. mature reflection o. consideration

2) das würde ich mir reiflich (o. zweimal) überlegen
j'y regarderais deux fois
rifletterei bene su questo
I'd think it over (very) carefully – I'd think twice about it

Reihe aus der Reihe tanzen
faire bande à part – n'en faire qu'à sa tête
fare di testa propria
to do o's own thing

2) keiner tanzt aus der Reihe – alle spuren
tout marche à la baguette
tutti rigano dritto
everybody follows the party line

3) der Reihe nach – einer nach dem anderen
tour à tour – à tour de rôle
a turno – uno per volta
in turn – by turns – one after another

reine etw. ins reine schreiben
mettre qc. au net, au propre
scrivere in bella (copia)
to make a fair copy of s.th.

2) etw. ins reine, in Ordnung bringen
tirer qc. au clair
porre in chiaro qc.
to put, to set s.th. right – to straighten s.th. out

Rennen das Rennen machen
emporter, enlever le morceau
vincere la corsa, la gara
to make the running

Riegel damit wurde seinen Ansprüchen ein Riegel vorgeschoben
cela a freiné ses prétentions – cela a mis un barrage o. le holà à ses prétentions
ciò ha messo un argine, un freno alle sue pretese
that put a stop, an end to his claims

Riemen sich in die Riemen, ins Zeug legen – in die Hände spucken – die Ärmel hochkrempeln – rangehen wie Blücher

Riemen

en mettre un coup – donner un coup de collier – se retrousser les (o. retrousser ses) manches
mettersi al lavoro di buona lena – mettercela tutta – rimboccarsi le maniche – darci dentro (lavorando) – mettersi di punta
to put o's back into it o. o's shoulder to the wheel – to take the bit between (o. in) o's teeth – to stand to o's oars – to flex o's biceps – to go at it hammer and tongs – to buckle down to o's work – to roll up o's sleeves – to pull up o's socks (sl.)

Riss ihre Freundschaft hat e-n Riss, e-n Knacks, ein Loch bekommen
leur amitié s'est refroidie
la loro amicizia si è incrinata
there is a rift in their friendship

Rockzipfel an Mutters Rock- o. Schürzenzipfel hängen – ein Muttersöhnchen sein
être pendu aux basques, au cotillon, au jupon de sa mère – être fourré dans les jupes de sa mère
essere attaccato, cucito alla gonnella, alle sottane della madre
to be tied to o's mother's apron-strings

Rosen er ist nicht auf Rosen gebettet – er steckt nicht in guten Schuhen
il n'est pas (couché) sur des roses
non sta in (o su) un letto di rose
he is not (lying) on a bed of roses – his life is no bed of roses

rosig in der rosigsten Laune sein
être de la plus belle humeur
essere di umore molto gaio
to be in the happiest mood

2) die Lage ist nicht gerade rosig
tout n'est pas rose
la situazione non è (o appare) rosea
things don't look too rosy

Ruck ich musste mir e-n Ruck o. meinem Herzen e-n Stoss geben
je devais me faire violence

dovevo (ri)scuotermi
I had to pull myself together

Rücken j-m den Rücken drehen, kehren
tourner le dos à qn
voltare le spalle a qd.
to turn o's back on s.o.

2) j-m in den Rücken fallen o. schiessen
tirer dans le dos, dans les jambes de qn
piombare alle spalle di qd.
to stab s.o. in the back

3) mit dem Rücken zur Wand stehen
être au pied du mur
essere messo alle strette o con le spalle al muro
to be at bay – to have o's back to the wall

4) er hat e-n breiten Rücken o. Buckel
il a bon dos
ha buone spalle
he has a broad (o. strong) back o. broad shoulders – his back is broad – he can take a lot

5) j-m den Rücken decken
protéger les arrières de qn
coprire, riparare, guardare le spalle a qd. – fare, servire da paravento a qd.
to give s.o. cover

6) er tat es hinter meinem Rücken
il l'a fait à mon insu, en cachette de moi, dans (o. derrière) mon dos
lo fece alle mie spalle, a mio nascosto
he did it behind my back

7) kaum hatte er den Rücken gekehrt, da...
dès qu'il eut le dos tourné...
aveva appena voltato le spalle che...
no sooner had he turned his back than...

Rückgrat er hat Rückgrat
il ne plie, ne courbe pas l'échine
non è servile

he's got plenty of backbone

2) er hat, besitzt kein Rückgrat
il plie, courbe, tend l'échine – il manque de fermeté
è senza nerbo
he is completely spineless

3) das hat ihm das Rückgrat gebrochen
cela lui a cassé les reins
ciò lo ha rovinato
that broke his back

Ruder am Ruder, am Drücker, an den Schalthebeln der Macht sein – das Steuer in der Hand haben
être à la barre, aux leviers de commande – tenir le gouvernail
avere in mano le leve del potere – essere al timone
to be at the helm

2) ans Ruder kommen
prendre le gouvernail, la barre
salire al potere
to take the helm

Ruhe immer mit der (berlinerisch und scherz.: die) Ruhe! – nur nicht so hastig! – sachte! – Moment mal! – Momentchen!
doucement (les basses)! – du calme! – tout doux! – vas-y mollement! – une minute, papillon!
piano! – calma! – adagio, Biagio!
not so fast! – wait a minute! – take it easy! – easy does it!

rühmen ohne mich rühmen zu wollen – in aller Bescheidenheit
soit dit sans vanité
non (faccio) per vantarmi
without boasting – though I say it myself

Säbel mit dem Säbel rasseln
faire du chantage à la guerre
brandire la spada della guerra
to rattle the sabre

Sache das ist nicht jedermanns Sache; zwei Bed.: a) das ist nicht nach jedermanns Geschmack b) das kann nicht jeder
a) ça ne plaît pas à (o. ce n'est pas du goût de) tout le monde – b) ce n'est pas donné à tout le monde
non è (cosa) di tutti (beide Bed.)
a) that's not everybody's taste o. cup of tea – b) that is not in everybody's line

2) seiner Sache sicher sein
être sûr de son fait
essere sicuro del fatto proprio
to be sure of o's ground

3) zur Sache kommen
entrer en matière – (en) venir au fait
venire al fatto, al sodo, all'argomento principale
to get down to business o. (sl.) brass tacks

4) zur Sache!
au fait!
al dunque! – ai fatti!
keep to the point!

5) das gehört nicht zur Sache – das hat nichts damit zu tun
c'est en dehors (o. à côté) de la question
questo non ci entra
this is irrevelant o. beside the point

6) gemeinsame Sache machen mit j-m
faire cause commune avec qn – jouer le jeu de qn
far causa comune con qd.
to make common cause with s.o.

Sachen man hört ja schöne Sachen von dir
on en apprend de belles sur ton compte
se ne sentono delle belle sul tuo conto
we have been hearing fine o. nice things about you

Sack mit Sack und Pack
avec armes et bagages
con armi e bagagli

with goods and chattels

Saft es ist ohne Saft und Kraft o. farblos, blass (Kunstwerk, Stil usw.)
cela n'a ni goût ni saveur – cela manque de nerf
non c'è sugo, colore – è senza sugo
it is limp, spineless, wishy-washy, without vigour – it lacks punch

sagen er hat nichts zu sagen, ist ohne jeglichen Einfluss
il n'a pas voix au chapitre – il compte pour du beurre
lui non conta o conta come il due di briscola – è il figlio della serva
he has no say (in the matter) – he does not count – he is small beer

2) das hat nichts zu sagen, ist ohne Bedeutung, spielt keine Rolle, tut nichts zur Sache
ce n'est rien – cela ne joue aucun rôle o. ne tire pas à conséquence
non importa – non ha (alcuna) importanza
it doesn't matter – it makes no difference – never mind – this is small beer o. of no consequence

3) wem sagen Sie das? – mir brauchen Sie das nicht zu sagen
à qui le dites-vous?
a chi lo dice? – a me lo viene a dire?
you are telling me!

4) du hast mir nichts zu sagen, zu befehlen o. keine Vorschriften zu machen
tu n'as pas d'ordres à me donner
tu non hai da dirmi proprio un bel niente
I won't be ordered about (o. pushed around) by you

5) was wollen Sie damit sagen? – wie meinen Sie das?
qu'entendez-vous (o. que voulez-vous dire) par là?
che intende dire?
what do you mean (to say) by that?

6) unter uns o. im Vertrauen gesagt
entre nous soit dit – de vous à moi
(detto) in confidenza
between you and me (scherz. and the bedpost)

7) er sagt bald so, bald so o. heute so und morgen so
il dit tantôt une chose tantôt une autre – aujourd'hui il dit blanc, demain il dira noir
dice oggi bianco e domani nero
he says one thing today and another tomorrow

Salzsäule zur Salzsäule, zu Stein erstarren – wie versteinert dastehen
être changé en statue de sel – être là comme pétrifié o. médusé
restare di sasso o di sale – rimanere di pietra o di stucco – restare come la moglie di Lot
to stand there petrified

Sand sie sind zahlreich wie Sand am Meer – es gibt sie in rauhen Mengen
ils sont nombreux comme grains de sable à la mer – il y en a treize à la douzaine
sono numerosi come i granelli di sabbia in riva al mare
there are two a penny of them

2) die Sache ist im Sand verlaufen o. ausgegangen wie das Hornberger Schiessen
l'affaire a fini en queue de poisson
l'affare si è insabbiato
the matter came to nothing o. fizzled out

3) dieses Projekt ist auf Sand gebaut
ce projet est bâti sur le sable
questo progetto è costruito o edificato sulla sabbia, sulla rena
this project is built on sand

satt er kann sich daran nicht satt sehen
il ne se lasse o. rassasie point de voir cela
non si sazia di guardarlo

he never tires of seeing it – he cannot see enough of it

Sattel j-m in den Sattel helfen – j. in den Sattel heben
mettre qn en selle – mettre à qn le pied à l'étrier
mettere in sella qd.
to give s.o. a leg up

2) fest im Sattel sitzen
être ferme sur ses étriers o. bien en selle
reggersi saldo in sella – essere in una botte di ferro
to be firmly in o's saddle

3) j. aus dem Sattel heben
faire faire le saut à qn
sbalzare di sella qd.
to oust s.o.

4) in allen Sätteln gerecht sein – sich zu drehen und (zu) wenden wissen
savoir nager dans toutes les eaux
saper navigare ad ogni vento
to be able to turn o's hand to everything – to be an all-rounder

sauer er hat sauer reagiert auf meinen Vorschlag
il a réagi négativement à ma proposition
non accondiscese alla mia proposta
he took my proposal in bad part

Saus in Saus und Braus leben – ein Prasserleben führen
brûler la chandelle par les deux bouts
fare la bella vita – scialare
to live on the fat of the land o. in the lap of luxury

Schach j. in Schach halten
tenir qn en échec
tenere in scacco qd.
to keep, to hold s.o. in check o. at bay

schachmatt j. schachmatt setzen
donner échec et mat à qn
dare scacco e matto a qd.

to checkmate s.o.

Schachtel sie ist e-e alte Schachtel
c'est une vieille peau
è una vecchia zitella
she is an old hag

Schädel er hat e-n harten o. dicken Schädel
il a la tête dure
ha la testa dura
he is pigheaded

Schaden ich bin durch Schaden klug geworden – ich hab's am eigenen Leib erfahren
je suis devenu sage (o. j'ai appris) à mes dépens – je suis payé pour le savoir
ho imparato a mie spese
I have learned wisdom by experience

Schaf das schwarze Schaf, der Schandfleck (der Familie)
la bête noire (de la famille)
la pecora nera, il disonore, l'infamia della famiglia
the black sheep (of the family)

Schale sich in Schale werfen – in seinem besten Staat o. geschniegelt und gebügelt erscheinen
se mettre sur son trente et un
mettersi in ghingheri, in falde, in fiocchi, in pompa magna, in chicchere e piattini – vestirsi in gran gala – impennacchiarsi
to dress up to the nines – to don o's glad rags

Schalk der Schalk blitzt ihm aus den Augen
il a le regard fripon – l'espièglerie se peint sur son visage
gli si legge la furbizia negli occhi
he is a bit of a wag

Schallmauer die Schallmauer durchbrechen
franchir le mur du son
superare il muro del suono

Schallmauer

to break the sound o. sonic barrier

Schatten man kann nicht über seinen Schatten springen – niemand kann aus seiner Haut heraus
personne ne peut sortir de sa peau – on ne se refait pas
nessuno può uscire dai limiti della (o smentire la) propria natura
the leopard cannot change his spots

2) er ist nur noch ein Schatten seiner selbst
il n'est plus que l'ombre de lui-même
è ridotto una larva – è il fantasma di sé stesso
he is but a shadow of his former self

3) das wirft e-n Schatten auf seinen guten Ruf
cela ternit sa réputation
getta una luce fosca sulla sua reputazione
that casts a shadow upon his reputation

Schau sein Wissen zur Schau stellen
faire étalage o. parade de son savoir
fare sfoggio del proprio sapere, della sua erudizione
to show off o's knowledge o. erudition

2) sich zur Schau stellen – sich in Szene setzen
se donner en spectacle – se mettre en vedette
mettersi in vetrina, in mostra
to make a show of o.s. – to put o.s. in the limelight

Scheibe da(von) kannst du dir e-e Scheibe abschneiden
là tu peux encore apprendre qc.
puoi imparare ancora molto da lui
you can take a leaf out of his book

Scheideweg am Scheideweg, an e-m Kreuzweg stehen
être, se trouver à la croisée des chemins
trovarsi a un bivio, a un punto cruciale – a. essere come Ercole al bivio

to be at the crossroads, at the parting of the ways

Schein den Schein wahren
sauver, garder les apparences
salvare le apparenze
to keep up appearances

Scheitel er ist ein Ehrenmann vom Scheitel bis zur Sohle o. durch und durch
c'est un homme d'honneur jusqu'au bout des ongles
è un galantuomo dalla testa ai piedi
he is a real gentleman, a gentleman through and through

Scherflein sein Scherflein beisteuern
apporter son obole
dare un obole a ...
to contribute o's mite

Scherz o. Spass beiseite!
toute plaisanterie à part! – trève de plaisanterie(s), de raillerie!
bando agli (o a parte gli) scherzi!
(all) joking apart! – no kidding! (sl.)

Scheuklappen er trägt Scheuklappen
il a des œillères – il est têtu comme une mule
ha i paraocchi
he has blinkers on

Scheunendrescher wie ein Scheunendrescher essen – tüchtig 'reinhauen – kräftig zulangen – e-m Gericht tüchtig zusprechen – a. mit vollen Backen kauen
manger comme quatre, comme un ogre – avoir un bon coup de fourchette – manger, dévorer à belles dents – se caler les joues – a. faire honneur à un plat
mangiare come un lupo, un bufalo – essere una buona forchetta – macinare a due palmenti – mangiare a due ganasce o a quattro palmenti
to eat like a horse, a wolf, a trencherman – to tuck in

schieben die Schuld auf j. schieben o. j-m

schieben   140   **schlagen**

zuschieben – a. j-m etw. unter die Weste jubeln
rejeter la faute sur qn
addossare o far cadere la colpa a qd.
to lay the blame on s.o.

schiefgehen die Sache wird schiefgehen o. daneben- o. in die Hosen gehen – sie wird fehlschlagen o. platzen
l'affaire va me, te etc. claquer dans les doigts – elle va échouer o. mal tourner o. me, te etc. péter dans la main
l'affare andrà storto o male – l'impresa farà fiasco
things will go wrong (o. awry) o. turn out badly o. prove (o. be) a failure o. come to nought – that will misfire

Schiessen das ist zum Schiessen, zum Kugeln, zum Krumm- o. Totlachen
c'est à mourir, à se tordre de rire, à s'en taper le derrière – c'est drôle à se rouler par terre – il y a de quoi en pisser dans sa culotte
c'è da morire, da crepare dal ridere – c'è da sbellicarsi dalle risa
that's a (perfect) scream o. absolutely killing – that's too funny for words

Schiffbruch er hat mit seinen Plänen Schiffbruch erlitten – seine Pläne sind gescheitert o. fehlgeschlagen
ses projets ont fait naufrage o. long feu – il a subi, essuyé un échec o. ramassé une bûche – il a fait un four o. pris, ramassé une veste avec... – il s'est cassé les dents, la gueule sur... – il a manqué son coup
i suoi progetti sono naufragati o andati a vuoto o hanno fatto naufragio
his plans failed, flopped, miscarried, went wrong, came to nought, proved (to be) a failure

Schild etw. im Schild führen
avoir quelque dessein caché – méditer un coup – avoir une idée derrière sa tête
avere di mira qc. – mulinare, tramare, macchinare qc.

to have s.th. up o's sleeve

Schindluder mit j-m Schindluder, sein Spiel treiben – j. wie den letzten Dreck behandeln
traiter qn comme le dernier des derniers
trattare qd. come una pezza da piedi
to play fast and loose with s.o. – to treat s.o. like dirt – mit etw. Schindluder treiben: to play (at) ducks and drakes with s.th.

Schlaf etw. im Schlaf o. spielend o. aus dem Handgelenk o. mit dem kleinen Finger (der linken Hand) tun können
(pouvoir) faire qc. les yeux fermés – c'est un jeu pour...
(poter) fare qc. ad occhi chiusi
(to be able) to do s.th. blindfold o. standing on o's head o. with the greatest ease o. just like that

Schlafmütze er ist e-e Schlafmütze, ein Siebenschläfer
c'est un endormi
è un dormiglione
he is a sleepyhead, a slowcoach

Schlag das war ein Schlag ins Wasser
*a) ce fut un coup d'épée dans l'eau (hätte allenfalls gelingen können)
b) c'était comme un emplâtre sur une jambe de bois (ohne jede Aussicht e-s Gelingens)*
fu un buco nell'acqua
that was a flash in the pan, a wild goose chase

2) Menschen vom guten alten Schlag, von altem Schrot und Korn
des gens de la vieille école o. roche o. souche – des gens comme on n'en fait plus
uomini di stampo antico o tagliati all'antica
men of the old school

schlagen etw. kurz und klein schlagen
mettre qc. en pièces
fare qc. a pezzi

to smash s.th. to bits

Schlange e-e Schlange am Busen nähren
réchauffer un serpent dans son sein
allevarsi, nutrirsi, scaldare una serpe in seno
to cherish, to nourish a snake, a viper in o's bosom

Schlange stehen
faire la queue
far la coda, la fila
to queue up

Schlappe e-e Schlappe erleiden – e-n Fehlschlag hinnehmen müssen
essuyer un échec – ramasser une veste
far fiasco
to suffer a setback

Schlaraffenleben ein Schlaraffenleben führen
mener la bonne vie, la vie de château – vivre en pays de cocagne
fare la dolce vita, la vita di Michelaccio o del beato porco
to live in the land of milk and honey

Schleichwege auf Schleich- o. Umwegen (etw. erfahren usw.)
par des voies détournées – par des détours
per vie traverse
by secret means – by dodges – in a roundabout way

Schleier den Schleier des Geheimnisses lüften
(sou)lever le voile du mystère
sollevare il velo del mistero
to lift, to raise the veil of secrecy

Schlepptau j. ins Schlepptau nehmen
prendre qn en (o. à la) remorque – (pass.: être à la remorque de qn)
rimorchiare qd.
to take s.o. in tow

Schleusen die Schleusen des Himmels öffneten sich
les écluses du ciel s'ouvrirent
si aprirono le cateratte del cielo
the heavens opened

Schlinge seinen Hals, den Kopf aus der Schlinge ziehen
(re)tirer son épingle du jeu – se tirer d'un mauvais pas
trarsi d'impaccio – tirarsi fuori dai guai – scapolarsela
to get out of a tight spot – to wriggle out of it

Schlot rauchen wie ein Schlot, ein Schornstein, ein Türke
fumer comme une cheminée, une locomotive, un sapeur
fumare come un camino, una ciminiera, un turco
to smoke like a chimney

schlottern die Kleider schlottern ihm am Leib
il flotte dans ses vêtements
i vestiti gli ballano addosso
his clothes hang loosely (a)round him

schlucken ich habe viel schlucken, einstecken müssen
j'ai dû encaisser beaucoup
ne ho inghiottito tante
I had to swallow (o. to pocket) a lot

Schlüsselstellung (ein Beamter usw.) befindet sich in e-r Schlüsselstellung
il est la clé de voûte (de l'entreprise)
si trova in una posizione chiave
he is a key official

Schlusslicht das Schlusslicht bilden (e-r Kolonne, der Schulklasse usw.)
être la lanterne rouge
essere il serrafila (di un gruppo) – essere il (o fare da) fanalino (di coda) – arrivare dopo la musica (im Sinn von «spät kommen»)
to bring up the rear (Kolonne) – to be the dunce (Schulklasse)

schmackhaft j-m etw. schmackhaft machen
faire prendre goût à qn de qc. – mettre qn en goût de qc.
rendere qc. gradevole a qd.
to make s.th. palatable to s.o.

Schmalhans da ist Schmalhans Küchenmeister
il n'y a pas grand'chose à se mettre sous la dent – on serre la ceinture
qui si sta a stecchetto o. si tira la cinghia
they are on short commons

Schmarotzerleben ein Schmarotzerleben führen
vivre aux dépens d'autrui
vivere alle spalle di qd. – essere un parassita
to sponge on s.o.

schmeicheln ich schmeichle mir, bilde mir ein, ein Kenner zu sein
je me flatte, me pique d'être connaisseur
credo di essere conoscitore
I flatter myself o. I like to think that I am an expert

Schmerz haben Sie sonst noch e-n Schmerz? – sonst noch was?
c'est tout ce que vous avez sur le cœur?
che altro desidera?
anything else troubling you?

Schmiede vor die rechte Schmiede gehen
frapper à la bonne porte
bussare all'uscio buono
to come to the right address o. person

Schmiere stehen
faire le guet
fare il (o da) palo
to keep a lookout – to be the lookout man

Schmollwinkel sich in den Schmollwinkel zurückziehen – den Beleidigten o. die beleidigte Leberwurst spielen
faire la moue, la tête – jouer à (o. faire) l'offensé – faire, manger du boudin
fare (o mettere su) il muso – fare l'offeso
to sulk – to play, to act the injured innocence

schmoren lass ihn ruhig noch etwas (in seinem eigenen Saft) schmoren
laisse-le cuire, mijoter, moisir dans son jus
lascialo cuocere nel suo brodo
let him stew (in his own juice)

Schmutz j./etw. in den Schmutz, den Kot, den Staub ziehen o. mit Schmutz bewerfen
traîner qn/qc. dans la boue, la merde – mettre qn/qc. plus bas que terre – déverser des ordures sur qn – fouler qc. aux pieds
trascinare qd./qc. nel fango – gettare fango addosso a qd./qc.
to drag s.o./s.th. through the mud o. into the dust – to drag s.o. into the mire – to fling o. throw dirt at s.o./s.th.

Schnabel halt den (o. deinen) Schnabel, die Klappe, die Schnauze!
ferme ton bec, ton clapet, ta gueule, ta boîte! – boucle-la! – ta gueule!
chiudi il becco!
stop your gab! – shut your trap! – shut up! – belt up!

Schneckenhaus sich in sein Schneckenhaus zurückziehen – sich gegen die Umwelt abschirmen – sich vollkommen abkapseln
rentrer dans sa coquille – se renfermer dans son cocon, dans sa tour d'ivoire – faire le vide autour de soi
chiudersi nel proprio guscio o bozzolo – non mettere il naso fuori dell'uscio – isolarsi dal mondo circostante
to retire into o's shell – to shut o.s. away from the world

Schneckentempo im Schneckentempo gehen

marcher à pas (o. d'un train) de tortue
camminare a passi di lumaca, di tartaruga
to walk at a snail's pace

Schneekönig sich wie ein Schneekönig freuen
être heureux comme un roi, un poisson dans l'eau
andare a nozze
to be as pleased as Punch – to be tickled pink

schneeweiß o. blütenrein
blanc comme (la) neige
candido (o bianco) come la neve
lily white – (as) white as snow (nur das dt. «schneeweiss» kann sich a. auf durch Angst usw. hervorgerufene Blässe beziehen)

Schneide es stand auf Messers Schneide – es hing an e-m Haar o. Faden
il ne tenait qu'à un fil
stava sul filo del rasoio
it was on a razor's edge – it was touch and go – it hung in the balance

schneien er ist uns ins Haus geschneit
il nous est tombé du ciel
ci è piombato in casa
he dropped in on us – he blew in

Schnürchen es geht, läuft wie am Schnürchen o. wie geschmiert, gehext
cela va comme sur des roulettes, comme sur du velours – cela va bon (o. grand) train – ça baigne dans l'huile
tutto va liscio come l'olio
that goes without a hitch o. like clockwork

2) etw. am Schnürchen hersagen können
savoir, connaître qc. sur le bout du o. des doigt(s)
sapere qc. a menadito – avere qc. sulla punta delle dita
to rattle s.th. off

Schönes da hast du etw. Schönes o. Gescheites angestellt, angerichtet
tu en as fait de belles! – tu as fait là du joli!
l'hai fatta o combinata bella!
a nice mess that!

Schoss der Erfolg fiel ihm in den Schoss
le succès lui est tombé du ciel
il successo gli è piovuto dal cielo
the success fell right into his lap

2) im Schoss der Familie – im Kreis der Seinen
au sein, dans le cercle de la famille – parmi les siens
in seno, in grembo alla famiglia – nell'ambiente familiare
in the bosom of his family

Schranken man hat seinem Ehrgeiz usw. Schranken gesetzt – seinem Ehrgeiz wurden Schranken gesetzt
on a mis des bornes, un frein à ses ambitions
hanno posto un limite alle sue ambizioni
his ambition was checked

2) die Schranken durchbrechen – sich über alle Schranken hinwegsetzen – vor nichts zurückschrecken
(dé)passer toutes les bornes
rompere le dighe, le barriere – superare ogni limite
to stop at nothing – to ride roughshod over people, arguments etc.

3) j. in die (o. seine) Schranken (ver)weisen o. zur Ordnung rufen
remettre qn à sa place – rappeler qn à l'ordre
mettere qd. a posto – ridurre qd. a segno – richiamare qd. all'ordine
to put s.o. in his place

Schraube die Schraube anziehen
serrer la vis
stringere la vite

to give another turn to the screw

Schreck ich war starr, wie gelähmt vor Schreck – der Schreck ist mir in die (o. in alle) Glieder gefahren
je fus glacé de (o. paralysé par la) peur – la frayeur me glaça jusqu'aux os – la terreur m'a coupé bras et jambes
mi sentì gelare (o non mi reggeva sulle gambe) dallo spavento – lo spavento mi corse per tutto il corpo – sono rimasto senza una goccia di sangue – ho visto l'orco (o il lupo)
I was petrified o. paralysed with fear o. fright – I was struck numb with terror – I froze with horror – I was scared stiff

Schrecken du hast mir e-n schönen o. heiligen Schrecken eingejagt
tu m'as flanqué la frousse, la trouille
mi hai dato una bella paura
you have put the fear of God into me

schreien er schreit, als ob er am Messer, am Spiess steckte – er schreit wie e-e gestochene Sau
il crie comme si on l'écorchait o. comme un perdu, un putois
grida come un ossesso, un'anima dannata
he is crying blue murder o. screaming his head off

schriftlich das kann ich dir schriftlich geben – da gehe ich jede Wette ein (dass das so ist)
je t'en donne o. fiche mon billet
te lo posso mettere nero su bianco
you can bet your life on that – I'd stake my life on it

Schritt den entscheidenden Schritt tun
sauter le pas
saltare il fosso – fare il gran passo
to take the (final) plunge

2) den ersten Schritt tun
faire les premiers pas
fare il primo passo
to make the first move

3) j-m auf Schritt und Tritt folgen – j-m nicht von den Fersen, der Seite, der Pelle weichen – dauernd an j-s Rockschössen hängen – j-m auf der Haube, der Pelle sitzen, hocken – j-m wie sein Schatten folgen, wie ein Hündlein nachlaufen
s'attacher au pas de qn – ne pas quitter qn d'un pas – ne pas lâcher qn d'une semelle – courir aux trousses de qn – être toujours pendu aux basques de qn – être un pot de colle o. collant (comme la glu) – suivre qn comme son ombre, comme un chien, un caniche – être l'ombre de qn
non staccarsi dal fianco di qd. – seguire qd. passo passo o come un'ombra – essere, parere l'ombra di qd. – attaccarsi a qd. come la colla, una sanguisuga o come un'ostrica a uno scoglio – essere alle costole di qd.
to dog s.o. o. s.o's every footstep – to stick, to cling to s.o. like a leech, a shadow – not to leave s.o's side – to pester, to plague, to harass s.o.

4) mit der Entwicklung Schritt halten
se mettre au pas o. suivre le rythme, la cadence du développement
andare di pari passo con lo sviluppo
to keep pace with (o. abreast of) the development

5) die Verhandlungen drehen sich im Kreis, sind keinen Schritt weiter- o. vorangekommen, sind nicht vom Fleck gekommen, sind festgefahren o. ins Stocken, in e-e Sackgasse geraten o. auf e-m toten Punkt angelangt
les négotiations piétinent, tournent en rond, n'ont pas avancé d'un pouce, d'une semelle, se sont engagées dans une impasse, sont au point mort
le trattative girano a vuoto, non vanno avanti, non procedono o avanzano, segnano il passo, sono a un punto morto, in un vicolo morto (o cieco)
the negotiations haven't made the slightest headway, are going round in circles, are stalled, have reached deadlock, an impasse, a blind alley

Schritt 6) man begegnet dort der Armut auf Schritt und Tritt
on rencontre la misère à chaque pas
la miseria s'incontra a ogni passo, a ogni piè sospinto
poverty is rife there

Schrot ein Mann von echtem Schrot und Korn
un homme de bonne trempe
un uomo di buona lega
a man of mettle, of the old stamp

Schuh ich weiss, wo ihn der Schuh drückt
je sais où le bât le blesse
so dove lo stringe la scarpa
I know where his shoe pinches
2) j-m etw. in die Schuhe schieben
mettre qc. sur le dos (o. le compte) de qn
gettare la colpa di qc. addosso a qd.
to lay the blame at s.o's door

Schuhriemen er ist nicht wert, ihm die Schuhriemen zu lösen
il n'est pas digne de dénouer les cordons de ses souliers
non è degno di lustrargli, legargli, allacciargli le scarpe
engl. ---

Schule die Schule schwänzen
faire l'école buissonnière
marinare, bruciare la scuola
to play truant
2) aus der Schule plaudern – nicht dicht halten
commettre une indiscrétion
spifferare tutto
to tell tales out of school
3) sein Vorbild macht Schule
son modèle fait école
il suo esempio fa scuola
he has set a precedent
4) durch e-e harte Schule gehen
faire un rude apprentissage
essere educato alla scuola del dolore

to go through the mill, through a severe school o. test – to learn the hard way

Schulter auf beiden Schultern Wasser tragen – es mit keiner Seite verderben wollen
ménager la chèvre et le chou – nager entre deux eaux – miser, jouer sur les deux (o. sur tous les) tableaux
tenere il piede in due staffe – dare un colpo al cerchio e uno alla botte
to favour both sides – to waver between two parties
2) etw. auf die leichte Schulter o. Achsel nehmen
prendre qc. à la légère
prendere qc. alla leggera o sotto gamba o a gabbo
to make light of s.th.
3) j-m die kalte Schulter zeigen
traiter qn par-dessous la jambe – battre froid à qn – tourner le dos à qn
trattare qd. con freddezza – mettere qd. in un canto
to give s.o. the cold shoulder – to leave s.o. out in the cold
4) die (ganze) Verantwortung liegt (o. lastet) auf seinen Schultern
toute la responsabilité pèse o. repose sur ses épaules
ha tutta la responsabilità sulle spalle – la responsabilità grava su di lui
the responsibility lies o. rests with him o. rests upon his shoulders

Schürze er ist hinter jeder Schürze her – er läuft jeder Schürze nach – er ist ein Schürzenjäger
il court o. trousse le jupon – il court le cotillon – c'est un vert galant
corre dietro alle gonnelle o sottane
he runs after every skirt

Schuss weit vom Schuss sein
être hors de danger, de portée
essere fuori tiro

to be well out of harm's way

Schutz im Schutze der Nacht
à la faveur de la nuit
col favore della notte
under cover of darkness

Schutzengel e-n Schutzengel haben
avoir un ange gardien o. tutélaire
avere un santo dalla propria
to have a guardian angel

Schwäche er hat e-e Schwäche für den Wein
le vin est son péché mignon
ha un debole, una debolezza per il vino
wine is his weakness

2) Deutsch ist seine Schwäche o. schwache Seite
l'allemand est son point faible
il tedesco è il suo debole
German is his weak point – he is weak in German

Schwamm drüber! – genug davon! – reden wir nicht mehr darüber! – vergessen wir das! – lassen wir es gut sein!
passons l'éponge là-dessus! – n'en parlons plus! – restons-en là!
passiamoci sopra la spugna! – non ne parliamo più! – lasciamo correre o perdere!
let bygones be bygones! – (let's) forget it!

schwarz da kannst du lange o. ewig und drei Tage warten o. warten, bis du schwarz o. grau bist
tu peux attendre jusqu'à la saint-glinglin – tu peux te brosser
puoi aspettare il giorno del giudizio – campa cavallo che l'erba cresce
you can wait till doomsday, until you are blue in the face, until the cows come home

2) ich werde es dir schwarz auf weiss beweisen o. klar und deutlich zeigen
je te le montrerai noir sur blanc
te lo mostrerò nero su bianco o in palma di mano
I'll show you in black and white – I can give you chapter and verse

3) schwarz wie die Nacht – pech- o. kohlrabenschwarz
noir comme un corbeau o. du jais
nero come un corvo, il carbone, la pece
jet-black – (as) black as soot o. ink

4) schwarz arbeiten
travailler clandestinement – faire du travail noir
lavorare clandestinamente, abusivamente
to work on the side – to moonlight

Schwarzhandel betreiben
faire la vente à la sauvette o. au marché noir
fare il mercato nero
to be a black-market operator, a black-marketeer

schwarzsehen die Dinge von der schlimmen o. schlimmsten Seite sehen o. nehmen
voir le mauvais côté des choses – prendre les choses du mauvais côté – voir tout en noir
vedere tutto nero – vedere il lato peggiore di ogni cosa – a. lo vedo e non lo vedo
to take a dim view of things – always to see the dark side of things

Schwatz e-n Schwatz, ein Schwätzchen machen, abhalten (mit j-m)
faire un bout o. brin de causette (avec qn) – tailler une bavette
fare due (o quattro) chiacchiere (con qd.)
to have a chat (with s.o.)

schweigen ganz zu schweigen von...
à ne pas parler de...
senza (o per non) parlare di...
to say nothing of...

Schweigen sich in Schweigen hüllen
se renfermer, se retrancher dans le mutisme, le silence
avvolgersi, chiudersi nel silenzio
to wrap o.s. in silence

Schwein wir haben Schwein
nous sommes vernis – nous avons du pot
abbiamo culo
we are lucky o. in luck

2) haben wir etwa zusammen Schweine gehütet?
est-ce que nous avons gardé les cochons ensemble? – je n'ai pas gardé les cochons avec vous
non siamo mica stati a scuola insieme
none of your familiarities, please

Schweiss in Schweiss gebadet sein
être en eau, (tout) en nage, trempé o. baigné de sueur – ne plus avoir un poil de sec
essere in un bagno (o bagnato) di sudore o sudato fradicio – sudare da tutti i pori
to be bathed in perspiration o. dripping with sweat

2) das habe ich mir im Schweisse meines Angesichts verdient
je l'ai gagné à la sueur de mon front
me lo sono guadagnato col sudore della fronte – me lo sono sudato
I achieved o. did it by the sweat of my brow

schwelen (Hass usw.) schwelt unter der Oberfläche
(la haine etc.) couve sous la cendre
(l'odio etc.) cova sotto la cenere
(hatred etc.) smoulders below the surface

Schwert das ist ein zweischneidiges Schwert
c'est une arme à double tranchant – ça peut avoir l'effet d'un boumerang
è un'arma, una lama a doppio taglio

it cuts both ways – that can have a boomerang effect

Seebär ein alter Seebär
un vieux loup de mer
un vecchio lupo di mare
an old sea dog

Seele Sie sprechen mir aus der Seele
vous avez nettement rendu ma pensée
Lei rende pienamente il mio pensiero
you express my sentiments exactly

Seide die beiden spinnen keine gute Seide miteinander
ils ne peuvent pas se voir en peinture
tra i due non corre buon sangue
they are not on the best terms with one another

Seil sich aufs hohe Seil begeben
être sur la corde raide
mettersi, porsi a rischio
to go out on a limb – to walk on a tightrope

seinesgleichen er hat nicht seinesgleichen
il est hors de pair – il n'a pas son pareil, son égal, son pendant
non ha l'uguale
there is no one like him

Seite man muss beiden Seiten gerecht werden
qui n'entend qu'une cloche n'entend qu'un son
bisogna sentire tutt' e due le campane
you must be fair to both sides

2) j. von der Seite o. schräg, schief, scheel anschauen
regarder qn de travers o. d'un mauvais œil
guardare qd. di traverso, di sbieco, di malanimo – guardare losco a qd.
to look askance at s.o.

3) sich von der besten Seite, im besten Licht zeigen
se montrer sous son meilleur jour

mostrarsi dal lato (o nella luce) migliore
to show the best side of o's character – to put o's best foot forward

4) man muss die Dinge von der besten Seite nehmen o. allem die beste Seite abgewinnen
il faut prendre les choses du bon côté
bisogna vedere il lato migliore di ogni cosa
we must make the best of everything

5) j. von der richtigen Seite zu nehmen wissen
savoir prendre qn
prendere qd. per il suo verso
to know how to handle s.o. o. how to get through to s.o.

6) von offizieller Seite, aus amtlicher Quelle verlautet, dass...
on communique de source officielle que...
da fonti ufficiali si annuncia che...
we hear from official sources o. quarters that...

Seitenhieb j-m e-n Seitenhieb versetzen – e-e spitze Bemerkung machen gegen j.
donner un coup de dent, de bec, de griffe à qn – décocher une flèche contre qn
dare, fare una stoccata, una frecciata a qd. – scoccare una frecciata contro qd.
to take a dig, a sideswipe at s.o.

Seitensprung e-n Seitensprung machen
faire un tour à gauche
fare una scappatella
to have a bit on the side

Semmeln die Ware geht ab wie frische Semmeln o. findet reissenden Absatz
cette marchandise se vend comme des petits pains – on s'arrache cette marchandise
questa merce va a ruba, a volo
these goods sell like hot cakes

Senf er muss immer seinen Senf o. Brei dazugeben, sein Ei dazwischenlegen

il ne peut pas s'empêcher d'y mettre son grain de sel
deve sempre dire la sua
he has to give everyone the benefit of his wisdom (iron.)

Sicht e-e Politik auf lange o. weite Sicht
une politique à longue échéance o. portée
una politica a lunga scadenza
a long range policy

Siegel unter dem Siegel der Verschwiegenheit
sous le sceau du secret
sotto suggello del silenzio
under seal of secrecy

Sielen in den Sielen sterben
mourir sous le harnais – crever à la tâche, à la peine
morire sulla breccia
to die in harness, in o's boots

singen er hat gesungen (Verbrecher: alles gestanden und dabei seine Komplizen verpfiffen) – er hat ausgepackt
il a chanté – il a vendu ses complices – il a vidé le (o. son) sac – il s'est mis à table
ha cantato – ha vuotato il sacco o sfilato il rosario
he has sung – he has spilled the beans (am.)

Sinnen all sein Sinnen und Trachten ist darauf gerichtet
toutes ses pensées sont tendues vers cela
tutte le sue mire sono rivolte a ciò
his every thought is directed towards that

Sisyphusarbeit das ist e-e (wahre) Sisyphusarbeit
c'est le travail, le rocher de Sisyphe
è la fatica, il lavoro di Sisifo
it's a never-ending task

sitzen (lassen) diese Beleidigung lasse ich nicht auf mir sitzen

sitzen (lassen)   149   **Spass**

je ne vais pas encaisser (o. avaler) cet affront
non ingoierò quest'offesa
I'm not going to put up with that affront o. to pocket, to swallow that affront

sitzenlassen j. sitzenlassen o. versetzen (nicht zu e-m Stelldichein, Rendezvous erscheinen)
faire faux bond, poser un lapin, faire faire le poireau à qn
dare un bidone a qd.
to leave s.o. holding the baby – to jilt s.o.

Sitzfleisch er hat kein Sitzfleisch, kein Sitzleder – er hat Hummeln im Gesäss, im Hosenboden – er ist ein Zappelphilipp
il bouge tout le temps – il a la bougeotte – il ne tient pas en place
non può (re)stare fermo
he is fidgety o. a fidget

so so (wie geht es?) Antwort: so so la la!
comme ci comme ça!
così così!
so-so! – fair to middling!

Sonnenschein er ist der Sonnenschein der Eltern
il est le rayon de soleil des parents
è il sole dei genitori
he/she is the apple of his/her father's/mother's eye

Sonntagskind er ist ein Sonntagskind, ein Glückspilz
il est né coiffé
è nato con la camicia – è il figlio della fortuna, il favorito della sorte – naviga col vento in poppa
engl. ---

Sorge das lass meine Sorge sein
j'en fais mon affaire
lascia che ci pensi io – lascia fare a me
that's my problem, my headache

Spalier stehen

faire la haie
fare ala
to form a guard of honour

Spanier stolz wie ein Spanier, wie ein Schwan
fier comme Artaban
ital. ---
(as) proud as a Spaniard, a peacock

spanisch das kommt mir spanisch o. nicht recht geheuer vor – da steckt etwas dahinter o. der Wurm drin – es geht nicht mit rechten Dingen zu – die Sache ist nicht ganz lupen- o. astrein o. hat e-n Pferdefuss – es ist etwas faul o. es stinkt etwas an der Sache – der Teufel hat die Hand im Spiel
il y a du louche o. qc. de boiteux dans cette affaire – il y a anguille sous roche o. quelque chose qui cloche o. qc. de caché – cela ne me semble pas très catholique
c'è qualche cosa che non va – qui gatta ci cova – qui c'è sotto o si nasconde qualche cosa – il diavolo ci ha messo la coda – la faccenda non mi pare troppo liscia – questa storia puzza di losco
there's something odd o. fishy about it – there's a bug in it o. a snag somewhere

Spass er versteht Spass
il entend raillerie
sta agli scherzi
he can take o. see a joke

2) er versteht keinen Spass – er lässt nicht mit sich scherzen
il n'entend pas raillerie – il ne plaisante o. badine pas
con lui non si scherza
he is not to be trifled with

3) in Geldsachen versteht er keinen Spass, hört bei ihm der Spass, die Liebe, die Gemütlichkeit auf
en matière d'argent il n'entend pas raillerie
quando si tratta di quattrini non tollera che si scherzi

Spass / **Spiel**

he stands no nonsense where money is concerned

spassen damit ist nicht zu spassen
c'est du sérieux – il ne s'agit pas de plaisanter – on ne badine pas avec ces choses-là
la cosa è da prendere sul serio
that is no joking matter

Spatz wie ein Spatz, ein Spätzlein essen
manger comme un oiseau, un moineau
mangiare quanto un grillo, un uccellino, un canarino
to eat like a bird

2) die Spatzen pfeifen es von den Dächern – es ist ein offenes o. öffentliches Geheimnis – das ist stadtbekannt
c'est le secret de polichinelle – ce n'est pas un secret pour personne – cela court les rues
è il segreto di Pulcinella – è scritto su tutti (o lo sanno anche) i muriccioli – è noto al popolo e al comune
it's an open (o. nobody's) secret – it's all over the town

Spatzengehirn er hat ein Spatzengehirn
il a une cervelle de lièvre, une tête de linotte
ha un cervello di gallina, di passero, di fringuello, d'oca
he is a birdbrain

Spiegel j-m den Spiegel vorhalten
montrer à qn ce qu'il est
far vedere a qd. la sua vera immagine
to hold up a mirror to s.o.

Spiel das Leben steht auf dem Spiel – es geht um Kopf und Kragen o. auf Leben und Tod
il y va de la vie – la vie est en jeu – c'est une question de vie et de mort
ne va della vita, della pelle – è in gioco la vita – si tratta di vita e di morte
o's life is at stake – it's (either) do or die – it's a matter of life and death

2) die Hand, die Finger im Spiel haben
avoir la main dans une affaire – pousser à la roue
avere le mani in pasta o lo zampino nella faccenda
to have a hand in it o. a finger in the pie

3) gewonnenes Spiel haben
avoir partie gagnée o. gain de cause
avere partita vinta
to have broken the back of it – to be home and dry

4) j-m das Spiel verderben
gâter le jeu de qn
dare la mala Pasqua a qd.
to spoil s.o's little game – to queer s.o's pitch – to scotch s.o's plans

5) mit j-m leichtes Spiel haben
avoir beau jeu avec qn
avere buon gioco su qd. – mangiarsi qd. in insalata
he/she is easy game

6) j-s Spiel durchschauen
démasquer le jeu, les intentions de qn – lire dans le jeu de qn
scoprire il gioco di qd.
to see through s.o's game o. plans o. schemes

7) gute Miene zum bösen Spiel machen – es sich nicht verdriessen lassen
faire contre mauvais jeu (o. mauvaise fortune) bon cœur
fare buon viso a cattiva sorte, a cattivo gioco – inghiottire amaro e sputar dolce
to put a good face (up)on it – to make the best of a bad job – to grin and bear it

8) ein doppeltes o. falsches Spiel spielen o. treiben (mit j-m) – mit gezinkten Karten spielen
ne pas jouer franc jeu – jouer double jeu (avec qn)
fare il doppio gioco (con qd.)
to play a double game with s.o. – to load the dice

Spiel   151   **Spitze**

9) lass mich dabei aus dem Spiel
ne me mêle pas dans cette affaire
non immischiarmi in questa faccenda
leave me out of it

10) ein hohes Spiel spielen – grosse Risiken eingehen
jouer gros jeu
correre un grande rischio
to play for high stakes

spielen j-m etw. in die Hände spielen
faire tomber qc. entre les mains de qn
far cadere qc. in mano a qd.
to slip, to play s.th. into s.o's hands

2) was wird da gespielt? – was geht hier vor?
à quel jeu joue-t-on? – que se passe-t-il?
a che gioco giochiamo? – che succede qui?
what's going on here? – what's up?

3) mit dem Gedanken spielen, sich mit dem Gedanken tragen, zu . . .
caresser l'idée, la pensée de . . . – nourrir le projet de . . .
accarezzare il pensiero di . . .
to toy with the idea of . . .

4) die Farbe spielt ins Rot
la couleur tire sur le rouge
il colore tende al rosso
the colour has a reddish tinge

5) seinen Einfluss spielen lassen
jouer de son ascendant
far valere il proprio ascendente
to use (o. make use of) o's power o. pull

Spielregel sich an die Spielregeln halten
jouer le jeu
stare alle regole del gioco
to play the game

Spielteufel er hat den Spielteufel im Leib, ist vom Spielteufel besessen
il est obsédé par le démon du jeu
ha la passione del gioco

he is a demon gambler

Spielverderber sei kein Spielverderber
ne fais pas le mauvais coucheur o. l'empêcheur de danser en rond
non fare il guastafeste
don't be a spoilsport, a killjoy, a wet blanket

Spiess den Spiess umdrehen
renvoyer la balle à qn
ritorcere le accuse
to turn the tables

spindeldürr er ist spindel- o. klapperdürr o. mager wie e-e Zaunlatte – er ist ein Klappergestell – bei ihm kann man alle Rippen zählen
il est maigre comme un clou o. sec comme un hareng, un saur, un coup de trique – c'est un paquet d'os – on lui compte o. compterait les côtes
è magro come un chiodo, uno stecco, la caresima, il cavallo dell'Apocalisse – è secco come un'acciuga – mostra o gli si contano le costole – vive o campa di lucertole
he is (as) thin as a lath, (as) lean as a rake

Spitze das brach der Bemerkung die Spitze ab – das nahm der Bemerkung den Stachel
cela a atténué le piquant o. le mordant de la remarque
ciò ha smussato o attenuato la punta dell'osservazione
that took the edge off (o. the sting out of) his remark

2) etw. auf die Spitze treiben
pousser, porter qc. à l'extrême, à bout
spingere qc. all'estremo
to carry s.th. to extremes

3) an der Spitze e-s Unternehmens stehen
être à la tête d'une entreprise
essere in testa a un'impresa
to be at the head of a firm o. enterprise

Spitze

4) an der Spitze/am Ende des Zuges
en tête/en queue du train
in capo/in coda al treno
at the head/at the rear (end) o. back o. tail of the train

Sporen sich die Sporen (ab)verdienen
gagner ses galons, ses éperons – faire ses premières armes
guadagnarsi i galloni – essere alle prime armi
to win o's spurs

Sprache heraus mit der Sprache! – schiess los!
eh bien, accouchez!
posa (o sputa) l'osso! – spara!
spit it out!

sprechen gut zu sprechen sein auf j. – j-m wohlwollen – j-m wohlgesinnt o. gewogen sein
regarder qn d'un bon œil – vouloir du bien à qn – être bien disposé envers qn
vedere qd. di buon occhio – essere bendisposto a qd.
to be well disposed towards s.o. – to wish s.o. well

Spreu die Spreu vom Weizen sondern
séparer le bon grain de l'ivraie
sceverare il grano dalla pula – separare il grano dal loglio
to separate the chaff from the wheat

sprühen vor Geist o. Witz sprühen
avoir de l'esprit jusqu'au bout des doigts
essere colmo di spirito
to sparkle with wit

Sprung immer auf dem Sprung sein
avoir toujours un pied en l'air
essere sempre sul punto (o in procinto) di partire
to be always on the go

2) er hat den Sprung ins Ungewisse gewagt
il a fait le saut (dans l'inconnu)
ha fatto o rischiato il salto nel buio
he took a leap in the dark

3) auf e-n Sprung vorbeigehen o. -kommen – e-e Stippvisite machen
ne faire qu'un saut o. bond chez qn – faire une visite éclair à qn – ne faire que passer – ne faire qu'entrer et sortir – passer en coup de vent
fare un salto o fare, dare una scappatina a qd.
to drop, to pop in on s.o. – to nip round (o. over) (to s.o's house)

Sprungbrett diese Stelle dient ihm als Sprungbrett
cette place lui sert de tremplin
questo posto gli serve da trampolino
this job is a stepping stone, a launching pad for him

Sprünge mit diesem Geld wird er keine grossen Sprünge machen o. nicht weit kommen
avec cet argent il n'ira pas loin – cet argent ne le mènera pas loin
con questi soldi c'è poco da scialare
with that money he won't go far – this money doesn't go far

Spur j-m auf die (richtige) Spur helfen
mettre qn sur la voie
mettere qd. sulla buona traccia
to put, to steer s.o. on the right track – to give s.o. a clue

2) j-m auf der Spur sein
être sur la piste o. la voie de qn
essere sulle piste o tracce di qd.
to be (hot) on the trail of s.o.

3) j-m auf die Spur, die Sprünge, die Schliche (o. hinter j-s Schliche) kommen – der Sache auf die Spur kommen
découvrir le pot aux roses
scoprire i trucchi di qd.
to discover s.o's dodges – to catch on to s.o's tricks

Stand etw. (ein Wörterbuch usw.) auf den neuesten o. jüngsten Stand bringen
mettre qc. à jour
aggiornare qc.
to bring s.th. up to date

standhalten (diese Theorie usw.) hält e-r näheren Prüfung nicht stand
(cette théorie etc.) ne résiste pas à l'examen
(questa teoria etc.) non resiste a un attento esame
(this theory etc.) does not bear (o. stand up to) closer examination

Standpunkt ich stehe auf dem (o. vertrete den) Standpunkt, dass...
je suis d'avis que...
sono del parere, dell'opinione che...
I take the view that...

2) auf seinem Standpunkt, bei seiner Meinung beharren – seinen Standpunkt behaupten – an seiner Meinung festhalten
rester sur ses positions – ne pas changer d'avis
non cambiar opinione
to stand by (o. stick to) o's opinion

Stange bei der Stange bleiben
rester fidèle à la cause
rimanere fedele a qc.
to stick to o's guns

Stärke seine Stärke o. starke Seite ist die Mathematik
son point fort, ce sont les mathématiques
la matematica è il suo forte
mathematics is his strong point, his forte

Steckenpferd sein Steckenpferd reiten
enfourcher son dada – c'est son violon d'Ingres
coltivare il proprio hobby
to ride o's hobby

2) die Politik ist sein Steckenpferd, sein Lieblingsthema
la politique est son cheval de bataille, son violon d'Ingres
la politica è il suo argomento preferito
politics is (o. are) his hobby

Stecknadel etw. wie e-e Stecknadel o. in allen Winkeln und Ecken suchen
chercher qc. comme une aiguille dans une botte de foin o. dans tous les coins (et recoins), de tous côtés, de toute part, à droite et à gauche
cercare qc. col lanternino o per mari e per monti o per tutti i buchi
to hunt for s.th. high and low – to look for s.th. in every nook and cranny

2) das hiesse e-e Stecknadel in e-m Heuschober suchen
c'est comme si on cherchait une aiguille, une épingle dans une botte de foin
è come cercare un ago in un pagliaio o un cece in duomo o in mare
it's like looking for a needle in a haystack

Stegreif aus dem Stegreif sprechen
parler impromptu
parlare a braccia – improvvisare un discorso
to extemporize – to make a speech off the cuff (am.)

Steigbügel j-m den Steigbügel halten (Hilfe leisten bei seinem Aufstieg, vor allem pol.)
faire la courte échelle à qn
dare una spinta a qd.
to put, to help s.o. into power

Stein den ersten Stein werfen
jeter la première pierre
scagliare la prima pietra
to throw, to cast the first stone

2) bei j-m e-n Stein im Brett, e-e gute Presse haben, hoch im Kurs stehen, gut angeschrieben o. lieb Kind sein
être dans les petits papiers, bien dans les papiers, dans la manche, dans les bonnes grâces de qn – être le chouchou/ la couchoute de qn

essere ben visto da, nelle buone grazie o nella manica di o in auge presso qd.
to be in s.o's good books

3) es würde dir kein Stein, keine Zacke aus der Krone fallen, wenn...
cela ne toucherait pas à ta dignité si...
non ci perderesti niente se...
it wouldn't kill o. hurt you if...

4) das könnte e-n Stein erbarmen – das ist zum Steinerweichen
cela pourrait faire pleurer les pierres
è da far pietà ai sassi – farebbe piangere i sassi
it could melt a heart of stone

5) der Stein des Anstosses
la pierre d'achoppement – le sujet, la cause du scandale
la pietra dello scandalo
the stumbling block

6) das hat den Stein ins Rollen gebracht
de là tout a découlé
ciò ha dato l'avvio alla cosa
that set (o. started) the ball rolling

steinalt o. alt wie Methusalem
vieux comme les pierres, le monde, Mathusalem
vecchio come il cucco – avere gli anni di Matusalemme
(as) old as the hills o. as Methusala

steinern mit steinernem Gesicht
d'un visage de marbre
a viso di pietra, di sasso
with a stony look o. face

Stelle auf der Stelle – stehenden Fusses – stante pede – unverzüglich, sofort, sogleich, schnurstracks
séance tenante – sur-le-champ – sans délai – tout de suite – immédiatement
su due piedi – senza indugio – senza por tempo in mezzo – lì per lì – subito – immediatamente
on the spot – at once – then and there – without delay – immediately – instantly – straight (o. right) away

Stempel e-r Sache seinen Stempel aufprägen – (diese Malerei usw.) trägt seine Handschrift
marquer qc. de son empreinte
dare la propria impronta a qc. – imprimare la propria orma a qc.
to put o's stamp on s.th. – to leave o's mark on s.th.

Sterbenswörtchen er hat mir kein Sterbenswörtchen davon gesagt
il ne m'en a pas soufflé mot o. dit un traître mot
non me ne ha detto una parola, una sillaba – non ha fiatato
he didn't breathe a word of it (to me)

Stern sein Stern ist im Sinken, am Verblassen
son étoile pâlit o. blanchit
il suo astro sta tramontando, è in declino
his star is waning

2) er ist unter e-m glücklichen o. günstigen Stern geboren
il est né sous une bonne étoile, sous une heureuse constellation
è nato sotto una buona stella
he was born under a lucky star

3) nach den Sternen greifen
demander la lune
volere, chiedere la luna
to reach for the stars

4) das steht in den Sternen geschrieben
c'est écrit dans le ciel
sta scritto in cielo
that's written in the stars

Steuer das Steuer herumwerfen
virer de bord – renverser la vapeur
cambiar rotta
to change course radically

Stich j. im Stich lassen
laisser qn en plan, en rade, dans l'embarras – faire faux bond à qn – laisser tomber qn
piantare in asso qd. – lasciare qd. nelle peste
to turn o's back upon s.o. – to leave s.o. in the lurch

2) mein Gedächtnis läßt mich im Stich
ma mémoire me fait défaut, me trahit
la memoria mi tradisce
my memory lets me down, fails me

Stiefel er kann e-n ordentlichen Stiefel vertragen – er hat e-e ausgepichte Kehle
il a une bonne descente – il boit sec
regge bene l'alcool
he can hold his drink, his liquor

Stiefkind er ist ein Stiefkind der Natur – die Natur hat ihn stiefmütterlich behandelt
la nature a été avare de ses dons envers lui – la nature l'a mal partagé – (intell.) il est peu aidé
la natura gli è stata matrigna
nature was not very kind to him

Stielaugen machen
se rincer l'œil
far tanto d'occhi
his eyes nearly popped out of his head

Stille die Stille vor dem Sturm
le calme avant la tempête
la quiete prima della tempesta
the lull before the storm

stinkfaul er ist stinkfaul, ein fauler Knochen, ein Faulpelz – er stinkt vor Faulheit – er hat die Arbeit nicht erfunden – er macht sich nicht gern die Finger dreckig
il est paresseux comme une couleuvre, un lézard, un loir – c'est un vrai loir – il pue la paresse
è un poltrone – ha paura di sporcarsi le mani
he is bone-idle, bone-lazy, a lazy-bones

Stinkwut er hat e-e Stinkwut im Leib, im Bauch – er schäumt, kocht o. birst, platzt fast o. wird fast schwarz vor Wut o. Ärger – er geht fast in die Luft, an die Decke – der Hut geht ihm hoch – er speit Gift und Galle – er ärgert sich grün und gelb o. krank o. zu Tode – er bebt, ist rot, fährt fast aus der Haut vor Zorn – er ist fuchsteufelswild
il écume o. crève de rage – il se fâche tout rouge o. à en être malade – il bout de colère – il jette o. vomit feu et flamme – il crache du feu – il est livré à la rogne et à la grogne – il vomit son venin, son fiel
è verde o crepa di rabbia o dalla bile – spuma, schiatta, schiuma di (o dalla) rabbia – fa la bava per la stizza – è o monta su tutte le furie – si mangia il fegato – perde il lume degli occhi – esce dal manico – ha il diavolo per capello – si arrabbia da morire – sputa, schizza veleno – sprizza veleno da tutti i pori – vede rosso – va in bestia – il sangue gli bolle nelle vene
he is wild, livid, foaming, boiling with rage o. with anger – he has foam at the mouth – he sees red – he is hopping mad o. blowing his top o. seething with anger

Stirn die Stirn haben, zu ...
avoir le front, le culot, le toupet de ...
avere la sfacciataggine, la faccia tosta di ...
to have the cheek, the face, the nerve to ...

2) die Stirn runzeln, krausziehen
froncer les sourcils
corrugare la fronte – aggrottare le sopracciglia
to knit o's brow – to frown

3) j-m die Stirn bieten – sich j-m widersetzen
faire face o. front, tenir tête à qn
tenere testa a qd.

do defy s.o. – to face s.o. (squarely)

stocken das Gespräch stockte
la conversation tarit
la conversazione languiva
the conversation flagged

stocktaub er ist stocktaub
il est sourd comme un pot
è sordo come una campana
he is stone-deaf o. (as) deaf as a post

Storchbeine sie hat Storchbeine
elle a des jambes de coq
ha trampoli
she has spindly legs

Stosszeiten während der Stoss- o. Hauptverkehrszeiten
aux heures de pointe – durant (o. pendant) le coup de feu
durante l'ora di punta
during the rush hour o. peak hours

Strang am gleichen Strang o. Strick ziehen
tirer sur la même corde
mirare al medesimo scopo
to pull together

2) wenn alle Stränge o. Stricke reissen – im schlimmsten Fall – schlimmsten Falles – wenn es zum Äussersten kommt
au pis aller – en mettant les choses au pire
nel peggiore dei casi – in caso estremo
if it (o. if the worst) comes to the worst

3) über die Stränge schlagen – über die Schnur hauen – es zu bunt treiben
faire des folies, des escapades, des frasques
rompere la cavezza – oltrepassare i limiti
to kick over the traces

Strasse j. auf die Strasse, aufs Pflaster setzen – j-m den Stuhl vor die Tür stellen o. den Schuh, den Laufpass geben – j. feuern

mettre qn sur le pavé
mettere, gettare qd. sul lastrico, sulla strada – mandare a spasso qd. – dare il benservito a qd.
to give s.o. the sack – to fire s.o.

2) auf der Strasse, auf dem Pflaster sitzen (stellenlos sein)
être sur le pavé, sur le sable
essere in mezzo alla strada
to be (out) on the streets – to be on the dole

3) auf offener Strasse – am hellichten Tag
en pleine rue – en plein jour
sulla pubblica via – in mezzo alla strada – in pieno giorno
right in the street – in broad daylight

4) auf die Strasse gehen (demonstrieren)
descendre dans la rue
scendere nelle strade o in piazza
to take to the streets

Straussenmagen er hat e-n Straussenmagen
il a un estomac d'autruche – il digérerait le fer
ha uno stomaco di struzzo – digerisce anche i chiodi
engl. – –

Streich j-m e-n (üblen) Streich spielen, ein Schnippchen schlagen – j-m arg o. schlimm o. übel mitspielen – j-m eins auswischen
jouer un mauvais o. sale tour o. un tour de cochon à qn
giocare un (brutto) tiro a qd. – fare un brutto gioco o un tiro mancino a qd. – farla bella o brutta a qd. – conciare, accomodare, aggiustare qd. per le feste – servire qd. di barba e capelli (o. parrucca)
to play a nasty trick on s.o. – to do the dirty on s.o.

Streitaxt die Streitaxt, das Kriegsbeil begraben
enterrer la hache de guerre – quitter le sentier de guerre
sotterrare l'ascia di guerra
to bury the hatchet, the tomahawk

Strich e-n Strich o. Schlussstrich unter etw. ziehen – über etw. Gras wachsen lassen – e-e neue Seite aufschlagen
tirer un trait, faire une croix, passer l'éponge sur qc. – mettre un point final à qc. – tourner la page
mettere, fare una croce su qc. – dare un colpo di spugna a qc. – farla finita con qc.
to make a clean break with s.th. – to draw the curtain o. let the grass grow over s.th.

2) das geht mir gegen den Strich
cela me fait (o. ferait) mal au ventre, au cœur
questo non mi va a genio
it rubs the wrong way – it goes against the grain

3) auf den Strich gehen (sich prostituieren)
faire le trottoir, l'asphalte, le tapin – traîner la semelle – aller au persil, aux asperges (arg.)
battere il marciapiede
to walk o. go on the streets

Stroh er hat Stroh, Häcksel, keine Grütze im Kopf – er ist ein Stroh- o. Hohlkopf, ein Schafskopf
il a la tête vide o. creuse – il n'a pas beaucoup de cervelle – c'est une tête creuse
ha la pappa (frullata) o il pancotto nel cervello – ha la testa piena di segatura – ha la zucca vuota – non ha un'oncia o un pizzico di sale in zucca – è una testa di legno, di rapa, di cavolo, d'asino
he is a blockhead, a fathead, a num(b)skull – he is (completely) brainless

2) leeres Stroh dreschen – Wasser in ein Sieb schöpfen – den Sand pflügen – in den Sand säen
donner un coup d'épée (o. des coups de bâton) dans l'eau
fare un buco nell'acqua – pestare l'acqua nel mortaio – girare a vuoto – buttar via (o perdere) il ranno e il sapone – far la zuppa nel paniere – insaccare nebbia – andare per acqua col vaglio – lavare la testa all'asino – lisciare la coda al diavolo – menar l'oche in pastura – gettare acqua sul muro
to flog a dead horse – to thresh (over old) straw – to plough the sand – to catch the wind with a net – to fetch o. carry water in a sieve – to pour water into a sieve

Strohfeuer es ist nur ein Strohfeuer
ce n'est qu'un (o. cela passe comme un) feu de paille – ce n'est qu'un déjeuner de soleil (der Ausdruck bedeutet a.: die Farbe schiesst leicht ab)
è (soltanto) un fuoco di paglia, un fuoco fatuo o come il trotto dell'asino
it's only a flash in the pan

Strohhalm sich an e-n Strohhalm klammern
s'accrocher aux branches o. à toutes les branches
aggrapparsi a un filo di paglia
to clutch, to grasp at a straw

Strohmann er ist nur ein Strohmann
il ne sert que d'homme de paille
è soltanto un uomo di paglia, un prestanome
he is a (mere) figurehead, a dummy, a man of straw

Strom mit dem Strom schwimmen
se laisser porter par le courant – suivre le courant, le mouvement
seguire la corrente
to swim, to go with the tide

2) gegen den Strom schwimmen
nager contre (o. remonter) le courant

andare, navigare contr'acqua o contro corrente o contro vento (o controvento)
to swim against the tide

Stücke grosse Stücke auf j. halten
faire grand cas de qn
tenere in gran conto qd.
to think the world of s.o.

Stühle sich zwischen zwei Stühle setzen (versch. Bed.; hier: in Not und Verlegenheit sein)
s'asseoir entre deux chaises
navigare tra due scogli
to fall between two stools

Stunde in elfter Stunde – fünf Minuten vor zwölf – kurz vor Torschluss
au dernier moment
all'ultimo momento
at the eleventh hour

Stunk es wird Stunk geben – es wird was o. ein Donnerwetter absetzen
il va y avoir du pétard, du sport – cela va péter du feu o. des flammes
succederà un putiferio
there will be trouble o. stink – that will make the fur fly

Sturm es war ein Sturm im Wasserglas
ce fut une tempête dans un verre d'eau
è stato una tempesta in un bicchier d'acqua
it was a storm in a teacup

2) der Sturm ist vorbei, vorüber
l'orage est calmé
è passata la bufera
the storm subsided

stürzen sich in Schulden stürzen
se mettre en dettes
caricarsi di debiti
to plunge into debt

Stütze er ist die Stütze ihres Alters
il est son bâton de vieillesse
è il bastone della sua vecchiaia
he is the prop o. staff of her old age

Sümmchen er hat ein hübsches Sümmchen angehäuft
il a amassé une coquette somme, une somme rondelette
ha radunato un bel gruzzolo
he has amassed o. accumulated a tidy sum, a pretty penny

Sündenbock den Sündenbock o. Prügelknaben spielen (müssen) – als Sündenbock o. Prügelknabe dienen o. herhalten müssen – a. als Blitzableiter dienen
servir de bouc émissaire, de souffre-douleurs, de paillasson – être la tête de Turc
fare da capro espiatorio – essere la testa di turco o l'asino del comune
to be the scapegoat, the whipping boy

Süppchen sein Süppchen am Feuer anderer kochen – mit fremden Ochsen pflügen – mit fremden Besen kehren – j. vor seinen Wagen spannen
franz. –––
cavar (le) castagne (dal fuoco) con la zampa del gatto – agiogare qd. al proprio carro
to feather o's nest at the expense of others

Suppe die Suppe auslöffeln, für etw. geradestehen o. den Kopf hinhalten, etw. ausbaden o. die Zeche bezahlen müssen
payer les pots cassés – faire les frais de...
pagare il fio (per il male fatto) – pagare lo scotto
to (have to) face the music – to lie in the bed one has made – to foot the bill

2) er hat uns e-e schöne Suppe eingebrockt
il nous a mis dans de beaux draps, dans un beau pétrin
ci ha cacciati in un bel pasticcio
he has landed us in a nice pickle

Süssholz raspeln
conter fleurette

fare il cascamorto, lo sdolcinato
to whisper sweet nothings – to turn on the old charm

Szene j-m e-e Szene machen
faire une scène à qn
fare una scena, una scenata a qd.
to make a scene

Tabak das ist starker Tabak, ein starkes Stück, etw. viel o. zuviel des Guten – das geht denn doch zu weit – a. so weit geht die Liebe nicht
elle est forte celle-là – voilà qui est un peu fort o. raide – c'est un peu fort de café – c'est plus fort que le roquefort o. que de jouer au bouchon – c'est trop! – ça va trop loin!
questa è forte, grossa, una bella pretesa – questo è troppo!
that's a bit thick o. too much of a good thing – that's going too far

Tag in den Tag hinein leben
vivre au jour le jour
vivere alla giornata
to live for the day

2) sich e-n guten o. vergnügten Tag machen – den Affen loslassen
se donner du bon temps – se la couler douce
darsi (al) buon tempo
to make a day of it

3) an den Tag, ans Tageslicht kommen – vor aller Augen treten
paraître, éclater au grand jour
venire alla luce o a galla
to come to light

4) sie sind verschieden wie Tag und Nacht – zwischen ihnen ist ein himmelweiter Unterschied – Welten trennen die beiden
c'est le jour et la nuit – il y a un monde entre les deux
ci corre come dal giorno alla notte o quanto dal cielo alla terra – un mondo li separa – appartengono a due mondi
they are (as) different as chalk and cheese – they are worlds apart

5) es ist hellichter Tag o. taghell
il fait grand jour
è già giorno fatto
it is broad daylight

6) den lieben langen Tag (nichts tun usw.)
toute la sainte journée
tutto il santo giorno
all day (o. the whole day) long

7) Tag für Tag – tagaus, tagein – tagtäglich
jour par (o. après) jour
giorno per giorno – tutti i giorni
day by (o. after) day – every single day – day in, day out

8) e-s (schönen) Tages (Zukunft) – früher oder später – über kurz oder lang
un jour ou l'autre – tôt ou tard
un giorno – tosto o tardi – prima o poi
one (o. some) day – one (fine) day – one of these (fine) days – sooner or later

9) e-s (schönen) Tages (Vergangenheit)
un (beau) jour
un bel giorno
one (fine) day

10) dieser Tage – kürzlich – neulich – jüngst – vor kurzem – vor ein paar Tagen
l'autre jour – récemment – dernièrement
l'altro giorno – recentemente – poco fa
the other day – lately – of late – not long (o. a short time) ago – recently.

11) in den nächsten Tagen – an e-m der nächsten Tage – demnächst – nächstens – bald einmal – in Kürze
un de ces jours – ces jours prochains – prochainement – sous peu
fra poco – fra non molto – tra breve – presto – prossimamente

in the near future – before long – shortly – (very) soon

12) in unsern Tagen – heutigen Tages – heutzutage – zur Zeit
de nos jours – par les temps qui courent
oggigiorno – oggidì – al giorno d'oggi – ai nostri giorni
nowadays – (in) these days – today – in our (o. in these) times

13) alle zwei Tage – jeden zweiten Tag
un jour sur deux – tous les deux jours
un giorno sì e un giorno no
every other day

14) er hat bessere Tage gesehen
il a connu des jours meilleurs
ha conosciuto tempi migliori
he has seen better days

15) seine Tage sind gezählt
ses jours sont comptés
ha i giorni contati
his days are numbered

Tagesordnung zur Tagesordnung übergehen
passer à l'ordre du jour
passare oltre
to get down to business

Taktik seine Taktik ändern
changer ses batteries
cambiar tattica
to change o's tactics – to adopt new tactics

Talsohle die Rezession hat die Talsohle erreicht
la récession est au (o. dans le) creux de la vague
la recessione tocca il fondo
the recession is at its lowest point o. has bottomed

Tante ich muss schnell verschwinden o. zu Tante Meier o. dorthin gehen, wohin auch der Kaiser zu Fuß geht
je dois aller au petit coin o. là où le roi va seul o. à pied
devo andare in quel posticino o al numero cento
I have to wash my hands o. to spend a penny o. to see a man about a dog

Tapet etw. aufs Tapet bringen
mettre qc. sur le tapis
mettere qc. sul tappeto
to bring s.th. up

Tapete die Tapete wechseln – e-n Tapetenwechsel vornehmen
changer de milieu, d'atmosphère
cambiare aria
to make a change of scenery o. wallpaper

Tarantel aufspringen, wie von der Tarantel gestochen
bondir comme piqué de la tarentule
balzare su come una furia
to spring to o's feet as if stung o. bitten by s.th.

Tasche j-m auf der Tasche liegen – auf j-s Kosten leben
vivre aux crochets, aux dépens de qn
vivere alle spalle di qd.
to be living off s.o. o. at s.o's expense

2) er musste tief in die Tasche, in den Beutel greifen o. ganz schön blechen o. bluten – a. das war ein teurer Spass für ihn
il devait pas mal débourser – il l'a sentie, la note
gli occorse sborsare parecchio denaro o allargare, allentare i cordoni della borsa
he had to put his hand in his pocket, to dig deep into his pocket, to pay through the nose – that cost him a pretty penny

3) ich habe diesen Auftrag in der Tasche
j'ai cet ordre en poche
ho in tasca quest'ordinazione

I have the order in the bag, in my pocket o. *all wrapped up*

Tat j. auf frischer Tat o. in flagranti ertappen
prendre qn sur le fait o. *la main dans la poche* o. *en flagrant délit*
cogliere qd. in flagrante o sul fatto – prendere qd. in castagna – pescare qd. con le mani nel sacco
to catch s.o. in the (very) act o. *redhanded* o. *on the hop*

Tauben er wartet, bis ihm die gebratenen Tauben in den Mund fliegen
il attend que les alouettes tombent toutes rôties
aspetta che piova la manna (o che cali il panierino) dal cielo o che piovano in bocca le lasagne
he wants to be spoon-fed o. *feather-bedded*

Taubenschlag das ist der reinste Taubenschlag
c'est une maison où l'on entre comme dans un moulin
è un porto di mare o un caravanseraglio o come il teatro dei briachi
it's like a railway station, like Piccadilly Circus here

Teil sein Teil o. das Seine/Seinige zu etw. beitragen
y mettre du sien
dare il proprio contributo a qc.
to contribute to s.th. – to do o's bit

2) (er sagt nichts, aber) er denkt sich sein Teil
(il ne dit rien, mais) il n'en pense pas moins
(non si esprime ma) ha idee ben precise in merito
(he doesn't say much but) he has his own thoughts o. *opinions about it*

Teufel mit dem Teufel im Bunde stehen
avoir vendu son âme au diable
aver fatto un patto col diavolo

to be in league with the devil

2) er hat den Teufel im Leib – ihn reitet der Teufel
c'est le diable
ha il diavolo in corpo – sembra il diavolo in persona
the devil rides him

3) es ist o. geht alles zum Teufel
tout y a passé
tutto va in malora, in rovina
everything is going to rack and ruin o. *is going down the sink*

4) der Teufel, die Hölle ist los o. es geht alles drunter und drüber (z. B. wenn ich nicht da bin)
il s'en passe de belles...
succede un pandemonio o si scatena l'inferno...
all hell is let loose o. *the fat is in the fire...*

5) j. zum Teufel, zum Henker, zum Kuckuck schicken, jagen
envoyer paître o. *promener qn. – envoyer qn au diable, au bain, aux pelotes, sur les roses* o. *se faire pendre ailleurs*
mandare qd. al diavolo, all'inferno, alla forca, a quel paese, in quel posto o a farsi benedire
to tell s.o. to go to hell o. *to blazes*

6) scher dich zum Teufel, zum Kuckuck! – zum Henker mit dir! – der Teufel soll dich holen! – verschwinde! – verdufte! – hau ab! – verzieh dich! – verkrümle dich! – zieh Leine! – mach dich dünn! – mach, dass du weg- o. fortkommst! – lass dich hier nicht mehr blicken!
va-t'en (au diable)! – va te faire foutre o. *cuire un œuf! – fiche* o. *fous le camp! – file (je t'ai assez vu)! – décampe! – déguerpis! – qu'on ne te voie plus! – débarrasse-moi le plancher!*
va a quel paese o all'inferno! – va a farti frate! – va a farti friggere! – vatene! –

svignatela! – (va) via! – togliti dai piedi! – taglia corda! – impiccati!
go to hell, to blazes, to the devil! – push (o. clear) off! – beat it! – get lost! – never show your face again! – bugger off!

7) mal mir nicht den Teufel an die Wand! – hör auf, die Kassandra zu spielen! – lass deine Unkenrufe!
ne parle pas de malheur! – ne joue pas les Cassandre o. le prophète de malheur! – ne fais pas l'oiseau de malheur o. de mauvais augure!
non fare l'uccello del malaugurio!
stop croaking!

Theater es ist immer dasselbe Theater
c'est toujours la même histoire
è sempre la stessa storia
it's always the same old trouble o. story

2) hör endlich auf mit dem Theater!
ne joue pas la comédie!
non far scene o tante storie!
cut out the histrionics!

Thomas er ist ein ungläubiger Thomas
c'est un Saint Thomas
è San Tommaso
he is a doubting Thomas

tief im tiefsten Winter
au plus fort (o. au plus gros) de l'hiver
nel cuore dell'inverno
in the dead of winter

Tier er ist ein grosses Tier o. der erste Mann an der Spritze – er ist zuoberst auf dem Misthaufen
c'est une huile, une grosse légume, un gros bonnet, un grand manitou
è un pezzo (o cane o pesce) grosso – è un dinosauro, un padreterno, un alto (o grosso) papavero
he is a big shot, a top dog, a great gun, the cock of the walk – he is at the top of the tree o. of the ladder

Tinte das ist sonnenklar o. so klar wie dicke Tinte o. wie zweimal zwei vier

c'est clair comme le jour, comme de l'eau de roche, comme deux et deux font quatre
è chiaro lampante o come il (o la luce del) sole
that's (as) clear as daylight, (as) plain as can be, as the nose is in your face – it's crystal-clear

Tisch reinen Tisch machen (abs.); zwei Bed.: a) alles aufessen, was auf dem Tisch ist; b) endgültig Ordnung schaffen
a) finir les plats – b) faire table rase
a) mangiare tutto – (scherz.) fare tabula rasa – a. non resta né puzzo né bruciaticcio – b) fare tabula rasa o piazza pulita – levare il vin da' fiaschi
a) to eat up – b) to make a clean sweep of...

2) reinen Tisch machen o. aufräumen mit Vorurteilen usw. – Vorurteile ausrotten
faire table rase des (o. liquider, déraciner les) préjugés
fare tabula rasa o piazza pulita di (o rimuovere, spazzare, sradicare) pregiudizi
to make a clean sweep of (o. to eradicate, extirpate) prejudices

3) die Entscheidung wurde am grünen Tische gefällt oder fiel am grünen Tisch
franz. --
la decisione venne presa al tavolino
this is an armchair decision

Tod weder Tod noch Teufel fürchten
ne craindre ni Dieu ni diable
non aver paura né di diavoli né di versiere (Erklärung Vallardi, S. 280: Name der Teufelin, abgeleitet von avversario = Gegner, dt. der Leibhaftige)
to fear neither death nor (the) devil

2) sich zu Tode arbeiten, schuften
se tuer au travail o. le corps et le cœur
ammazzarsi di lavoro

to work, to slave o.s. to death o. into the ground

3) sich zu Tode (o. sich tödlich) langweilen
s'ennuyer à mort, à mourir, comme un rat mort, à cent sous (de) l'heure – mourir, crever d'ennui
annoiarsi a morte
to be bored stiff, to tears, to death

Todesängste ausstehen
être aux cent coups
essere in preda a un'angoscia mortale
to be in mortal dread o. scared to death

todtraurig o. zu Tode betrübt sein
être triste comme un bonnet de nuit, comme un lendemain de fête
essere tristissimo
to be desperately sad

todunglücklich sein
être malheureux comme les pierres
essere infelicissimo
to be desperately unhappy

Ton es gehört zum guten Ton, zu...
il est de bon ton de...
è buona regola di...
it is good form o. the done thing to...

2) e-n andern Ton anschlagen – andre Saiten aufziehen
changer de ton
mutar registro
to change o's tune

3) den richtigen Ton treffen
être dans la note – trouver le ton
trovare la nota giusta
to find the right tone – to strike the right note

4) ich verbitte mir diesen Ton – in welchem Ton reden Sie eigentlich mit mir?
à qui croyez-vous parler?
Le proibisco di parlare con questo tono
don't speak to me in that tone (of voice) – don't take that tone (of voice) with me

Touren krumme Touren machen, reiten
faire des tours à gauche
prendere vie traverse
to use underhand(ed) methods

Tränen in Tränen schwimmen, zerfliessen – ganz in Tränen aufgelöst sein – wie ein Schlosshund heulen
fondre en (o. se noyer dans les) larmes – pleurer toutes les larmes de son corps – pleurer comme un veau, une Madeleine – c'est les grandes eaux
sciogliersi in (o versare fiumi di) lacrime – piangere come un vitello, un vitellino, una vite tagliata, una fontana
to be dissolved o. bathed in tears – to be in floods of tears – to cry o's eyes out – to weep buckets o. barrels – s.o's eyes are swimming with tears

2) seine Tränen zurückhalten o. hinunterschlucken
refouler, ravaler ses larmes
ingoiare le lacrime
to hide o's tears

Trauben die Trauben hängen ihm zu hoch, sind ihm zu sauer
il trouve les raisins trop verts
fa come la volpe con l'uva – l'uva è troppo acerba
it is a case of (o. it is just) sour grapes on his part

Trauerränder an den Fingernägeln haben
avoir les ongles en deuil
avere le unghie listate a lutto
engl. ---

Traum der Traum ist ausgeträumt
le rêve est à l'eau
è stato un bel sogno
that's the end of a beautiful dream

Treue auf Treu und Glauben, in guten Treuen, in gutem Glauben handeln
agir de (o. en toute) bonne foi

agire in buona fede
to act on trust, in good faith

Tribut der Natur ihren Tribut entrichten – die Natur fordert ihren Zoll
payer son tribut à la nature
la natura chiede il suo tributo
nature takes its toll

Tropfen das ist ein Tropfen Wasser auf e-n heissen Stein
c'est une goutte d'eau dans la mer
è una goccia nel mare
it's a drop in the bucket

Trott in den alten Trott zurückfallen
retomber dans ses vieilles ornières
ricadere nel solito tran tran
to fall back into the old jog trot o. the same old rut

2) es geht alles im alten Trott
les affaires vont leur petit train
è sempre il solito tran-tran
it's the old jog trot, the same old rut

trüben im trüben fischen
pêcher en eau trouble
pescare nel torbido
to fish in muddy water

Trumpf seinen letzten Trumpf ausspielen
jouer son dernier atout, sa dernière carte
tentare, giocare l'ultima carta – sparare l'ultima cartuccia
to play o's trump card

2) diesen Sommer ist Blau Trumpf
cet été les étoffes bleues font prime o. fureur
quest'estate le stoffe azzurre sono in voga o vanno per la maggiore
this summer blue is the «in» colour

3) alle Trümpfe in der Hand haben
avoir tous les atouts en main, dans son jeu
avere l'asso nella manica o il coltello per il manico
to have all the trumps in o's hand – to hold all the trumps o. cards

Tube auf die Tube drücken – (Voll)Gas geben
appuyer sur le champignon – mettre (toute) la gomme – mettre le pied au plancher
dare gas – premere sull'acceleratore
to step on it

Tuch das wirkt wie ein rotes Tuch auf ihn
cela lui fait voir rouge
ciò lo fa andare in bestia
that is a red rag to him

Tür mit der Tür ins Haus fallen
ne pas y aller par quatre chemins
avanzare le proprie richieste di punto in bianco
to come straight to the point

2) das öffnet der Begehrlichkeit Tür und Tor
c'est la porte ouverte à la convoitise
spalanca la porta all'avidità
that opens the door for (o. to) greed(iness)

3) der Winter usw. steht vor der Tür
l'hiver est à la porte o. aux portes
l'inverno è alle porte o a ridosso
winter is just (a)round the corner

4) kehr bitte vor deiner eigenen Tür – fass dich an deiner eigenen Nase
balaye devant ta porte – occupe-toi de tes oignons – tu peux t'en prendre à toi-même
bada ai fatti tuoi
mind your own business – you are a fine one to talk

Türen er findet überall offene Türen – alle Türen stehen ihm offen
toutes les portes lui sont ouvertes
trova tutte le porte aperte
all doors are (o. every door is) open to

him – he finds an open door (o. is welcome) everywhere

2) offene Türen einrennen
enfoncer une porte ouverte – prêcher un converti
sfondare una porta aperta
to force an open door – to beat the air

3) hinter verschlossenen Türen o. unter Ausschluss der Öffentlichkeit (verhandeln usw.)
(débattre) à huis clos
(discutere) a porte chiuse
(to debate) behind closed doors, in closed session

Tuten er hat von Tuten und Blasen keine Ahnung – davon versteht er nicht die Bohne o. soviel wie die Kuh vom Abc – er hat keine blasse Ahnung davon
il s'y entend comme à ramer des choux – il n'en a pas la moindre idée
non capisce un'acca – non ne ha la più pallida idea – a. tant'è sonare un corno che un violino
he doesn't know the first thing about it – he doesn't know chalk from cheese o. a hawk from a handsaw

überfliegen (die Zeitung usw.) überfliegen
parcourir (le journal) du regard, des yeux
percorrere (il giornale)
to glance (o. run) over, to skim (over), to scan, to run o.'s eyes over the newspaper

überschütten j. mit Komplimenten überschütten
combler qn de louanges – jeter des fleurs à qn
(ri)colmare qd. di complimenti
to shower s.o. with compliments – to shower compliments on s.o. – to cover, overwhelm s.o. with praise

2) mit Vorwürfen usw. überschütten
accabler de reproches etc.
caricare di rimproveri etc.
to shower s.o. with reproaches

Ufer der Fluss ist über die Ufer getreten
le fleuve est sorti de son lit
il fiume ha (o è) straripato
the river has overflown (its banks) o. has burst its banks

Uhr seine Uhr ist abgelaufen – sein letztes Stündlein ist gekommen (o. hat geschlagen)
sa dernière heure est venue (o.a sonné)
è venuta la sua ora – la sua ora è sonata
his (last) hour has come – his sands are running out

umfallen er ist umgefallen (hat seine Meinung durch Beeinflussung geändert)
il a retourné sa veste o. tourné casaque
ha voltato faccia o casacca
he has caved in

Umschweife machen wir keine Umschweife – nennen wir das Kind beim Namen – sagen wir es frei heraus
disons, lâchons, tranchons le mot
non perdiamoci in parole
let's say it frankly o. straight out – let's not beat about the bush

Umstände sie ist in andern Umständen o. guter Hoffnung – bei ihr ist ein Kind unterwegs
elle attend un heureux événement – elle est dans une position o. situation intéressante – elle a le ballon
aspetta un bambino – è in uno stato interessante
she is in the family way

2) machen Sie meinetwegen keine Umstände – aber bitte ohne (grosse) Umstände
mais sans manières, je vous en prie – je ne voudrais pas vous causer de l'embarras, du dérangement
non si disturbi – ma senza complimenti – alla buona, per favore

Umstände   166   **verdauen**

don't put yourself out on my account, please

Umstandskrämer er ist ein Umstandskrämer
c'est une personne qui complique les choses inutilement – a. il est le père des difficultés
è un pignolo
he is a fuss-pot

Umwege ich habe es auf Umwegen erfahren
je l'ai appris indirectement
l'ho saputo per vie oblique
I heard it in a roundabout way o. on the grapevine

unauslöschlich das hat sich mir unauslöschlich eingeprägt
cela s'est écrit en lettres de feu dans ma mémoire
ne conservo un ricordo incancellabile
it left an indelible impression on me

Ungeduld vor Ungeduld vergehen – etw. kaum erwarten können – gespannt sein wie ein Regenschirm
brûler d'impatience – il me tarde de...
fremere, ardere, stringersi d'impazienza – allungare il collo – non veder l'ora di...
to be all agog o. dying with impatience – I can hardly wait for it

ungerupft davonkommen
s'en tirer sans perte
uscirne senza lasciarci le penne
to get away with it o. scot-free o. with a whole skin

Unkosten sich in Unkosten stürzen (j. festlich bewirten)
mettre les petits plats dans les grands – se mettre en frais – a. vous avez fait une folie (en nous offrant...)
spendere l'osso del collo
to spare no expense – to go to a lot of trouble and expense

unterderhand etw. unterderhand o. (klamm)heimlich verkaufen
vendre qc. sous le manteau
vendere qc. sottomano o sottobanco
to sell s.th. on the quiet o. under the counter

untergraben (das Ansehen usw.) untergraben
miner, saper (la réputation etc.), (die Gesundheit: a. ruiner la santé)
minare, scalzare (la reputazione etc.)
to undermine (the reputation etc.), (Gesundheit a. to sap o's health)

unterkriegen lass dich nicht unterkriegen!
tiens ferme o. bon!
non lasciarti abbattere!
bear up! – don't let it get you down! – never say die! – keep your tail up!

Unterkunft er hat o. findet dort Unterkunft und Verpflegung
il y est logé et nourri – il a là le vivre et le couvert
riceve lì vitto e alloggio
he has board and lodging (o. bed and board) there

verbeissen ich konnte das Lachen nicht verbeissen
je ne pus m'empêcher de rire
non riuscì a frenare il riso
I couldn't help laughing

2) seinen Zorn verbeissen
ronger son frein
reprimere, soffocare la propria collera
to stifle o's anger

verbohren sich in e-n Gedanken verbohren, auf e-e Idee versteifen
s'entêter dans (o. ne pas démordre d') une idée
fissarsi, incaponirsi in un'idea
to stick grimly o. doggedly to an idea

verdauen er hat es noch nicht verdaut

verdauen | 167 | **verstehen**

(Beleidigung usw.) – er ist noch nicht darüber hinweg
cela lui est resté sur l'estomac – il ne l'a pas digéré
se ne risente ancora – non lo ha digerito
he hasn't got over it

Verderben in sein (o. ins) Verderben rennen
courir à sa perte, à sa ruine
andare incontro alla rovina
to run headlong to o's ruin o. doom – to head straight for disaster

verdrehen die Wahrheit, Tatsachen usw. verdrehen
faire une entorce à la vérité etc.
falsare la verità etc.
to twist the truth etc.

vergehen man vergeht vor Hitze
on meurt de chaleur
si scoppia dal caldo – il caldo ci ammazza
you are dying with heat

vergriffen die Auflage ist vergriffen
l'édition est épuisée
l'edizione è esaurita
the edition is out of print

Verhältnisse über seine Verhältnisse leben
vivre au-dessus de ses moyens
condurre una vita al disopra dei propri mezzi – fare il passo più lungo della gamba
to live beyond o's means

Verlaub mit Verlaub (zu sagen) – nichts für ungut – ohne Ihnen nahetreten zu wollen
sauf votre respect – soit dit sans offense – sans vouloir vous offenser
non se ne abbia a male – con rispetto parlando – amici come prima
with respect – no offence (meant) – no harm meant – no hard feelings

Vernunft annehmen
entendre (o. se mettre à la) raison
mettere la testa o il cervello a partito
to listen to reason

verrauchen seinen Zorn verrauchen lassen
laisser passer sa colère
lasciar sbollire o. svanire l'ira
to calm down

Vers darauf kann ich mir keinen Vers o. Reim machen
je n'y comprends goutte – je ne vois pas à quoi cela rime
non mi torna – non ci capisco un'acca
I can't make head or tail of it

verschlucken (ganze) Wörter o. Silben verschlucken
manger la moitié des mots o. syllabes
mangiarsi le parole o sillabe
to swallow o. slur (over) words o. syllables

Versenkung er (z.B. e-e bekannte Persönlichkeit) ist in der Versenkung verschwunden
il est tombé dans l'oubli
è scomparso dalla scena
he disappeared from the scene

verspielen er hat es mit ihm verspielt – er ist erledigt für ihn o. fertig mit ihm
il a perdu ses bonnes grâces
è caduto in disgrazia presso di lui
he has blotted his copybook – he is finished with him

versprechen ich habe mich versprochen (beim Reden e-n Versprecher gemacht)
la langue m'a fourché
ho preso una papera
it was a slip of the tongue

verstehen versteht sich! – na klar!
comme de bien entendu!
si capisce!
that's understood!

verstohlen j. verstohlen anschauen
regarder qn à la dérobée o. en coulisse – guigner qn
guardare qd. furtivamente o con la coda dell'occhio
to steal a glance at s.o. – to look at s.o. on the sly

Versuchskaninchen als Versuchskaninchen dienen
servir de cobay
fare da cavia
to be a guinea pig

verzehren sich in Sorgen verzehren
se ronger les moelles o. les sangs
struggersi dall'ansia
to eat o's heart out

Verzug es ist Gefahr im Verzug
un danger menace
un pericolo è imminente
there is danger ahead

Visier mit offenem Visier kämpfen
combattre, se montrer à visière découverte
combattere a viso aperto
to be open about o's dealings o. intentions

Vogel er hat e-n Vogel, e-n Dachschaden, e-n Sparren, e-n Sprung in der Schüssel, ein Rädchen zuviel, nicht alle Tassen im Schrank, nicht alle auf dem Wecker, e-e Laufmasche im Gehirn – er hat wohl Bohnen gefrühstückt o. Tinte gesoffen – bei ihm rappelt's wohl, ist es im Oberstübchen nicht ganz richtig, ist e-e Schraube locker – er ist reif fürs Irrenhaus – er ist (wohl) übergeschnappt o. vom wilden Affen gebissen – er hat Raupen im Kopf o. wohl e-n kleinen Mann im Ohr o. nicht alle beieinander – er spinnt
il a le timbre fêlé, un grain de folie, une fêlure du cerveau, le coup de bambou, une araignée au (o. dans le) plafond, une hirondelle dans le soliveau, une case en moins, le cerveau dérangé o. détraqué – il a perdu la boussole – il travaille du chapeau – il lui manque une case – il est givré sur les bords – il est fou à lier o. complètement ravagé o. tordu – il n'a pas tous les esprits – il en a une couche – ça ne tourne pas rond chez lui – il a besoin de deux (o. six o. quelques) grains d'ellébore – il est bon à mettre à Charenton, au cabanon, aux petites maisons – il est toqué, timbré, piqué, cinglé, braque, marteau, dingo, maboul
gli manca una rotella o qualche giorno (o venerdì) – non ha tutti i suoi giorni – ha un ramo di pazzia – non ha il cervello (o tutte le rotelle) a posto – è un po' tocco o svitato – gli ha dato la volta il cervello – è picchiato in testa
he has bats in the belfry, a bee in his bonnet, maggots in his head – he is not quite right in the upper stor(e)y – he must be off his rocker – he has gone crackers (o. barmy) – he is as mad as a March hare – als sl. gelten: he is off his chump o. wrong in the garret – he is o. goes off his nut – he has a slate (o. a tile o. a screw) loose

2) den Vogel abschiessen
décrocher la timbale – remporter la palme (iron.) – à lui le pompon! (iron.)
riportare la palma
to carry off the prize – to take the bun o. cake (sl.)

3) jetzt heisst es «Vogel friss oder stirb» o. «gehauen oder gestochen» – es gibt kein Entweder-Oder – a. man kann den Pelz nicht waschen, ohne ihn nass zu machen
c'est à prendre ou à laisser – il faut qu'une porte soit ouverte ou fermée
o prendere o lasciare – o mangiare questa minestra o saltare quella finestra – o bere o affogare – non si può volere la botte piena e la moglie briaca
take it or leave it – swim or sink – you cannot have your cake and eat it

Vogelschau Paris aus der Vogelschau o. -perspektive
Paris à vol d'oiseau
Parigi vista dall'alto o a volo d'uccello
a bird's-eye view of Paris

Vogelscheuche sie ist e-e (wahre) Vogelscheuche
c'est un épouvantail (à moineaux)
è uno spaventapasseri
she is a (proper) scarecrow

Vollmondgesicht er hat ein Vollmondgesicht
il a une face, une tête de lune
ha la faccia a luna piena o tonda come una mela
he has a pudding face

vorankommen wir kommen voran, machen Fortschritte
nous gagnons du terrain
ci facciamo innanzi
we are making headway

Vorbild j. zum Vorbild nehmen
prendre qn pour modèle – prendre modèle sur qn
proporsi qd. come modello
to take s.o. as an example – to model o.s. on s.o.

2) ein leuchtendes Vorbild o. Beispiel
un exemple éclatant
un esempio luminoso
a shining example

vorkauen man muss ihm alles vorkauen
il faut lui mâcher tous les morceaux
bisogna spiegargli tutto minuziosamente
you have to spoon-feed him the whole thing

Vorschriften ich lasse mir keine Vorschriften machen, von niemandem etw. vorschreiben
je n'ai d'ordres à recevoir de personne – je ne me laisse pas faire la loi

non accetto ordini da nessuno
I won't be dictated to

Vorzeit in grauer Vorzeit
dans la nuit des temps
nella notte dei tempi – ai tempi di Noè
ages and ages ago

Waffen mit gleichen Waffen, mit gleich langen Spiessen kämpfen
combattre à armes égales
combattere ad armi pari o uguali
to fight with equal weapons, on equal terms – to meet on even ground

2) die Waffen strecken – das Feld räumen – klein beigeben
baisser pavillon – battre en retraite – déclarer forfait
darsi per vinto
to beat a retreat – to give in – to knuckle under

Wahrheit das ist die nackte (o. reine, unverfälschte, ungeschminkte) Wahrheit
c'est la vérité toute nue
è la pura verità o la verità nuda (o cruda)
that's the plain (o. unvarnished) truth

Wand j. an die Wand stellen (hinrichten)
mettre, coller qn au mur
mettere qd. al muro
to shoot, to execute s.o.

2) sich in seinen vier Wänden einschliessen – nicht aus seinen vier Wänden herausgehen – keinen Fuss vor die Tür setzen – ein Stubenhocker sein
se renfermer entre ses quatre murs – ne pas mettre o. fourrer le nez dehors – passer sa vie dans ses pantoufles
rimanere tra le pareti domestiche – starsene rintanato (o rincantucciato) in casa – vivere all'ombra del proprio campanile
to shut o.s. within o's (own) four walls

Wanze er ist frech wie e-e Wanze, wie ein Rohrspatz, wie Oskar – er ist ein Frechdachs o. ganz schön frech
il est effronté comme un moineau – il ne manque pas d'air o. de toupet – il a du (o. se paie de) culot
è uno sfacciato, una facciatosta
he is (as) bold as brass

warmhalten den müssen wir uns warmhalten
il nous faut cultiver ses bonnes grâces o. lui tenir les pieds chauds
bisogna tenerselo buono o tenerlo dalla nostra
we'll have to keep in with him

Wäsche seine schmutzige Wäsche vor allen Leuten waschen
laver du (o. son) linge sale en public
sciorinare i propri panni sporchi davanti a tutti
to wash o's dirty linen in public

Waschweib sie ist ein (altes) Waschweib, e-e Klatschbase, e-e Schwatzliese
c'est une vraie pie, une commère, une concierge, une cancanière, une potinière
è una pettegola, una chiacchierona
she is a(n) (old) gossip(monger), a scandalmonger

Wasser j-m das Wasser abgraben, den Wind aus den Segeln nehmen
couper l'herbe sous le(s) pied(s) de qn
togliere vantaggio a qd.
to cut the ground away beneath s.o.'s feet – to take the wind out of (o. from) s.o's sails

2) er hat das Wasser am Hals – das Wasser steht o. reicht ihm bis zum Hals – das Messer sitzt ihm an der Kehle – bei ihm ist Matthäi am letzten – er pfeift auf (o. aus) dem letzten Loch (die beiden letzten Rdaa. a. phys.; dazu: er wird es nicht mehr lange machen – er liegt in den letzten Zügen – er wird sein Brot bald verspeist haben – ihm ist kein Brot mehr gebacken)
il est aux abois – il a le couteau sur (o. sous) la gorge – il ne bat plus que d'une aile – il est au bout du rouleau – phys.: il est au plus mal – il n'ira plus loin – il est à deux doigts de la mort o. à la dernière extrémité - a. ça sent le sapin
naviga in cattive acque – ha l'acqua alla gola o alla cintola – è (ridotto) all'osso – phys.: ce n'ha per poco – è al miserere o agli estremi – è ridotto al lumicino
he is on his last legs o. in deep water(s) – he feels the knife at his throat – he is on the rocks o. down and out – phys.: he is (lying) at death's door – he is at his last gasp

3) ins Wasser fallen – in die Binsen gehen – in Rauch aufgehen – sich in Luft auflösen – in nichts zerfliessen
finir en queue de poisson – s'en aller, se dissiper en fumée o. en eau de boudin – tomber à l'eau o. dans le lac
andare in fumo o a monte – finire in bolla di sapone – sciogliersi come la nebbia al sole – sfumare (z. B. la gita è sfumata)
to turn into (o. to end up in) smoke – to go to pot – to fall flat – to fall (o. be dashed) to the ground

4) sie hat nahe am Wasser gebaut – sie ist e-e Heulliese
elle a la larme facile
ha le lacrime in tasca
she is a cry-baby

5) ein Schurke, ein Pedant usw. reinsten Wassers
une canaille etc. de la plus belle eau
un mascalzone della più bell'acqua
a scoundrel of the first water

6) sich über Wasser halten – über die Runden kommen
se maintenir à flot
tenersi, reggersi, rimanere a galla
to keep o's head above water – to keep afloat – to tide it over

7) es wird überall (o. auch hier) nur mit Wasser gekocht
les gens sont partout les mêmes
tutto il mondo è paese
it is no different here from anywhere else

8) bis dahin wird noch viel Wasser den Rhein, die Donau usw. hinunterfliessen
d'ici-là il passera bien de l'eau sous les ponts
ne passerà d'acqua sotto i ponti – di qui a lì nascon tanti funghi
plenty of water will flow under the bridge until then

9) sie können einander das Wasser reichen o. die Waage halten – sie sind einander ebenbürtig
ils se valent (bien)
sono alla pari l'uno con l'altro
they balance each other – a. to be a match for o. on a par with s.o.

10) er kann ihm nicht das Wasser reichen o. die Waage halten – er ist ein Waisenkind, ein Waisenknabe gegen ihn
il ne lui arrive pas à la cheville
non gli arriva alle caviglie – non gli lega neppure le scarpe
he isn't fit to hold a candle to him

11) zu Wasser und zu Lande
sur terre et sur mer
per mare e per terra
on land and sea

Wässerchen er sieht aus o. tut, als ob er kein Wässerchen trüben o. nicht bis drei zählen könnte
on lui donnerait le bon Dieu sans confession – il prend des airs de sainte nitouche
pare un santarello – sembra un tipo che non farebbe male a una mosca
he looks as if butter wouldn't melt in his mouth o. as if he couldn't say ba to a goose

Watte j. in Watte packen, einwickeln

mettre qn sous globe
tenere qd. nella (o sotto) la bambagia o sotto una campana di vetro
to wrap s.o. up in cotton-wool

Weg j. wieder auf den rechten Weg bringen
remettre qn sur la bonne voie
rimettere qd. sulla retta via, la buona strada
to bring s.o. back to the straight and narrow

2) j-m im Wege stehen
faire obstacle à qn
essere di ostacolo o far ombra a qd.
to stand, to be in s.o's way (o. light)

3) j-m den Weg, den Boden ebnen, die Bahn freimachen, die Hindernisse aus dem Weg räumen
aplanir le chemin, ouvrir o. préparer la voie à qn – déblayer le terrain (abs. = die ersten Schwierigkeiten aus dem Weg räumen)
spianare la strada, la via a qd.
to pave, smooth, clear the way for s.o.

4) den Weg unter die Füsse nehmen – sich auf den Weg, die Beine, die Socken, die Strümpfe machen – den Staub von den Füssen schütteln
se mettre en route – plier bagage
mettersi la strada, la via fra le gambe
to get a move on

5) ich traue ihm nicht über den Weg, um die Ecke
je n'ai aucune confiance en lui
diffido di lui
I don't trust him out of my sight o. round the corner

6) (unbeirrt) seinen Weg (im Leben) gehen
aller, suivre son chemin
seguitare il proprio cammino
to go o's own sweet way

7) j-m auf halbem Weg entgegenkommen
faire la moitié du chemin vers qn
venire, andare incontro a qd.
to meet s.o. halfway

8) kürzlich ist er mir über den Weg gelaufen
l'autre jour je suis tombé sur lui
l'altro giorno mi è capitato tra i piedi
I bumped into him a couple of days ago

9) er wird seinen Weg machen, es zu etw. (o. weit) bringen (im Leben) – in ihm steckt etwas
il fera son chemin – il deviendra qn – il a de l'étoffe – il a qc. dans le crâne, dans la tête
si farà (o farà molta) strada – c'è della stoffa in lui
he will make his way (in life) – he will go far o. places o. a long way

10) er hat seinen Weg gemacht o. es weit o. zu etwas gebracht
il a fait son chemin dans la vie – il a fait son trou – il est arrivé (o. allé loin)
si è fatto strada – è arrivato – è diventato qualcuno – è andato distante
he has made his way in life – he has gone far o. places

11) er hat seinen Weg gefunden (beruflich)
il a trouvé sa voie
ha trovato la propria strada
he has found his vocation

12) sich e-n Weg durch die Menge bahnen
se frayer un chemin à travers la foule
aprirsi il passo (o un varco) tra la folla
to work, push, force o's way through the crowd

13) sich j-m in den Weg stellen – j-m den Weg versperren
se mettre sur le chemin de qn
intralciare il passo a qd.

to bar (o. get o. stand in) s.o's way

14) auf dem rechten Weg sein (fig.)
être sur la bonne route (o. voie)
essere sulla retta via
to be on the right track

15) auf e-m (o. dem) falschen Weg sein (fig.)
prendre une mauvaise voie
essere fuor di strada
to be on the wrong track

16) das Unternehmen ist auf gutem Weg
l'entreprise est en bonne voie (de réussite)
l'impresa si svolge favorevolmente
the enterprise is making headway

17) dem steht nichts mehr im Weg
rien ne s'y oppose
non c'è nulla in contrario
there's nothing to prevent it

18) den Schwierigkeiten aus dem Weg gehen
tourner les difficultés
girare le difficoltà
to avoid (o. evade, steer clear of) the difficulties

weggeblasen sie (die Leute) sind wie weggeblasen
on dirait que le vent les a écartés
sono spariti come per incanto
they vanished into thin air

Weibsbild ein prächtiges Weibsbild – e-e tolle Frau
un morceau de roi – un beau brin de fille
una donna in gamba
a fantastic woman – a smasher (sl.)

Weihrauch j-m Weihrauch streuen o. lobhudeln – j. beweihräuchern
donner des coups d'encensoir o. manier l'encensoir à qn – brûler de l'encens à qn
incensare qd.

to butter s.o. up – to praise s.o. fulsomly

Wellen die Begeisterung schlug hohe Wellen
c'était du délire
l'entusiasmo fu grande
there was a tremendous wave of enthusiasm

Wellenlänge wir haben nicht dieselbe (o. sind nicht auf der gleichen) Wellenlänge – wir reden nicht die gleiche Sprache
nous ne sommes pas sur la même longueur d'onde
non andiamo d'accordo
we are not on the same wave length – we do not speak the same language

Welt das kostet nicht die Welt
ce n'est pas la mort du petit cheval
non costa mica un patrimonio
it won't cost the earth

2) deshalb wird die Welt nicht untergehen
la terre n'en continue pas moins de tourner
non cascherà il (o non è la fine del) mondo
that's not the end of the world

3) er wohnt am Ende der Welt o. wo Fuchs und Hase einander gute Nacht sagen
il vit au bout du monde – il loge au diable vauvert
sta, abita in capo al mondo o dove il diavolo non ci andrebbe per un'anima
he lives at the back of beyond o. out in the sticks

4) die Welt ist klein o. ein Dorf
le monde est petit!
com'è piccolo il mondo! – le montagne stan ferme e le persone camminano (wird gesagt, wenn man j-m unerwartet begegnet)
it's a small world!

5) das ist e-e verkehrte (o. verrückte) Welt – die Welt steht Kopf
c'est le monde renversé o. à l'envers
è il mondo alla rovescia
it's a topsy-turvy world

Wendepunkt er ist an e-m Wendepunkt seines Lebens angelangt
il est à un tournant de sa vie
si trova a una svolta nella sua vita
he has reached (o. that marks) a turning point in his life

Wendung (die Lage usw.) hat e-e glückliche Wendung o. e-e Wende zum Besseren genommen
la situation a pris une bonne tournure
la situazione ha cambiato in meglio
the situation has turned (o. changed) for the better

2) die Lage hat e-e schlimme Wendung genommen, hat sich verschlimmert
la situation a pris une mauvaise tournure
la situazione ha preso una brutta piega
the situation has turned (o. changed) for the worse

Wenn da gibt es kein Wenn und Aber, keine Widerrede – da hilft kein Sträuben
il n'y a pas de si et mais (o. pas de mais) qui tienne – il faut passer par là
non c'è ma che tenga
there are no ifs or buts – there is no struggling against it – don't argue!

Werbetrommel die Werbetrommel rühren – e-n Werbefeldzug starten
battre la grosse caisse – faire une campagne de publicité
battere la gran cassa – fare una campagna di pubblicità
to run a publicity (o. advertising) campaign

Wert grossen Wert legen auf etw. – e-r Sache grossen Wert, grosses Gewicht, grosse Bedeutung beimessen

Wert   174   **Wind**

attacher beaucoup de (o. une grande) valeur o. un grand prix à qc. – accorder une grande importance o. du prix à qc. – faire grand cas de qc. – tenir beaucoup o. donner du poids à qc.
dare molto peso, molta importanza a qc. – ternerci molto
to attach great importance to s.th. – to set (great) store by (o. a high value on) s.th. – to make a point of s.th.

Weste e-e weisse (o. reine o. saubere) Weste haben – sauber sein übers Nierenstück
avoir les mains nettes – être blanc comme neige
essere senza macchia
to have a clean slate

Wette ich gehe jede Wette ein o. ich wette meinen Kopf, dass (Sie das nicht erraten usw.)
je vous le donne en cent o. en mille (vous ne le devinerez pas)
quanto (o che cosa) scommettiamo? (non lo indovinerà mai)
I bet you anything that (you'll never guess it)

wetten so haben wir nicht gewettet – das ist wider die Abrede
cela ne fait pas mon compte – nous n'étions pas convenus de cela
non erano questi i patti
we didn't bargain for that

Widerstand j-m o. e-r Sache passiven Widerstand leisten, entgegensetzen
opposer la force d'inertie à qn o. qc.
opporre resistenza passiva a qd. o. qc.
to offer, to put up passive resistance to s.o. o. s.th.

Wiege das wurde ihm nicht an der Wiege gesungen
il ne l'a pas trouvé (o. reçu) dans son berceau
nessuno avrebbe mai potuto immaginarselo

he never dreamed (o. dreamt) that it would come to this

2) von der Wiege bis zur Bahre
du berceau à la tombe
dalla culla alla tomba
from the cradle to the grave

Wiesel flink wie ein Wiesel
vif comme un écureuil
svelto come uno scoiattolo
(as) quick as a flash o. a hare o. the wind

Willen j-m seinen Willen lassen – sich j-s Launen fügen
faire les quatre volontés de qn
lasciar fare qd. (a modo suo)
to let s.o. have his way

wimmeln der Brief wimmelt (o. in dem Brief wimmelt es) von Fehlern
la lettre est pleine d'erreurs
la lettera pullula di errori
the letter is bristling with mistakes

Wimper ohne mit der Wimper zu zucken – mit keiner Wimper zucken – ohne e-e Miene zu verziehen – a. mit eiserner Miene
sans sourciller o. broncher – ne pas remuer o. bouger un cil – ne pas ciller
senza batter ciglio – non fare una piega – non cambiar espressione
without (as much as) batting an eyelid – without turning a hair o. moving a muscle

Wind jetzt pfeift der Wind aus e-m andern Loch – jetzt weht hier ein anderer Wind
le vent a tourné – les choses ont bien changé
ora spira un'altra aria – ora è cambiato il registro, il tono – adesso la musica è cambiata
now the wind is blowing from another quarter – things have (fairly) changed o. have been tightened up

2) er hat sich den Wind um die Nase

wehen lassen o. sich in der Welt umgesehen – er ist schon weit in der Welt herumgekommen – er hat schon viel fremdes Brot gegessen
il a vu du pays – il a roulé sa bosse
è uscito dal guscio – ha girato il mondo
he has seen s.th. of the world

3) sie sind in alle (vier) Winde zerstreut
ils sont dispersés aux quatre coins (du monde) o. à tous les (o. aux quatre) vents
sono sparsi ai quattro venti
they are scattered to the four winds

4) von etwas Wind bekommen
avoir vent de qc.
aver sentore di qc.
to get wind of s.th.

5) e-e Warnung in den Wind schlagen – e-r Warnung keine Beachtung schenken
se ficher (o. ne tenir aucun compte) d'un avertissement
non tener conto d'un avvertimento
to set at nought a warning

6) wissen, merken, woher der Wind weht – wissen, wie der Hase läuft o. wo Barthel den Most holt
savoir prendre le vent o. d'où vient le vent
sentire che vento tira – sapere dove il diavolo tiene la coda – sapere quel che bolle in pentola – capire quello che è nell'aria
to know how (o. which way) the wind blows o. which way the cat jumps

7) e-n Wind fahren lassen – einen streichen lassen
lâcher un vent, un pet – lâcher (o. laisser tomber) une perle
fare vento – tirare un vento
to let off

Windeln die Entwicklung des/der . . . liegt noch in den Windeln

le développement de . . . est encore dans les langes
lo sviluppo di . . . è ancora in fasce
the development of . . . is still in its infancy

Windmühlen gegen Windmühlen kämpfen
se battre contre des moulins à vent
combattere contro i mulini a vento – prendersela con le stelle
to fight (o. tilt at) windmills

Wink j-m e-n Wink mit dem Zaunpfahl o. dem Scheunentor geben
faire un appel du pied o. pousser le coude à qn
dire a nuora perché suocera intende – far capire chiaramente qc. a qd. – a. date da bere al prete perché il chierico ha sete
to give, to drop s.o. a broad hint

2) er hat den Wink verstanden
il a compris le tuyau
ha capito l'antifona – ha inteso il latino – ha mangiato la foglia
he took up the cue – he took the hint

3) j-m e-n Wink o. Tip geben
donner un tuyau à qn
fare un cenno a qd.
to give, to drop s.o. a hint – to tip s.o. off – to give s.o. a tip-off

Winkel alle Winkel und Ecken (e-r Stadt) kennen
connaître tous les tours et détours
conoscere bene i luoghi
to know the area like the back of o's hand – to know all the ins and outs

Wirbelwind wie ein Wirbelwind hereinstürzen
arriver en coup de vent
arrivare come un fulmine
to arrive like a whirlwind

wittern Verrat wittern

flairer la trahison
aver odore di tradimento
to sense betrayal – to smell a rat

Witz das ist ja gerade der Witz! – darum geht es ja (eben)
voilà le hic!
ecco il punto!
why, that's the whole point! – that's exactly what it's all about!

2) soll das ein Witz sein? – das ist doch wohl nur ein Witz?
mais c'est une plaisanterie? – tu veux (o. vous voulez) rire?
hai (o ha) voglia di ridere?
you are joking o. kidding?

wohl oder übel – nolens volens
bon gré mal gré
per amore o per forza – volere o volare
willy-nilly

Wolf er ist ein Wolf im Schafspelz
c'est un loup devenu berger o. habillé en berger
è un lupo in veste d'agnello
he is a wolf in sheep's clothing

Wolken in den Wolken, in höheren Regionen schweben – mit dem Kopf in den Wolken stecken – in e-m Wolkenkuckucksheim leben
planer dans des régions éthérées – être dans les nuages – être, nager dans le bleu
vivere nelle (o nel mondo delle) nuvole o nel paese della cuccagna – avere la testa fra le nuvole – stare con la testa per aria
to be (o. to live, to have o's head) in the clouds – to stay in cloud-cuckoo-land

Wolle in der Wolle sitzen – auf Rosen gehen o. gebettet sein – auf lauter Rosen sitzen
vivre comme un coq en pâte – être (couché) sur des roses – a. son chemin est jonché de roses
stare come un papa – essere in un letto di rose
to be in clover – a. his path is strewn with roses

Wort j-m ins Wort fallen, das Wort abschneiden – j-m übers Maul fahren
couper la parole à qn
troncare la parola in bocca a qd.
to cut s.o. short

2) (sein) Wort halten
tenir (sa) parole – n'avoir qu'une parole
mantenere la parola
to be as good as (o. to keep) o's word

3) sein Wort brechen
manquer à (o. trahir) sa parole
non mantenere la parola – mancare alla parola o alla fede data
to break (o. depart from) o's word

4) ein ernstes (o. offenes) Wort mit j-m reden, sprechen
parler ouvertement à qn – avoir une explication franche avec qn – dire deux mots à qn
parlare seriamente o. fare un discorso serio a qd.
to have a heart-to-heart talk with s.o.

5) man muss ihm jedes Wort aus der Nase ziehen o. vom Mund abkaufen
on doit lui arracher les mots
bisogna cavargli le parole di bocca
to get an answer from him is like pulling teeth

6) ein Wort gab das andere
et de fil en aiguille
una parola tirò l'altra
one word led to another

7) j. beim Wort nehmen
prendre qn au mot
prendere qd. in parola
to take s.o. at his word

8) ein Wort (o. Wörtlein) mitzureden o. etwas zu sagen haben

avoir voix au chapitre – avoir aussi son mot à dire
avere voce in capitolo
to have a say in the matter

9) ich habe noch ein Wort mit Ihnen zu reden
j'ai deux mots à vous dire
ho da dirle una mezza parola
I have a thing or two to tell you

10) das grosse Wort führen
avoir le verbe haut
portare la bandiera
to talk big – a. to monopolize the conversation

11) ein (gutes) Wort einlegen für j.
intercéder pour qn
mettere, spendere una buona parola per qd.
to put in a good word for s.o.

12) das ist mein letztes Wort, mein letztes Angebot
c'est mon dernier mot
è la mia ultima parola
that is my last word

13) das Wort ergreifen
prendre la parole
prendere la parola
to rise to speak (in e-r Versammlung) – to take the floor (in e-r Debatte)

14) im wahrsten Sinne des Wortes – in des Wortes (ur)eigenster Bedeutung
dans toute la force du mot, du terme
nel vero senso della parola
in the true sense of the word

15) er verdreht einem die Worte im Mund
il vous dénature le sens des paroles
vi scambia le parole in bocca – vi baratta le carte in mano
he twists your words

16) j. mit schönen Worten o. leeren Versprechungen abspeisen

payer, amuser qn de belles paroles o. promesses – bercer qn de vaines promesses – a. ce n'est que du vent
cullare qd. di promesse – tenere qd. a bocca dolce – pagare qd. (o. tenere a bada qd.) di belle parole – liquidare qd. di vane parole – pascere qd. d'aria o di vento o di erba trastulla
to put s.o. off with (o. to give s.o.) fair words o. empty promises – (pass.: sich mit schönen Worten abspeisen lassen = to take eggs for money)

17) mit anderen Worten – anders gesagt o. ausgedrückt
en d'autres termes
in altri termini
in other words – put another way

18) spar dir deine Worte
épargne-toi tes mots, ton souffle
risparmia il fiato
save your breath

wörtlich das ist nicht wörtlich gemeint
il ne faut pas prendre cela à la lettre
non si deve prenderlo alla lettera
don't take it literally

Wortwechsel es kam zu e-m heftigen Wortwechsel, e-r heftigen Auseinandersetzung – es fielen böse Worte
ils en sont venus aux gros mots – on échangeait des propos très vifs – il a eu des mots avec...
corsero grosse parole – avevano un diverbio – tiravano a palle infocate – ebbe un alterco con...
they had words – he had words with...

Wucherpreise das sind Wucherpreise – das ist Beutelschneiderei – das ist ja gestohlen!
c'est du vol (organisé) – on n'est pas volé! (iron.)
questi sono prezzi usurari

those are exorbitant prices – that is sharp practice o. daylight robbery

Wunde in e-r (alten) Wunde wühlen – an e-e alte Wunde rühren – e-e (alte) Wunde wieder aufreissen
rouvrir une blessure, une plaie – retourner, remuer le fer o. le couteau dans une plaie
riaprire, irritare una ferita, una (o la) piaga
to rub salt o. turn the knife in the wound – to open up old wounds

Wunder er wird sein blaues Wunder erleben o. Augen machen – der kann sich auf etw. gefasst machen – der kann (o. wird) was erleben
il peut s'attendre à qc. – ça va être sa fête – il n'en reviendra pas – il va voir ce qu'il va voir
sta fresco, quello – ne vedrà ancora delle belle (o di tutti i colori)
he'll catch it for that! – just let him come! – he'll get it (in the neck) – he'll get the surprise of his life

2) (die Arznei usw.) hat Wunder gewirkt
(le remède etc.) a fait merveille
(il rimedio etc.) ha fatto miracolo
(the remedy etc.) worked wonders

3) das grenzt an ein Wunder, ans Wunderbare
cela tient du miracle, du prodige, du merveilleux
ciò rasenta il miracolo
it is little short of miraculous – it is almost a miracle

4) wie durch ein Wunder (gerettet werden usw.)
(être sauvé etc.) comme par miracle, par le plus grand des hasards
(essere salvato etc.) come per miracolo o per incanto
o's life was miraculously saved o. saved by a miracle

Würfel der Würfel ist (o. die Würfel sind) gefallen – der Rubikon ist überschritten
les dés sont jetés – on a franchi o. passé le Rubicon
il dado è tratto
the die is cast – we have crossed the Rubicon

Wurst das ist mir Wurst, piepe, schnuppe, so lang wie breit – ich schere mich den Teufel, e-n feuchten Dreck darum – das kümmert mich e-n Dreck – ich pfeife darauf
je m'en fiche comme de ma première culotte – je me moque du tiers et du quart o. comme de l'an quarante – je m'en bats l'œil – je m'en soucie comme d'une guigne
me ne importa un fico (secco) – non m'importa un cavolo, un corno – me ne stropiccio – e chi se ne frega?
I don't care two pence, a pin, a straw, a rap, a shoot – I couldn't care less – I do not give a tinker's curse, cuss, damn (am.)

Wurzel ein Übel an der Wurzel packen o. mit der Wurzel o. mit Stumpf und Stiel ausrotten – die Eiterbeule aufstechen
attaquer, couper le mal à sa racine – crever, vider l'abcès
stroncare un male alla radice
to root s.th. out – to destroy s.th. root and branch – to eradicate s.th. neck and crop

2) Wurzeln schlagen
prendre racine – jeter des racines
prendere (le) radici
to take, to strike root

Wutanfall e-n Wutanfall haben, bekommen – den Koller kriegen
piquer une colère
avere un accesso d'ira
to have (o. fly into) a fit of rage – to fly into a tantrum

X-Beine haben

X-Beine

avoir les jambes cagneuses o. en X
avere le gambe a X
to be knock-kneed

Zahn einen Zahn drauf haben – mit e-m Höllentempo o. mit Karacho fahren
mener (o. rouler à) un train d'enfer – foncer à pleines tubes – aller à toute pompe, vitesse, allure – rouler à tombeau ouvert o. sur les chapeaux de roues
correre a tutta birra o manetta
to run, to drive at top (o. breakneck o. a roaring) speed – to run hell for leather – to run like hell

2) j-m auf den Zahn fühlen
tâter le pouls de qn – voir ce que qn a dans le ventre, dans le corps
tastare il polso a qd.
to feel s.o's pulse – to sound s.o.

3) das reicht gerade für e-n hohlen Zahn
il y en a de quoi remplir (o. il y en a juste pour) une dent creuse
è troppo poco
it's precious little – it would not keep a sparrow alive

4) der Zahn der Zeit
les ravages, les outrages du temps
l'oltraggio (o il dente roditore) del tempo
the ravages of time

Zähne sich die Zähne an etw. ausbeissen
se casser les dents sur qc.
rompersi le corna con qc.
to find s.th. a hard nut to crack

2) mit den Zähnen knirschen (vor Wut)
grincer des dents (de rage)
digrignare i denti (dalla rabbia)
to gnash, to grind o's teeth (with rage)

3) j-m die Zähne, die Krallen zeigen
montrer les dents, les crocs, les griffes à qn – se dresser sur ses ergots

Zehenspitzen

mostrare i denti, le zanne a qd. – tirare fuori le unghie
to show o's teeth o. claws

4) bis an die Zähne bewaffnet
armé jusqu'aux dents
armato fino ai denti
armed to the teeth

5) die Zähne zusammenbeissen – auf die Zähne beissen
serrer les dents
stringere i denti
to set, to clench o's teeth

Zange ich möchte ihn nicht einmal mit der Zange anfassen
il n'est pas à prendre avec des pincettes
è da pigliare con le molle
I would not touch him with a barge-pole

Zankapfel das ist der Zankapfel, das Streitobjekt
c'est la pomme de discorde
ecco il pomo della discordia, il soggetto di controversia
it's the bone of contention, the apple of discord

Zaun e-n Streit vom Zaun brechen – Händel suchen
chercher querelle (à qn)
provocare una lite (con qd.)
to pick a quarrel (with s.o.)

Zehen j-m auf die Zehen, die Hühneraugen, den Schlips treten – j-m an den Karren, den Wagen fahren
marcher sur le(s) pied(s) de qn
pestare i piedi, i calli a qd.
to step, to tread on s.o's toes o. corns

Zehenspitzen auf den Zehenspitzen, auf leisen Sohlen heranschleichen
s'approcher sur la pointe des pieds o. à pas de loup
avvicinarsi in punta di (o sulla punta dei) piedi
to sneak, to creep up on tiptoe

Zehntausend zu den oberen Zehntausend, zur Hautevolée, zur Crème der Gesellschaft, zur High-Society gehören
être, former le dessus du panier – tenir le haut du pavé – appartenir au gratin
far parte dell'alta società
to belong to (o. to rank among) the upper crust – to be out of the top drawer

Zeilen zwischen den Zeilen lesen
lire entre les lignes
leggere fra le righe
to read between the lines

Zeit die Zeit vertrödeln, totschlagen
gâcher son (o. tuer le) temps
sciupare, ammazzare il tempo – perdere il tempo tra ninnoli e nannoli – correre dietro alle farfalle
to fool around – to kill time

2) mit der Zeit gehen, Schritt halten – auf der Höhe der Zeit sein
être à la page, dans la course, dans le vent – être de (o. marcher avec) son temps
essere al livello (o all'altezza) dei tempi – stare, andare al (o di pari) passo con i tempi
to keep pace with the times – to move with (o. to be abreast of) the times

3) das war die gute alte Zeit
c'était le bon vieux temps
era il buon tempo antico
those were the good old times o. days

4) die Zeit steht nicht still – die Zeiten ändern sich
la roue tourne
i tempi cambiano
(the) times are changing

5) zu gegebener Zeit – bei passender Gelegenheit
en temps et lieu utiles
al momento opportuno – all'occasione
when there is a chance, an opportunity

6) lassen Sie sich Zeit!
prenez votre temps!
se la prenda comoda!
take your time!

7) es ist höchste Zeit (o. scherz.: Eisenbahn), (dass...)
il est grand temps (de..., que...)
non c'è tempo da perdere (per...)
it is high time (that...)

8) j-m die Zeit stehlen, rauben
faire perdre son temps à qn
rubare il tempo a qd.
to waste s.o's time

9) das waren noch Zeiten!
c'était le bon temps!
bei tempi, quelli!
those were the days!

Zeitvertreib ich lese zum Zeitvertreib o. um mir die Zeit zu vertreiben
je lis pour passer le temps
leggo per passatempo o per passare il tempo
I read as a pastime o. to pass the time

Zelte seine Zelte abbrechen
lever le camp – transporter ses pénates ailleurs
levare le tende
to strike o's tent – to pack up

Zeug sich für j. ins Zeug legen
faire la courte échelle à qn
adoperarsi per qd.
to go all out for s.o.

2) j-m am Zeug flicken
chercher des poux à qn
trovare da ridire su qd.
to find fault with s.o.

3) ungereimtes Zeug o. Blech o. Makulatur reden – das Blaue vom Himmel herunterschwatzen – Unsinn verzapfen
battre la campagne, la breloque – raisonner comme une pantoufle

dire ciò che viene alla bocca – dirla grossa
to talk rubbish o. through o's hat

4) er hat das Zeug zum Maler
il a l'étoffe d'un peintre
ha la stoffa del pittore
he has the makings of a painter

5) das ist (alles) dummes Zeug o. Quatsch
c'est du flan
sono stupidaggini
that's a lot of nonsense – that's rubbish o. bull shit (am.)

ziehen diese Ausrede zieht o. verfängt bei mir nicht
cette excuse ne prend pas avec moi
questa scusa non funziona con me
this excuse won't wash

Ziel ohne Umwege o. Umschweife auf sein Ziel losgehen, lossteuern – es kurz machen
ne pas y aller par quatre chemins
andare dritto allo scopo – bruciare le tappe
to go, to head straight for o's goal

2) er hat sein Ziel erreicht
il a atteint son but – il est arrivé à ses fins
ha ottenuto il fine
he has reached o. achieved his goal – he has attained o. gained his end(s) – he has got through

3) sein Ziel verfehlen o. nicht erreichen
manquer, ne pas atteindre son but, son coup
fallire nel proprio intento
to miss the mark o. o's aim – he didn't make it

4) wir sind noch (meilen)weit vom Ziel (entfernt) – es ist noch ein weiter Weg, bis wir es geschafft haben – a. das steht noch in weitem Felde
nous sommes encore (très) loin du but –
nous en sommes bien éloignés – nous sommes à cent (o. mille) lieues de notre but
siamo lontano mille miglia dal nostro fine – siamo in alto mare
we are a long way off (o. a long o. far cry from) our goal – we have a long way to go

5) sich ein hohes Ziel setzen – hoch hinauswollen
avoir de hautes visées – viser haut
mirare in alto
to aim high – to set o.s. an ambitious goal

Zielscheibe die Zielscheibe des Spottes sein
être le point de mire o. la cible des moqueries – être en butte aux railleries
essere lo zimbello delle beffe, l'oggetto di scherno
to be a laughing-stock – to be the butt o. object of mockery

Zierde er ist die Zierde der Familie
il est l'honneur de la famille
è il vanto della famiglia
he is the blue-eyed boy

zieren zier dich o. hab dich nicht so! – tu doch nicht so zimperlich!
ne fais pas tant de façons, de manières!
non fare complimenti o tante storie!
don't make such a fuss! – don't be funny!

Zins j-m etw. mit Zins und Zinseszins zurückzahlen
rendre qc. à qn avec usure
ripagare qd. a usura di qc.
to pay s.o. back and more

Zipfel er hat die Sache am richtigen Zipfel o. Ende angefasst
il s'y est pris par le bon bout
ha preso la cosa per il giusto verso
he set about it in the right way

Zuckerbrot mit Zuckerbrot und Peitsche

avec la carotte et le bâton
col bastone e con la carota
with a stick and a carrot

Zuckerlecken das ist kein Zucker- o. Honiglecken
ce n'est pas de la tarte
non è una leccornia
that's no picnic

Zug er ist nicht zum Zug gekommen
il n'a pu se manifester
non poteva entrare in azione
he was not given a chance

2) ein Buch in e-m Zug lesen – ein Glas in e-m Zug leeren
lire un livre d'un seul trait – vider un verre d'un seul trait – a. faire cul sec
leggere un libro, bere un bicchiere (tutto) d'un fiato
to read a book, to drain a glass in one go

Zügel die Zügel in die Hand nehmen
prendre les rênes, la bride
prendere le redini
to take the reins

2) die Zügel lockern
lâcher les rênes, la bride
allentare i freni, la briglia, le briglie, le redini – slentare la briglia
to loosen the reins – to keep a slack rein o. hand

3) die Zügel fest in der Hand halten
tenir les rênes, la bride
tenere, reggere le briglie
to have a firm hold on things

4) die Zügel schiessen lassen
lâcher la bride
sciogliere le redini
to give rein (to . . .)

5) die Zügel straffer anziehen
serrer la vis (à qn)
dare una strappata al morso o una stretta di freni – stringere il morso, i freni

to keep s.o. on a tight rein

6) seiner Phantasie die Zügel schiessen o. freien Lauf lassen
donner libre cours à son imagination
sbrigliare, sfrenare la fantasia – dare, lasciare libero corso alla fantasia
to give free rein to o's imagination – to allow o's imagination to run riot

7) seiner Phantasie Zügel anlegen
mettre un frein à son imagination
frenare la sua immaginazione
to curb o's imagination

Zukunftsmusik das ist (noch) Zukunftsmusik – das liegt noch in weiter Ferne
ce ne sont que des projets – nous en sommes encore loin
questo (o ciò) è di là da venire
those are dreams of the future – that is still in the distant future (o. a far cry)

zunehmen ich habe zugenommen (Gewicht)
j'ai pris du poids
sono aumentato (di peso)
I have put on weight

Zunge die Zunge klebt mir am Gaumen
j'ai la gorge sèche
la lingua mi s'appiccica al palato
my throat is parched

2) das Wort schwebt mir auf der Zunge
j'ai le mot sur le bout de la langue
ho la parola sulla punta della lingua
the word is on the tip of my tongue

3) seine Zunge im Zaum halten
savoir tenir sa langue
tenere la lingua a freno
to rein, to mind o's tongue

4) der Wein hat ihm die Zunge gelöst
le vin lui a délié la langue
il vino gli ha sciolto la lingua
the vine has loos(en)ed his tongue

5) es brennt mir auf der Zunge, es dir zu sagen
ça me brûle la langue, les lèvres de te le dire
l'ho sulla punta della lingua
I am dying to tell you

Zünglein das Zünglein an der Waage bilden
faire pencher la balance
essere determinante o decisivo
to tip the scales

zurückkommen auf die Sache zurückkommen
revenir o. faire retour sur l'affaire
ritornare sull'argomento
to come back to the matter – to take the matter up again

zusammenschrumpfen meine Ersparnisse sind zusammengeschrumpft
mes économies se sont réduites
i miei risparmi sono diminuiti, si sono assottigliati
my savings have dwindled

Zwang tun Sie sich keinen Zwang an! – machen Sie keine Umstände!
ne vous gênez pas!
non faccia complimenti!
you just go ahead! – don't be shy!

2) ich musste mir Zwang o. Gewalt antun, um (nicht)...
je devais me contraindre o. faire violence pour (ne)...
dovevo farmi forza per (non)...
I had to restrain myself from...

Zweck diese Massnahme hat ihren Zweck, ihre Aufgabe erfüllt
cette mesure o. disposition a rempli (o. fait) son office
tale provvedimento ha raggiunto lo scopo
this measure has answered o. served its purpose

Zweifel es besteht nicht der leiseste o. geringste Zweifel o. der Schatten e-s Zweifels
il n'y a pas l'ombre d'un doute
non c'è l'ombra di dubbio
there is not a shadow of doubt

Zweig er wird nie auf e-n grünen Zweig kommen o. es zu etwas bringen
il ne fera pas fortune
non avrà fortuna o successo
he will never get ahead o. anywhere – he will never get on in life

zweimal es sich zweimal o. reiflich, gründlich überlegen, bevor...
y regarder à deux fois avant de...
dopo matura riflessione...
to think twice before doing s.th.

2) das liess ich mir nicht zweimal sagen
je ne me le fis pas dire deux fois
non me lo feci dire due volte
I did not wait to be told twice – I jumped at the offer

Zwietracht säen
semer o. faire naître la discorde – semer la zizanie
seminare zizzania
to sow the seeds of discord

Zwirnfaden über einen Zwirnfaden o. Strohhalm stolpern – in e-m Glas Wasser ertrinken – wegen nichts und wieder nichts aus dem Häuschen geraten
se noyer dans un verre (o. un bol) d'eau
affogare, perdersi in un bicchiere d'acqua
to come to grief over a trifle – to create much ado about nothing

Zwischenbilanz e-e Zwischenbilanz ziehen – e-e Bestandesaufnahme machen – den gegenwärtigen Stand der Dinge überprüfen
faire le point
fare il bilancio della situazione attuale
to take stock

Teil 2

Deutsche Redensarten

Abend
es nicht noch nicht aller Tage Abend = die letzte Entscheidung ist noch nicht gefallen

Abraham
sich wie in Abrahams Schoss fühlen = sich ganz sicher und geborgen fühlen

Adonis
er ist nicht gerade ein Adonis = er ist keine Schönheit

Affe
an j-m den Affen gefressen haben = in j. vernarrt sein

2)
seinem Affen Zucker geben = im Rausch lustig sein; a. seiner Eitelkeit frönen

Amtsschimmel
den Amtsschimmel reiten = sich (allzu) streng an den Paragraphen halten

2)
da wiehert der Amtsschimmel = da wurde der Paragraph über die Vernunft gestellt

Anfang
das ist der Anfang vom Ende = es geht rasch dem völligen Ruin entgegen (fr. c'est le commencement de la fin)

Angel
die Welt aus den Angeln heben = Weltbewegendes vollbringen

Anstrich
das gibt der Sache einen persönlichen Anstrich o. eine persönliche Note

Arm
j-m in den Arm fallen = an e-m Tun hindern

2)
j-m in die Arme laufen = unversehens begegnen

Armutszeugnis
sich selber ein Armutszeugnis ausstellen = seine Unfähigkeit o. Schwäche offenbaren

Augen
auf zwei Augen stehen = von e-m einzigen Menschen abhängen

Aussprache
e-e feuchte (o. nasse) Aussprache haben = beim Sprechen Speichel versprühen

Bad
j-m ein schlimmes Bad anrichten = Unannehmlichkeiten bereiten

Bahnhof
ich verstehe immer Bahnhof = nicht verstehen wollen

Ball
am Ball sein o. bleiben = an der Reihe sein, bzw. etwas weiter verfolgen (engl. to keep the ball)

Band
sich am laufenden Band versprechen = fortwährend

Barometer
das Barometer steht auf Sturm = es ist bei j-m mit e-m Zornesausbruch zu rechnen

Bart
jetzt ist der Bart ab = man ging zu weit, jetzt ist nichts mehr zu retten (engl. that's torn it)

Bauernfang
auf Bauernfang ausgehen = seine Mitmenschen betrügen wollen

Bäume
er wird auch keine Bäume ausreissen o. Stricke zerreissen = es ist von ihm nicht mehr zu erwarten als von e-m andern

Baumölschwitzen
das ist zum Baumölschwitzen = zum Verzweifeln

Berge
er ist über alle Berge = er ist auf und davon (engl. he is over the hills and away)

Beschuss
j-s Haltung unter Beschuss nehmen = kritisieren

Bethlehem
nach Bethlehem (o. Bettenhausen) gehen = scherzh. für zu Bett gehen; ebenso: nicht von Gebersdorf stammen = knauserig sein. (das Fr. kennt ähnliche Bildungen, z. B. aller à Cachan = sich verstecken, von se cacher)

Bettschwere
die nötige Bettschwere haben = genug getrunken haben, a. sehr müde sein

Bettzipfel
nach dem Bettzipfel schielen o. schnappen = gähnen, bettreif sein

Beutel
das reisst ein Loch in den Beutel = das bedeutet e-e beträchtliche o. gewaltige Ausgabe

bitter
etwas bitter nötig haben, es ist bitter kalt, es ist mir bitterer Ernst, bittere Not leiden usw.; das Wort «bitter» dient hier zur Steigerung des Grundwortes

Blätterwald
es rauscht im Blätterwald = die Presse ist beunruhigt

Bock
ihn stösst der Bock = er wird übermütig

Boden
j-s Argumenten den Boden entziehen

Bretter
keine dicken Bretter bohren o. das Brett bohren, wo es am dünnsten ist = sich die Arbeit leicht machen, harte Arbeit scheuen

Buch
er ist ein Esel, wie er im Buch steht (it. è un asino calzato)

Buchstaben
sich auf seine vier, bzw. fünf Buchstaben setzen (vier = Popo, fünf = Arsch)

2)
am Buchstaben kleben = etwas allzu wörtlich o. peinlich genau nehmen

Butter
j-m nicht die Butter auf dem Brot o. das Schwarze unter dem Nagel gönnen = voller Missgunst sein

Durststrecke
e-e Durststrecke passieren = in vorübergehender Bedrängnis sein

Ecken
sich die Ecken und Kanten abschleifen = Unarten und schlechte Manieren ablegen (engl. to knock off the rough edges)

Eiertanz
man führt e-n wahren Eiertanz um ihn auf = man begegnet ihm übertrieben huld- und respektvoll

Eis
das Eis zum Schmelzen bringen = j. umgänglich und gefügig machen

Eisberg
das ist nur die Spitze des Eisbergs = das Problem geht viel tiefer, ist noch bei weitem nicht erfasst

Esel
den Sack schlägt man, den Esel meint man = Worte o. Handlungen gegen e-n Niederen richten, weil man sich an den Höheren nicht heranwagt (it. battere il cane al posto del padrone o. il basto invece dell' asino)

Extrawurst
er muss immer e-e Extrawurst haben, man muss ihm immer e-e Extrawurst braten = er hat immer Sonderwünsche

Faden
den Faden weiterspinnen = e-n Gedanken weiterführen

Fahrt
in Fahrt kommen = in Stimmung kommen (etwa nach e-m Glas Alkohol)

Fenster
er ist weg vom Fenster = seine Rolle ist ausgespielt, er hat keinen Einfluss mehr (engl. he is out of the game, his goose is cooked)

Feuer
j-m Feuer unter den Hintern machen = j. antreiben

Film
der Film ist gerissen = das Gedächtnis setzt aus

Finger
das hat er sich aus den Fingern gesogen = das hat er frei erfunden

2)
j. um den kleinen Finger wickeln können = sich mit j-m alles erlauben können (engl. to twist s.o. round o's [little] finger)

3)
mit allen zehn Fingern nach etwas greifen (fr. y mettre les quatre doigts et le pouce)

4)
(solche Menschen usw.) sind an den Fingern e-r Hand abzuzählen = sind sehr selten (it. si possono contare sulle dita della mano)

Fisch
e-n grossen Fisch an Land ziehen = e-e der Hauptpersonen e-r Verbrecherbande dingfest machen

2)
die Fische füttern o. den Fischen predigen = seekrank sein (engl. to feed the fish)

3)
das sind faule Fische = unglaubwürdige Ausreden

Fleck
den Fleck neben das Loch setzen = etwas falsch machen

Gebälk
es knistert im Gebälk = es naht Unheil

gebauchpinselt
sich gebauchpinselt fühlen = geschmeichelt

Geiss
das schleckt keine Geiss weg = das ist so und nicht anders

Geldquelle
e-e Geldquelle versiegt

Gelehrten
darüber sind sich die Gelehrten noch nicht einig = das weiss man noch nicht so genau

Gewehr
Gewehr bei Fuss stehen = e-e abwartende Haltung einnehmen

Gewitter
es braut sich ein Gewitter zusammen = es bereitet sich ein Unheil vor

Glaser
war dein Vater Glaser? = scherzh. Frage, wenn e-m j. im Licht steht (fr. ton père n'est o. n'était pas vitrier)

Gnadenbrot
bei j-m das Gnadenbrot essen = im Alter für geleistete Dienste kostenloses Gastrecht geniessen

Granit
auf Granit beissen = auf unüberwindliche Hindernisse stossen, e-r unbeugsamen Haltung gegenüberstehen

grossschreiben
Ehrlichkeit wird grossgeschrieben = gilt etwas

Grund
etwas in Grund und Boden verdammen = etwas ohne Einschränkung verdammen (engl. to condemn s.th. left, right and center)

Gurgel
sein ganzes Geld durch die Gurgel jagen = vertrinken

Hahn
danach kräht kein Hahn = darum kümmert sich niemand

2)
j-m den roten Hahn aufs Dach setzen = j-s Haus in Brand stecken

Hand
die Arbeit geht ihm leicht von der Hand = er erledigt die Arbeit mühelos

2)
es liegt (klar) auf der Hand = ist offensichtlich

Handkuss
etwas mit Handkuss annehmen = bereitwillig annehmen

Hängen
mit Hängen und Würgen = unter grossen Schwierigkeiten

Haube
unter die Haube kommen, j. unter die Haube bringen = sich, bzw. j. verheiraten

Haus
sein Haus bestellen = Anordnungen für sein Ableben treffen

Haussegen
der Haus- o. Familiensegen hängt schief = es herrscht Streit im Haus (fr. le torchon brûle)

Haut
in keiner guten Haut stecken = kränkeln

2)
sich e-r Sache mit Haut und Haaren verschreiben = alle seine Kräfte e-r Sache widmen

3)
solche Szenen gehen unter die Haut = wühlen einen auf

Hebel(arm)
am längeren Hebel(arm) sitzen = die stärkere Stellung bezügl. Macht und Einfluss innehaben

Heller
auf Heller und Pfennig bezahlen = alles bezahlen, nichts schuldig bleiben

Herz
sein Herz an j. verlieren (engl. to lose o's heart to s.o., to fall in love with s.o.)

2)
das Herz läuft ihm mit dem Kopf davon = das Gefühl ist stärker als die Vernunft

Höhe
die Preise klettern in die Höhe

Holz
er lässt Holz auf sich hacken = ist gutmütig

Hosentasche
aus der linken Hosentasche bezahlen = mühelos bezahlen

Hut
verschiedene Auffassungen unter e-n Hut bringen (wollen)

Jungfrau
er ist dazu gekommen wie die Jungfrau zum Kind = ganz unerwartet

Kalk
bei ihm rieselt der Kalk = er ist senil (vor allem geistig)

Kartoffel
etwas wie e-e heisse Kartoffel fallen lassen = etwas Angefangenes Hals über Kopf aufgeben

Kathrin
die schnelle Kathrin haben = Durchfall haben (fr. avoir la courante)

Katze
das trägt die Katze auf dem Schwanz davon = das ist wenig

2)
der Katze den Schmer abkaufen = e-n unvorteilhaften Handel abschliessen (it. comprare il lardo al gatto)

kauen
an etwas schwer zu kauen haben = mit etwas nicht leicht fertig werden (fr. se casser les dents sur qc.)

Kauf
etwas in Kauf nehmen = bei e-m Unternehmen e-n Nachteil auf sich nehmen

Kelle
mit der grossen Kelle anrichten = beim (Geld-)Ausgeben nicht zimperlich sein

Keller
die Preise sind in den Keller gepurzelt = tief gesunken

Kirche
man muss die Kirche im Dorf lassen = man darf nicht übertreiben

2)
mit der Kirche ums Dorf laufen o. die Kirche ums Dorf tragen = umständlich sein

Kleider
aus den Kleidern fallen = abgemagert sein

Knie
etwas übers Knie brechen = e-e Sache rasch abtun, überstürzt erledigen

Kopf
e-m den Kopf vor die Füsse legen o. e-n um e-n Kopf kürzer machen = e-n enthaupten

2)
j. vor den Kopf stossen = barsch, rücksichtslos behandeln

Kränze
das kommt nicht in die Kränze o. auf die Platte (beides landsch.) = nicht in Frage

Kriegsfuss
mit der Orthographie auf Kriegsfuss stehen = schwach sein in der Orth.

Kuhhaut
das geht auf keine Kuhhaut = es lässt sich gar nicht alles sagen, es ist nicht zu beschreiben

Lebendige
er nimmt es von den Lebendigen = er ist in Geldsachen hemmungslos

Leib
das Stück ist ihm auf den Leib geschrieben = er ist für diese Theaterrolle der bestgeeignete Mann

Leiden
aussehen wie das Leiden Christi o. wie Braunbier und Spucke = sehr elend aussehen (fr. avoir une mine de papier mâché)

Löwe
gut gebrüllt, Löwe! = treffend gesagt (Zitat aus Shakespeare's Sommernachtstraum)

Maschen
durch die Maschen des Gesetzes schlüpfen (it. sgusciare tra le maglie della legge)

Maus
da beisst die Maus keinen Faden ab = das lässt sich nicht ändern

Messer
auf diesem Messer kann man nach Rom reiten = es ist ganz stumpf

Mühle
das Wasser auf seine eigene Mühle lenken = auf seinen eigenen Vorteil bedacht sein (it. tirare l'acqua al proprio mulino)

Mund
j-m nach dem Munde reden = sagen, was j. gern hört

2)
sich den Mund fusselig reden = sich müde reden (um j. zu überzeugen) (engl. to talk o's head off)

Musik
das ist Musik in meinen Ohren = e-e willkommene Botschaft (it. è musica per le mie orecchie)

Nacken
die Angst sitzt j-m im Nacken

Nagel
sich etwas unter den Nagel reissen = sich etwas aneignen

2)
die Arbeit brennt mir auf den Nägeln = sie sollte unverzüglich in Angriff genommen werden

Nähte
aus allen Nähten platzen : kann sowohl von e-m Menschen als auch z. B von e-r Stadt gesagt werden, wenn er, bezw. sie an Umfang stark zunimmt (engl. to burst at the seams)

Nase
  das brauchst du nicht jedem auf die Nase zu binden = nachdrücklich und ausführlich mitzuteilen

Nasenlänge
  j-m- um e-e Nasenlänge voraus sein = ein schönes Stück weiter sein

Nieren
  das geht ihm an die Nieren = das nimmt ihn sehr mit, wühlt ihn innerlich auf

Niete
  e-e Niete ziehen = etwas ohne Erfolg tun (engl. to draw a blank)

Not
  wenn Not am Mann ist = wenn die Dinge e-n schlimmen Verlauf nehmen (engl. if the worst comes to the worst)

Ohr
  dein Wort in Gottes Ohr = möge sich diese Bemerkung bewahrheiten

Pate
  bei etwas Pate stehen = bei e-m Unternehmen usw. von Anfang an dabei sein

Pauken
  mit Pauken und Trompeten durchs Examen rasseln

Pendel
  das Pendel schlägt nach der andern Seite aus = die Lage verkehrt sich praktisch ins Gegenteil

Pferd
  er ist das beste Pferd im Stall o. das Paradepferd = der Tüchtigste, Fähigste (engl. he is the number one man)

  2)
  mach mir nicht die Pferde scheu = mach mir nicht Angst; versuch nicht, mich davon abzuhalten

Pfingstochse
  herausgeputzt (o. aufgetakelt) wie ein Pfingstochse = sehr auffällig, aber eher geschmacklos herausgeputzt

Pflaster
  Paris ist ein teures Pflaster = das Leben ist dort teuer

Philippi
  bei Philippi sehen wir uns wieder: scherzh. Drohung, dass die Sache noch nicht erledigt ist (it. ci rivedremo a Filippi)

piep
  nicht mehr piep sagen können = übersatt sein

Pistole
  die Antwort kam wie aus der Pistole geschossen = ohne Verzug

Platte
  die Platte kenne ich = ich weiss, was du damit sagen willst

Portion
  er ist nur e-e halbe Portion = er ist ein Schwächling, bzw. ein kleiner, schmächtiger Mensch

Pünktchen
  das war das Pünktchen auf dem i = das fehlte noch zur Vollkommenheit

Räder
  unter die Räder kommen = sittlich verkommen

Rand
  das versteht sich am Rande = darüber ist kein Wort zu verlieren

Rattenschwanz
  ein ganzer Rattenschwanz von Fragen = e-e ganze Menge

Regen
  j. im Regen stehen lassen = j-m seine Unterstützung versagen

Rennen
  für ihn ist das Rennen gelaufen = für ihn ist die Sache erledigt

Richtschnur
  etwas zur Richtschnur seines Handelns machen = nach bestimmten Grundsätzen handeln

Rolle
  aus der Rolle fallen = anders handeln o. sich benehmen, als es erwartet wird o. sich geziemt

2)
seine Rolle ausgespielt haben = nichts mehr zu sagen haben

Rosinen
die Rosinen aus dem Kuchen picken o. klauben = alles Unangenehme o. nicht Zusagende beiseite lassen (engl. to take the pickings o. to take the pick of the bunch)

Rücken
j-m den Rücken o. Nacken steifen = j-m Mut machen (engl. to stiffen s.o's backbone)

Sandmännlein
das Sandmännlein kommt (was für die kleinen Kinder bedeutet, dass es Zeit ist, schlafen zu gehen) (a. fr. le marchand de sable est passé)

Sänger
darüber schweigt des Sängers Höflichkeit = dazu möchte man aus Höflichkeit nichts sagen

Sauglocke
die Sauglocke läuten = Zoten erzählen

Scharte
e-e Scharte auswetzen = e-n Fehler wieder gutmachen

Schatten
kommende Ereignisse werfen ihre Schatten voraus

Schau
j-m die Schau stehlen = j. um die erwartete Beachtung durch andere bringen (engl. to steal s.o. the show)

Weihwasser
etwas fürchten wie der Teufel das Weihwasser = e-e unüberwindliche Furcht vor etwas haben

Wein
seinen Kummer im Wein ertränken

Weizen
j-s Weizen blüht = er hat Erfolg

Wellen
das Ereignis hat keine hohen Wellen geworfen = wurde kaum zur Kenntnis genommen

Welt
da brach für ihn die (o. e-e) Welt zusammen = er wurde aller Illusionen beraubt

Wind
in den Segeln haben = mit gutem Erfolg vorankommen, vom Glück begünstigt sein (it. navigare o. andare col vento in poppa)

Wogen
die Wogen der Begeisterung gehen hoch = es herrscht Hochstimmung

Wunde
die Wunde ist noch nicht vernarbt = e-e empfangene Beleidigung usw. schmerzt noch immer

Zahlen
in die roten Zahlen kommen = mit Verlust arbeiten (Handel) (engl. to get into the red)

Zahn
dem tut kein Zahn mehr weh = der ist tot

2)
e-m Antrag die Zähne ziehen = die Schärfe nehmen

3)
mit langen Zähnen essen = ohne Appetit (fr. manger du bout des dents)

4)
e-n Zahn zulegen = schneller machen o. fahren

Zug
der Zug ist längst abgefahren = man kommt mit seinen Vorschlägen usw. zu spät

Locutions françaises

a
ne savoir ni a ni b = rein gar nichts wissen

accus
recharger les (o. ses) accus = neue Kräfte sammeln

âges
être entre deux âges = weder alt noch jung sein

aile
cette usine bat de l'aile = mit dieser Fabrik geht es bergab, abwärts

air
la grippe est dans l'air = die Grippe geht um

âme
errer comme une âme en peine = ziellos, ruhelos umherirren

âne
faire l'âne pour avoir du son = sich dumm stellen, um etwas zu erfahren

anges
rire aux anges = selbstzufrieden, grundlos lachen

Anglais
les Anglais ont débarqué = sie hat die Periode

angles
arrondir les angles = gegensätzliche Standpunkte einander näherbringen

argent
pas (o. point) d'argent, pas (o. point) de Suisses = nichts ist umsonst (selbst der Tod kostet das Leben)

balle
la balle est dans votre camp = jetzt liegt es an Ihnen zu handeln, antworten usw.

banquettes
jouer devant les banquettes = vor leerem Hause spielen (Theater)

baraque
il a cassé la baraque = er hat e-n durchschlagenden Erfolg gehabt

barque
elle mène bien sa barque = sie macht ihre Sache gut

baver
en baver des ronds de chapeaux = sich abschinden müssen

bêtise
sa bêtise ne fait que croître et embellir = er wird immer dümmer

beurre
il ne compte que du beurre = er zählt kaum, wird kaum beachtet
2)
mettre du beurre dans les épinards = seine Finanzen aufbessern
3)
faire son beurre = e-n Gewinn, Profit einstreichen

billes
reprendre ses billes = nicht mehr mitmachen, aussteigen

blason
redorer son blason = e-e reiche Heirat machen, Geld heiraten

bois
être du bois dont on fait les flûtes = zu weich, zu nachgiebig sein

bonnet
jeter son bonnet par-dessus les moulins = sich über die Moral, die guten Sitten hinwegsetzen (Frau)

bouche
garder qc. pour la bonne bouche = etwas (das Beste) bis zum Schluss aufsparen

boulet
tirer sur qn à boulets rouges = j. schonungslos angreifen o. heftig aufs Korn nehmen

bout

bout
il me demande de l'argent à tout bout de champ = er verlangt alle Augenblicke Geld von mir

2)
manger du bout des lèvres = mit Widerwillen essen

bouteille
c'est la bouteille à l'encre = das ist e-e verwickelte, undurchsichtige Geschichte (pol. e-e verworrene Lage)

brioche
avoir de la brioche = ein Ränzlein haben

bronze
je ne suis pas de bronze (o. de bois) = ich bin kein Unmensch

cachet
être blanc comme un cachet d'aspirine = wird (scherzh.) gesagt von j-m, der noch kein bisschen Sonnenbräune aufzuweisen hat

cadran
j'ai fait le tour du cadran = ich habe zwölf Stunden an e-m Stück geschlafen

campagne
battre la campagne = reich sein (und es auch zeigen mit seiner ganzen Lebensführung)

carte
c'est la carte forcée = es bleibt mir keine andere Wahl

2)
je connais le dessous des cartes = ich kenne die Hintergründe, weiss, was dahintersteckt

Catherine
coiffer Ste. Catherine = sitzen bleiben, d. h. ledig bleiben (von e-m Mädchen) (engl. to get on the shelf)

chandelle
devoir une fière chandelle à qn = j-m zu grossem Dank verpflichtet sein

chat
il n'y pas de quoi fouetter un chat = das ist doch kein Grund zur Aufregung, da ist doch nichts dabei

2)
j'ai d'autres chats à fouetter o. d'autres chiens à peigner = ich habe Wichtigeres zu tun (engl. I have other fish to fry)

chaud
souffler le chaud et le froid = bald freundlich, bald grob sein

chaussure
trouver chaussure à son pied = den passenden Mann, bzw. die passende Frau finden

cheval
changer, troquer son (o. un) cheval borgne contre un aveugle = e-n schlechten Tausch o. Handel machen

cheveu
avoir un cheveu sur la langue = mit der Zunge leicht anstossen

chien
il ne faut pas être chien = man sollte etwas grosszügiger o. etwas weniger kleinlich sein

2)
ce n'est pas pour les chiens = das ist zum Benützen, nicht nur zum Anschauen

3)
recevoir qn comme un chien dans un jeu de quilles = j. sehr unfreundlich empfangen

4)
se regarder en chiens de faïence = sich feindselig anstarren (it. guardarsi in cagnesco)

ciel
tu tombes du ciel = dich schickt der Himmel

clerc
il n'est pas besoin d'être grand clerc pour... = man muss kein grosses Kirchenlicht sein, um...

clocher
il n'a vu que son clocher = er kennt wenig von der Welt

clou
un clou chasse l'autre = die Interessen o. Leidenschaften kommen und gehen

coche
manquer, rater le coche = e-e günstige Gelegenheit verpassen

compote
j'ai les pieds en compote = die Füsse tun mir schrecklich weh

coquetterie
avoir une coquetterie dans l'œil = ganz leicht schielen

corde
toucher, faire vibrer la corde sensible de qn = an j-s Gefühl appellieren, es auf die sentimentale Tour versuchen

2) ce n'est pas dans mes cordes = dafür bin ich nicht zuständig

cordons
desserrer les cordons de la bourse = Geld herausrücken

couleurs
passer par toutes les couleurs = abwechselnd rot und blass werden

coupe
il y a loin de la coupe aux lèvres = ein Versprechen abgeben und es halten, bzw. e-n Plan machen und ihn ausführen, ist zweierlei

crémaillère
pendre la crémaillère = die neue Wohnung einweihen, den Einzug feiern (engl. to give a house-warming)

crêpe
retourner qn comme une crêpe = j. im Handumdrehen umstimmen

cuiller
on va te ramasser à la (petite) cuiller = man wird dich bald mit der Kehrichtschaufel auflesen können (von j-m,

der abgemagert, sehr krank, verletzt, halbtot usw. ist)

cuisse
il se croit sorti de la cuisse de Jupiter = er hält sich für etwas Besonderes, ist furchtbar von sich eingenommen

dent
avoir la dent dure = in seiner Kritik von beissender Schärfe sein

2) avoir les dents longues = ehrgeizig o. geldgierig sein

dessin
il va falloir lui faire un dessin = das wird man ihm wohl lang und breit erklären müssen

deuil
faire son deuil de qc. = sich in etwas schicken, sich mit etwas abfinden

disque
changer de disque = zu e-m andern Thema übergehen (it. voltar pagina)

doigt
obéir au doigt et à l'œil = aufs Wort gehorchen (engl. to obey to the letter o. to be at s.o's beck and call)

2) elle n'a jamais rien fait de ses dix doigts = sie hat nie e-n Streich gearbeitet

3) il a gagné les doigts dans le nez = er hat mühelos gesiegt

4) y mettre les quatre doigts et le pouce o. s'en lécher les babines = mit Genuss essen, es sich schmecken lassen

douche
c'est la douche écossaise = das ist das reinste Wechselbad (wenn man bald freundlich, bald barsch behandelt wird)

drapeau
mettre son drapeau dans sa poche = nicht zu seiner Meinung stehen

eau
se mettre dans l'eau de peur de la pluie = aus überängstlicher Vorsicht gerade dem sich aussetzen, was man vermeiden wollte

échelle
après cela on peut (o. il faut) tirer l'échelle = das ist nicht mehr zu überbieten, da ist alles verlorene Liebesmüh

enterrer
il nous enterrera tous = er wird uns noch alle überleben

épaule
faire qc. par-dessus l'épaule = etwas lieblos (und damit schlecht) erledigen

épiderme
avoir l'épiderme chatouilleux = sehr empfindlich sein

escalier
avoir l'esprit de l'escalier = nicht schlagfertig sein, langsam reagieren

esprit
avoir de l'esprit à revendre o. jusqu'au bout des ongles = Verstand für zwei haben

étrier
avoir le pied à l'étrier = bald ein gemachter Mann sein

feu
il a le feu au derrière (au cul, quelque part) = er hat es schrecklich eilig

2)
il n'y voit que du feu = er (be)merkt überhaupt nichts

figue
il l'a dit mi-figue, mi-raisin = er sagte es halb im Spass, halb im Ernst

fil
avoir un fil à la patte = gebunden, nicht frei sein

2)
c'est cousu de fil blanc = das ist zu durchsichtig, zu leicht zu durchschauen

fleur
faire une fleur à qn = j-m sehr entgegenkommen

fonds
racler les fonds de tiroir = die letzten Pfennige zusammenkratzen

fortune
manger à la fortune du pot o. à la bonne franquette = essen, was gerade auf den Tisch kommt

foudre
c'était le coup de foudre = das war Liebe auf den ersten Blick

fraises
sucrer les fraises = den Tatterich haben o. tatterig, zittrig sein

fusil
changer son fusil d'épaule = 1. seine Absichten, Pläne ändern; 2. sich e-r andern polit. Partei anschliessen

gale
tu peux approcher, je n'ai pas la gale = komm ruhig näher, ich beisse nicht

galère
que diable allait-il faire dans cette galère = wie konnte er sich bloss darauf einlassen

galeux
j'en mangerais sur la tête d'un galeux = das esse ich für mein Leben gern

gant
retourner qn comme un gant = j. völlig umstimmen

2)
se donner les gants de... = sich das Verdienst von etwas zuschreiben

girafe
peigner la girafe = sich mit e-r sinnlosen Arbeit abmühen

glisser
ça glisse comme sur les plumes d'un canard = das läuft von ihm ab wie Wasser (Vorwürfe usw.)

goujon
　taquiner le goujon = mit der Angelrute fischen

grâce
　c'est pour moi le coup de grâce = das überlebe ich nicht

grain
　autant mettre un grain de sel sur la queue (d'un oiseau) = etwas Unmögliches unternehmen

grenouille
　manger la grenouille = mit der Kasse durchbrennen

guerre
　à la guerre comme à la guerre = man muss sich ins Unvermeidliche schicken

haleine
　discuter à perdre haleine = endlos lange diskutieren

heure
　je ne te demande pas l'heure qu'il est = misch dich nicht ein, ich habe dich nicht um deine Meinung gefragt

jambe
　ça me fait une belle jambe = was nützt mir das? das trägt mir nichts ein

　2)
　tenir la jambe à qn = j. durch sein Gerede aufhalten

langue
　je donne ma langue au chat = ich gebe es auf (beim Rätselraten)

lanterne
　éclairer la lanterne de qn = j. aufklären

lard
　se demander si c'est du lard ou du cochon = nicht recht wissen, woran man ist mit j-m o. mit etwas

latin
　j'y perds mon latin = jetzt verstehe ich überhaupt nichts mehr

lièvres
　courir, chasser, poursuivre deux lièvres à la fois = gleichzeitig zwei Ziele verfolgen (a. dt. zwei Hasen nachlaufen)

lion
　il a bouffé du lion = er hat heute e-e ungewöhnliche Energie

loges
　être aux premières loges = etwas aus nächster Nähe miterleben

main
　c'est une main de fer dans un gant de velours = er wirkt entgegenkommend, setzt aber eisern seinen Willen durch

maladie
　il n'y a pas de quoi en faire une maladie = das ist doch kein Grund, ein solches Theater zu machen

manche
　se débrouiller comme un manche = sich ungeschickt anstellen

　2)
　se mettre du côté du manche = sich auf die Seite des Stärkeren stellen

manquer
　il n'en manque pas une = er muss doch immer ins Fettnäpfchen treten

marcher
　il ne marche pas, il court = er ist prompt darauf hereingefallen, und wie!

mariée
　se plaindre que la mariée est trop belle = klagen statt sich zu freuen

marmite
　faire bouillir la marmite = die Familie ernähren

mèche
　vendre la mèche = das Geheimnis verraten

mer
　il avalerait o. boirait la mer et les poissons = 1. er ist ein Nimmersatt; 2. er hat e-n Riesendurst

merde
　il ne se prend pas pour une merde = er bildet sich ein, wunder wer zu sein

messe   **Locutions françaises**

messe
    pas de messe basse sans curé = bitte keine Geheimniskrämerei

    2)
    faire des messes basses = miteinander tuscheln

miracle
    il n'y a pas de quoi crier au miracle = das ist nichts Besonderes

miroir
    c'est un miroir aux alouettes = das klingt zu schön, um wahr zu sein

monde
    vous vous en faites un monde = Sie übertreiben (die Schwierigkeiten)

morceau
    emporter le morceau = erreichen, was man wollte

mouches
    tuer les mouches à quinze pas = e-n schlechten Atem haben, aus dem Mund riechen

moutons
    revenons à nos moutons = kommen wir wieder zur Sache zurück

muse
    taquiner la muse = Verse schmieden

musique
    il va toujours plus vite que la musique = bei ihm geht alles im Schuss

nez
    regarder qn sous le nez = j. frech anschauen

    2)
    se casser le nez sur la porte de qn = vor verschlossenen Türen stehen

    3)
    marcher, se promener le nez au vent = vergnügt dahinschlendern

nom
    c'est un nom à coucher dehors = das ist ein schwer auszusprechender o. zu behaltender Name

nourrice
    je ne suis plus en nourrice = ich bin doch kein kleines Kind mehr

oiseaux
    donner à qn des noms d'oiseaux = j. mit Schimpfwörtern überhäufen

opération
    (il s'est enrichi) comme par l'opération du Saint-Esprit = (er ist zu Geld gekommen) wie, das weiss der Himmel

oreille
    se faire tirer l'oreille o. le manche = sich bitten, nötigen lassen

    2)
    montrer, laisser passer le bout de l'oreille = seine wahren Absichten durchblikken lassen

    3)
    avoir les oreilles en feuilles de choux = abstehende Ohren haben

    4)
    avoir les oreilles qui traînent = an (verschlossenen) Türen lauschen

pain
    je ne mange pas de ce pain-là = da mache ich nicht mit, darauf lasse ich mich nicht ein

    2)
    avoir du pain sur la planche = e-e Menge Arbeit vor sich haben

    3)
    manger son pain blanc le premier = das Angenehme vorwegnehmen

panier
    c'est un panier de crabes = sie würden einander am liebsten alle die Augen auskratzen

paysage
    cela fait bien dans le paysage = das nimmt sich gut aus, wirkt gut

peau
    je l'ai attrapé par la peau du cou (o. cul) = ich habe ihn im letzten Augenblick erwischt

peigne
　　être sale comme un peigne = vor Dreck starren

pelés
　　il n'y avait que trois pelés et un tondu = es war so gut wie niemand da (it. c'erano quattro gatti)

pelle
　　on en ramasse à la pelle = man findet sie haufenweise

perdue
　　une de perdue, dix de retrouvées = für e-e verlorene Liebe finden sich zehn andere (a. es hat noch manche Mutter ein hübsches Töchterlein)

perles
　　cela ne s'enfile pas comme des perles = das ist nicht so einfach, wie es aussieht

　　2) je ne suis pas là pour enfiler des perles = ich bin nicht da, um Händchen zu halten o. mich mit solchen Bagatellen abzugeben

Pérou
　　ce n'est pas le Pérou, mais on peut en vivre = es ist zwar nicht gerade ein Vermögen, aber es lässt sich doch davon leben

personne
　　être content de sa petite personne = sehr von sich eingenommen sein

péter
　　il faut que ça pète ou que ça se dise = jetzt muss die Sache zu e-m Ende kommen, so oder so

pignon
　　avoir pignon sur rue = ein allseits geachteter (Kauf)Mann sein

pilier
　　c'est un pilier de cabaret = er hockt immer im Wirtshaus (it. consuma le panche dell'osteria)

　　2) c'est un pilier d'église = er ist ein eifriger Kirchgänger

plaie
　　plaie d'argent n'est pas mortelle = materieller Schaden lässt sich wieder ersetzen

plein
　　n'en jetez plus, la cour est pleine = jetzt aber Schluss, hört endlich auf mit diesem Thema
　　andere Ausdrücke mit plein: au sens plein du mot = im wahrsten Sinn des Wortes; puer à plein nez = fürchterlich stinken; (moteur) tourner à plein régime = auf vollen Touren laufen; travailler à plein temps = ganztags arbeiten; de son plein gré = aus freien Stücken, freiwillig; en plein champ = auf offenem Felde; en plein été = mitten im Sommer; en plein hiver = im tiefsten Winter; en plein soleil = in der prallen Sonne; une chambre en plein sud = ein genau nach Süden gerichtetes Zimmer; une journée pleine = ein ausgefüllter Tag; une paroi pleine = e-e massive Wand usw.

plié
　　être plié en deux par l'âge = vom Alter, von der Last der Jahre gebeugt sein

plomb
　　avoir du plomb dans l'aile = geschäftl. o. gesundheitl. in e-r kritischen Lage o. angeschlagen sein

plongeon
　　faire le plongeon = viel Geld verlieren o. Konkurs machen

pluie
　　parler de la pluie et du beau temps = von belanglosen Dingen reden

poche
　　mets ça dans ta poche et ton mouchoir par-dessus = nimm es zur Kenntnis, aber behalte es für dich

poil
　　ça a marché au poil = alles klappte auf die Minute

point
　　pour un point Martin perdit son âne = er hat sein Ziel nur um Haaresbreite verfehlt

point

2)
mettre les points sur les i = etwas ganz klar und deutlich sagen o. machen

poire
régler qc. entre la poire et le fromage = j-s gute Laune benützen, um ein Anliegen vorzubringen

poisson
noyer le poisson = e-r klaren Antwort (durch Ablenkungsmanöver) ausweichen

pommes
tomber dans les pommes = ohnmächtig werden

pont
faire un pont d'or à qn = j-m ein finanziell verlockendes Angebot machen

2)
faire le pont = an e-m Werktag zwischen zwei Feiertagen nicht arbeiten

potable
c'est tout juste potable = das geht gerade noch an

pouce
manger qc. sur le pouce = schnell e-e Kleinigkeit essen

prendre
prendre de l'âge = alt werden
andere Ausdrücke mit prendre: prendre les armes = zu den Waffen greifen; prendre le l'altitude = an Höhe gewinnen (Flugzeug); prendre l'avis de qn = j-s Rat einholen; prendre une couleur dorée = sich golden färben (Blätter im Herbst); prendre courage = Mut fassen; prendre l'eau = wasserdurchlässig, nicht wasserdicht sein; prendre espoir = Hoffnung schöpfen; prendre femme = heiraten; prendre ses fonctions = sein Amt antreten; prendre des forces = an Kräften zunehmen; prendre une photo = ein Foto machen; prendre sa source = entspringen (Fluss); prendre de la valeur = im Wert steigen; prendre en considération = in Erwägung ziehen; prendre pour prétexte = als Vorwand benützen; prendre un baiser = e-n Kuss rauben

râble
tomber, sauter sur le râble de qn = über j. herfallen, j. heftig angreifen

rare
se faire rare comme les beaux jours = sich rar machen

rebelle
il est rebelle au travail = er geht der Arbeit aus dem Weg

sac
il a épousé un gros sac = er hat e-e Geldheirat gemacht

saint
prêcher pour son saint = in eigener Sache sprechen, eigene Anliegen vertreten

sel
cela ne manque pas de sel = das ist wirklich witzig

semaine
c'est ma semaine de bonté = ich bin heute freigebig

souliers
être dans ses petits souliers = verlegen, betreten sein

source
cela coule de source = das kann gar nicht anders kommen, das ist die logische Folge

sucre
tu n'es pas en sucre = sei nicht so zimperlich

tablier
il a rendu son tablier = er hat seine Stelle aufgegeben

2)
ça lui va comme un tablier à une vache = das steht ihm überhaupt nicht (Kleid usw.)

tambour
mener l'affaire tambour battant = etwas flink und energisch (o. im Eiltempo) erledigen

tasse
  boire une tasse = beim Baden (unfreiwillig) Wasser schlucken
terre
  revenir sur terre = wieder auf den Boden der Wirklichkeit zurückkehren
terroir
  on sent son terroir = man merkt sofort, woher (aus welcher Gegend) er kommt
tête
  avoir la tête sur les épaules = vernünftige Ansichten haben, ausgeglichen sein
  2)
  vous pouvez aller, marcher la tête haute = Sie haben sich nichts vorzuwerfen
tombe
  creuser sa tombe avec ses dents = durch allzu üppige Tafelfreuden sein Leben verkürzen
tonneau
  c'est du même tonneau (o. tabac o. de la même eau) = das taugt ebenso wenig
  2)
  la voiture a fait un tonneau = der Wagen hat sich überschlagen
touche
  il a un drôle de touche = er sieht komisch, lächerlich aus
traître
  je ne vous prends pas en traître = ich möchte Sie nicht im Unklaren lassen, ich mache Sie rechtzeitig darauf aufmerksam
tranquille
  il est tranquille comme Baptiste = er ist durch nichts aus der Ruhe zu bringen (it. non lo smuovono neppure le cannonate)
trente-six
  il n'y en a pas trente-six = so gross ist die Auswahl ja schliesslich nicht
trésors
  il faut des trésors de patience = e-e gehörige Portion Geduld ist nötig

trou
  il n'est jamais sorti de son trou = er hat nichts von der Welt gesehen, er ist nie aus seinen vier Wänden herausgekommen
tuyau
  il m'a dit, coulé, glissé cela dans le tuyau de l'oreille = er hat mir das unter dem Siegel der Verschwiegenheit anvertraut
usure
  je l'aurai à l'usure = mit der Zeit kriege ich ihn schon noch herum
va
  faire qc. à la va comme je te pousse = etwas lieblos, schlampig machen
veau
  tuer le veau gras = e-n Festschmaus veranstalten (it. uccidere il vitello grasso)
velours
  je joue sur le velours = das kann nicht schief gehen, das ist e-e sichere Sache
vent
  aller contre vent et marées = allen Schwierigkeiten trotzen
  2)
  il fait un vent à décorner les bœufs = es stürmt fürchterlich
ventre
  taper sur le ventre de qn = sich bei j-m anbiedern, sich allzu vertraulich benehmen
vernis
  quand on gratte le vernis, il ne reste plus rien = wenn man etwas tiefer bohrt, bleibt nichts mehr
vers
  ce n'est pas piqué des vers (o. des hannetons) = so was findet sich nicht alle Tage
veste
  retourner sa veste = völlig umschwenken (durch Ueberredung)
violons
  accordez vos violons = werdet euch bitte einig

vitesse
    manger en quatrième vitesse = sein Essen hinunterschlingen

vitrines
    lécher les vitrines = die Schaufenster ansehen, e-n Schaufensterbummel machen

voix
    faire la grosse voix = e-n drohenden Ton anschlagen

voltige
    c'est de la haute voltige = das ist ein gewagtes Unterfangen

vrai
    il est (c'est bien) vrai, ce mensonge-là? = und das soll ich glauben

yeux
    il n'a pas froid aux yeux = er hat Courage, er schreckt vor nichts zurück

2)
il n'a pas ses yeux dans sa poche = er hat seine Augen überall, er hat vorne und hinten Augen

3)
il n'a plus que ses yeux pour pleurer = er hat alles verloren, er besitzt buchstäblich nichts mehr

4)
t'as donc pas les yeux en face des trous? = mach doch deine Augen auf!, du hast wohl keine Augen im Kopf?

Modi di dire italiani

accetta
 lavoro tagliato con l'accetta = schlecht ausgeführte Arbeit

acqua
 lavorare sott'acqua = heimlich wühlen

 2)
 non credere neanche all'acqua fresca o nel pan cotto = an gar nichts glauben

altarini
 scoprire gli altarini = fremde Geheimnisse an den Tag bringen o verraten

anima
 è o sembra un'anima del purgatorio = er ist ein unruhiger Geist

anni
 porta male i propri anni = er sieht älter aus, als er ist

aria
 pascersi d'aria o di fumo = sich trügerischen Hoffnungen hingeben

arte
 non avere né arte né parte = (gar) nichts können (und auch kein Geld haben)

asino
 fare il trotto dell'asino = etwas anfangen und bald wieder aufgeben

 2)
 legare l'asino o il carro, dove vuole il padrone = um seine Ruhe zu haben, widerspruchslos alles tun, was von e-m verlangt wird

asso
 essere l'asso di briscola = die Hauptperson sein

autobus
 perdere l'autobus (scherzh.) = die Gelegenheit versäumen

avemaria
 sapere qc. come l'avemaria = etwas ganz genau (o auswendig) wissen

babbo
 cose che hanno né babbo né mamma = sinnlose Dinge

bacchetta
 comandare a bacchetta = ein strenges Regiment führen

balia
 non l'ha ammazzato o affogato la balia = er ist in hohem Alter gestorben

bandolo
 cercare/trovare il bandolo = die Lösung suchen/finden

baracca
 mandare avanti la baracca = seine Familie durchbringen

barba
 ci fai venire la barba = du langweilst uns

 2)
 ci vuol altra barba che la tua = da braucht es andere Leute als dich

barricata
 essere dall'altra parte della barricata = von der Gegenpartei sein

baule
 viaggiare come un baule = in der Welt herumreisen, ohne etwas zu sehen

becco
 essere becco e bastonato = zum Schaden den Spott haben

benestare
 gli puzza il benestare = es ist ihm zu wohl in seiner Haut

bocca
 non ha né bocca né orecchi = er tut, als ob er nichts wüsste

 2)
 me ne sono nettato la bocca = ich habe es aufgegeben

boccone
 non è boccone per i suoi denti = das ist nichts für ihn

bozzolo
uscire dal bozzolo = selbständig werden

bravo
chi l'indovina è bravo = da soll e-r klug daraus werden

breccia
è ancora sulla breccia = er stellt noch immer seinen Mann

briscola
conta come il due di briscola = er gilt nichts

budella
gli cascano le budella = er ist verzagt

calci
dare calci all'aria = sich unnötig aufregen

camicia
ridursi in camicia = ins Elend geraten, verarmen

2)
questo pesce etc. mi va tra la camicia e la gonnella = dieser Fisch usw. bekommt mir gar nicht

3)
sudare sette camicie = sich sehr anstrengen, sich im Schweisse seines Angesichtes abmühen

campane
essere di campane grosse = schwerhörig sein

candela
puoi accendere una candela o un moccolo alla Madonna = du kannst dich beim Himmel bedanken (dass alles so gut gegangen ist)

2)
accendere una candela ai santi e una al diavolo = sich die Gunst zweier gegnerischer Parteien sichern

cannonate
non lo smuovono neppure le cannonate = er lässt sich durch nichts aus der Ruhe bringen

canta
canta che ti passa = es wird schon wieder gut werden

capo
dar di capo nel muro = sich der Verzweiflung hingeben

2)
mettere il capo o cervello a partito = Vernunft annehmen

capra
salvare capra e cavoli = aus e-m Dilemma glücklich herauskommen o. zwei Uebeln zugleich abhelfen

carne
mettere troppa carne al fuoco = zuviel aufs Mal unternehmen

cava
avere la cava di qc. = etwas in Hülle und Fülle haben

cavoli
andare a piantar cavoli = sich ins Privatleben zurückziehen

2)
questi progetti ci entrano come i cavoli a merenda = diese Pläne haben damit nichts zu tun

cece
non saper tenere un cece in bocca = kein Geheimnis für sich behalten können

cervello
avere il cervello nei piedi = unvernünftig sein

2)
mandare il cervello in vacanza = abschalten

cicala
fa come la cicala della favola = er lebt sorglos dahin

ciliegia
una ciliegia tira l'altra = eins zieht das andere nach sich

collo
fare allungare il collo a qd. = j. lange warten lassen

colori
   ne inventa di tutti i colori = er hat die verrücktesten Einfälle

   2)
   ne ho passato di tutti i colori = ich habe allerhand durchgemacht

confetti
   quando si mangiano i confetti? = wann wird die Hochzeit sein?

convento
   mangiare quel che passa il convento (scherzh.) = sich mit jedem Essen begnügen

corda
   essere giù di corda = verstimmt sein

corna
   abbassare le corna a qd. = j-m den Dünkel o. Hochmut austreiben

cresta
   essere sulla cresta dell'onda = sich der allgemeinen Gunst erfreuen

croce
   gettare la croce addosso a qd. = j. verleumden

denti
   restare a denti asciutti = enttäuscht sein

diavolo
   avere un diavolo per capello = fuchsteufelswild sein

erba
   un avvocato etc. in erba = ein angehender Rechtsanwalt usw.

faccia
   non guardare in faccia nessuno = auf niemand Rücksicht nehmen

   2)
   gli lustra la faccia = er sieht wohlgenährt aus

fante
   contare quanto il fante o il re di picche = nichts (o. wenig) zählen o. gelten

festa
   suona a festa = er strahlt vor Freude

feste
   lo hanno aggiustato o accomodato per le feste = er wurde übel zugerichtet

fiasco
   asciugare un fiasco = e-e Flasche Wein bis auf den Grund leeren

fico
   essere il più bel fico del paniere = der/die Schönste von allen sein

fiele
   intingere la penna nel fiele = bissig schreiben

figlio
   è il figlio dell'oca bianca = er ist schöner als die andern

   2)
   è il figlio della serva = er hat überhaupt nichts zu sagen

fischi
   capire fischi per fiaschi = falsch verstehen

forno
   il teatro ha fatto forno = das Theater war gähnend leer

freddo
   riscaldarsi a freddo = sich künstlich aufregen

frittata
   fare una frittata o rompere delle uova = e-e Dummheit begehen

fuoco
   dar fuoco alla miccia = die Lunte ans Pulverfass legen

galateo
   non conoscere il galateo = keinen Anstand kennen

gigante
   far passi da gigante = Riesenfortschritte machen

giudizio
   ha il giudizio sotto le suole delle scarpe = er ist unvernünftig, hat keinen Verstand

gola
  sono preso per la gola = die Not zwingt mich dazu

granata
  ci vorrebbe la granata = da müsste man mit eisernem Besen kehren

grano
  mangiarsi il grano o fieno in erba = Geld ausgeben, das man noch nicht verdient hat (fr. manger son blé en herbe)

grasso
  il grasso gli schizza dagli occhi = er ist sehr auseinandergegangen

grillo
  gli è saltato il grillo di... = er kam auf die Idee, es kam ihn die Laune an, zu...

grosso
  sparare grosso = Wucherpreise verlangen

guancia
  parare o porgere l'altra guancia = sich alles gefallen lassen

imperatori
  ha voglie di imperatori e borse da cappuccini = er ist ein Möchtegern

latte
  questo gioco fa venire il latte alle ginocchia = das ist ein langweiliges Spiel

lenzuola
  covare le lenzuola = lange in den Federn (im Bett) liegen

lesso
  chi la vuole a lesso, chi la vuole arrosto o chi la vuole calda, chi la vuole fredda = der eine will es so, der andere so

letto
  essere in un letto di spine = ein dornenreiches Leben führen

luce
  negare la luce del sole = das Unbestreitbare in Abrede stellen

lume
  giudicare a lume di naso = nach dem Gefühl urteilen

lumi
  arrivare a lumi spenti = eintreffen, knapp bevor man auseinandergeht

lune
  andare a lune o quarti di luna = launisch sein, Launen haben

mani
  mettere le mani avanti = sich nach allen Seiten hin absichern

manica
  avere qd. nella manica = j. begünstigen
  2)
  essere di manica stretta = es mit etwas sehr genau nehmen, intolerant sein

maniche
  è nelle sue maniche = er geniesst sein Vertrauen

mano
  ha la mano leggera = er hat Takt, ist taktvoll

mantello
  mutar mantello = seine Meinung ändern

Marie
  sembra le tre Marie = sie klagt und weint jämmerlich

matassa
  arruffare la matassa = Verwirrung stiften
  2)
  dipanare la matassa = e-e Angelegenheit entwirren

mecca
  vieni dalla mecca? = bist du auf dem Mond zu Hause (dass du das nicht weisst)?

meningi
  spremersi le meningi = sein Gehirn anstrengen

merce
  sa vendere la propria merce = er weiss sich Geltung zu verschaffen
  2)
  non è merce comune = das ist e-e seltene Tugend

messia
  aspettare il messia = vergeblich warten

minestra
  può farsi la minestra come gli piace = er kann tun, wie es ihm beliebt

  2)
  è una minestra fredda = er ist ein fader Mensch

  3)
  è una minestra che non mi va = die Sache passt mir nicht

moglie
  è (come) la moglie di Cesare = er ist über jeden Verdacht erhaben

molle
  è uno sproposito da prendersi con le molle = das ist ein gewaltiger Unsinn

mondo
  non sa stare al mondo = er ist allzu naiv

mosche
  rimanere con le mani piene di mosche o con un pugno di mosche = in seinen Hoffnungen o. Erwartungen arg enttäuscht werden

naftalina
  tenere qc. sotto naftalina = etwas eifersüchtig hüten

Natale
  durare da Natale a Santo Stefano = von sehr kurzer Dauer sein

naufragio
  fare naufragio in porto = kurz vor dem Ziel scheitern

nemico
  (scherzh.) essere nemico (mortale) dell'acqua = 1. Angst vor dem Wasser haben; 2. nur Wein trinken

noci
  lasciarsi schiacciare le noci in capo = sich alles gefallen lassen

nome
  son cose senza nome o cose da far impallidire il sole o le stelle = das sind unerhörte, unglaubliche Dinge (fr. ça n'a pas de nom)

norma
  per tua norma e regola = lass dir das gesagt sein o. damit du es nur weisst

note
  (scherzh.) ora incominciano le dolenti note = jetzt kommt das Unangenehme

nozze
  far le nozze con i fichi secchi o con i funghi = am falschen Ort sparen

numeri
  è come indovinare i numeri al lotto = das ist reine Glückssache

  2)
  dare i numeri = unverständliches Zeug reden

O
  non saper fare un O neanche col bicchiere = 1. Analphabet sein; 2. zu nichts zu gebrauchen sein

occhi
  fare gli occhi alle pulci - avere le mani d'oro = in allen Verrichtungen sehr geschickt sein

  2)
  avere gli occhi foderati (di prosciutto) = nicht sehen wollen

occhio
  avere un occhio al gatto e un altro alla pentola = umsichtig, vorsichtig sein

oracolo
  credersi un oracolo = sich für unfehlbar halten

ore
  fare le ore piccole = sehr spät (nach Mitternacht) zu Bett gehen

orecchie
  avere le orecchie lunghe = 1. ein scharfes Gehör haben; 2. dumm sein

oro
  è tutto oro colato = es ist die reine Wahrheit

orologio
  è un orologio = er ist die Pünktlichkeit selbst

  2)
  stare con l'orologio in mano = es mit der Pünktlichkeit sehr genau nehmen

  3)
  quest'orologio spacca il minuto = diese Uhr geht auf die Minute genau

orto
  coltivare il proprio orto = sich um seine eigenen Angelegenheiten kümmern

osso
  rimetterci l'osso del collo = alles verlieren o einbüssen

oste
  domandare all'oste se ha buon vino o domandare se San Cristoforo fu nano = e-e unnütze Frage stellen

ostrica
  è chiuso come un'ostrica = er ist verschlossen

ovile
  è tornato all'ovile = er ist heimgekehrt

palma
  mostrare in palma di mano = klar und deutlich zeigen

palmenti
  mangiare a quattro palmenti = mit vollen Backen kauen

palmo
  arrivare con un palmo di lingua = atemlos ankommen

pancia
  salvare la pancia per i fichi = 1. seinen Appetit für weitere Gerichte aufsparen; 2. sich drücken

  2)
  grattare la pancia alla cicala = j. zum Sprechen reizen

pane
  misurare il pane a qd. = j. kurz halten

  2)
  (scherzh.) spezzare il pane della scienza = unterrichten

  3)
  mangia pane a tradimento o a ufo = er ist ein Tagedieb

panni
  sapere di che panni uno veste = wissen, wes Geistes Kind einer ist

pappa
  mangiare la pappa o la minestra in capo a qd. = 1. grösser sein als j.; 2. mit j-m nach Belieben umspringen können

paradiso
  (scherzh.) stare in paradiso = im obersten Stock wohnen

  2)
  voler andare in paradiso in carrozza = ein allzu bequemes Leben führen wollen

  3)
  (scherzh.) voler stare in paradiso a dispetto dei santi = gegen aller Willen dableiben wollen

partita
  salderò la partita = ich werde alles ins reine bringen

paternostri
  masticare paternostri = vor sich hin fluchen

pelle
  far la pelle lustra = dick werden

pelo
  fare il pelo e il contrapelo a qd. = gegen j. losziehen

penna
  saper tenere la penna in mano = e-e gewandte Feder führen

pentola
  fare la pentola a due manici = die Hände in die Seiten stemmen

pepe
  essere tutto pepe = sehr lebhaft sein

pera
  cadere come una pera cotta = 1. wie ein

Sack hinfallen; 2. sich übers Ohr hauen lassen; 3. sich Hals über Kopf verlieben

Perù
vale un Perù = es hat e-n ungeheuren Wert

pesce
fa il pesce in barile = er stellt sich unwissend (um sich nicht zu blamieren)

piedi
cavare i piedi da qc. = sich aus etwas herausziehen

2)
andare con i piedi di piombo = mit äusserster Vorsicht vorgehen

Pilato
questo ci entra come Pilato nel credo = das hat damit überhaupt nichts zu tun

piove
non ci piove e non ci grandina = das ist e-e ganz sichere Sache

poltrona
starsene in poltrona = ein bequemes Leben führen

polvere
trarre qc. dalla polvere = etwas aus der Vergessenheit ziehen

ponti
tagliare i ponti con qd. = die Beziehungen zu j-m abbrechen

porco
aspettare il porco alla quercia o alla ghianda = den geeigneten Augenblick, die günstige Gelegenheit abpassen

porta
non chiudere la porta alla fortuna = sich e-e günstige Gelegenheit nicht entgehen lassen

portoghese
fare il portoghese = sich ohne Eintrittskarte einschmuggeln

pulcino
sembrare un pulcino nella stoppa = sich (in e-r misslichen Lage) nicht zu helfen wissen

pulpito
montare o salire in pulpito = den Sittenrichter spielen

2)
da che pulpito viene la predica? = und der will uns Moral predigen, das ist gerade der rechte Sittenrichter

punta
parlare in punta di forchetta o in quinci e quindi = geziert sprechen

quaresima
essere lungo come la quaresima o una litania o le litanie dei santi o più lungo d'una messa cantata = von e-r Angelegenheit, e-r Rede usw., die kein Ende nehmen will und daher langweilt

quarta
partire in quarta = (Auto) wild losfahren, e-n Kavaliersstart hinlegen

quota
essere a quota zero = nichts ausgerichtet haben, wieder am Anfang stehen

rasoio
mettere il rasoio in mano al pazzo = e-e gefährliche Angelegenheit e-m dazu nicht Geeigneten anvertrauen

ritto
non ci entro né per ritto né per rovescio = ich habe damit nicht das geringste zu tun

rottura
è una rottura di scatole = es ist e-e lästige Angelegenheit, e-e langweilige Sache

ruota
essere al colmo della ruota = auf dem Gipfel des Glücks sein

sacco
reggere il sacco a qd. = 1. j-m in die Hände arbeiten; 2. bei e-m Diebstahl mitwirken

sagrestia
c'è odor di sagrestia (scherzh.) = da steckt die Kirche dahinter

salute
 ti fa male alla salute aiutarmi? = es fällt dir wohl kein Stein aus der Krone, wenn du mir hilfst

santo
 avere qualche santo in paradiso = von oben gefördert werden o. Rückendeckung haben

 2)
 non c'è santo che tenga o non ci sono santi che tengano = sich weder durch Bitten noch durch Befehle von seinem Entschluss o. Vorhaben abbringen lassen

sasso
 tira il sasso e nasconde la mano = er tut hinten herum Uebles

scaricabarile
 fare a scaricabarile = einander gegenseitig die Schuld o. die Verantwortung zuschieben

scarpe
 fare le scarpe a qd. = j-m übel mitspielen; a. j. an höherer Stelle verleumden

scatolino
 stare o tenersi nello scatolino = übertrieben vorsichtig auf seine Gesundheit achten

schiena
 rompersi la schiena o sputare sangue = sich abrackern

scogli
 navigare tra due scogli = zwischen zwei Stühlen sitzen

seme
 non ne è rimasto neanche il seme = 1. es ist keine Brosame übrig geblieben (beim Essen); 2. es ist spurlos verschwunden

sereno
 è tornato il sereno = es herrscht wieder Ruhe und Frieden

serpe
 ci va come il serpe all'incanto o come il ladro alla forca = er geht nur widerwillig hin

sodo
 c'è del sodo = da ist Geld vorhanden

sole
 vendere il sole di luglio (scherzh.) = anpreisen, was es in Hülle und Fülle gibt

solfa
 battere o cantare la solfa = bis zum Ueberdruss wiederholen

specchi
 arrampicarsi sugli specchi = sich herauszureden versuchen

spiriti
 avere sette spiriti (come i gatti) = zehn Leben haben, besonders zäh sein

spugna
 dare di spugna o un colpo di spugna a qc. = etwas ein für allemal vergessen

stelle
 cadere dalle stelle alle stalle = sehr tief fallen

stinco
 non è uno stinco di santo (a. non è farina da far ostie) = er ist nicht gerade ein Heiliger

stoffa
 c'è della stoffa in lui = er hat gute Anlagen

striglia
 dare una striglia a qd. = j-m e-n Rüffel erteilen

tappe
 bruciare le tappe della carriera = schnell aufsteigen, sich rasch emporarbeiten

tasca
 avere qd. in tasca = j. satt haben

tegola
 gli è cascato una tegola sul capo = er hat e-n schweren Schlag erlitten

tempo
 lasciare il tempo che si trova = alles beim alten lassen

tenaglie
ci sono voluto le tenaglie per farlo parlare = es hat viel Mühe gekostet, ihn zum Reden zu bringen

terreno
non è terreno da piantar vigne = er ist ein unsicherer Kantonist

testa
rialzare la testa = wieder Mut fassen

2) rizzare la testa o il capo = sich aufbäumen o. auflehnen

tiro
correggere o aggiustare il tiro = einlenken

uccello
essere l'uccello sulla frasca = von e-r Person, die ständig die Wohnung, den Beruf usw. wechselt

umore
conoscere l'umore della bestia = j-s Launen o. Tücken kennen

uscio
non fermarsi al primo uscio = sich nicht mit der erstbesten Lösung begnügen

vendere
te la vendo come l'ho comprato = ich erzähle es dir, wie ich es gehört habe

vento
saper navigare ad ogni vento = sich in jeder Lage zu helfen wissen

vergine
rifarsi una vergine (scherzh.) = seinen guten Ruf zurückgewinnen, sich weiss waschen

vita
sapere vita, morte e miracoli di qd. = alles von j-m wissen

vuoto
fare il vuoto intorno a sé = sich mit aller Welt verfeinden

zero
sparare a zero = Argumente usw. schonungslos zerreissen

Figures of speech

Adam
I don't know him from Adam = ich habe keine Ahnung, wer er ist (schweiz.: ich kenne ihn von Haut und Haar nicht)

angels
to rush in where angels fear to tread = sich törichter- o. anmassenderweise in Dinge einmischen, an die sich sonst niemand heranwagt

angles
she's got all the angles figured (am.) = bei ihr ist alles Berechnung

baby
that's your baby (o. funeral) = das ist Ihr Problem

bacon
he brought home the bacon = er hat es geschafft

ball
to have the ball at o's feet = das Spiel in der Hand haben o. nur zugreifen müssen

barge-pole
I wouldn't touch him/it with a barge-pole = a) ich würde ihn/es nicht einmal mit der Feuerzange anfassen – b) damit möchte ich nichts zu tun haben

bark
his bark is worse than his bite = er bellt nur, er beisst nicht

black
he is not as black as he is painted = er ist besser als sein Ruf

blank
to draw a blank = kein Glück haben, etw. ohne Erfolg tun; a. e-e Niete ziehen

boat
to rock the boat = die Sache ins Wanken bringen, gefährden

boot
now the boot (o. shoe) is on the other foot = jetzt ist die Sache umgekehrt, liegt die Verantwortung (o. Wahrheit) auf der anderen Seite

breast
to make a clean breast of s.th. = etw. offen eingestehen

breath
to keep o's breath to cool o's porridge = den Mund halten

brush
it is tarred with the same brush o. stick = es ist genau dasselbe o. um kein Haar besser

card
to have a card up o's sleeve = etw. in der Hinterhand haben

cards
to play o's cards well = seine Chancen (gut) (aus)nutzen

2)
it is quite on the cards = es ist durchaus möglich

cat
to wait for the cat to jump = die Entwicklung der Dinge abwarten

2)
there's no room to swing a cat (in) = es ist hier scheusslich eng

change
to get no change out of s.o. = nichts aus j-m herausholen können

chip
he has a chip on his shoulder = er ist «geladen» (zornig)

2)
he is a chip of the old block = er ist genau wie sein Vater

chord
does that strike a chord? = erinnert dich das an etwas?

circle
to square the circle = das Unmögliche vollbringen

cloud
every cloud has a silver lining = jedes Unglück hat auch sein Gutes

cobwebs
to blow away the cobwebs = sich e-n klaren Kopf schaffen

colours
to nail o's colours to the mast o. to stick to o's colours = standhaft bleiben

Coventry
to send s.o. to Coventry = j. gesellschaftlich ächten

crest
to be on the crest of the wave = auf dem Gipfel des Glücks sein

cud
he is chewing the cud = er ist am Ueberlegen

damage
what's the damage = was hattest du zu bezahlen? (am Zoll)

deuce
there will be the deuce to pay = das wird noch etw. absetzen

dice
the dice are loaded against him = er hat kaum e-e Chance

dog
every dog has his day = jedem lacht einmal das Glück

2)
to help a lame dog over a stile = j-m in der Not beistehen

door
to bang (o. close) the door on s.th. = etw. verunmöglichen

drawer
he does not come from (o. out of) the top drawer = er kommt nicht aus vornehmster Familie

duck
that's a sitting duck for him = das ist ein leichtes Opfer o. e-e Kleinigkeit für ihn

2)
he takes to it like a duck to the water = er tut es mit der grössten Selbstverständlichkeit

dust
to shake the dust off o's feet = entrüstet weggehen

2)
the dust has settled = die Aufregung hat sich gelegt

ears
to have o's ears to the ground = aufpassen, was vorgeht

eggs
to tread upon eggs = ganz vorsichtig lavieren

end
he got hold of the wrong end of the stick = er hat es (o. die Sache) falsch verstanden

2)
he is at a loose end = er weiss nicht recht, was er tun soll

3)
to keep o's end up = seinen Mann stehen

ends
to play both ends against the middle = vorsichtig lavieren, raffiniert vorgehen

eye
to catch s.o's eye = j-s Aufmerksamkeit auf sich lenken

2)
if he had half an eye = wenn er nicht völlig blind wäre

3)
to have an eye to the main chance = seinen eigenen Vorteil im Auge haben

4)
to see eye to eye with s.o. = mit j-m übereinstimmen

eyebrows
   to cause raised eyebrows = Missfallen (o. Aufsehen) erregen

eyes
   to keep o's eyes peeled (o. skinned) = scharf (o. wie ein Schlosshund) aufpassen

face
   to set o's face like a flint = fest entschlossen sein

faces
   to grind down the faces of the poor = die Armen aussaugen

feather
   that's a feather in my cap = das ist e-e Ehre für mich

feathers
   to crop s.o's feathers = j. demütigen
   2)
   to ruffle o's feathers = sich aufregen

feet
   to carry (o. sweep) s.o. off his feet = j-s Herz im Sturm erobern
   2)
   he drags his feet = er lässt sich Zeit
   3)
   to let s.o. cool his feet = j. lange warten lassen

fence
   to sit on the fence = sich abwartend o. neutral verhalten

floor
   to wipe the floor with s.o. o. to knock s.o. into the middle of next week = j. (schön) fertigmachen

fly
   it's a fly in amber = es ist e-e Rarität

foot
   to put o's best foot forward = sein Bestes tun, sich von der besten Seite zeigen

form
   he runs true to form = er macht seine Sache gut

game
   I know his (little) game = ich weiss, was er im Schild führt

garden
   everything in the garden looks lovely = es ist alles in schönster Ordnung

geese
   all his geese are swans = er übertreibt immer, bei ihm ist immer alles besser als bei andern

gizzard
   that sticks in my gizzard = das ist mir zuwider

gloves
   to take the gloves off = massiv werden

go down
   that won't go down with me = das nehme ich dir nicht ab

goat
   to play the (giddy) goat = sich närrisch benehmen

goods
   to put all o's goods in the shop window = Eindruck «schinden»

goose
   I shall cook his goose = dem werde ich es besorgen

grass
   he doesn't let the grass grow under his feet = er erledigt die Dinge ohne Verzug

grist
   all is grist that comes to his mill = er weiss aus allem Kapital zu schlagen

ground
   to go over the ground thoroughly = alles gründlich besprechen o. prüfen

hair
   to get s.o. by the short hair = j. unter die Fuchtel bekommen

halfpenny
   he turns up like a bad halfpenny = er taucht immer wieder auf

hand
  to get a big hand = *stürmischen Beifall ernten*
  2)
  to play a lone hand = *es im Alleingang machen*
  3)
  to give s.o. the glad hand = *j. herzlich willkommen heissen*

hat
  keep it under your hat = *behalte es für dich, sprich nicht darüber*
  2)
  to hang up o's hat = *sich häuslich niederlassen*

head
  to knock s.th. on the head = *etw. vereiteln*
  2)
  he has an old head on young shoulders = *er ist altklug*
  3)
  you brought that on your own head = *das hast du dir selber eingebrockt*
  4)
  it will come to a head soon = *es wird sich bald entscheiden*

heads
  he talked over our heads = *er sprach über unsre Köpfe hinweg (zu hoch)*

heather
  to set the heather on fire = *Furore machen*

hedge
  that doesn't grow on every hedge = *das findet man nicht alle Tage*

heel
  he is down at heel (o. on his uppers) = *er ist heruntergekommen o. verarmt o. in Schwierigkeiten*

heels
  he has him by the heels = *er hat ihn in seiner Gewalt*

hell
  there will be hell to pay o. that will raise a stink = *das wird ein Donnerwetter absetzen*

herring
  to draw a red herring across the trail = *ein Ablenkungsmanöver durchführen*

home
  to bring o. drive s.th. home to s.o. = *e-m etw. klarmachen o. zum Bewusstsein bringen*
  2)
  to be at home with s.th. = *mit etw. vertraut sein*

hoop(s)
  to go through the hoop(s) = *Schlimmes durchmachen*

horns
  to lock horns with s.o. = *mit j-m hart aneinandergeraten*

laugh
  I'll make you laugh on the other side of your face = *das Lachen wird dir schon noch vergehen*

leg
  to have not a leg to stand on = *keinerlei Beweise haben, sich auf nichts stützen können*

lid
  to put the lid on s.th. = *etw. endgültig erledigen*

light
  to shine with reflected light o. to bask in reflected glory = *sich im Ruhme e-s andern sonnen*

loaf
  half a loaf is better than no bread = *etwas ist besser als nichts*

love
  there is no love lost between them = *sie haben nichts füreinander übrig*

meat
  this is meat and drink to me = *das ist mir e-e Wonne, es ist ganz mein Fall*

mincemeat
    to make mincemeat of a book = ein Buch usw. verreissen (Kritik)

minds
    I was in two minds about telling him = ich wusste nicht recht, ob ich es ihm sagen sollte

mud
    his name is mud with me = er ist für mich erledigt

nail
    to pay on the nail = bar bezahlen

neck
    I'll stick my neck out = ich riskiere es (unrecht zu haben und ausgelacht zu werden)

nest
    to feather o's nest = sich bereichern

nod
    a nod is as good as a wink (to a blind horse) = bei ihm (o. in diesem Fall) nützt ein sanfter Wink nichts

nose
    to put s.o's nose out of joint = j. ausstechen, frustrieren

    2)
    to keep o's nose to the grindstone = sich abschinden, abrackern

number
    to have got s.o's number = j. durchschaut haben

oars
    to be chained to the oars = schwer schuften müssen

oil
    to strike oil o. to strike it rich = Glück o. Erfolg haben

order
    that is a tall order = das ist ein bisschen viel verlangt

P
    to mind o's P's and Q's = sich ganz gehörig in acht nehmen

pack
    let's pack it in (and go home) = geben wir es auf

palm
    he has an itching palm = er ist bestechlich

pebble
    you are not the only pebble on the beach = man kann auch ohne dich auskommen

pecker
    to keep o's pecker up = sich nicht unterkriegen lassen

peg
    a round peg in a square hole o. a square peg in a round hole = ein Mensch am falschen Platz

penny
    a penny for your thoughts = ich gäbe etw. dafür, wenn ich wüsste, was Sie jetzt gerade denken

    2)
    he hasn't got a penny to his name = er ist ein Habenichts

    3)
    he is penny-wise and pound-foolish = er spart am falschen (o. unrechten) Ort

perch
    come off your perch = tu nicht so überlegen

picture
    the hat etc. is a picture = der Hut usw. ist ein «Gedicht»

pie
    that's pie in the sky = das sind leere Versprechungen

pigeon
    to milk the pigeon (o. the ram o. the bull) = das Unmögliche versuchen

pigs
    pigs might fly = man hat schon Pferde kotzen sehen

pins
  that knocked him off his pins (o. for six)
  = das hat ihn umgeschmissen

powder
  keep your powder dry = sei auf der Hut

pride
  to swallow o's pride = seinen Stolz überwinden

rail
  to have the inner rail = vorteilhaft plaziert sein

river
  to sell s.o. down the river = j. verraten

roof
  to raise the roof = Krach schlagen

roses
  to gather (life's) roses = das Leben geniessen

rough
  to take the rough with the smooth = das Leben nehmen, wie es nun einmal ist

row
  that's a hard row to hoe (am.) = das ist e-e schwere Aufgabe

saddle
  to put the saddle on the wrong/right horse = die Schuld dem Falschen/Richtigen zuschieben

sail
  to take in sail = seine Ansprüche herunterschrauben

sailing
  from now on it's all plain sailing = von jetzt an geht alles glatt

scratch
  to keep s.o. up to scratch = j. bei der Stange halten

screw
  there is a screw loose (somewhere) = da stimmt etw. nicht

sea
  to be (all) at sea = (völlig) ratlos sein

sheep
  you might as well be hanged for a sheep as for a lamb = wenn schon, denn schon

ship
  when my ship comes home = wenn ich mein Glück mache

shoes
  to wait for a dead man's shoes = auf e-e Erbschaft warten

shoulders
  to rub shoulders with s.o. = mit j-m in nähere Berührung kommen

show
  to give the whole show away = den ganzen Schwindel verraten

sixes
  everything was at sixes and sevens = es ging recht bunt (o. drunter und drüber) zu

snake
  he is a snake in the grass = man kann ihm nicht trauen

sneezed
  that's not to be sneezed at = das ist nicht zu verachten

sober
  he is as sober as a judge = er ist stocknüchtern

song
  that's nothing to make a song and dance about = davon braucht man kein Aufhebens zu machen

spoon
  he was born with a silver spoon in his mouth = er wurde zum Reichtum geboren

square
  we are back to square one = wir sind wieder gleich weit wie am Anfang

steam
  to work full steam ahead = mit Volldampf arbeiten

stones
stones will cry out = die Steine erbarmen sich

street
this is not up my street = das liegt mir nicht

strike
my pen goes on strike = meine Feder beginnt zu streiken

swings
to lose on the swings what you make on the roundabout o. you make up on the swings what you lose on the roundabout = was man hier verliert, macht man dort wieder wett

T
that suits me to a T = das passt mir ausgezeichnet

tail
the tail wags the dog = der Dümmste o. Unbedeutendste führt das Regiment

teeth
to put teeth into a law, regulations etc. = e-m Gesetz, Vorschriften usw. Nachdruck verleihen

throat
to cut o's own throat = sich selber ruinieren

time
time hangs heavy = die Zeit schleicht dahin

2)
time drags on his hands = die Zeit wird ihm lang

3)
he had a thin (o. lean) time = es ging ihm mies

4)
I have plenty of time on my hands (o. to kill) = ich habe reichlich Zeit übrig

tomorrow
tomorrow never comes = das werden wir nie erleben

tongue
to oil the tongue = mit glatter Zunge reden, schmeicheln

2)
to keep a civil tongue in o's head = höflich bleiben

3)
he said so with his tongue in his cheek = er sagte es ironisch

tooth
I have a sweet tooth = ich habe e-e Vorliebe für Süssigkeiten

trail
to blaze the trail (for) = Pionierarbeit leisten

trumpet
to blow o's own trumpet = sein eigenes Lob singen

wars
he has been in the wars = es hat ihn sehr mitgenommen

water
to get into hot water with s.o. = es mit j-m zu tun kriegen

2)
to wring water from a flint = Wunder wirken

3)
like water from a duck's back = ohne den geringsten Eindruck zu machen

4)
I am now in smooth water = jetzt habe ich es geschafft

waters
he is in deep waters = er ist in Schwierigkeiten

way
to rub s.o. up the wrong way = j. verstimmen

wedge
that's the thin end of the wedge = das ist erst ein bescheidener Anfang, aus dem sich Bedeutendes entwickeln kann

weight
  to throw o's weight about = sich breit machen

whip
  to crack the whip = zeigen, wer der Herr ist

wind
  to tack down wind = seinen Kurs (plötzlich) ändern

2)
  to sail with the wind = sich vom Lauf der Dinge treiben lassen

3)
  to sail close to the wind = sich hart an der Grenze des Erlaubten bewegen

wits
  he has his wits about him = er hat seine fünf Sinne (o. seinen Verstand) beisammen

words
  to mince o's words = affektiert sprechen

world
  he thinks the world is his oyster = er meint, er kann alles haben

Teil 3

Sprichwörter in 4 Sprachen

1.
Wer A sagt, muss B sagen.
Le vin est tiré, il faut le boire.
Quand' uno è in ballo, bisogna ballare.
In for a penny, in for a pound.

2.
Wo Aas ist, sammeln sich die Geier.
Où que soit le cadavre, là se rassembleront les vautours.
Dove sono carogne, son corvi.
Where there is carrion there are sure to be vultures.

3.
a) Abendrot gut Wetter Bot'.
b) Der Abend rot, der Morgen grau bringt das schönste Tagesblau.
Rouge au soir, blanc au matin c'est le jour du pèlerin.
Rosso di sera, bel tempo si spera, rosso di mattina, la pioggia s'avvicina.
An evening red and a morning grey will set the traveller on his way.

4.
Die Abwesenden haben immer unrecht.
a) Les absents ont toujours tort.
b) Les os sont pour les absents.
Chi è assente ha sempre torto.
a) The absent are always in the wrong.
b) Never were the absent in the right.

5.
Ein Aff bleibt ein Aff, er mag König werden oder Pfaff.
Un singe vêtu de pourpre est toujours singe.
a) Chi scimmia nasce, asino muore.
b) La scimmia è sempre scimmia, anche vestita di seta.
a) An ass is but an ass though laden with gold.
b) An ape's an ape, a varlet's a varlet though they be clad in silk or scarlet.

6.
a) Wer allzuviel beginnt, wird wenig schaffen.
b) Wer zuviel fasst, lässt viel fallen.
c) Wer auf zwei Hasen zielt, trifft keinen.
a) Qui trop embrasse mal étreint.
b) Il ne faut pas courir deux lièvres à la fois.
a) Chi troppo abbraccia, nulla stringe.
b) Chi più fa, meno fa.
He that grasps at too much holds nothing fast.

7.
a) Alter schützt vor Torheit nicht.
b) Alter macht zwar weiss, aber nicht immer weise.
Le temps blanchit les têtes sans mûrir la raison.
a) I vecchi matti sono tre volte peggio dei giovani.
b) A testa bianca spesso cervello manca.
a) (There is) no fool like an old fool.
b) The brains don't lie in the beard.

8.
Wer sich auf andere verlässt, ist verlassen.
Qui s'attend à l'écuelle d'autrui a souvent mauvais dîner.
ital. – – –
engl. – – –

9.
Aller Anfang ist schwer.
Il n'y a que le premier pas qui coûte.
Il passo più duro è quello dell' uscio (o. della soglia)
a) Every beginning is hard.
b) The first step is the hardest.

10.
a) Keine Antwort ist auch eine Antwort.
b) Wer schweigt, sagt ja.
Qui ne dit mot consent.
Chi tace acconsente.
Silence gives consent.

11.
Der Appetit kommt beim Essen.
L'appétit vient en mangeant.
a) L'appetito vien mangiando.

b) Chi più ne ha, più ne vorrebbe.
a) Appetite comes with eating.
b) The more one has the more one wants.

12.
Arbeit macht das Leben süss.
Le travail fait le charme de la vie.
Pan di sudore ha gran sapore.
No sweet without sweat.

13.
Erst die Arbeit, dann das Spiel (o. das Vergnügen).
Le travail d'abord, le plaisir après.
Prima il dovere, poi il piacere.
a) Work first and play afterward(s).
b) Business before pleasure.

14.
Wie die Arbeit, so der Lohn.
A chacun selon ses mérites.
Quale il lavoro, tale la mercede.
A good servant must have good wages.

15.
Besser den Arm gebrochen als den Hals.
Mieux vaut perdre la laine que la brebis.
E meglio perdere il dito che la mano.
a) Lose a leg rather than a life.
b) Better lose a jest than a friend.

16.
a) Armut schändet nicht.
b) Besser arm in Ehren als reich in Schanden.
c) Ein hölzerner Sarg ist besser als ein goldener Galgen.
a) Pauvreté n'est pas vice.
b) Bonne renommée vaut mieux que ceinture dorée.
a) Povertà non è vizio nè vergogna.
b) Povertà non guasta gentilizia.
c) Meglio povertà onorata che ricchezza svergognata.
a) Poverty is not a crime.
b) A good name is better than richess.
c) Better go to heaven in rags than to hell in embroidery.

17.
Wenn die Armut zur Tür eingeht, fliegt die Liebe zum Tempel hinaus.
Lorsque la faim est à la porte l'amour s'en va par la fenêtre.
Quando la fame vien dentro la porta, l'amore se ne va dalla finestra.
When poverty comes in at the door, love flies out at the window.

18.
a) Art lässt nicht von Art.
b) Wie die Alten (sungen), so (zwitschern) die Jungen.
c) Wie der Baum, so die Frucht.
d) Wie der Vogel, so das Ei.
e) Der Apfel fällt nicht weit vom Stamm.
f) Was von der Henne kommt, das gakkert.
a) Tel père, tel fils.
b) Bon sang ne peut mentir.
c) Bon chien chasse de race.
d) La pomme ne tombe jamais loin de l'arbre.
e) Chassez le naturel, il revient au galop.
a) Quale il padre, tale il figlio.
b) Buon sangue non mente.
c) Chi di gallina nasce, convien che razzoli.
a) Like sir like son.
b) Blood will tell.
c) True blood will show itself.
d) What's bred in the bone won't out of the flesh.
e) The young cock crows as he heard the old one.

19.
Aufgeschoben ist nicht aufgehoben.
Partie remise n'est pas perdue.
Partita rimandata non è persa.
a) Postponed is not abandoned.
b) Forbearance is not acquittance.
c) To put off is not to put aside.

20.
Das Auge des Herrn macht die Kühe fett.
L'œil du fermier vaut fumier.

L'occhio del padrone ingrassa il cavallo.
a) *The master's foot makes the ground fat.*
b) *The master's eye is worth both his hands.*

21.
Aus den Augen, aus dem Sinn.
Loin des yeux, loin du cœur.
Lontan dagli occhi, lontan dal cuore.
Out of sight out of mind.

22.
a) Man soll das Fell des Bären nicht verkaufen, bevor man ihn geschossen hat.
b) Man soll die Beute nicht vor dem Sieg teilen.
c) Die Nürnberger hängen keinen, sie hätten ihn denn.
a) il ne faut pas vendre la peau de l'ours avant de l'avoir tué.
b) Il ne faut pas acheter la corde avant d'avoir le veau.
a) Non vendere la pelle dell'orso prima di averlo ucciso (o. preso).
b) Non dir quattro, se non l'hai nel sacco.
a) Don't sell the skin till you have caught the bear.
b) Don't count your chickens before they are hatched.
c) First catch your hare then cook it.
d) Count not four except you have them in the wallet.
e) Don't spread the cloth till the pot begins to boil.

23.
Ein voller Bauch studiert nicht gern.
Après repas étude ne va.
Plenus venter non studet libenter.
A fat belly, a lean brain.

24.
Es ist kein Baum, der nicht zuvor ein Sträuchlein gewesen.
D'un petit gland sourd (naît) grand chêne.
Anche l'albero più grande fu da principio un arboscello.
Every oak has been an acorn.

25.
Wenn der Baum gefallen ist, so macht ein jeder Holz.
Quand l'arbre est tombé, tout le monde court aux branches.
Sopra l'albero caduto ognuno corre a far legna.
When the tree is fallen (down), every man goes to it with his hatchet.

26.
a) Beharrlichkeit führt zum Ziel.
b) Schritt vor Schritt kommt auch ans Ziel.
c) Steter Tropfen höhlt den Stein.
d) Wer oft schiesst, trifft endlich.
a) Avec de la persévérance on arrive à tout.
b) Petit train va loin.
c) Goutte à goutte l'eau creuse la pierre.
d) Au long aller la lime mange le fer.
e) Petit à petit l'oiseau fait son nid.
a) Chi la dura, la vince.
b) Chi comincia e non s'arresta, va lontano e arriva presto.
c) La goccia scava la pietra.
d) Per giungere in capo alla scala convien salire uno scalino per volta.
a) Slow but sure wins the race.
b) Constant dropping wears the stone.
c) Grain by grain and the hen fills her belly.
d) Step after step the ladder is ascended.
e) Little strokes fell great oaks.

27.
a) Schlechte Beispiele verderben gute Sitten.
b) Wer mit Hunden zu Bett geht, steht mit Flöhen wieder auf.
a) Les mauvaises compagnies corrompent les bonnes mœurs.
b) Qui hante chien, puces remporte.
a) I cattivi esempi guastano i buoni costumi.

b) Chi va a letto coi cani, si alza con le pulci.
   c) Chi va con lo zoppo impara a zoppicare.
   a) Evil communications corrupt good manners.
   b) If you lie down with dogs, you will get up with fleas.

28.
Wenn der Berg nicht zum Propheten kommt, muss der Prophet zum Berg gehen.
Puisque la montagne ne vient pas à nous, allons à la montagne.
Se la montagna non va a Maometta, Maometta andrà alla montagna.
If the mountain will not come to Mahomet, Mahomet must go to the mountain.

29.
Berg und Tal kommen nicht zusammen, aber Menschen.
Deux montagnes ne se rencontrent point, mais deux hommes se rencontrent.
I monti stanno fermi e le persone camminano.
Friends may meet, but mountains never greet.

30.
Neue Besen kehren gut.
Tout nouveau tout beau.
Granata nuova spazza bene tre giorni.
New brooms sweep clean.

31.
a) Das Bessere ist des Guten Feind.
b) Das Gute ist der Feind des Besseren.
Le mieux est l'ennemi du bien.
Il meglio è nemico del bene.
Good is good, but better carries it.

32.
a) Wie man sich bettet, so liegt man.
b) Wer sein Bett verkauft, muss auf Stroh liegen.
c) Wie man's treibt, so geht's.
d) Wie die Saat, so die Ernte.
e) Was man sich eingebrockt hat, muss man auch auslöffeln.
   a) Comme on fait son lit on se couche.
   b) Qui casse les verres, les paie.
   c) On récolte ce qu'on a semé.
   a) Come uno si fa il letto, così dorme.
   b) Chi rompe, paga.
   c) Come si semina, si raccoglie.
   d) Chi mal semina, mal raccoglie.
   a) As you make your bed, so you must lie on it.
   b) He now reaps what he has sown.
   c) As you have brewed, so you must drink.

33.
Wein auf Bier, das rat' ich dir; Bier auf Wein lass lieber sein.
Vin sur bière fait l'affaire, bière sur vin ne vaut rien.
ital. – – –
Wine upon beer is very good cheer, beer upon wine you'll repine.

34.
a) Man soll den Bissen nicht grösser machen als das Maul.
b) Es ist dafür gesorgt, dass die Bäume nicht in den Himmel wachsen.
Il faut tailler son manteau selon son drap.
a) Il sarto fa il mantello secondo il panno.
b) Non bisogna mettere troppa carne al fuoco.
a) Take no more on than you're able to bear.
b) Make not your sail too big for the ballast.

35.
Unter den Blinden ist der Einäugige König.
Au royaume des aveugles les borgnes sont rois.
a) In terra di ciechi il monocolo è re.
b) Beati i monocoli in terra di ciechi.
a) Among the blind a one-eyed is the king.
b) In the country of the blind the one-eyed man is the king.

36.
Borgen macht Sorgen.
Au prêter ami, au rendre ennemi.
Chi presta, tempesta.
a) He who goes a-borrowing goes a-sorrowing.
b) He who does lend, loses his friend.
c) Better buy than borrow.

37.
Das Böse schreibt man in Stein, das Gute in Staub.
Les injures s'écrivent sur l'airain et les bienfaits sur le sable.
Chi offende scrive in polvere di paglia, chi è offeso, nei marmi lo sdegno intaglia.
a) Injuries are written in brass.
b) Ten good turns lie dead and one ill deed report abroad does spread.

38.
a) Der Brei wird nicht so heiss gegessen, wie er aufgetragen wird.
b) Es wird nichts so heiss gegessen, wie es gekocht wird.
Tout s'arrange avec le temps.
Non si deve tutto prendere per oro colato.
Things are never as bad as they look.

39.
Wes Brot ich ess, des Lied ich sing.
Je loue celui qui me nourrit.
A ogni santo la sua preghiera (o. candela).
Never quarrel with your bread and butter.

40.
Wenn das Kind in den Brunnen gefallen ist, deckt man ihn zu.
On ferme la cage quand l'oiseau s'est envolé.
Si chiude la stalla quando i buoi sono fuggiti.
The stable door is shut when the horse is stolen.

41.
a) Der eine klopft auf den Busch, der andre fängt den Vogel.
b) Dieser jagt das Wild, jener isst den Braten.
c) Die Armen helfen die Füchse fangen, die Reichen in Pelzen prangen.
L'un a battu les buissons, l'autre a pris les oisillons.
ital. – – –
Beggars breed and rich men feed.

42.
Man muss sich nach der Decke strecken.
a) Il faut tailler la robe selon le corps.
b) Il faut faire la manche selon le bras.
a) Bisogna fare la veste secondo il panno.
b) Bisogna fare il passo secondo la gamba.
Cut your coat according to your cloth.

43.
a) Kleine Diebe hängt man, die grossen lässt man laufen.
b) Kleine Diebe hängt man an den Galgen, die grossen an goldene Ketten.
c) Kleine Diebe hängt man an den Galgen, vor grossen zieht man den Hut.
a) On pend les petits voleurs et on laisse là les grands.
b) Les voleurs privés sont aux galères et les voleurs publics dans les palais.
A rubar poco si va in galera, a rubar tanto si fa carriera.
a) Little thiefs are hanged, but great ones escape.
b) One law for the rich and another for the poor.

44.
Die grossen Diebe hängen die kleinen.
Le grand poisson mange le petit.
Il pesce grande mangia il piccolo.
Big fish eat little fish.

45.
a) Gut Ding will Weile haben.
b) Rom wurde nicht in einem Tag erbaut.
c) Von einem (o. vom ersten) Streiche fällt keine Eiche.
a) *Petit à petit l'oiseau fait son lit.*
b) *Paris (o. Rome) n'a pas été bâtie en un seul jour.*
c) *Vieil arbre d'un coup ne s'arrache.*
a) Bisogna dar tempo al tempo.
b) Roma non fu fatta in un giorno.
c) Il mondo non fu fatto in un giorno.
a) *Learn to say before you sing.*
b) *Rome was not built in a day.*

46.
Aller guten Dinge sind drei.
a) *Jamais deux sans trois.*
b) *Toutes les bonnes choses sont au nombre de trois.*
a) Non c'è due senza tre.
b) Ogni trino è perfetto.
a) *All good things go by (o. run in) threes.*
b) *Three is a lucky number.*

47.
Doppelt genäht hält besser.
a) *Deux précautions valent mieux qu'une.*
b) *Il est bon d'avoir deux cordes à son arc.*
a) La prudenza non è mai troppa.
b) La nave è più sicura con due ancore che con una sola.
a) *Two are better than one.*
b) *Better safe than sorry.*

48.
Je mehr man den Dreck rührt, je mehr stinkt er.
Plus on remue la merde, plus elle pue.
Lo sterco più si rimescola e più pute.
The more you stir, the more it will stink.

49.
Lieber dumm leben, als gescheit sterben.
a) *Chien en vie vaut mieux que lion mort.*
b) *Il vaut mieux être mûrier qu'amandier.*
Meglio un asino vivo che un dottore morto.
Better a living dog than a dead lion.

50.
Die Dummen (o. Narren) werden nicht alle.
a) *Les sots ne meurent pas.*
b) *Quand Jean Bête est mort, il laisse bien des héritiers.*
a) Gli stolti non finiscono mai.
b) Di stolti è pieno il mondo.
a) *Fools never die out.*
b) *There is a sucker born every minute (am.)*

51.
Im Dunkeln ist gut munkeln.
L'eau trouble est le gain du pêcheur.
A fiume torbido guadagno di pescatore.
It is good fishing in troubled waters.

52.
a) Ehrlich währt am längsten.
b) Der gerade Weg ist der beste.
C'est avec l'honnêteté qu'on va le plus loin.
Chi va diritto non fallisce strada.
a) *Honesty is the best policy.*
b) *Better beg than steal.*

53.
Das Ei will klüger sein als die Henne.
a) *C'est gros Jean qui veut en remontrer à son curé.*
b) *Ce n'est pas à un vieux singe qu'on apprend à faire la grimace.*
I paperi menano a bere le oche.
Don't teach your grand-mother to suck eggs.

54.
Besser ein Ei im Frieden als ein Ochs im Krieg.
Mieux vaut en paix un œuf que en guerre un bœuf.
a) Val più un buon giorno con un uovo che un mal' anno con un bue.

b) Più vale un pan con amore che un cappone con dolore.
Dry bread is better with love than a fat capon with fear.

55.
Ein Eid vom Freier ist nicht teuer.
a) Serment de joueur, serment d'amant, autant en emporte le vent.
b) S'il ne tient qu'à jurer, la vache est à nous.
I giuramenti degli innamorati sono come quelli dei marinai.
Jupiter laughs at the perjuries of lovers.

56.
Blinder Eifer schadet nur.
Trop de zèle nuit.
a) Il troppo zelo nuoce.
b) Il troppo stroppia.
The more haste the less speed.

57.
Eigenlob (o. Eigenruhm) stinkt.
Qui se loue, s'emboue.
Chi si loda, s'imbroda.
a) He that praises himself spatters himself.
b) A man's praise in his own mouth stinks.

58.
Eile mit Weile.
a) Hâte-toi lentement.
b) Qui va doucement va sûrement.
c) Qui trop se hâte reste en chemin.
Chi va piano, va sano (e va lontano).
Make haste slowly.

59.
Eines schickt sich nicht für alle.
Une chose ne sied pas à tout le monde.
Non tutti i piedi stanno bene in una scarpa.
Every shoe fits not every foot.

60.
Einigkeit macht stark.
L'union fait la force.
L'unione fa la forza.
Unity is strength.

61.
Einmal ist keinmal.
Une fois n'est pas coutume.
Uno non fa numero.
a) One does not count.
b) One is no custom.

62.
a) Man muss das Eisen schmieden, so lange es heiss ist.
b) Man muss Pfeifen schneiden, während man im Rohr sitzt.
a) Il faut battre le fer pendant qu'il est chaud.
b) Il faut puiser quand la corde est au puits.
c) Il faut tourner le moulin lorsque souffle le vent.
a) Bisogna battere il ferro finchè è caldo.
b) Bisogna far legna quando si taglia il bosco.
c) Bisogna cogliere il frutto quando è maturo.
a) (You must) strike the iron while it is hot.
b) Make hay while the sun shines.

63.
Ende gut, alles gut.
a) Tout est bien qui finit bien.
b) La fin couronnera le tout.
a) Tutto è bene quel che finisce bene.
b) La fine corona l'opera.
All's well that ends well.

64.
a) Wer sich entschuldigt, klagt sich an.
b) Wer zuviel beweist, beweist nichts.
a) Qui s'excuse s'accuse.
b) Qui prouve trop, ne prouve rien.
a) Chi si scusa, si accusa.
b) Scusa non richiesta, accusa manifesta.
a) He who excuses himself accuses himself.
b) Excuses always proceed from a guilty conscience.

65.
a) Wer ernten will, muss säen.
b) Wer nichts an die Angel steckt, fängt nichts.
a) Il faut semer pour récolter.
b) Il faut semer qui veut moissonner.
Chi non semina, non raccoglie.
He who will reap must sow.

66.
Ein Esel schilt den andern Langohr.
a) Un contrefait ose appeler boiteux un autre homme
b) Un âne appelle l'autre rogneux.
c) La marmite dit au chaudron: tu as le derrière noir.
a) Il bue dice cornuto all'asino.
b) Il ciuco dà del bue all'asino.
c) La padella dice al paiuolo: fatti in là che mi tingi.
a) The pot calls the kettle black.
b) The raven said to the rook: stand away, black-coat!

67.
a) Was von mir ein Esel spricht, das acht' ich nicht.
b) Lass die Leute reden und die Hunde bellen.
c) Was kümmert's mich, wenn Schweine grunzen.
Les chiens aboient, la caravane passe.
Raglio d'asino non arrivò mai in cielo.
The moon does not care for barking dogs.

68.
a) Wenn's dem Esel zu wohl wird, geht er aufs Eis.
b) Übermut tut selten gut.
Quand un âne va bien, il va sur la glace et se casse une patte.
ital. ‒ ‒ ‒
You may play with a bull till you get his horn in your eye.

69.
Wo sich der Esel einmal stösst, da nimmt er sich in acht.
Un âne ne trébuche pas deux fois contre la même pierre.
L'asino, dove è cascato una volta, non ci casca più.
Wherever an ass falls, there he will never fall again.

70.
a) Was dem einen sein Eul', ist dem andern seine Nachtigall.
b) Ueber den Geschmack lässt sich nicht streiten.
Des goûts et des couleurs il ne faut pas discuter (o. on ne discute pas).
a) Tutti i gusti son gusti.
b) Dei gusti non si disputa.
c) Chi la vuole a lesso, chi la vuole arrosto.
a) Tastes differ.
b) There is no accounting for tastes.
c) One man's meat is another man's poison.
d) Every one as they like best, as the good man said when he kissed his cow.

71.
Fallen ist keine Schande, aber liegen bleiben.
a) Tout âne qui tombe et qui se relève n'est pas une rosse.
b) Ce n'est pas honte de choir mais de trop gésir.
Sbagliare è umano, ostinarsi nel male e nell' errore è satanico o bestiale.
engl. ‒ ‒ ‒

72.
Dem fliehenden Feind baue goldene Brücken.
Il faut faire un pont d'or à l'ennemi qui fuit.
A nemico che fugge, ponti d'oro.
For a flying enemy make a golden bridge.

73.
a) Man muss die Feste feiern, wie sie fallen.
b) Jedes Ding zu seiner Zeit.
a) Chaque chose en son temps.
b) Le semer et le moisson ont leur temps et leur saison.
Bisogna far la festa quando è il santo.
Christmas comes but once a year.

74.
Wer ins Feuer bläst, dem stieben die Funken in die Augen.
Il ne faut pas émouvoir les frelons.
Non tagliare il fuoco col ferro.
a) He that seeks trouble never misses.
b) Raise no more devils than you can lay.

75.
Der Fisch will schwimmen.
Poisson sans boisson est poison.
Il pesce nasce nell'acqua e muore nel vino.
Fish and wine go together.

76.
Besser ein kleiner Fisch als gar nichts auf dem Tisch.
Meilleur nus pieds que nuls pieds.
ital. – – –
engl. – – –

77.
Aussen fix und innen nix.
a) Souvent la plus belle pomme est véreuse.
b) Parois blanches, parois fendues.
Bella in vista, dentro è trista.
A fair face may hide a foul heart.

78.
a) Ohne Fleiss kein Preis.
b) Wer den Kern essen will, muss die Nuss knacken.
a) Nul pain sans peine.
b) Il faut casser le noyau pour avoir l'amande.
c) On n'a rien sans peine (o. mal).
d) Au fond du taillis sont les mûres.
Non c'è pane senza pena.
a) No pains, no gains.
b) No sweet without sweat.
c) He that will eat the kernel, must crack the nut.
d) He that would have the fruit, must climb the tree.

79.
a) Mehr sterben vom Frass denn vom Schwert.
b) Im Glas ersaufen mehr als im Meer.
La gourmandise tue plus de gens que l'épée.
Ne ammazza più la gola che la spada.
More die by food than famine.

80.
a) Freunde in der Not gehen hundert auf ein Lot.
b) Freunde erkennt man in der Not.
a) Les amis sont rares dans le besoin.
b) C'est dans le besoin qu'on connaît ses vrais amis.
a) Gli amici si conoscono nel bisogno.
b) Nelle sventure si conoscono gli amici.
c) I veri amici sono come le mosche bianche.
a) Friends in need are scarce indeed.
b) A friend in need is a friend indeed.

81.
a) Jedermanns Freund ist niemandes Freund.
b) Allmanns Freund, jedermanns Geck.
L'ami de tout le monde n'est l'ami de personne.
Amico di tutti, amico di nessuno.
Everybody's friend is nobody's friend.

82.
a) Freundschaft geht über Verwandtschaft.
b) Ein guter Freund ist mehr wert als hundert Verwandte.
Mieux vaut prochain ami que long (o. lointain) parent.
Meglio un amico che cento parenti.
A good friend is my nearest relation.

83.
a) Friede ernährt, Unfriede verzehrt.
b) Eintracht nährt, Zwietracht zehrt.
La paix amasse, la guerre dissipe.
La pace nutre, la discordia consume.
a) A bad peace is better than a good war.
b) United we stand, devided we fall.

84.
a) Frisch gewagt ist halb gewonnen.
b) Wer wagt, gewinnt.
a) Qui bien commence finit bien.
b) A cœur vaillant rien d'impossible.
a) Chi ben comincia è a metà dell'opera.
b) Barba ben insaponata è per metà fatta.
a) A good start is half the battle.
b) Well begun is half done.

85.
Verbotene Früchte schmecken am besten.
a) Chose défendue, chose désirée.
b) Pain dérobé réveille l'appétit.
Il frutto proibito è più saporito.
Forbidden (o. stolen) fruit taste the sweetest.

86.
Besser mit den Füssen gestrauchelt als mit der Zunge.
Il vaut mieux glisser du pied que de la langue.
ital. – – –
Better the foot slip than the tongue.

87.
a) Der Gast ist wie der Fisch, er bleibt nicht lange frisch.
b) Dreitägiger Gast ist eine Last.
a) L'hôte et le poisson après (o. en) trois jours sont poison.
b) L'hôte et la pluie après trois jours ennuient.
a) L'ospite è come il pesce, dopo tre giorni puzza.
b) L'ospite e il pesce, dopo tre dì rincresce.

a) Fresh fish and strangers stink in three days.
b) Fresh fish and guests smell at three days old.

88.
Auch der beste Gaul stolpert einmal.
a) Il n'est si bon cheval qui ne bronche.
b) Il n'y a si bon charretier qui ne verse.
Sbaglia il prete all'altare e il contadino all'aratro.
A good marksman may miss.

89.
Einem geschenkten Gaul schaut man nicht ins Maul.
A cheval donné on ne regarde point à la bouche.
A caval donato non si guarda in bocca.
Never look a gift horse in the mouth.

90.
Geben ist seliger als Nehmen.
Mieux vaut donner que recevoir.
Rende più felice il dare che il ricevere.
It is more blessed to give than to receive.

91.
a) Geduld bringt Rosen.
b) Mit Geduld und Spucke fängt man eine Mucke.
c) Mit Geduld und Zeit kommt man weit.
d) Mit Harren und Hoffen hat's mancher getroffen.
a) La patience vient à bout de tout.
b) Patience et longueur de temps (font plus que force ni que rage).
c) Tout vient à point à qui sait attendre.
d) Avec la paille et le temps mûrissent les nefles et les glands.
e) Patience passe science.
a) Chi aspettar puòle, ha ciò che vuole.
b) Col tempo e con la paglia maturano le nespole.
c) Chi vive sperando muore cantando.
a) Patience and snare catch many a hare.
b) Never say die.
c) Everything comes to him who waits.

92.
Wer sich in Gefahr begibt, kommt darin um.
a) Qui cherche le péril périt.
b) La mouche se brûle à la chandelle.
a) Chi ama il pericolo, perirà in esso.
b) La farfalla gira finché cade sul lume.
c) Chi tocca il can che giace, ha qualcosa che non gli piace.
He who looks for trouble finds it.

93.
Gegensätze berühren sich (o. ziehen sich an).
Les extrêmes se touchent.
Gli estremi si toccano.
a) Extremes meet.
b) Opposites attract one another.
c) Too far east is west.

94.
Wo gehobelt wird, fallen Späne.
On ne fait pas d'omelette sans casser des œufs.
a) Non si fanno frittate senza rompere le uova.
b) Dove piove ci sono le gocciole.
a) One cannot make an omelet without breaking eggs.
b) From chipping come chips.

95.
Je mehr der Geizige hat, je weniger wird er satt.
L'avare crierait famine sur un tas de blé.
ital. – – –
engl. – – –

96.
Geld regiert die Welt.
a) L'argent gouverne (o. mène) le monde.
b) L'argent est (le) maître du monde.
a) Il denaro è il re del mondo.
b) Coi quattrini si fa tutto.
Money makes the world go round.

97.
Geld (o. Reichtum) (allein) macht nicht (immer) glücklich (aber es beruhigt).
a) L'argent ne fait pas le bonheur (mais il y contribue).
b) Ni l'or ni la grandeur ne nous rendent heureux.
Il denaro non fa la felicità.
Money is not everything.

98.
Geld stinkt nicht.
L'argent n'a pas d'odeur.
a) Il denaro non puzza.
b) Non olet.
Money does not smell.

99.
a) Geld kommt immer zu Geld.
b) Wo viel ist, da will auch viel hin.
c) Wer hat, dem wird gegeben.
a) L'eau va toujours à la rivière.
b) Les rivières retournent à la mer.
a) L'acqua va al mare.
b) Dove ci sono denari, ne vanno altri.
a) He that has plenty of goods shall have more.
b) He that has a goose will get a goose.

100.
a) Redet Geld, so schweigt die Welt.
b) Klingende Beweise überführen am besten.
Où l'or parle, toute langue se tait.
Dove l'oro parla, la lingua tace.
a) When money speaks the world is silent.
b) You may speak with your gold and make other tongues dumb.

101.
a) Geld ist ein guter Diener, aber ein schlechter Herr.
b) Man muss dem Geld gebieten, nicht gehorchen.
L'argent est un bon serviteur, mais c'est un mauvais maître.
Il denaro è un buon servo ed un cattivo padrone.
Money is a good servant, but a bad master.

102.
a) In Geldsachen hört die Freundschaft (o. die Gemütlichkeit) auf.
b) Kurze Rechnung, lange Freundschaft.
Les bons comptes font les bons amis.
a) Conti (o. patti) chiari, amici cari.
b) Patti chiari, amicizia lunga.
a) Clear words make long friends.
b) Even reckoning makes long friends.

103.
Gelegenheit macht Diebe.
a) L'occasion fait le larron.
b) Le trou et l'occasion invitent le larron.
a) L'occasione fa l'uomo ladro.
b) A porta aperta anche il giusto vi pecca.
a) Opportunity makes the thief.
b) An open door may tempt a saint.

104.
Wer eine Gelegenheit hat, soll auf die andre nicht warten.
Il faut prendre la balle au bond.
Chi, giocando a carte, passa, perde.
engl. – – –

105.
a) Geredet ist geredet, man kann's mit keinem Schwamm auswischen.
b) (Doch dem war kaum das Wort entfahren, möcht' er's im Busen gern bewahren.
Schiller: Die Kraniche des Ibykus)
Il faut tourner sept fois la langue dans sa bouche avant de parler.
Parola detta e sasso tirato non tornano addietro.
Words have wings and cannot be recalled.

106.
a) Was geschehen ist, ist geschehen.
b) Vorbei ist vorbei.
A chose faite point de retour.
a) Cosa fatta capo ha.
b) Acqua passata non macina più.
a) Gone is gone.
b) It's no use crying over spilt milk.

c) The mill cannot grind with the water that is past.

107.
Kleine Geschenke erhalten die Freundschaft.
Les petits cadeaux entretiennent l'amitié.
ital. – – –
Small gifts will best maintain friendship.

108.
a) Gewalt (o. Macht) geht vor Recht.
b) Der Stärkere hat immer recht.
c) Mit einer Handvoll Gewalt kommt man weiter als mit einem Sack voll Recht.
a) La force prime le droit.
b) La raison du plus fort est toujours la meilleure.
a) La ragione è del più forte.
b) Quando viene la forza, è morta la giustizia.
Might (goes) before right.

109.
Ein gutes Gewissen ist ein sanftes Ruhekissen.
Une bonne conscience est un bon oreiller.
a) Chi ha la coscienza a posto dorme sonni tranquilli.
b) Chi ha la coscienza pulita fa sempre vita tranquilla.
Quiet conscience sleeps in thunder.

110.
a) Wie gewonnen, so zerronnen.
b) Unrecht Gut gedeiht nicht.
a) Bien mal acquis ne profite jamais.
b) Ce qui vient de la flûte s'en va par le tambour.
c) Ce que le gantelet gagne, le gorgeron le mange.
a) Il denaro guadagnato facilmente, facilmente si spende.
b) La farina del diavolo va tutta in crusca.
a) Soon got, soon gone.
b) Lightly come, lightly go.
c) Ill-gotten goods never prosper.

d) What is got over the devil's back is spent under his belly.

111.
Wer im Glashaus sitzt, soll nicht mit Steinen werfen.
Qui a la tête de cire, ne doit pas s'approcher du feu.
a) Chi ha la testa di vetro, non vada a battaglia di sassi.
b) Chi ha il capo di cera, non vada al sole.
a) People who live in glass houses should not throw stones.
b) Who has skirts of straw needs fear the fire.

112.
Der Glaube versetzt Berge.
La foi déplace (o. soulève) les montagnes.
La fede smuove le montagne.
Faith can (re)move mountains.

113.
a) Glück geht über Verstand.
b) Die dümmsten Bauern haben die grössten Kartoffeln.
c) Den Seinen gibt's der Herr im Schlafe.
a) La fortune vient en dormant.
b) Aux innocents les mains pleines.
a) Fortuna e dormi.
b) Vale più un'oncia di fortuna che una libbra di sapere.
Fortune favours fools.

114.
Glück und Glas wie leicht bricht das.
a) Le bonheur est fragile comme le verre.
b) Le vent de prospérité change bien souvent de côté.
a) Ogni bel gioco dura poco.
b) La fortuna ha i pie' di vetro.
a) Fortune and glass soon break, alas!
b) Glass and good luck, brittle muck.

115.
Gleich und gleich gesellt sich gern.
Qui se ressemble, s'assemble.
a) Ogni simile ama il suo simile.
b) Dio li fa e poi li accoppia (o. appaia).
Birds of a feather flock together.

116.
Glück in der Liebe, Unglück im Spiel.
Heureux au jeu, malheureux en amour.
Chi ha fortuna in amore, non giuochi a carte.
Lucky in love, unlucky at cards.

117.
Wem das Glück aufspielt, der hat gut tanzen.
a) Bien danse à qui la fortune chante.
b) Il n'y a pas de mauvais pilote quand le vent est bon.
Assai bene balla a chi fortuna suona.
He dances well to whom fortune pipes.

118.
Jeder ist seines Glückes Schmied.
a) Chacun est l'artisan de son bonheur.
b) Chacun est le fils de ses œuvres.
a) Ognuno fa la sua propria fortuna.
b) Ciascuno è fabbro della sua fortuna.
Every man is the architect of his own fortune.

119.
Es ist nicht alles Gold, was glänzt.
Tout ce qui reluit n'est pas or.
Non è tutto oro quel che luce.
All that glitters is not gold.

120.
Wem Gott ein Amt gibt, dem gibt er auch Verstand.
A qui Dieu confie une charge, il donne aussi la sapience.
ital. – – –
Skill comes with office.

121.
An Gottes Segen ist alles gelegen.
Tout dépend de la bénédiction de Dieu.
Non si smuove foglia che Dio non voglia.
God's blessing gained, all is obtained.

122.
a) Wer andern eine Grube gräbt, fällt selbst hinein.
b) Wer einen Stein über sich wirft, dem fällt er leicht auf den Kopf.
a) Tel est pris qui croyait prendre.
b) Qui crache en l'air reçoit le crachat sur soi.
a) Chi scava la fossa agli altri, spesso vi casca dentro.
b) Chi sputa in su, lo sputo gli torna sul viso.
c) I pifferi di montagna andarono per sonare e furono sonati.
a) The biter will be bitten.
b) The deed comes back on the doer.
c) After your fling watch for the sting.
d) Who spits against the wind, it falls in his face.

123.
Das schönste Grün wird auch Heu.
Il n'est si belle rose qui ne devienne gratte-cul.
Niuna rosa così bella, che da ultimo non avvizisca.
The fairest rose at last is withered.

124.
a) Mit Güte erreicht man mehr als mit Gewalt.
b) Mit Speck fängt man Mäuse.
a) Plus fait douceur que violence.
b) On prend plus de mouches avec du miel qu'avec du vinaigre.
c) Tout par amour et rien par force.
Si pigliano più mosche in una goccia di miele che in un barile d'aceto.
a) You will catch more flies with a spoonful of honey than with a gallon of vinegar.
b) Good bait catches fine fish.

125.
Auch ein Haar wirft einen Schatten.
a) Un poil fait ombre.
b) Il n'y a si petit buisson qui n'ait son ombre.
c) Il n'est si petit chat qui n'égratigne.
Ogni pelo ha la sua ombra.
No hair so small but has his shadow.

126.
a) Was ein Häkchen werden will, das krümmt sich beizeiten.
b) Was ein Dorn werden will, spitzt sich früh.
L'épine en naissant va la pointe devant.
a) Al nascer la spina porta la punta in cima.
b) Il buon dì si conosce dal mattino.
a) A thorn comes into the world point foremost.
b) It early pricks that will be a thorn.
c) Just as the twig is bent, the tree is inclined.

127.
Lieber Hammer als Amboss.
Il vaut mieux être cheval que charrette.
ital. – – –
It is better to be the hammer than the anvil.

128.
Goldener Hammer bricht eisernes Tor.
La clé d'or ouvre toutes les portes.
Vuoi tu aprire qualunque porta? Chiavi d'oro teco porta.
a) A silver key can open an iron lock.
b) No lock will hold against the power of gold.
c) A golden key opens every door.

129.
a) Eine Hand wäscht die andere.
b) Wasch mir den Bart, so wasch' ich dir die Hand.
c) Brätst du mir die Wurst, so lösch' ich dir den Durst.
a) Une main lave l'autre.
b) Un barbier rase l'autre.
c) Un couteau aiguise l'autre.
Una mano lava l'altra (e tutt' e due lavano il viso).
a) One good turn deserves another.

b) *Scratch me and I'll scratch you
(o. scratch my back and I'll scratch
yours).*
c) *Roll my log and I'll roll yours.*

130.
a) Handwerk hat goldenen Boden.
b) Kunst bringt Gunst.
a) Qui a métier, a rente.
*b) Il n'est si petit métier qui ne nourrisse
son homme.*
a) Chi ha arte, ha parte.
b) Chi ha un mestiere ha sempre da
mangiare.
c) Un mestiere in mano è un granaio.
*a) A trade in hand finds gold in every
land.*
*b) He who has an art, has everywhere a
part.*
c) A useful trade is a mine of gold.

131.
a) Was Hänschen nicht lernt, lernt
Hans nimmermehr.
b) Früh übt sich, was ein Meister wer-
den will.
Qui jeune n'apprend, vieux ne saura.
Chi di venti non sa, di trenta non ha.
*a) Whoso learns young, forgets not when
he is old.*
*b) What's learnt in the cradle lasts till the
tomb.*
*c) It is hard to teach an old dog new
tricks.*

132.
Im Hause des Gehängten soll man
nicht vom Strick reden.
*Il ne faut pas parler de corde dans la
maison d'un pendu.*
Non parlar di corda in casa dell'impic-
cato.
*Name not a rope in his house that han-
ged himself.*

133.
a) Mein Haus (ist) meine Welt.
b) Daheim bin ich König.
Charbonnier est maître chez soi.
a) La mia casa è il mio regno.

b) In casa sua ognuno è re.
My home is my castle.

134.
a) Aus fremder Haut ist gut Riemen
schneiden.
b) Aus fremden Beuteln ist gut blechen.
Du cuir d'autrui large courroie.
ital. – – –
*There is good cutting large thongs of
another man's leather.*

135.
a) Das Hemd ist mir näher als der
Rock.
b) Jeder ist sich selbst der Nächste.
c) Selber essen macht fett.
d) Erst komm' ich und wieder ich und
nochmals ich, und dann kommen
die andern noch lange nicht.
*a) Ma peau m'est plus proche que ma
chemise.*
*b) Charité bien ordonnée commence par
soi-même.*
*c) Chacun prêche pour sa paroisse (o.
pour son saint).*
a) La prima carità comincia da se stessi.
b) Prima i denti e poi i parenti.
c) Più vicino è il dente che nessun pa-
rente.
a) Near is my shirt, but nearer is my skin.
b) Charity begins at home.
c) Number one is the first law of nature.

136.
Eine blinde Henne (o. ein blindes
Huhn) findet auch einmal ein Korn.
Un imbécile fait parfois des trouvailles.
Anche un cieco a volte può cogliere nel
segno.
*A blind man may perchance (o. some-
times) hit the mark.*

137.
Eigner Herd ist Goldes wert.
*a) Un foyer à soi vaut toutes les riches-
ses.*
b) Rien ne vaut son chez-soi.
Casa mia, casa mia, per piccina che tu
sia, tu mi sembri una badia.
There's no place like home.

138.
a) Wie der Herr, so der Knecht.
b) Wie der Herr, so s'Gscherr.
Tel maître, tel valet.
Tal padrone, tal servitore.
Like master like man.

139.
a) Mit grossen Herren ist nicht gut Kirschen essen.
b) Bei grossen Herren kann man sich wohl wärmen, aber auch verbrennen.
Qui avec son seigneur mange poires, il ne choisit pas les meilleures.
a) Non è buono mangiare ciliege co' signori.
b) Non è bene mangiare nel piatto del leone.
c) A far alle cozzate col muro ci si rompe le corna.
The weak always go to the wall.

140.
Wes das Herz voll ist, des geht der Mund über.
De l'abondance du cœur la bouche parle.
Per l'abbondanza del cuor la bocca parla.
a) What the heart thinks the mouth speaks.
b) When the heart is full, the tongue will speak.

141.
a) Hinterher hat man gut reden.
b) Hinterher ist man am klügsten.
c) Nach der Tat weiss auch der Gimpel Rat.
Après (coup) on a beau dire.
a) Dopo il fatto ognuno sa fare.
b) Del senno di poi ne son piene le fosse.
Hindsight is easier than foresight.

142.
Hochmut kommt vor dem Fall.
L'orgueil précède la chute.
a) La superbia andò a cavallo e tornò a piedi.
b) Quando la superbia galoppa, vergogna siede in groppa.
a) Pride goes before a fall.
b) Pride goes before and shame follows after.

143.
Man kann nicht auf zwei Hochzeiten tanzen.
On ne peut être à la fois au four et au moulin.
a) Non si può cantare e portare la croce.
b) Non si possono sostenere due parti in una commedia.
You can't do two things at once.

144.
Der Weg zur Hölle ist mit guten Vorsätzen gepflastert.
L'enfer est pavé de bonnes intentions.
a) La via dell'inferno è lastricata di buone intenzioni.
b) Di buone volontà è pien l'inferno.
(The way to) hell is paved with good intentions.

145.
Nicht jedes Holz gibt einen Bolz.
Tout bois n'est pas bon à faire flèche.
Non d'ogni legno si può fare un santo.
Every reed will not make a pipe.

146.
Altes Holz gibt gutes Feuer.
Un vieux four est plus aisé à chauffer qu'un neuf.
Quando il pagliaio vecchio piglia fuoco, si spegne male.
Old pottage is sooner heated than new made.

147.
Der Horcher an der Wand hört seine eigne Schand.
Qui tend l'oreille se la gratte.
Chi sta alle scolte, sente le sue colpe.
Listeners hear no good of themselves.

148.
Wer nicht hören will, muss fühlen.
Qui s'y frotte s'y pique.
Chi rompe, paga.
He that will not hear must feel.

149.
a) Hühner, die viel gackern, legen wenig Eier.
b) Leere Fässer klingen hohl.
a) Les poules qui gloussent le plus fort ne sont pas les meilleures pondeuses.
b) Les grands diseurs ne sont pas les grands faiseurs.
c) Ce sont les tonneaux vides qui font le plus de bruit.
a) La pecora che più bela ha meno latte.
b) Sono le botte vuote quelle che cantano.
a) Shallow streams make the most din.
b) Empty vessels make most (o. the greatest) sound.

150.
a) Wer den Hund schlagen will, findet bald einen Stecken.
b) Wenn man jemand hängen will, findet man auch den Strick dazu.
c) Wenn man einem übel will, findet man der Axt leicht einen Stiel.
Qui veut noyer son chien l'accuse de rage.
Chi il suo cane vuol ammazzare, qualche scusa sa pigliare.
He that's resolved to beat a dog, never wants long a stick.

151.
Kommt man über den Hund, so kommt man auch über den Schwanz.
a) Quand on a avalé le bœuf, il ne faut pas s'arrêter à la queue.
b) Qui peut le plus peut le moins.
Chi fa trenta, può anche far trentuno.
engl. – – –

152.
Bellende Hunde beissen nicht.
Tous les chiens qui aboient ne mordent pas.
Can che abbaia non morde.
Barking dogs seldom bite.

153.
Schlafende Hunde soll man nicht wecken.
Il ne faut pas réveiller le chat qui dort.
Non svegliare il can che dorme.
a) Let sleeping dogs lie.
b) You must not put your finger in everybody's pie.

154.
Viele Hunde sind des Hasen Tod.
A la fin on est accablé par le nombre.
Cento oche ammazzano un lupo.
a) Many drops of water will sink a ship.
b) Sheer numbers will get you down.

155.
Hunger ist der beste Koch.
a) Il n'est sauce que d'appétit.
b) A bon goût et faim n'y a pas mauvais pain.
c) La faim assaisonne tout.
a) L'appetito è il miglior cuoco.
b) Il miglior condimento è l'appetito.
c) La fame condisce tutte le vivande.
a) Hunger is the best sauce.
b) Hunger makes hard beans sweet.

156.
a) Mit dem Hute in der Hand kommt man durch das ganze Land.
b) Bücken muss man sich, wenn man durch die Welt will.
Qui langue a, à Rome va.
Man diritta e bocca monda può andar per tutto il mondo.
Lip honour costs little, yet may bring in much.

157.
Irren ist menschlich.
a) L'erreur est humaine.
b) L'erreur est notre partage.
Umana cosa è errare.
To err is human.

158.
Was nicht ist, kann noch werden.
a) Toujours faire se peut ce qui n'est pas fait.
b) Petit poisson deviendra grand.
Quello che non è oggi, sarà domani.
What isn't yet may well still be.

159.
Wen's juckt, der kratze sich.
a) Qui se sent galeux se gratte.
b) Qui se sent morveux qu'il se mouche.
ital. - - -
a) If the cap fits wear it.
b) Let him who the cap fits put it on.

160.
Jugend kennt (o. hat) keine Tugend.
Il faut que jeunesse se passe.
Giovanezza non ha saggezza.
a) Boys will be boys.
b) You cannot put an old head on young shoulders.

161.
Jung gewohnt, alt getan.
Ce que poulain prend en jeunesse il le continue en vieillesse.
Chi da giovane ha un vizio, in vecchiaia fa sempre quell'uffizio.
Wanton kitten make sober cats.

162.
Wo nichts ist, hat der Kaiser sein Recht verloren.
a) Où il n'y a rien l'empereur perd ses droits.
b) On ne peut pas peigner un diable qui n'a pas de cheveux.
a) Nessuno può dare quel che non ha.
b) Non si può cavar sangue da una rapa.
Where nought's to be got kings lose their scot.

163.
Die knarrigen Karren gehen am längsten.
Les pots fêlés sont ceux qui durent le plus.
a) Dura di più un carro sciupato che uno nuovo.
b) Dura di più una pentola rotta che una sana.
A creaking door hangs long in its hinges.

164.
Wenn die Katze aus dem Haus ist, tanzen die Mäuse (auf dem Tisch).
Quand le chat n'est pas là les souris dansent.
Quando non c'è il gatto (o. quando manca la gatta), i topi ballano.
When the cat's away the mice will play.

165.
Die Katze lässt das Mausen nicht.
a) Qui a bu boira.
b) Le loup change de poil, mais non de naturel.
c) Qui naquit chat court après les souris.
a) Figli di gatta piglian i topi.
b) Il lupo perde (o. cambia) il pelo, ma non il vizio.
a) Cats will always catch mice.
b) The leopard cannot change his spots.

166.
Bei Nacht sind alle Katzen grau.
a) La nuit tous les chats sont gris.
b) A la chandelle la chèvre semble demoiselle.
Al buio (o. di notte) tutte le gatte sono bigie.
In the dark (o. when the candles are out) all cats are grey.

167.
Hüte dich vor Katzen, die vorne lecken und hinten kratzen.
La douceur du miel ne console pas de la piqûre de l'abeille.
Dio ti guardi da quella gatta che davanti ti lecca e di dietro ti graffia.
Bees that have honey in their mouths have stings in their tails.

168.
Wer sein Kind liebt, züchtigt es.
Qui aime bien, châtie bien.
Chi ama suo figlio lo castiga.
Spare the rod and spoil the child.

169.
Wie man die Kinder gewöhnt hat, so hat man sie.
Poussin chante comme le coq lui apprend.
Si raccoglie quel che si semina.
a) A child may have too much of his mother's blessing.
b) Give me a child for the first seven years, and you may do what you like with him afterwards.

170.
a) Gebrannte Kinder fürchten das Feuer.
b) Der Esel geht nur einmal aufs Eis.
Chat échaudé craint l'eau froide.
Gatta scottata (o. can scottato) all' (o. dall') acqua calda ha paura della fredda.
a) The burnt child dreads the fire.
b) Once bitten twice shy.

171.
Kinder und Narren sagen die Wahrheit.
La vérité sort de la bouche des enfants.
Chi vuol sapere la verità, lo domandi alla purità.
Children and fools speak the truth (o. cannot lie).

172.
Wo kein Kläger ist, ist auch kein Richter.
A défaut de plaignant point de juge.
Nessun accusatore, nessun giudice.
engl. – – –

173.
a) Wirf nicht weg die alten Kleider, bevor du neue hast vom Schneider.
b) Wirf das Beil nicht so weit, dass du's nicht wieder holen kannst.
franz. – – –
Chi lascia la via vecchia per la nuova, sa quel che lascia e non sa quel che trova.
Don't throw out your dirty water until you get in fresh.

174.
a) Kleider machen Leute
b) Ein schöner Rock ziert den Stock.
La belle plume fait le bel oiseau.
a) Vesti un ciocco, pare un fiocco.
b) I panni rifanno le stanghe.
a) The tailor makes the man.
b) Fine feathers make fine birds.

175.
Mit Kleinem fängt man an, mit Grossem hört man auf.
Qui vole un œuf, vole un bœuf.
Chi ruba una spilla, ruba una libbra.
a) He that will steal a pin, will steal a better thing.
b) He that will steal an egg, will steal an ox.

176.
Auf einen groben Klotz gehört ein grober Keil.
a) A vilain vilain et demi.
b) A rude âne rude ânier.
a) A scaltro scaltro e mezzo.
b) A carne di lupo zanne di cane.
a) The biter must be bit.
b) Rudeness must be met by rudeness.

177.
a) Der Klügere gibt nach.
b) Die Klügeren gehen, der Esel bleibt stehen.
C'est le plus sage qui cède.
a) Il più saggio cede.
b) Chi ha giudizio l'adoperi.

a) The wiser head gives in.
b) The wiser man is the one who gives way.

178.
Viele Köche verderben (o. versalzen) den Brei.
Trop de cuisiniers gâtent la sauce.
a) Troppi cuochi guastano la cucina (o. la salsa).
b) Troppi galli a cantar non fa mai giorno.
Too many cooks spoil the broth.

179.
Aufgewärmter Kohl war niemals gut.
La soupe réchauffée ne vaut rien.
Cavolo riscaldato non fu mai buono.
Take heed of meat twice boiled.

180.
a) Wer keinen Kopf hat, muss Beine haben.
b) Was man nicht im Kopf hat, muss man in den Beinen haben.
Quand on n'a pas de tête, il faut avoir des jambes.
Chi non ha testa, abbia gambe.
Use your head to save your heels.

181.
Viele Köpfe, viele Sinne.
Vingt têtes, vingt avis.
Tante teste, tante idee (o. tanti cervelli).
a) Many men, many minds.
b) So many heads, so many minds.

182.
a) Eine Krähe hackt der andern nicht die Augen aus.
b) Pack schlägt sich, Pack verträgt sich.
a) Les corbeaux ne crèvent pas les yeux aux corbeaux.
b) Les loups ne se mangent pas entre eux.
Cane non mangia cane.
Dog does not eat dog.

183.
Jeder Krämer lobt seine Ware.
Chaque mercier prise ses aiguilles et son panier.
Ogni mercante loda la sua mercanzia.
a) Every grocer praises his own goods.
b) He praises that wishes to sell.
c) Did you ever hear a fishwoman cry stinking fish?

184.
Der Krug geht (so lange) zum Brunnen, bis er bricht.
Tant va la cruche à l'eau qu'à la fin elle se casse.
a) Tante volte va al pozzo la secchia, ch'ella vi lascia il manico o l'orecchia.
b) Tanto va la gatta al lardo, che ci lascia lo zampino.
The pitcher that goes too often to the well gets broken.

185.
a) In der Kürze liegt die Würze.
b) Kurze Rede, gute Rede.
Les plaisanteries les plus courtes sont les meilleures.
La brevità dà sapore al discorso.
Brevity is the soul of wit.

186.
Die Kutte macht noch nicht den Mönch.
L'habit ne fait pas le moine.
L'abito non fa il monaco.
a) It is not the cowl that makes the friar.
b) It is not the coat that makes the man.
c) It is not the beard that makes the philosopher.

187.
Wer zuletzt lacht, lacht am besten.
Rira bien qui rira le dernier.
Ride bene chi ride l'ultimo.
He laughs best that laughs last.

188.
a) Bleibe im Land und nähre dich redlich.
b) Unstet wird nicht reich.
a) Où la chèvre est attachée il faut qu'elle broute.

b) Pierre qui roule n'amasse pas mousse.
Pietra mossa non fa muschio.
a) Dwell in the land and you shall be fed.
b) A rolling stone gathers no moss.

189.
Andre Länder, andre Sitten.
Autres pays autres moeurs.
Paese che vai, usanza che trovi.
So many countries, so many customs.

190.
a) Viel Lärm um nichts.
b) Viel Geschrei und wenig Wolle.
Tant de bruit pour une omelette.
Molto fumo e poco arrosto.
a) Much ado about nothing.
b) Much cry and little wool.

191.
Geteiltes Leid ist halbes Leid.
Chagrin partagé, chagrin diminué.
Mal comune mezzo gaudio.
A sorrow shared is a sorrow halved.

192.
a) Den Letzten beissen die Hunde.
b) Der Letzte zahlt die Zeche.
a) Le dernier, le loup mange.
b) Au dernier les os.
All'ultimo tocca il peggio.
a) The devil take the hindmost.
b) He that comes last makes all fast.

193.
Allen Leuten recht getan, ist eine Kunst, die niemand kann.
On ne peut contenter tout le monde et son père.
a) Non si può piacere a tutti.
b) Non si può fare a modo di tutti.
a) He that all men will please, shall never find ease.
b) He that would please all and himself, too, undertakes what he cannot do.

194.
a) Wo viel Licht ist, da ist viel Schatten.
b) Wer viel schnitzt, macht viel Späne.
Toute médaille a son revers.
Ogni medaglia ha il suo rovescio.
a) The brighter the light, the deeper the shadow.
b) The greater the man, the greater the crime.

195.
Alte Liebe rostet nicht.
a) On revient toujours à ses premières amours.
b) Vieilles amours et vieux tisons s'allument en toutes saisons.
a) Amore antico non invecchia.
b) Il primo amore non si dimentica mai.
a) Old love is never forgotten.
b) Old love lies deep.
c) An old flame never dies.
d) Of soup and love the first is the best.

196.
Die Liebe (des Mannes) geht durch den Magen.
franz. — — —
Il marito si prende per la gola.
The way to a man's heart is through his stomach.

197.
Liebe macht blind.
a) Il n'y a point de laides amours.
b) L'amour voit tout en beau.
a) L'amore rende ciechi.
b) La bellezza delle donne è negli occhi degli uomini.
Love is blind.

198.
Von der Liebe kann man nicht leben (o. wird man nicht satt).
On ne peut pas vivre d'amour et d'eau fraîche.
L'amore non fa bollire la pentola.
The flames of love won't boil the pot.

199.
Was sich liebt, das neckt sich.
Les petites querelles (o. les bisbilles) entretiennent l'amour.
L'amore non è bello se non è stuzzicarello.
The quarrel of lovers is the renewal of love.

200.
Zwischen Lippe und Kelches Rand schwebt der dunklen Mächte Hand.
a) De la main à la bouche se perd souvent la soupe.
b) Il y a loin de la coupe aux lèvres.
ital. – – –
There is many a slip 'twixt the cup and the lip.

201.
Ist der Löwe tot, so rauft ihn auch der Hase beim Bart.
Quand le loup est pris, tous les chiens lui mordent (o. lardent) les fesses.
Morto il leone, fino le lepri gli fanno il salto.
Hares may pull dead lions by the beard.

202.
Lügen haben kurze Beine.
a) Le mensonge ne conduit (o. mène) pas loin.
b) Le menteur ne va pas loin.
La bugia ha (o. le bugie hanno) le gambe corte.
a) Lies have short wings.
b) A lie never lives to be old.

203.
Wer einmal lügt, dem glaubt man nicht, und wenn er auch die Wahrheit spricht.
a) A beau dire vrai qui a menti.
b) Le menteur n'est jamais cru, même quand il dit la vérité.
Il bugiardo conosciuto da nessuno è creduto.
A liar is not believed even when he speaks the truth.

204.
Wer lügt, der stiehlt.
a) Mentir c'est voler.
b) Montrez-moi un menteur, je vous montrerai un voleur.
Chi è bugiardo è ladro.
Show me a liar and I'll show you a thief.

205.
Mit leerem Magen ist nicht gut arbeiten.
Un sac vide ne saurait se tenir debout.
Sacco vuoto non sta ritto.
An empty bag cannot stand upright.

206.
Einem hungrigen Magen ist schlecht predigen.
Ventre affamé n'a pas d'oreilles.
a) Ventre digiuno non ode nessuno.
b) Pancia vuota non ascolta ragione.
a) Hungry bellies have no ears.
b) An empty belly bears no body.

207.
Ein Mann, ein Wort (scherzh. eine Frau, ein Wörterbuch).
a) Un homme d'honneur n'a qu'une parole.
b) Chose dite, chose faite.
Ogni promessa è debito.
a) An honest man's word is as good as his bond.
b) A promise is a promise.

208.
a) Alles mit Mass und Ziel.
b) Allzuviel ist ungesund.
c) Allzu scharf macht schartig.
a) Usez, n'abusez pas.
b) L'excès en tout est un défaut.
c) Trop gratter cuit, trop parler nuit.
a) Il soverchio rompe il coperchio.
b) Il troppo stroppia.
a) Measure is treasure.
b) Too much pudding may choke a dog.
c) Never take a stone to break an egg when you can do it with the back of your knife.

209.
Es ist noch kein Meister vom Himmel gefallen.
a) On ne naît pas maître.
b) Apprenti n'est pas maître.
c) Il y a commencement à tout.
Nessuno nasce maestro.
a) No one is born a master (of his craft).
b) No man is born wise and learned.

210.
Der Mensch denkt, und Gott lenkt.
L'homme propose et Dieu dispose.
L'uomo propone e Dio dispone.
Man proposes and God disposes.

211.
Es hofft der Mensch, so lang er lebt.
Tant qu'il y a de la vie il y a de l'espoir.
a) Finché c'è vita, c'è speranza.
b) La speranza è l'ultima a morire.
a) While there is life there is hope.
b) Death alone can kill hope.

212.
a) Wie du mir, so ich dir.
b) Wurst wider Wurst.
a) A bon chat, bon rat.
b) Passez-moi la rhubarbe, je vous passerai le séné.
Chi la fa, l'aspetti.
Tit for tat.

213.
a) Einen Mohren kann man nicht weiss machen.
b) Es hilft kein Bad an einem Mohren oder Raben.
a) A laver la tête d'un âne, on perd sa lessive
b) On ne peut prendre un homme rasé aux cheveux.
Lavando un moro si perde il ranno e il sapone.
a) You cannot make a crab walk straight.
b) You cannot make a silk purse out of a sow's ear.

214.
Morgen, morgen, nur nicht heute, sagen alle faulen Leute.
Différer est la guise des paresseux.
Domani è la canzone dell'ozioso.
Tomorrow, tomorrow, not today, 'tis thus the idle ever say.

215.
Morgen ist auch ein Tag.
A demain les affaires.
ital. – – –
That's enough for one day.

216.
Was du heute kannst besorgen, das verschiebe nicht auf morgen.
Il ne faut pas (o. jamais) remettre au lendemain ce que l'on peut faire le jour même.
a) Non rimandare a domani quel che puoi fare oggi.
b) Chi ha tempo, non aspetti tempo.
Don't put off till tomorrow what you can do today.

217.
a) Morgenstund hat Gold im Mund.
b) Schlafender Fuchs fängt kein Huhn.
a) A qui se lève matin Dieu aide et prête la main.
b) Le matin (o. l'aurore) est l'ami des Muses.
a) L'ora del mattino ha l'oro in bocca.
b) Chi dorme non piglia pesci.
a) The early bird catches the worm.
b) Early to bed and early to rise makes a man healthy, wealthy and wise.

218.
Müssiggang ist aller Laster Anfang.
L'oisiveté est mère de tous les vices.
L'ozio è il padre dei vizi.
Idleness is the parent of vice (o. the root of all evil).

219.
Dem Mutigen hilft Gott (o. gehört die Welt).
a) La fortune sourit aux audacieux.
b) Avec de l'audace on arrive à tout.
c) Jamais honteux n'eut belle amie.
La fortuna aiuta gli audaci.
a) Fortune favours the bold (o. the brave).
b) Faint heart never won fair lady.

220.
Ein Narr fragt mehr, als sieben Weise beantworten können.
Un fou fait plus de questions qu'un sage de raisons.
Un matto sa più domandare che sette savi rispondere.

A fool may ask more questions in an hour than a wise man can answer in seven years.

221.
Jedem Narren gefällt seine Kappe.
a) A chaque oiseau son nid est (o. semble) beau.
b) A chaque fou plaît sa marotte.
a) Ad ogni uccello il suo nido è bello.
b) Ad ogni pazzo piace il suono del suo sonaglio.
a) Every ass loves to hear himself bray.
b) Every man thinks his own geese swans.
c) Every bird loves to hear himself sing.

222.
a) Nicht alle Narren haben Kappen.
b) Es haben nicht alle Esel lange Ohren.
Tous les fous ne sont pas aux petites maisons.
Non tutti i matti stanno all'ospedale.
If all fools wore white caps, we should seem a flock.

223.
Narrenhände beschmutzen alle Wände (o. Tisch und Wände).
a) Les noms des fous se trouvent partout.
b) Les murailles sont le papier des fous.
Muro bianco carta de' pazzi.
White walls are fools' writing-paper.

224.
a) Neid ist des Glücks Gefährte.
b) Geht der Wagen wohl, hängt sich der Neid daran.
On ne jette de pierres qu'à l'arbre chargé de fruits.
Non fu mai gloria senza invidia.
Envy always shoots at a high mark.

225.
a) Aus nichts wird nichts.
b) Von nichts kommt nichts.
a) On ne fait rien de rien.
b) Point d'omelette sans œufs.
a) Nulla nasce dal nulla.
b) Con niente si fa niente.
c) Senza farina non si può fare pane.
a) Nothing comes of nothing.
b) From nothing nothing can come.

226.
Niemand ist unersetzlich.
Faute d'un moine l'abbaye ne chôme pas.
Morto un papa se ne fa un altro.
engl. – – –

227.
a) In der Not frisst der Teufel Fliegen.
b) In der Not schmeckt jedes Brot.
Faute de grives on mange des merles.
a) In tempo di carestia pan raffermo.
b) In tempo di carestia il diavolo mangiava le mosche.
c) Quando c'è la fame, piace anche il pane secco.
d) Il bisogno fa trottare la vecchia.
a) In default of a soul the devil puts up with a fly.
b) Beggars can't be choosers.
c) In a storm any port.

228.
Not macht erfinderisch.
Nécessité est mère d'industrie.
Il bisogno (o. la necessità) aguzza l'ingegno.
Necessity is the mother of invention.

229.
Not lehrt beten.
Dans la nécessité on a recours à Dieu.
La necessità conduce a Dio.
Sorrow draws us nearer to God.

230.
Not kennt kein Gebot.
a) Nécessité fait (o. n'a pas de) loi.
b) La faim chasse (o. fait sortir) le loup du bois.
a) Necessità non conosce legge.
b) Il bisogno non ha legge.
c) La fame caccia il lupo dal bosco.
Necessity knows (o. has) no law.

231.
a) Tauben Ohren ist schlecht predigen.
b) Bei tauben Ohren ist jede Predigt verloren.
Il n'y a pire sourd que celui qui ne veut pas entendre.
Non c'è peggior sordo di chi non vuol sentire.
No one is more deaf than he who will not hear (o. does not wish to hear).

232.
Wer Ohren hat zu hören, der höre!
A bon entendeur salut!
A buon intenditore poche parole.
May he who has ears to hear hear!

233.
Das Papier ist geduldig.
Le papier souffre tout.
La carta non diventa rossa.
Paper endures all. (o. won't blush)

234.
Der Pastor predigt nicht zweimal.
Bien donné ne se reprend pas.
ital. – – –
engl. – – –

235.
Wer Pech angreift (o. anfasst), besudelt sich.
Qui se frotte à l'ail ne peut sentir la giroflée.
Chi va al molino s'infarina.
a) Who touches pitch will be defiled.
b) Who deals in dirt has aye foul fingers.

236.
a) Wer den Pfennig nicht ehrt, ist des Talers nicht wert.
b) Wer das Kleine nicht ehrt, ist das Grosse nicht wert.
a) Il n'y a pas de petites économies.
b) Il ne faut pas négliger les petites choses.
c) C'est par les petites économies qu'on arrive aux grandes.
a) Chi non tiene conto del poco, non acquista l'assai.
b) La ricchezza comincia da zero.
a) Take care of the pence (o. pennies) and the pounds will take care of themselves.
b) Who will not keep a penny shall never have many.

237.
Viele Pfennige machen einen Taler.
Epargnez les sous, les louis auront soin de soi-mêmes.
A quattrino a quattrino si fa il fiorino.
a) Penny and penny, laid up, will be many.
b) Little and often fills the purse.

238.
Pferde lassen sich zum Wasser bringen, aber nicht zum Trinken zwingen.
On a beau mener le bœuf à l'eau, s'il n'a pas soif.
Trenta monaci e un abate non farebbero bere un asino per forza.

239.
Probieren geht übers Studieren.
Expérience passe science.
a) Tentar non nuoce.
b) Val più la pratica che la grammatica.
a) Practice is better than theory.
b) An ounce of practice is worth a pound of theory.
c) The proof of the pudding is in the eating.

240.
Der Prophet gilt nichts in seinem Vaterland.
a) Nul n'est prophète en son pays.
b) Le saint de la ville ne fait pas de miracle.
Nessuno è profeta nella sua patria (o. in patria).
a) A prophet has no honour in his own country.
b) No prophet is accepted in his own country.

241.
a) Aus der Quelle soll man schöpfen.

b) Das Wasser ist am besten an der Quelle.
Il ne faut pas puiser au ruisseau quand on peut puiser à la source.
ital. – – –
engl. – – –

242.
Raben zeugen keine Tauben,
Dornen bringen keine Trauben.
L'aigle n'engendre pas la colombe.
D'aquila non nasce colomba.
A wild goose never laid a tame egg.

243.
Rache ist süss (o. scherzh. Sirup o. Zuckerwasser).
A beau jeu beau retour.
ital. – – –
Revenge is sweet.

244.
a) Wer rastet, rostet.
b) Stillstand ist Rückschritt.
a) Quand on n'avance pas on recule.
b) Qui va lèche, qui repose sèche.
Chi si ferma è perduto.
If you rest you rust.

245.
a) Guter Rat kommt über Nacht.
b) Kommt Zeit, kommt Rat.
a) La nuit porte conseil.
b) A nouvelles affaires nouveaux conseils.
a) La notte è madre dei consigli.
b) Il tempo porta consiglio.
c) Ogni domane porta il suo pane.
a) Night is the mother of counsel.
b) The best advice is found on the pillow.

246.
Wem nicht zu raten ist, dem ist auch nicht zu helfen.
A parti pris point de conseil.
Chi non vuol essere consigliato, non può essere aiutato.
He that will not be counselled cannot be helped.

247.
a) Ohne Rauch kein Feuer.
b) Kein Rauch ohne Feuer.
Pas de fumée sans feu.
Non c'è fumo senza fuoco.
There's no smoke without a fire.

248.
a) Was dem einen recht ist, ist dem andern billig.
b) Richter sollen zwei gleiche Ohren haben.
Il ne doit pas y avoir deux poids et deux mesures.
Non si deve avere due pesi e due misure.
(What's) sauce for the goose is sauce for the gander.

249.
Tue recht und scheue niemand.
a) Fais ce que dois, advienne que voudra.
b) Bien faire et laisser dire.
a) Fa che devi, avvenga che può.
b) Fa il dovere e non temere.
c) Male non fare, paura non avere.
a) Do your duty come what may.
b) Do well and dread no shame.
c) Do right and fear no man.

250.
Eines Mannes Rede ist keine Rede, man muss sie hören alle beede.
Qui n'entend qu'une cloche n'entend qu'un son.
ital. – – –
Hear all parties.

251.
Reden ist Silber, Schweigen ist Gold.
La parole est d'argent et le silence est d'or.
a) La parola è d'argento, il silenzio è d'oro.
b) Chi parla semina, chi tace raccoglie.
Speech is silver, but silence is golden.

252.
Keine Regel ohne Ausnahme.
Pas de règle sans exception.

Ogni regola patisce eccezione.
There is no general rule without some exception.

253.
Die Ausnahme bestätigt die Regel.
L'exception confirme la règle.
L'eccezione conferma la regola.
The exception proves the rule.

254.
Auf Regen folgt Sonnenschein.
Après la pluie le beau temps.
Dopo la pioggia viene il sole (o. il sereno).
Sunshine follows rain.

255.
Auf Freud folgt Leid.
Après bon temps on se repent.
Dopo il contento vien il tormento.
Sadness and gladness succeed each other.

256.
Leg deinen Reichtum nicht allen auf ein Schiff.
Il ne faut pas mettre tous ses œufs dans le même panier.
ital. – – –
Don't put all your eggs in a basket.

257.
a) Wenn der Reiter nichts taugt, ist das Pferd schuld.
b) Wenn der Schreiber nichts taugt, gibt er der Feder die Schuld.
a) Mauvais ouvrier ne trouve jamais bon outil.
b) Les mauvais ouvriers ont toujours de mauvais outils.
ital. – – –
A bad workman always blames his tools.

258.
a) Ein kleiner Riss ist leichter zu flicken als ein grosser.
b) Gleich getan, ist viel gespart.
franz. – – –
ital. – – –
A stitch in time saves nine.

259.
Wer im Rohr sitzt, schneidet sich die Pfeifen, wie er will.
Qui tient la poêle par la queue, la tourne par où il lui plaît.
Chi ha il mestolo in mano, si fa la minestra a modo suo.
The laundress washes her own smock first.

260.
Keine Rose ohne Dornen.
Point de roses sans épines.
a) Non c'è rosa senza spine.
b) Non c'è amore senza amaro.
a) There is no rose without a thorn.
b) No joy without annoy.
c) No land without stones, no meat without bones.

261.
a) Heute rot, morgen tot.
b) Heute im Putz, morgen im Schmutz.
Aujourd'hui en chair, demain en bière.
a) Oggi in figura, domani in sepoltura.
b) Una volta corre il cane, una volta la lepre.
a) Today gold, tomorrow dust.
b) Today a man, tomorrow none.

262.
Den Sack schlägt man, den Esel meint man.
Qui ne peut frapper l'âne, frappe le bât.
a) Chi non può battere il cavallo, batte la sella.
b) Dico a te figliuola, intendilo tu nuora.
engl. – – –

263.
Sage mir, mit wem du gehst, und ich sage dir, wer du bist.
Dis-moi qui tu hantes (o. fréquentes) et je te dirai qui tu es.
Dimmi chi tratti (o. con chi bazzichi) e ti dirò chi sei.
Tell me who your friends are and I'll tell you who you are.

264.
Durch Schaden wird man klug.
a) Dommage rend sage.
b) On devient sage à ses dépens.
Sbagliando s'impara.
Adversity is the school of wisdom.

265.
Wer den Schaden hat, braucht für den Spott nicht zu sorgen.
a) Les casseurs sont les payeurs.
b) Les battus payent l'amende.
Chi ha il danno ha pure le beffe.
The laugh is always on the loser.

266.
a) Ein räudiges Schaf steckt die ganze Herde an.
b) Ein fauler Apfel steckt hundert gesunde an.
c) Ein faules Ei verdirbt den ganzen Brei.
Une brebis galeuse gâte tout le troupeau.
Una pecora marcia ne guasta un branco.
One ill weed mars a whole pot of pottage.

267.
Wer sich zum Schaf macht, den fressen die Wölfe.
Qui se fait bête, le loup le mange.
Chi pecora si fa, lupo lo mangia.
He that makes himself a sheep, shall be eaten by the wolf.

268.
a) Scheiden bringt Leiden.
b) Scheiden und Meiden tut weh.
Partir, c'est mourir un peu.
Partire è un po' morire.
Partings are sad things.

269.
Der Schein trügt.
a) Les apparences sont trompeuses.
b) Il ne faut pas se fier aux apparences.
L'apparenza inganna.
Appearances are deceptive.

270.
Wenn's am besten schmeckt, soll man aufhören.
Il faut demeurer sur son appétit (o. sur la bonne bouche).
Bisogna alzarsi da tavola con un po' di appetito.
a) One should leave off with an appetite.
b) He that eats till he is sick, must fast till he is well.

271.
Wo es schmerzt, da greift man hin.
La langue va où la dent fait mal.
La lingua batte dove il dente duole.
Tongue ever turns to the aching tooth.

272.
Man soll nicht zum Schmiedlein gehen, wenn man zum Schmied gehen kann.
Il vaut mieux s'adresser à Dieu qu'à ses saints.
ital. – – –
engl. – – –

273.
a) Wer gut schmiert, der gut fährt.
b) Schmieren und Salben hilft allenthalben.
Pour faire aller le chariot, il faut graisser les roues.
a) La carrucola non frulla, se non è unta.
b) A voler che il carro non cigoli, bisogna ungere bene le ruote.
c) I catenacci, se devono scorrere, vanno unti.
If you grease well, you speed well.

274.
Von der Schönheit kann man nicht leben.
La belle cage ne nourrit pas l'oiseau.
ital. – – –
engl. – – –

275.
Jeder weiss am besten, wo ihn der Schuh drückt.
a) Chacun sait où le soulier le blesse.

b) *Nul ne sait mieux que l'âne où le bât le blesse.*
a) Dove stringe la scarpa, non lo sa altro che l'ha in piede.
b) Ne sa più un matto in casa propria che un savio in casa altrui.
a) *None knows where the shoe wrings so well, as he that wears it.*
b) *Every one knows best where the shoe pinches him.*

276.
Schuster bleib bei deinem Leisten.
a) *A chacun son métier.*
b) *Chacun son métier, les vaches seront bien gardées.*
a) Pasticciere, fa il tuo mestiere.
b) Chi vuol fare l'altrui mestiere, fa la zuppa nel paniere.
Cobbler, stick to your last.

277.
Der Schuster hat die schlechtesten Schuhe.
Les cordonniers sont toujours les plus mal chaussés.
a) In casa di calzolaio non si hanno scarpe.
b) I ciabattini hanno sempre le scarpe rotte.
The tailor's wife is worst clad.

278.
a) Eine Schwalbe macht noch keinen Sommer.
b) Wer einmal trifft, ist noch kein Schütz.
Une hirondelle ne fait pas le printemps.
Una rondine non fa primavera.
One swallow does not make a summer.

279.
Vom Schweigen tut dir die Zunge nicht weh.
En bouche close n'entre mouche.
In bocca chiusa non entrò mai mosca.
A close mouth catches no flies.

280.
a) Scharfe Schwerter schneiden sehr, scharfe Zungen noch viel mehr.
b) Dorn und Disteln stechen sehr, scharfe Zungen noch viel mehr.
c) Stiche, die nicht bluten, tun weher als andre.
Un coup de langue est pire qu'un coup de lance.
a) Cattive lingue tagliano più che spade.
b) La lingua non ha osso, ma rompe la schiena.
Many words hurt more than swords.

281.
Selbst ist der Mann.
a) *Il ne faut compter que sur soi-même.*
b) *On n'est jamais si bien servi que par soi-même.*
Chi fa da sè fa per tre.
Self do self have.

282.
a) Die Sonne bringt es an den Tag.
b) Es ist nichts so fein gesponnen, es kommt doch an das Licht der Sonnen.
Rien de si caché qui ne finisse par se savoir (o. se découvrir).
a) Il sole scopre ogni cosa.
b) Non fu mai fatta tanto liscia di notte, che non si risapesse di giorno.
c) Tutti i nodi vengono al pettine.
a) *Everything comes to light in the end.*
b) *Truth (o. murder) will out.*

283.
Besser spät als nie.
Mieux vaut tard que jamais.
Meglio tardi che mai.
Better late than never.

284.
a) Ein Sperling in der Hand ist besser als eine Taube auf dem Dach.
b) Besser ein Ei heute als morgen ein Küchlein.
c) Besser eine Laus im Kraut als gar kein Fleisch.
d) Ein Vogel in der Schüssel ist besser als zehn in der Luft.

a) Un «tiens» vaut mieux que deux «tu l'auras».
b) Mieux vaut promptement un œuf que demain un bœuf.
c) Un moineau dans la main vaut mieux que la grue qui vole.
a) Meglio un uovo oggi che una gallina domani.
b) Meglio un merlo in mano che due nella siepe.
c) E meglio un presente che due futuri.
a) A bird in the hand is worth two in the bush.
b) A pullet in the pen is worth a hundred in the fen.
c) A feather in hand is better than a bird in the air.

285.
Spinne am Morgen bringt Kummer und Sorgen, Spinne am Abend, erquikkend und labend.
Araignée du matin chagrin, araignée du soir espoir.
Ragno di mattina porta sfortuna, ragno di sera, fortuna e gran carriera.
See a pin and pick it up, all the day you'll have good luck; see a pin and let it lie, you'll want a pin before you die.
(Dieses Sprichwort entspricht nicht ganz den andern, weist aber ebenfalls auf «Vorzeichen» und allfällig zu Erwartendes hin.)

286.
a) Wenn (o. wo) zwei sich streiten, freut sich der dritte.
b) Während zwei zanken um ein Ei, steckt's der dritte bei.
Pendant que les chiens s'entregrondent, le loup dévore la brebis.
Fra due litiganti il terzo gode.
Two dogs fight for a bone and the third runs away with it.

287.
a) Wer hoch steigt, fällt tief.
b) Je höher der Baum, je schwerer sein Fall.
Qui plus haut monte de plus haut tombe.

a) Chi troppo in alto sale, pur dall'alto suol cadere.
b) A gran salita gran discesa.
a) The higher you climb the farther you fall.
b) The highest tree has the greatest fall.

288.
a) Man soll den Tag nicht vor dem Abend loben.
b) Es ist noch nicht aller Tage Abend.
c) Freu dich nicht zu früh.
a) Il ne faut pas chanter victoire avant la bataille.
b) Il ne faut pas se moquer des chiens qu'on ne soit hors du village.
c) Tel qui rit vendredi, dimanche pleurera.
a) Non bisogna lodar il bel giorno innanzi sera.
b) Non cantar vittoria prima del tempo.
c) Non sempre ride la moglie del ladro.
d) Chi ride di venerdì (o. sabato), piange di domenica.
a) Sing before breakfast, cry before night.
b) Don't cry before you are out of the wood.
c) Do not halloo (o. triumph) before the victory.
d) Never praise a ford till you are over it.

289.
Es ist nicht alle Tage Sonntag.
Ce n'est pas tous les jours fête.
Non tutti i giorni è domenica.
Sunday does not come every day.

290.
Niemandem fliegen die gebratenen Tauben ins Maul.
a) Les alouettes rôties ne se trouvent pas sur les haies (o. ne tombent pas dans la cheminée).
b) A renard endormi ne vient bien ni profit.
A nessuno piovono le lasagne in bocca.
a) You may gape long enough, ere a bird fall into your mouth.

b) He that gapes until he be fed, well may he gape until he be dead.

291.
Das Teuerste ist oft das Billigste.
Le bon marché coûte toujours cher.
Chi più spende, meno spende.
a) Good cheap is dear.
b) Best is cheapest.

292.
Wenn man dem Teufel den kleinen Finger gibt, so nimmt er die ganze Hand.
Quand on lui en donne long comme le doigt, il en prend long comme le bras.
Dagli un dito e si prenderà il braccio.
Give him an inch and he'll take an ell.

293.
a) Wenn der Teufel alt wird, will er Mönch werden.
b) Als David kam ins Alter, da sang er fromme Psalter.
Le diable devenu vieux se fit ermite.
Il diavolo, quando è vecchio, si fa romito.
The devil was sick, the devil a saint would be; the devil was well, the devil a saint was he.

295.
Jedem Tierchen sein Pläsierchen.
a) A chacun son dada.
b) A chaque fou sa marotte.
Ciascuno a modo suo.
a) Every man to his taste.
b) Each to his own.

296.
Des einen Tod (o. Not) ist des andern Brot.
a) Le malheur des uns fait le bonheur des autres.
b) L'un meurt dont l'autre vit.
a) Morte tua, vita mia.
b) La morte del lupo è la salvezza delle pecore.
a) One man's breath is another man's death.
b) One man's meat is another man's poison.

297.
Gegen den Tod ist kein Kraut gewachsen.
a) Il y a remède à tout fors à la mort.
b) Contre la mort point de remède.
a) A tutto c'è rimedio fuorché alla morte.
b) Contro la morte non c'è cosa forte.
a) There is no medecine against death.
b) There is a remedy for all things but death.

298.
a) Der Tod klopft bei allen an, beim Kaiser und beim Bettelmann.
b) Arm oder reich, der Tod macht alle gleich.
a) La mort frappe sans respect.
b) Autant meurt veau que vache.
a) L'eccelse ed umil porte batte ugualmente morte.
b) La morte, da brava democratica, ha per abitudine di bussare, imparziale, sia al palazzo del re che dove non ce n'è.
a) At the end of the game the king and the pawn go into the same bag.
b) Death spares neither small nor great.

299.
Der Ton macht die Musik.
a) C'est le ton qui fait la musique (o. la chanson).
b) La manière fait tout.
E il suono che fa la musica.
It is the tone that makes the music.

300.
a) Jeder Topf findet seinen Deckel.
b) Kein Töpfchen so schief, es findet sich ein Deckelchen darauf.
Chacun trouve chaussure à son pied.
Ogni pentola ha il suo coperchio.
a) There is a nut for every bolt.
b) Every Jack has his Jill.

301.
Im kleinsten Töpfchen ist oft die beste Salbe.
a) Dans les petits pots les bons onguents.

b) *Dans les petits sacs les fines épices.*
Le spezierie migliori stanno nei sacchetti piccoli.
Good things are wrapped up in small parcels.

302.
Wer tot ist, ist bald vergessen.
Les morts sont bientôt oubliés.
I morti e gli andati presto sono dimenticati.
He that died half a year ago is as dead as Adam.

303.
a) Von den Toten soll man nur Gutes reden.
b) De mortuis nihil nisi bene.
Au mort et à l'absent ni injure ni tourment.
Al morto non si deve far torto.
Of the dead be nothing said but what is good.

304.
Trau, schau wem.
Défiance est mère de sûreté.
a) Chi troppo si fida, spesso grida.
b) Fidarsi è bene, non si fidare è meglio.
a) Try before you trust.
b) Better known than trusted.
c) Look before you leap.
d) If you trust before you try,
   you may repent before you die.

305.
Träume sind Schäume.
Tout songe est mensonge.
I sogni sono favole.
a) Dreams are the stuff lies are made of.
b) Dreams are lies.

306.
a) Zwischen Tür und Wand lege niemand seine Hand.
b) Wer klug ist, legt die Hand nicht zwischen Hammer und Amboss.
c) Was dich nicht brennt, das blase nicht,
was dich nicht juckt, das kratze nicht.
a) *Entre l'enclume et le marteau il ne faut pas mettre le doigt.*
b) *Il ne faut pas mettre le doigt entre l'arbre et l'écorce.*
a) Tra l'incudine e il martello man non metta chi ha cervello.
b) Il fuoco che non mi scalda, non voglio che mi scotti.
c) Non bisogna impicciarsi di cose che non ci riguardano.
a) Put not thy hand between the bark and the tree.
b) Don't scold your lips in an other man's pottage.
c) The stone that lies not in your gate breaks not your toes.

307.
Übung macht den Meister.
a) *Usage rend maître.*
b) *C'est en forgeant qu'on devient forgeron.*
a) Chi molto pratica, molto impara.
b) L'esercizio fa il (buon) maestro.
Practice makes perfect.

308.
a) Undank ist der Welt Lohn.
b) Der Mohr hat seine Pflicht (o. Schuldigkeit) getan, der Mohr kann gehen.
c) Wenn der Wanderer getrunken hat, wendet er dem Brunnen den Rücken zu.
a) *Le monde paye d'ingratitude.*
b) *L'orange pressée on jette l'écorce.*
c) *Adieu paniers, les vendanges sont faites.*
a) Il mondo paga d'ingratitudine.
b) Opera fatta, maestro in pozzo.
a) The world pays with ingratitude.
b) As soon as you have drunk, you turn your back upon the spring.

309.
Ein Unglück kommt selten allein.
a) *Un malheur en amène un autre.*

b) *L'abîme appelle l'abîme.*
a) *Le disgrazie non vengono mai sole.*
b) *Un malanno non viene mai solo.*
c) *Un male tira l'altro.*
d) *Piove sul bagnato.*
a) *Misfortunes seldom come alone (o. single).*
b) *Of one ill come many.*

310.
Man soll über ein Unheil nicht klagen, bevor es einem zugestossen ist.
franz. – – –
Non bisogna fasciarsi la testa prima di essersela rotta.
a) *Don't cry before you are hurt.*
b) *Don't cross the bridge till you get to it.*

311.
Unkraut verdirbt nicht.
Mauvaise herbe croît toujours.
La malerba non muore mai.
a) *Weeds always grow.*
b) *Ill weeds grow apace.*
c) *Bad weeds grow tall.*
d) *Weeds want no sowing.*
e) *Common clay has great resistance.*

312.
Lieber Unrecht leiden als Unrecht tun.
Mieux vaut être dupe que fripon.
ital. – – –
Better suffer ill than do ill.

313.
Unverhofft kommt oft.
L'imprévu est moins rare qu'on ne pense.
Le cose capitano quando meno si aspettano.
a) *The unexpected always happens.*
b) *Nothing is certain but the unforeseen.*

314.
Der Unzufriedene hat oft zuviel, aber nie genug.
Il n'y a point assez, s'il n'y a trop.
ital. – – –
A discontented man knows not where to sit easy.

315.
Kleine Ursachen, grosse Wirkungen.
a) *Petite cause, grands effets.*
b) *Petite pluie abat grand vent.*
c) *Petite étincelle engendre grand feu.*
d) *Les petits ruisseaux font les grandes rivières.*
Piccola scintilla può bruciare una villa.
a) *Of a small spark a great fire.*
b) *A small leak will sink a great ship.*

316.
Ein Vater ernährt eher zehn Kinder als zehn Kinder einen Vater.
Un père peut nourrir cent enfants, mais cent enfants ne nourrissent pas un père (Savoie).
Un padre è capace di mantenere dodici figli e dodici figli non riescono a mantenere un padre.
One father is enough to govern a hundred sons but not a hundred sons one father.

317.
a) Was der Vater erspart, vertut der Sohn.
b) Der Vater ein Sparer, der Sohn ein Geuder.
A père amasseur, fils gaspilleur.
A padre avaro, figliuol prodigo.
A miserly father makes a prodigal son.

318.
Besser ein magerer Vergleich als ein fetter Prozess.
Un mauvais arrangement vaut mieux que le meilleur procès.
Meglio un magro accordo che una grassa sentenza.
An ill agreement is better than a good judgement.

319.
a) Versprechen und Halten sind zweierlei.
b) Reden ist leichter als Tun und Versprechen leichter als Halten.
c) Von Worten zu Werken ist ein weiter Weg.

Promettre et tenir sont deux.
a) Altro è promettere, altro è mantenere.
b) Dal detto al fatto c'è un gran tratto.
c) Tra il dire e il fare c'è in mezzo il mare.
a) Saying and doing are two things.
b) It is one thing to promise, another to perform.
c) From word to deed is a great space.

320.
Man soll sich nicht verschwören.
Il ne faut jamais dire: Fontaine, je ne boirai pas de ton eau.
Non bisogna mai giurare su niente.
Never say never again.

321.
Mit vielem hält man haus, mit wenig kommt man aus.
Qui a des noix en casse, qui n'en a pas s'en passe.
Con molto si sta bene, con poco si sostiene.
If one has much one uses it, if little, one makes it to do.

322.
a) Man kennt den Vogel an den Federn.
b) Den Vogel am Gesang, den Hafen (o. Topf) am Klang.
a) A la plume et au chant l'oiseau et au parler le bon cerveau.
b) A l'ongle on connaît le lion.
Al cantare l'uccello, al parlare il cervello.
A bird is known by its note and a man by his words.

323.
a) Vorsicht ist die Mutter der Weisheit (o. scherzh. der Porzellankiste).
b) Vorsicht ist besser als Nachsicht.
c) Vorgetan und nachbedacht, hat manchem schon gross Leid gebracht.
d) Erst wägen, dann wagen.
e) Vorbeugen ist besser als heilen.

a) Prudence est mère de sûreté.
b) Il faut se méfier même d'une belette morte.
c) Deux précautions valent mieux qu'une.
d) Mieux vaut prévenir que guérir.
e) Mieux vaut prévoir que pourvoir.
f) Fais par bon conseil tout ce que tu feras, et puis après le fait ne t'en repentiras.
a) Prudenza è madre di sicurezza.
b) Pensarci prima per non pentirsi poi.
c) Prima fare e poi pensare è la via di rovinare.
d) Meglio prevenire che curare.
e) Meglio prevedere che provvedere.
a) Caution is the mother of wisdom.
b) An ounce of prevention is better than a ton of cure.
c) Better safe than sorry.
d) Look before you leap.

324.
a) Wer nichts wagt, gewinnt nichts.
b) Blöder Hund wird selten fett.
Qui ne risque rien n'a rien.
Chi non risica, non rosica.
a) Nothing venture, nothing win (o. have).
b) Faint heart never won fair lady.

325.
Wer die Wahl hat, hat die Qual.
franz. – – –
ital. – – –
The wider the choice, the greater the trouble.

326.
a) Die Wahrheit will an den Tag.
b) Die Wahrheit wird wohl erdrückt, aber nicht erstickt.
a) La vérité perce toujours.
b) L'on ne peut cacher l'aiguille en sac.
c) La vérité comme l'huile vient au-dessus.
La verità può languire ma non perire.
Truth and oil ever above.

327.
Was lange währt, wird endlich gut.
Tout vient à point à qui sait attendre.
A rimenar la pasta il pane s'affina.
Good work takes time.

328.
Wie man in den Wald ruft, so tönt es heraus.
a) Telle demande, telle réponse.
b) On vous rend toujours la monnaie de votre pièce.
Tal sonata, tal ballata.
a) As the question so the answer.
b) As you give so you receive.

329.
a) Wände haben Ohren.
b) Büsche haben Ohren und Felder Augen.
a) Les murs ont des oreilles.
b) Le bois a des oreilles et le champ des yeux.
I muri hanno orecchi.
Walls have ears.

330.
Gute Ware lobt sich selbst.
A bon vin point d'enseigne.
Il buon vino non vuole frasca.
Quality speaks for itself.

331.
a) Es wird überall mit Wasser gekocht.
b) Die Gänse gehen überall barfuss.
Le ciel est bleu partout.
Tutto il mondo è paese.
a) The sun shines upon all alike.
b) We are all Adam's children.

332.
Stille Wasser gründen tief.
Il n'est pire eau que l'eau qui dort.
a) L'acqua cheta rompe (o. rovina) i ponti.
b) Sotto la bianca cenere ci sta la brace ardente.
a) Still waters run deep.
b) In the coldest flint there is hot fire.

333.
Wasser hat keine Balken.
Les ondes sont perfides (o. l'onde est perfide).
Il mare è traditore.
a) Praise the sea but keep on land.
b) The sea is not planked over.

334.
Auf dem Weg, den viele gehen, wächst kein Gras.
A chemin battu ne croît point d'herbe.
L'erba non cresce sulla strada maestra.
Grass grows not upon the highway.

335.
Alle Wege führen nach Rom.
Tous les chemins mènent à Rome.
a) Per più vie si va a Roma.
b) Tutte le strade conducono a Roma.
a) There are many ways to Rome.
b) All roads lead to Rome.
c) There is more than one way to skin a cat.

336.
a) Grüne Weihnachten, weisse Ostern.
b) Weihnachten im Klee, Ostern im Schnee.
a) Noël aux buissons, Pâques aux tisons.
b) A Noël au balcon, à Pâques aux tisons.
c) Noël au jeu, Pâques au feu.
a) Natale asciutto, Pasqua bagnata.
b) Chi fa il ceppo al sole, fa la Pasqua al fuoco.
a) A green Christmas, a white Easter.
b) Xmas in mud, Easter in snow.

337.
a) Im Wein liegt Wahrheit.
b) Trunkner Mund tut Wahrheit kund.
La vérité est dans le vin.
a) La verità è nel vino.
b) In vino veritas.
There is truth in wine (auch engl. gebräuchlich in vino veritas).

338.
Was ich nicht weiss, macht mich (o. mir) nicht heiss.

Ce que les yeux ne voient pas ne fait pas mal au cœur.
Occhio non vede, cuore non duole.
What the eye doesn't see the heart doesn't grieve over.

339.
So geht es in der Welt, der eine steigt, der andre fällt.
Il en est ainsi en ce monde, quand l'un descend l'autre monte.
A questo mondo chi nuota e chi va a fondo.
The world is a ladder for some to go up and some down.

340.
a) Viele Wenig machen ein Viel.
b) Viele Bächlein machen einen Strom.
a) Goutte à goutte on remplit la cuve.
b) Ce sont les petits ruisseaux qui font les grandes rivières.
a) Molti pochi fanno un assai.
b) A granello a granello s'empie lo staio e si fa il monte.
c) I piccoli ruscelli fanno i grandi fiumi.
a) Many a little makes a mickle.
b) Grain by grain the hen fills her belly.
c) Many drops make a shower.
d) Penny and penny laid up will be many.

341.
a) Am Werk erkennt man den Meister.
b) Den Baum erkennt man an den Früchten.
A l'œuvre on connaît l'artisan.
Dai frutti si conosce l'albero.
The master is known by his work.

342.
Wo ein Wille ist, da ist auch ein Weg.
Vouloir c'est pouvoir.
Volere è potere.
Where there's a will there's a way.

343.
Des Menschen Wille ist sein Himmelreich.
franz. – – –

Chi fa a modo suo, non gli duole la testa.
A man's kind is his kingdom.

344.
Was du nicht willst, das man dir tu', das füg' auch keinem andern zu.
Ne fais pas à autrui ce que tu ne voudrais qu'on te fasse (o. fît).
Non fare ad altri quello che non vorresti fosse fatto a te.
Do as you would be done.

345.
Wer Wind sät, wird Sturm ernten.
Qui sème le vent récolte la tempête.
Chi semina vento raccoglie tempesta.
He that sows the wind will reap the whirlwind.

346.
Wissen ist Macht.
a) Savoir c'est pouvoir.
b) De savoir vient avoir.
a) Sapere è potere.
b) Dal sapere vien l'avere.
Knowledge is power.

347.
Wohltun trägt Zinsen.
Un bienfait n'est jamais perdu.
Piacer fatto non va perduto.
The charitable give out at the door and God puts in at the window.

348.
a) Wenn man vom Wolf (o. Teufel) spricht, ist er nicht weit.
b) Wenn man den Wolf nennt, kommt er gerennt.
c) Man soll den Teufel nicht an die Wand malen.
a) Quand on parle du loup, on en voit la queue.
b) Quand on parle du soleil, on en voit les rayons.
c) Il ne faut pas parler du diable de peur qu'il ne vienne.
d) Il ne faut pas provoquer le diable.
a) Lupus in fabula.

b) Chi ha il lupo in bocca, lo ha sulla groppa.
Speak of the devil and he will appear.

349.
Man muss mit den Wölfen heulen.
Il faut hurler avec les loups.
Con la volpe convien volpeggiare.
When at Rome, do as the Romans do.

350.
a) Nicht alle Wolken regnen.
b) Es schlägt nicht immer ein, wenn's blitzt.
Toutes les fois qu'il tonne le tonnerre ne tombe pas.
ital. – – –
All clouds bring not rain.

351.
a) Wenn das Wörtlein Wenn nicht wär, wär mein Vater Millionär (o. wär das Leben halb so schwer).
b) Der Mann, der das Wenn und Aber erdacht, hat sicher aus Häckerling Gold schon gemacht.
(G. A. Bürger, Ballade der Kaiser und der Abt.)
Avec des si on mettrait Paris dans une bouteille.
Il se e il ma son due minchioni da Adamo in quà.
a) If my aunt had been a man, she'd been my uncle.
b) Pigs might fly, if they had wings.

352.
Würden Sind Bürden.
Qui sont en grands honneurs, molestés sont de mieux.
Gli onori sono oneri.
Great honours are great burdens.

353.
Auch der Wurm krümmt sich, wenn er getreten wird.
Il n'y a pas de si petit ver qui ne se recoquille quand on marche dessus.
Anche la mosca ha la sua collera.
Even a worm will turn.

354.
Die Zeit (o. der Ausgang) wird es lehren.
Qui vivra verra.
Chi vivrà, vedrà.
Time will show (o. tell).

355.
Die Zeit heilt Wunden.
a) Le temps remédie à tout.
b) Le temps panse (o. cicatrise) bien des blessures.
a) Il tempo è il miglior medico.
b) Il tempo sana tutti i mali.
a) Time heals all wounds.
b) Time is a great healer.

356.
Spare in der Zeit, so hast du in der Not.
Il faut garder une poire pour la soif.
a) Conservati un pan per la vecchiezza.
b) Chi compera il superfluo, venderà il necessario.
a) Waste not, want not.
b) Spare when you are young, and spend when you are old.

357.
Wer nicht kommt zur rechten Zeit, der muss essen, was übrig bleibt.
Qui va à la chasse perd sa place.
Chi tardi arriva, male alloggia.
Last come, last served.

358.
Zeit ist Geld.
Le temps c'est de l'argent.
Il tempo è prezioso.
Time is money.

359.
Zeit gewonnen, alles gewonnen.
Qui a le temps a la vie.
Chi ha tempo, non aspetti tempo.
a) Time is everything.
b) Gain time, gain life.

360.
Zorn ohne Macht wird verlacht.
Courroux est vain sans forte main.
L'ira senza forza non vale una scorza.

Anger cannot stand without a strong hand.

361.
Wer zuerst kommt, mahlt zuerst.
a) Le premier venu engrène.
b) Premier levé, premier chaussé.
Chi prima arriva, prima alloggia (o. macina).
a) First come, first served.
b) He that comes first to the hill may sit where he will.

362.
a) Der Zufriedene hat immer genug.
b) Zufriedenheit ist der grösste Reichtum.
c) Vergnügt sein geht über reich sein.
Contentement passe richesse.
Chi si contenta gode.
a) Enough is as good as a feast.
b) Content is happiness.

363.
Der Zweck heiligt die Mittel.
La fin justifie les moyens.
Il fine giustifica i mezzi
The end justifies the means.

Anhang

Register der Redensarten

Vorbemerkung zum Register

Wenn ein deutsches Substantiv sowohl in der Einzahl als auch in der Mehrzahl vorkommt, so wird durch die in Klammern beigefügte Mehrzahlendung bzw. durch die daneben stehende Mehrzahlform darauf hingewiesen. Substantive, die nur in der Mehrzahl vorkommen, werden auch nur in der Mehrzahlform aufgeführt. Bei den französischen Substantiven steht das Mehrzahl-s in Klammern, wenn das Wort sowohl in der Einzahl wie in der Mehrzahl vorkommt. Steht es dagegen nur in der Mehrzahl, so wird das mit s.pl. vermerkt. Das gleiche gilt für die englischen Substantive. Ein italienisches Substantiv ist grundsätzlich in der Einzahl angegeben, auch wenn es in der Einzahl und der Mehrzahl vorkommt. Steht es dagegen nur in der Mehrzahl, so weist s.pl. darauf hin. Eine ganze Anzahl italienischer Substantive haben eine unregelmäßige Mehrzahlform. Kommen bei solchen Substantiven Einzahl und Mehrzahl vor, so stehen die beiden Formen nebeneinander, z. B. «arma, armi». Bei den italienischen Adjektiven wird immer nur die männliche Form aufgeführt, obwohl verschiedentlich die weibliche bzw. die Mehrzahlform vorkommt.
Die Zahlen beziehen sich auf die Seiten dieses Buches, die das angegebene Schwerpunktwort enthalten.

Deutsch

(von) **A** bis **Z** 109
Aal 12
aalen 12
aalglatt 12
Aas 112
ab (und zu) 12
abbekommen 12
abblitzen 12, 100
Abc 82
Abenddämmerung 117
abfärben 12
abfertigen 12
Abfuhr 12
abgebrannt 79
abgebrüht 12
abgefeimt 122
abgekartet 12
abgestumpft 12
(zum) Abgewöhnen 13
abhängen 83
abhauen 17
abkanzeln 98
abkapiteln 98
(sich) abkapseln 142

abkaufen 69
abklappern 28
abklavieren 20
abknöpfen 61
abkratzen 68
Abrede 174
Abreibung 87, 98
Absatz 148
Abschied 13
(sich) abschirmen 142
abschreiben 133
(ein Ohr) abschwatzen 116
abschweifen 13
Absicht(en) 13, 22, 134
abspeisen 177
Abstecher 13
abstehlen 26
Abstellgleis 13
abwägen 13, 67
abwarten 13
abwärts gehen 13
Abwasch 19
Abwege 25
Abwesenheit 13

abzielen 13
ach (und weh) 14
Ach (und Krach) 14
Achillesferse 14, 130
Achsel 14, 145
Achtung 14 Adam 14, 44
Adamskostüm 14
Ader(n) 14, 33, 51
Adresse 14, 15, 112
Affe(n) 15, 43, 117, 159, 168
Affenhitze 25
ähnlich 15
(blasse) Ahnung 43, 165
Akten 15
Aktien 15
Alarm (schlagen) 15
Alarmglocke 15
Alkohol 43
Allerweltskerl 15
alles (in allem) 107
Alter 34
Amboss 72
Ameisenkribbeln 27

Amen 15
anbeissen 15
Anblick (für Götter) 23
Andeutung 15
(klein) anfangen 128
Anfänger 15
Anflug 16
angeben, Angeber 127
Angebot 177
(kurz) angebunden 16
angegossen 16
Angel 50
angelegen (sein lassen) 16
angeln 16
Angenehme 16
angesäuselt 12
angeschrieben 129, 153
Angesicht 23
angewurzelt 16
Angriff 16
Angsthase 76
Anhalter 16
Anhieb 16
Anklang 16
anknüpfen 16
ankurbeln (Wirtschaft) 16
Anlauf 16
anmalen 16
anrichten 16
Anschauungssache 17
Anschlag 17
anschmieren 123
anschneiden 17
Ansicht 112
Ansichtssache 17
ansprechen 17
anstarren 23
Antrieb 17
Antwort 115
Anwandlung 17
Anzug 17
Apfel 17, 79
Apostelpferd 132
April 17
Arbeit 155
Aerger 155
(sich) ärgern 155
Arm(e) 17, 18
Armee 68
Aermel 18, 134
Arsch 38

Art 18
Asche 18
(ins) Aschgraue 50
Ast 18
astrein 149
Atem 18, 21, 55, 109
Atemzug 18
Athen 48
aufatmen 19, 80
aufbauschen 103
(sich) auf- und davonmachen 17
auffassen 19
Auffassungsgabe 19
auffrischen 19
aufgabeln 19
aufgehen 19
aufgehoben 19
aufgekratzt 104
aufgeschmissen 95
aufhalsen 71
Aufhebens 103
aufhören 50
aufnehmen 44
aufrühren 24
aufschneiden, Aufschneider 127
Aufsehen 19
(sich) aufspielen 127
aufstossen 19
auftischen 25
aufwärmen 24
Aufwasch 19
aufziehen 18
Augapfel 19
Auge(n) **19, 20, 21, 22, 23**, 54, 123, 159, 178
Augenmass 23
Augenweide 23
Augenwischerei 110
Augiasstall 23
ausbaden 158
ausbooten 13, 23
(sich) ausbreiten 23
ausbügeln 65
Ausbund 76
Ausdruck 23, 24
Auseinandersetzung 177
Ausflüchte 12
(sich) ausgeben 24
ausgedient 24

ausgeliefert 24
ausgepumpt 88
ausgestorben 24
ausgraben 24
ausholen 14, 24
(sich) auskennen 76
ausklammern 24
Auskommen 24
auslernen 24
auspacken 148
ausposaunen 66
Ausrede 24, 181
ausreissen 17
ausschlafen (Rausch) 24
Ausschlag 24
Ausschluss (der Oeffentlichkeit) 165
ausschütten (sein Herz) 81
aussehen 15, 24
Aeusserste 24, 156
ausspannen 25
Ausweg 25
(eins) auswischen 156

Backen 139
Backofen 25
Bad 93
baff 15
Bahn(en) **25**, 65, 171
Balken 83, 114
Ball 25
Balsam 25
Bammel 78
Bände 25
Bank 25
Bär 25
Bärenhaut 26
Bärenhunger 26
barfuss 14
Barrikaden 103
Bart 26, 85
Barthel 75, 175
basta 131
Bau 26
Bauch 26, 28, 84
Baum, Bäume 26, 77
Bausch (und Bogen) 26
Beachtung 84, 175
Bedeutung 64, 137, 173
beduselt 12
Beelzebub 27

beflügeln 27
begiessen 27
begraben (sein) 27
Begriff 106
begriffsstutzig 106
Beifall 27
beiläufig 119
Bein 27, 28, 29, 57, 112, 133
Beine 17, 27, 28, 29, 58, 68, 171
Beinbruch 28
beipflichten 112
beiseite lassen 24
Beispiel 28, 169
beissen 28
(übel) bekommen 28
Belang 64
Beleidigung(en) 28
beleuchten 29
Belieben 72
benebelt 12
Bengel 29
Berg(e) 29, 32, 114
bergab 13, 85
bergauf 85
Berserker 29
(zum) Bersten 29
Beruf 29
Bescheid 31, 76, 98
Bescheidenheit 136
Bescherung 30
beschlafen 30
beschlagen (sein) 76
beschreien 85
beschwipst 12
Besen 30, 44, 158
Besenstiel 107
besinnen 30
besser (ist besser) 30
(e-s) Bessern (belehren) 30
Besserung 30
Besserwisser 121
Bestandsaufnahme 183
Beste 30
(erste) beste 30
(zum) besten halten 18
besudeln (seinen Namen) 30
Betbruder 30

Betracht 30, 31
Betrachtung 31, 107
Betschwester 31
Bett 31
bettelarm 94
Bettelstab 31
betucht 31
Beutel 78, 91, 160
Beutelschneiderei 177
Beweggrund 129
beweihräuchern 172
Biegen (und Brechen) 31
biegen (oder brechen) 129
(saures) Bier 63
Bierkutscher 55
bieten (lassen) 96
Bilanz 31
Bild 31, 50
Bildfläche 31
bildschön 31
Billardkugel 90
Bimbam 83
Binde 20, 32
Bindfäden 32
Binsen 170
Bissen 115
bisweilen 12
blank 79
Blatt 32
blau 43
Blau(e) 29, 32, **180**, 83
Blech 180
blechen 160
Blei 32, 110
Blick(e) 20, 23, **33**, 76
(tief) blicken 25
Blickpunkt 132
blind 33
Blindekuh 33
Blinder 33
Blindheit 33
Blitz 16, 33, 36, 126
Blitzableiter 158
blitzsauber 33
Blösse 33
Blücher 134
blühen 33
Blume 33
Blumentopf 88
Blut **33**, **34**, 51
bluten 14, 160

Blüte 34
blütenrein 143
Bock 34
Bockshorn 34
Boden 18, **34**, **35**, 84, 117, 171
Bogen **35**, 127
böhmisch 35, 53
Bohne(n) 165, 168
Bohnenlied 50
Bohnenstange 35
Bohnenstroh 35
Bombe 36
Bombenerfolg 36
Bombengeschäft 36
Bombenhitze 25
bombensicher 15
Boot 36
Bord 36
brandmarken 129
brandneu 57
Braten 30, 36
braten 36
Bravourstück 112
Brei 32, 36, 148
breit (und lang) 178
breitwalzen 23
brennen 36
brenzlig 36
Brett(er) **36**, 85
Brief 37
Brille 37
Brocken 37, 122
Brot 37, 39, 92, 170, 175
Brötchen 37
Brotkorb 37
Brüche 37
Brücken 37
Brühe 95
brühwarm 37
brummen 59
Brust 37, 46, 91, 126
Brutofen(hitze) 25
Brutstätte 37
Buch, Bücher 35, 37, 38
Bücherwurm 38
Buchstabe 38
buchstäblich 38
Buckel 38, 52, 87, 135
Bude 38, 76
Bügelbrett 38

Register Deutsch — Bühne

Bühne 38, 68
Bumerang 38
Bündel 38
bunt (treiben) 76, 156
Bürstenbinder 108
Busch, Büsche 13, 29
Busenfreunde 39
büssen 28, 78
Butter **39**, 53, 63
Butterbrot 39, 118

Crème (der Gesellschaft) 180

Dach, Dächer **39**, 75, 76, 98, 150
Dachs 116
Dachschaden 168
dahingestellt 39, 55
dalli 39
Damm 39
dämmern 106
Dampf 28, 39, 40
Dampfer 85
Dämpfer 40
danebengehen 40, 87, 140
danebenhauen 51
dauern (leid tun) 106
Däumchen 26
Daumen **40**, 124
Daumenschrauben 42
davonkommen 77
(zum) Davonlaufen 77
Decke **40**, 155
Deckel 39
deichseln 93
demnächst 159
denken 40
denkste 56
Denkzettel 40
Deut 35
deutsch 32, 40
dicht (halten) 115, 145
dick (auftragen) 116
(durch) dick und dünn 95
(etw.) dicke (haben) 31, 118
Dickkopf 41
Dickschädel 41
Dickwanst 41

(von) diesem (und jenem) 41
Ding(e) **41**, 94, 103, 149
(ein) Ding (drehen) 41
(guter) Dinge 41
Dinge (nehmen) 41
(mit rechten) Dingen 149
diplomatisch 41
Distanz 41
Donau 48
Don Juan 82
Donner 41
Donnerschlag 114
Donnerwetter 41, 102, 158
doppelzüngig 41
Dorn 20
Dosis 128
Draht 41, 92
Drahtzieher 49
Dreck **41, 42**, 65, 95, 124, 140, 178
dreckig 42, 155
Dreh 35
drehen 42, 138
drei 43, 74, 130, 171
Dreikäsehoch 42
dreizehn 50
Druck 42
Drücker 136
Drum (und Dran) 31, 42
drunter (und drüber) 42, 161
dumm 39, 42
Dumme 43, 114
Dümmere 69
(im) dunkeln 43
(sich) dünne machen 13, 161
Dunst 20, 43
durch (und durch) 43, 111, 139
durchblicken 15
durchbohren 43
Durchbruch 25
durcheinander 98
durcheinanderbringen 77
durchfallen 43
durchgreifen 111
durchhecheln 49
durchkreuzen 133
durchschimmern 15

durchschlagen 43
durchstehen 17
durchtrieben 122
Durst 43
Dusche 44

Ebbe 79, 91
ebenbürtig 44, 171
Echo 16
Ecke(n) 44, 105, 171
Effeff 44
(wilde) Ehe 44
Ehre 44, 67
Ehrenwort 73
ehrlich 44, 73
Ei(er) 18, **44, 45**, 74, 123, 148
Eimer 18, 48
ein (und aus) 95
einbilden 112
einbleuen 45
einbrocken 120
Eindruck 45, 127
einfädeln 45
Einfluss 137, 151
eingefleischt 45
eingeweiht 45
einhämmern 45
einheizen 85
Einklang 45
einpacken 103
einrenken 65
einrosten 45
Einsiedlerdasein 45
einstecken 141
eintrichtern 45
Eis 45
Eisen 45, 46
Eisenbahn 180
eisig 46
eiskalt 59
Eiterbeule 178
Elefant 46, 114
Elefantenhaut 51
Element 46
Elend 92
Elfenbeinturm 46
Ellbogen 46
Elle 90, 111
Eltern 46

Ende 12, **46**, 88, 104, 152, 181
Enge 46
Engel 31, 47
Engelsgeduld 47
Englein 23
Ente 29, 47
entfesseln 47
entgegensehen 47
entlarven 47
entpuppen 47
entschärfen 47
entspringen 47
entwaffnen 47
Entweder (Oder) 168
entzücken 40
(zum) Erbarmen 47
Erdboden 47, 48
Erde 48
Erfolg 57
ergreifen (Beruf) 48
erhaben 48
erhitzen 48
erleben 178
erledigt 88, 167
Ernst 48
ernten 48
erstunken (und erlogen) 110
Erwägung 30
erwischen 123
erzählen 86
Espenlaub 48
Essig 48
Eulen 48
Evangelium 48
Evaskostüm 49
Ewigkeit 49
Exempel 49
Extrem 49

fackeln 129
Faden, Fäden 49, 143
Fahne 110
Fahrt 49
Fahrwasser 46
Fall 50
Fälle 129
Falle 50
Fallstricke 50
Familie 50

Farbe(n) 50, 91, 151
farblos 137
Fass 41, 50, 111
fassen 50
Fassung 50
Fastnacht 20
Faulpelz 155
Faust 20, 50, 51
Fäustchen 51
faustdick 110, 122
Fauxpas 52
federleicht 51
Federlesens 129
Federn 51
Fehdehandschuh 51
fehlen 51
fehlgeschossen 51
Fehlschlag 141
fehlschlagen 140
Feld 51, 132, 169, 181
Fell(e) **51**, **52**, 63, 87
felsenfest 52
Fenster 52
Ferne 52, 182
Fersen 52, 144
Fersengeld 17
fertig 52
Fesseln, fesseln 52
festgefahren 144
Fett 39, 61
Fettnäpfchen 52
Fettwanst 41
Fetzen 127
Feuer 15, **52**, 72, 75
Feuereifer 53
feuern 156
Feuerprobe 53
feuerrot 53
Figur 53
Finger 20, 26, **53**, **54**, 74, 98, 126, 130
Fingerbreit 89
Fingernägel 163
Finken 17
(im) finstern 43
Fisch 54, 64, 115
Fischblut 54
Fittiche 54
(in) flagranti 161
Flamme(n) 52
Flasche 54, 65, 71

Fleck 80, 144
Fleisch 18, 54
Fliege(n) 45, 54, 90
fliegen 54
Flinte 55
Floh, Flöhe 55, 67
Flötentöne 75
fluchen 55
(im) Flug 55
Flügel 55, 97
flügge 55
Flunder 38
(im) Fluss (halten) 55
Flut 55
Folter 55, 117
Form 39, 55
Fortschritte 169
Frage 31, 55
Fraktur 98
Frankreich 67
französisch 13
Frau 63
Frechdachs 170
Freiersfüsse 56
Freiheit 72
Fressen 114
fressen 56, 106
Frieden 56
frisieren 56
Frömmler 30
Frömmlerin 31
Frosch 56
frostig 57
Früchtchen 57
Früchte 57
früher (oder später) 159
Fuchs 122, 173
fuchsteufelswild 155
Fuchtel 124
Fuffziger 57
(mit) Fug (und Recht) 57
Fugen 57
Fühler 38
Fühlung 57
Fundament 69
fünfe 20
Fünkchen 57
Funke(n) 127, 130
funkelnagelneu 57
Furore 57
Furz 114

Fuss **57, 58**, 169
Füsse 27, 28, 29, **58**, 66, 74, 80
Fussbreit 89
Fussstapfen 58
Futterkrippe 58

Galgenstrick, -vogel 58
Galle 59, 155
Galopp 59
Gang 55, 59, 84
gang (und gäbe) 59
Gängelband 59
Gänsehaut 59
Gänsemarsch 59
(aufs) Ganze 59
Garaus 105
Gardinen 59
Gardinenpredigt 98
gären 59
Garn 50
Garten 113
Gärtner 34
Gas (geben) 164
Gaumen 59
Gebet 59
Geburt 60
Gedächtnis 60
Gedanken 60, 68, 151
gedruckt 83
Geduld 60
Geduldsfaden 60
(sich) gefasst machen 178
gefeuert 37
geflogen 37
gefunkt 68
Gegengewicht 60
gehauen 72, 168
Gehege 60
(öffentl.) Geheimnis 150
(zu weit) gehen 35
geheuer 149
Gehirn 98
Gehirnwäsche 60
Gehör (schenken) 60, 123
gehupft (wie gesprungen) 89
Geige 60, 126
Geist, Geister 47, 60
geistesabwesend 99
Geistesblitz 61

Geizhals 40
Geizkragen 40
geklingelt 68
Gelächter 61
Gelackmeierte 114
gelaufen 61
Geld 40, 52, **61, 62**, 129
Geldbeutel 40, 79, 91
Geldhahn 62
(daran) gelegen 81
Gelegenheit 62, 180
(letzte) Geleit 67
gemachter (Mann) 62
Gemeinheit 89
gemünzt 15
Gemütlichkeit 149
Genick 71
gepfeffert 62
Geprellte 114
gerädert 32
geradestehen 91, 158
(aufs) Geratewohl 66
Gerechte 62
Gerede 62, 63
Gericht 139
Gerücht 62
gerufen (kommen) 62
gerupft 51
gesagt (getan) 62
gesagt (sein lassen) 123
gesalzen 62
geschehen 62
Gescheites 143
Geschenk (des Himmels) 62
Geschichte 68, 103
Geschmack 50, 62
Geschmackssache 63
geschmiert 143
geschniegelt 44, 138
Geschütz 63
Geschwätz 63
Gesetz 63
Gesicht(er) **63, 64**, 68, 98, 118
Gesichtskreis 86
Gespräch 16, 55
Gestalt 64
(von) gestern 106
gestochen 64, 168
gestohlen (werden) 38

gesund 56
Gesundheit 64
(tief) gesunken 64
Getriebe 29, 114
gewachsen (sein) 44, 64
Gewalt 64, 72, 183
Gewicht 64, 173
Gewissen 64
gewogen (sein) 152
gezinkt 150
Gift 15, 126
Gift (und Galle) 155
Giftpfeile 64
Giftspritze 111
Gipfel 50
Gipfelkonferenz 65
Gipfeltreffen 65
Glas 43, 65, 183
Gläschen 43
glatt 65
Glatteis 65
Glaube, glauben 65, 163
gleich 15, 65
Gleiches 116
Gleis(e) 13, 25, **65**
Glieder 32, 48
Glocke **65, 66,** 98
Glück 66
Glücksfall 62
Glückspilz 149
Glückssträhne 66
Gnade 66
Gnadenstoss 66
Gold 61, 92, 129
Goldgrube 66
Goldwaage 67
Gosse 67
Gott 67, 83
Götter 67
Gotteslohn 67
Grab 67, 117
Grabesstille 112
Grabesstimme 67
Gras **67, 68**, 157
grau 146
Grenzen 68
grenzenlos 68
griesgrämig 104
Griff 80
Grillen 68
Grimassen 68

(aus dem) Gröbsten 29
Groschen 68, 79
Grössenwahn 69
Grossmaul 94
Grossmutter 69
Grosssprecher 127
Grube 117
grün 87, 118, 123
Grund 46, **69**
Grundlage 109
Grünschnabel 15
Grütze 157
Gürtel 69
Gürtellinie 69
Guss 69
Güte 83
(des) Guten 69, 159

Haar(e) 39, 49, 51, **69, 70,** 71, 143
Haaresbreite 70
Haarnadelkurve 70
Haarspalter(ei)(en) 26, 70
Hackfleisch 70
Häcksel 157
Hafer 70
hageln 55
Hahn 70
Hahnenschrei 87
Haken 114
halb 70
Hälfte 70
Hälmchen 70
Hals 14, 17, 22, **70, 71**, 110, 118
Hals- und Beinbruch 71
Halt 34, 71
Hammer 72
Hand 15, 16, 20, **72, 73**, 80, 106
Hände 20, 26, 34, 51, 61, 62, **72, 74**, 114, 134, 151
Händel 179
handeln 74
Handgelenk 74, 140
Handschrift 154
Handschuhe 74
Handtuch 55
Handumdrehen 18, 74
Handwerk 75
Hanf 67

Hans 30
Hans Dampf 15
hapern 75
Happen, Häppchen 75
Harke 75
Harnisch 75
hart (auf hart) 31
hartherzig 81
harzen 114
Hase 38, **75**, 175
Hasenfuss 76
Hasenpanier 17
hässlich (wie die Nacht usw.) 76
Haube 144
Hauch 16
Haufen 76
Haupt 18, 76
Hauptperson 42
Haus 69, **76**
Häuschen **76, 77**, 183
Haut 26, 49, 51, **77**, 105, 139
Hautevolée 180
Hebel 77, 78
(einen) heben 32
Hechel 49
Hecht 78
Heft 78
Heidenangst 78
Heidengeld 78
Heidenmühe 78
Heilige(r) 78
heimleuchten 98
heimzahlen 78
(sich) heiser (schreien) 110
Heisssporn 79
Heller 79
(am) hellichten (Tag) 156
Hemd 51, 79, 110
Hemmschuh 79
Henker 161
Henne 18
herausfahren 79
herauskommen 79
herausnehmen 79, 120
herauswinden 12
Herd 37, 76
hereinfallen 79
hereinlegen 123

Heringe 79
Herr 58, 78, **80**, 124
Herrenleben 67
Herrgott 100
Herrgottsfrühe 87
Herrlichkeit 80
herumhacken 80
(drum) herumkommen 17
herumreiten 80
herumscharwenzeln 84
herumschwirren 80
Herz(en) 33, **80, 81, 82**
Herzbändel 28
Herzensbrecher 82
Herzenslust 82
Heu 61
Heulliese 170
Hexe 82
hexen 54, 143
Hexenjagd 93
Hexerei 94
hie (und da) 12
Hieb 15, 82
hieb- und stichfest 82
High-Society 180
Himmel 15, 21, 29, 33, 60, **82, 83**, 101
Himmel (und Hölle) 77
Himmelfahrtsnase 83
himmelhoch 83
Himmelswillen 83
Hin (und Her) 83
hin (und wieder) 12
hinauswollen 83, 97, 181
Hindernis 83, 89
hinken 83
Hinsehen 31, 107
Hinterbeine 83
Hintergedanken 83
Hintergrund 84, 132
Hintern 84
Hintertreffen 84
Hintertürchen 84
hinunterschlucken 84
hinweggehen 84
hinwegsetzen 84
Hinz (wie Kunz) 89
Hitze (des Gefechtes) 84
Hitzkopf 79
(ist mir zu) hoch 86
hoch (und heilig) 78

(sich) hocharbeiten 100, 128
Hochform 55
hochgehen 75
hochkantig 35
hochkrempeln 134
hochnehmen 18
Hochtouren 84
Hof (machen) 84
(guter) Hoffnung 165
Hoffnungsschimmer 84
Höhe(n) 85
Höhle (des Löwen) 85
Hohlkopf 157
Hölle **85**, 161
Höllenangst 78
Höllenqualen 85
Höllentempo 179
Holz 85, 106
Hölzchen 88
Holzweg 85
Honig 85, 113
Honiglecken 182
honigsüss 92
Hopfen (und Malz) 86
Hopfenstange 35
Hopp hopp 89
hör (mal) 86
hören (lassen) 86
Hören (und Sehen) 86
Hörensagen 86
Horizont 86
Horn, Hörner **86, 87**, 127
Hornberger Schiessen 137
Hornochse 87
Hosen 78, 80, **87**, 124, 140
Hosenboden 87, 149
Hosentasche 87
Hühnchen 87
Hühner 87, 88
Hühneraugen 179
Hülle (und Fülle) 88
Hummeln 149
Hund(e) 75, **88**
Hundekälte 88
Hundeleben 88
hundemüde 27
Hundertste 88
Hundewetter 89
Hündlein 144
Hundsgemeinheit 89

hundsmiserabel 88
Hungerlohn 89
Hungertuch 43
Hürde 89
(im) hurra 89
husch husch 89
Hut (der) 50, 55, 77, **89**
Hut (die) 23, 56
Hutschnur 50

Igel 20
in- und auswendig 87
Intrigen 132
Inventar 75
Irrenhaus 168

Jacke 87, 89
Jahre 34, 89
Jenseits 105
Joch 89
jonglieren 89
Jota 89
Jubeljahre 89
jucken 42
Jugend 94

Kaff 120
Kaffee 89
kahl 90
Kaiser 160
Kakao 18, 49
(goldene) Kalb 90
Kalender 90
Kaliber 106
kalt (lassen) 90
Kaltblütigkeit 34
kaltstellen 13
Kamel 87
Kamin 133
Kamm 90
Kanal 43
Kandare 90
Kanone(n) 88, 90
Kanonenfutter 90
Kante 90
Kapital 91
Kapitel 32
Kappe **91**, 98
Karacho 179
Karfreitag 20
Karpfenteich 78

Karre(n) 65, 104, 179
Karte(n) **91**, 150
Kartenhaus 91
Kartoffelnase 96
Käseblatt 91
Kassandra 162
Kasse 91
Kassenschlager 92
Kastanien 92
Kasten 92
Kater 92
katzbuckeln 84
Katze 29, 36, **92**
katzenfreundlich 92
Katzenjammer 92
Katzensprung 92
Katzenwäsche 92
(leichten) Kaufs 19
Kauz 78
Kehle 32, 46, 70, 71, **92**, 155
Kehrseite 92
Keil 29
Keim 93
Kelch 93
Kenntnis (nehmen) 84
Kerbe 86
Kerbholz 93
Kern 93
kerngesund 64
kerzengerade 93
Kesseltreiben 93
Kielwasser 58
Kilometer (fressen) 93
Kind **93, 94**, 95, 153, 165
Kind (und Kegel) 93
kinderleicht 94
Kinderschuhe 94
Kinderspiel 74, 94
(von) Kindsbeinen (an) 94
Kippe 94
Kirchenlicht 130
Kirchenmaus 94
Kirchturmpolitik 94
Kirschen 94
Kittchen 59
klammheimlich 166
Klang 94
Klappe 54, 94, 142
klapperdürr 151
Klappergestell 151

Klapperstorch 94
(es) klappt 39
Klasse 94
Klatsch 62
Klatschbase 170
Klauen 53, **95**
Klee 82
klein (anfangen) 128
klein (beigeben) 169
klein (und hässlich) 127
(von) klein (auf) 95
Kleinholz 70
Klemme 95, 120
Klette 95
Klippe 95
Kloss 95
klug (wie zuvor) 95
Klugscheisser 121
Knacks 135
Knall (und Fall) 96
Knast 59
Knie 96
kniefällig 96
Knochen 155
Knollennase 96
Knöpfe 20
(gordische) Knoten 96
Knüppel 29
Köder 50
ködern 15
Kohl 89, 96
Kohldampf 26
Kohlen 117
kohlrabenschwarz 146
Koller 178
Koloss 96
komm mir... 96
Komplimente 96
Königreich 129
Konkubinat 44
Kontakt 57
Kontor 96
Kontrolle 80
Konzept 49, 96
Kopf 17, 21, 34, 39, 72, 73, 76, 77, 90, **96, 97, 98, 99**, 129 132, 158
Kopf (und Kragen) 77, 150
kopflos 100
kopfüber 99, 100

kopfvoran 99
Kopfzerbrechen 100
Korb 70, 100
Korn 100
Kosten 100, 160
Kostgänger 100
Kot 142
(in) Kraft 100
(aus eigener) Kraft 100
Kragen 100
Krähenfüsse 100
Krallen 95, 179
Kram 55, 100
Kränzlein 82
Kratzbürste 101
Kraut 101
Krebsgang 101
Kreide 101
kreideweiss 101
Kreis(e) **101**, 143, 144
Kreuz 38, 101, 123, 127
kreuzfidel 131
Kreuzweg 139
Kriegsbeil 157
Kriegsfuss 101
Kritik 88
Krokodilstränen 101
Krone 43, 50, 105, 154
Kropf 101
Krösus 61
Kröte 56
krumm (und lahm) 87
(zum) Krummlachen 140
krummnehmen 70
(aus) Kübeln 32
Kuchen 56, 101
Küchenmeister 142
Kuckuck **101, 102,** 161
Kugel 102
(zum) Kugeln 140
Kuh 20, 29, 165
Kulissen 102
Kulleraugen 21
Kummer 100
Kunde 57
Kunst 102
Kunststück 94
Kurs 153
Kurve 35
kurz (gesagt) 102

kurz (und klein schlagen) 140
(es) kurz (machen) 181
(über) kurz (oder lang) 159
(in) Kürze 159
(vor) kurzem 159
(den) kürzeren (ziehen) 102
kurzerhand 129
kurzhalten 37

lächeln, Lächeln 102
lachen (versch. Rdaa.) 88, **102**
Lächerliche 102
Laden 93, 103
Lage 38, **103**
Lamm, lammfromm 103
Lampe 32
Länder 103
Landsknecht 55
lang (wie breit) 178
langatmig 23
Länge 103
längelang 103
(des) langen (und breiten) 123
langgehen 75
langweilig 103
Lanze 103
Lappen 103
Lärm 29, 103
(das muss man ihm) lassen 103
(zur) Last (fallen) 104
Lästermaul 111
Latein 104
lateinisch 37
Latschen 21
Latte 35
Laube 104
Lauf **104**, 182
laufen 104
(auf dem) laufenden 31
Lauffeuer 104
Laufmasche 168
Laufpass 100, 156
Laune(n) **104**, 174
Laus 57, 104
Laut 115

läuten (hören) 124
lauthals 104
lawinenartig 104
Leben 14, 43, 49, 56, 68, 75, 77, 85, 104, 105, 113
(auf) Leben (und Tod) 150
Lebensabend 105
Lebenslicht 105
Lebensunterhalt 37
Leber 32, 57, 105
Leberwurst 142
Leder 49, 87, 105
leer (ausgehen) 114
leer (schlucken) 21
Lehre(n) **105**, 123
Leib 48, 49, 80, **105**, 138
(mit) Leib (und Seele) 105
(aus) Leibeskräften 71
Leichen 105
Leichenbittermiene 63
leichenblass 101
Leid 81
Leidensgefährten 36
leidtun 106
Leier 106
Leim 106
Leine 17, 72, 161
Leintuch 101
Leisten 90, 106
leisten 113
Leitung 106
Lektion 40
Leuchte 130
Leviten 12, 98
Lexikon 106
Licht 20, 22, 37, 64, **106, 107**, 147
Lichtseiten 107
liebäugeln 107
Liebe 149, 159
Liebediener 84
Liebesmüh 107
Lied 106, 107
Lineal 107
Linie 108
Linsengericht 108
Lippe(n) 32, 71, **108**, 118
(schwarze) Liste 108
Lob 82
lobhudeln 172
Loblied 82

Loch, Löcher 21, 26, **108**, 116, 135, 170
locker (lassen) 108
Löffel 68, 108, 123, 130
(sich) lohnen 114
Lorbeeren 109
Los 109
Lot 65
Löwenanteil 132
Lücke 109
Lückenbüsser 109
Luft 39, 59, 75, 108, **109**, 155, 170
Luftlinie 109
Luftschlösser 110
Lüge(n) 65, 110
lügen 83
Lulatsch 35
Lumpen 98
lumpen (lassen) 110
Lunge 110
Lunte 36
Lupe 110
lupenrein 149
(mit) Lust (und Liebe) 105

Mache 110
Macht (ergreifen) 110
Machtwort 51
Made 67
Magen 22, 26, **110**
Maikäfer 131
Makulatur (reden) 180
manchmal 12
Mangel (die) 42
Mann **110**, 168
Mantel, Mäntelchen 110
Märchen 25
Mark (und Bein) 111
Marsch (blasen) 98
Maschinengewehr 116
Maske 64, 111
Mass 35, 68, **111**, 128
Massnahmen 111
Matthäi 170
Mauer 122
Mauerblümchen 111
Maul 94, **111**, 118, 127, 176
Maulaffen 112
Maulheld 94, 127

Maulkorb 112
Maulwurfshaufen 114
Maus, Mäuse 29, 43
mäuschenstill 112
Mauseloch 48
mausetot 112
meckern, Meckerfritze 69
(nach) mehr (schmecken) 112
Meinung 98, 112, 153
Meister 75, 83, 112
Meisterleistung 112
Meisterwerk 112
(in rauhen) Mengen 88
Menschenleben 112
Menschenseele 112
Menschenverstand 57, 113
(sich) messen (können) 44
Messer 46, 113, 130, 144, 170
Methusalem 154
Miene 113, 150, 174
Milch (und Blut) 113
Minen 77
Minuten 158
Misskredit 113
Mist 102, 113
Misthaufen 162
mitanpacken 72
mitkommen 86
mitmachen (durchmachen) 113
(übel) mitspielen 156
Mittel 77, 113
(goldene) Mittelweg 113
mitunter 12
Mode 113
Mohr 114
Moment(chen) 136
Mond 114
Mondkalb 35
Mord 65
Mördergrube 32
Mordshunger 26
Mordskrach 41
Mores 75
Morgen 114
Morgenluft 114
Most 75, 175
Mücke 114
Mucken 114

Mucks 115
müde (machen) 120
Mühe 14, 114
Mühle 114
Mühlwerk 116
Mumm 114
Mund 21, 32, 53, 72, 108, 115, **116**,, 118, 176, 177
Mundwerk 116
Münze 116
mürbe 116
Murmeltier 116
mustern 116
Mütchen 116
(guten) Mutes 116
Mutter (Grün) 82
Muttermilch 117
mutterseelenallein 112
Muttersöhnchen 135

Nabel, Nabelschau 117
Nachsehen 114
nachstehen 44
Nacht 76, **117**
Nachteil 117
Nachtigall 13
Nacken 117
Nadeln 117
Nadelstiche 64
Nagel 117
Nähe 31, 107
nahetreten 167
namenlos 117
Narr 18, 117, 118
Narrenseil 118
Nase 21, 36, 39, **117, 118, 119**, 127, 164, 176
Natur 18
nebenbei 119
Neid 119
Neige 93
neigen (zu) 119
Nenner 120
Nerv(en) 120
Nervenbündel 120
Nervensäge 120
Nesseln 120
Nest 120
Netz(e) 50, **120, 121**
neugeboren 121
Neuland 121

Neunmalkluger 121
Nichtsnutz 57
Nickerchen 121
Nieren 120
Nierenstück 93, 174
Niete 54
Nimmerleinstag 121
nolens volens 176
Not 70, 77, 121
Notgroschen 121
Notlüge 121
Null 54, 121
Null (Komma) 54
Nullpunkt 121
Nummer 59, 78, 121
Nuss 121
Nutzen 91

O-Beine 122
(bis) oben 118
(von) oben (herab) 14
Oberfläche 147
Oberhand 122
Oberste 98
Oberstübchen 168
Oberwasser 122
Ochse(n) 29, 158
Ofen 88, 122
offen (gestanden) 44
Oeffentlichkeit 122
Ohr(en) 22, 28, 51, 71, 98, **122, 123, 124**
Ohrfeige 124
ohrfeigen 70
Ohrfeigengesicht 124
Oel 52, 124
Oelgötze 124
Opfer 133
Ordnung 134, 143
Ort 46, 124
Oskar 170
Ostern 121

Päckchen 38
Palme 75
Pantinen 21
Pantoffel 124
Papiertiger 96
Pappenheimer 125
Pappenstiel 39, 125
päpstlich 125

Partei 125
Partie 125
(blinder) Passagier 125
passen 56
Pastete 30
Patron 125
Patsche 95, 120
patschnass 49
Pauke 76
Pech 95, **125**
pechschwarz 146
Pechsträhne 125
Pechvogel 125
pedes apostolorum 132
Peitsche 181
Pelle 144
Pelz 104, 168
Perlen 125
(in) Person 126
Pest 126
(schwarze) Peter 126
Petersilie 63, 126
Pfau 126
Pfeffer 75
Pfeife 126
pfeifen 178
Pfeifkonzert 126
Pfeil 126
Pfennig 40, 79, **126**
Pferd(e) 90, **126, 127**
Pferdefuss 64, 149
Pferdenatur 64
Pfiff 35
Pfifferling 79
Pfiffikus 122
Pfingsten 121
Pflaster 127, 156
Pflock, Pflöcke 127
Pflug 127
Pfund 128
Phantasie 128
Phantasiepreise 128
Phantome 128
Phrasen 128
piepe 178
Pike 118, 128
Pilatus 128
Pille 17, 42, 128
Pilze 128
pingelig 70
Pistole 46

platt 15
Platte 106, 128, 130
(fehl am) Platz 128
(zum) Platzen 29
Polizei 35
Pontius 128
Portion 128
Porzellan 128
Porzellanladen 46
Posten 128
Pranger 129
Prasserleben 138
Prediger 122
Preis(e) 129
Presse 129, 153
Preussen 129
Probe 60
Prozess 129
Prügelknabe 158
Pudel 119, **129**
Pufferstaat 130
Pulver 56, **130**
Pulverfass 130
Punkt 14, 75, **130, 131**, 144
punktum 131
Puste 104
Pyrrhussieg 131

Quadratesel 87
Quadratur (des Zirkels) 131
Quark 118
Quatsch 181
Quecksilber 131
Quelle 73, 148
Quentchen 57
Quere 60, 131
Querkopf 41
quietschvergnügt 131
quitt 131
Quittung 131

(weisser) Rabe 131
Rache 131
rächen 131
Rad 131
Rädchen 168
radebrechen 132
Räderwerk 132
Radieschen 68
Rahm 132

Rahmen 132
Rampenlicht 132
Rand (und Band) 76
Rang 132
Ränke 132
Ränzel 38
rappeln 168
Rappen 79
Rappenspalter 40
Rat 132
Rätsel 129, 133
Ratten 133
Raub (der Flammen) 133
Raubbau 133
Rauch 170
Rauchfang 133
Raupen 168
Rechenschaft 31, 59, 133
Rechnung 30, 87, **133**
Recht 57
Rechtsweg 133
Rede 59, 133, 134
reden 86, 134, 146
Redensart 134
Regen 134
Regenschirm 166
Regenwetter 63
Regiment 78, 124
Regionen 176
Register 77
(es) reicht 51, 134
reiflich 134, 183
Reihe 134
Reim 167
(ins) reine 65, 134
reinhauen 139
(letzte) Reise 68
Reissaus 17
Rennen 55, 134
Rest 66
Rhein 48
riechen 118
Riecher 119
Riegel 134
Riemen 134
Riesenkalb 87
Riesenmühe 78
Rindvieh 87
Rippen 151
Risiken 151
Riss 135

Rockschösse 144
Rockzipfel 135
Röhre 114
Rohrspatz 55, 170
Rolle 18, 53, 137
Rosen 135, 176
rosig 37, 135
Rosinen 97
Rossnatur 64
rot (sehen) 59
Rübchen 118
Rubikon 178
Ruck 135
Rücken 59, 117, **135**
Rückgrat 135, 136
Rückwärtsgang 127
Rückzieher 127
Rückzug 127
Ruder 136
Rüffel, rüffeln 98
Ruhe 34, 56, 136
rühmen 136
Ruhmesblatt 112
Ruine 77
Rummel 35
rund (laufen) 75, 114
Runden 61, 170
rupfen 14
rütteln 15

Säbel 136
Sache(n) 99, **136**
Sack 18, 92, 116, 136
Sackgasse 144
Saft 137, 142
(das) Sagen 60
sagen 17, 107, 134, **137**
Saiten 163
Salat 30
salben 73
Salzsäule 137
Sand 20, 29, 114, **137**, 157
sang- und klanglos 13
Sardinen 79
Sarg 117
Satansbraten 82
(sich) satt sehen 137
Sattel 28, **138**
Sau 98, 144
sauer 138
sauersüss 102

Saus (und Braus) 138
Sauwetter 89
Schach 138
schachmatt 138
(alte) Schachtel 138
Schädel 138
Schaden 138
Schaf 138
Schäfchen 90
Schafleder 17
Schafskopf 157
Schafspelz 176
Schale 93, 138
Schalk 138
Schallmauer 138
(langsam) schalten 106
schalten (und walten) 72
Schalthebel 136
Schandfleck 138
Schanze 77
Schatten 76, 132, **139**, 144
Schau 139
Schaum 127
schäumen 155
scheel (anschauen) 147
Scheffel 107
Scheibe 139
Scheideweg 139
Scheisse 95, 102
Scheitel 99, 139
scheitern 140
Schelle 18
scheren 42
(sich) scheren 178
Scherereien 104
Scherflein 139
Scherz 139
scherzen 48, 149
Scheuklappen 139
Scheunendrescher 139
Scheunentor 29, 175
Schicksalsschlag 113
schief (anschauen) 147
schiefgehen 21, 40, 140
schief geladen 43
schief gewickelt 85
schiess (los) 152
(zum) Schiessen 140
Schiffbruch 140
Schild 140
Schimmer 43

Schindluder 140
Schippe 18
Schlaf 19, 140
Schlafittchen 100
Schlafmütze 140
Schlag 96, 106, 140
Schlager 57
schlagfertig 115
Schlagseite 43
Schlamassel 95
Schlange 141
Schlappe 141
Schlaraffenleben 141
Schlaukopf 122
Schlauste 130
Schleichwege 141
Schleier 20, 141
schleierhaft 133
Schlepptau 141
Schleusen 141
Schliche 152
Schliff 73
Schlimmste 29
Schlinge 141
Schlips 179
Schloss 59, 111, 115
Schlosshund 163
Schlot 141
schlottern (Kleider) 141
schlucken 141
Schluss 131
Schlüsselstellung 141
Schlusslicht 141
Schlussstrich 157
schmackhaft 142
Schmalhans 142
Schmarotzerleben 142
schmecken (nach mehr) 112
(sich) schmeicheln 142
Schmerz 142
Schmiede 142
Schmiere (stehen) 142
schmieren 73
Schmollwinkel 142
schmoren (lassen) 142
Schmutz 142
Schnabel 142
Schnauze 94, 117, 142
Schneckenhaus 142
Schneckentempo 142

Schnee 89
Schneekönig 143
schneeweiss 143
Schneide 130, 143
(zum) Schneiden 109
(ins Haus) schneien 143
Schnippchen 156
Schnitt 36
Schnitzer 34
schnuppe 178
Schnur 156
Schnürchen 143
schnurstracks 154
Schnute 118
(etwas) Schönes 143
Schopf 62
Schornstein 133, 141
Schoss 26, 143
schräg (anschauen) 147
Schrank 168
Schranken 68, **143**
Schraube 143, 168
Schreck(en) 19, 144
Schrei 113
schreien 144
schriftlich 144
Schritt(e) 92, 95, **144**
Schritt (und Tritt) 144, 145
schröpfen 14
Schrot (und Korn) 145
Schuh(e) 37, 68, 77, 135, **145**, 156
Schuhriemen 145
Schuhsohle(n) 28, 105
Schuld 139
Schulden 71, 158
Schule 145
Schulter(n) 14, **145**
Schuppen 20
Schürze 145
Schürzenjäger 145
Schürzenzipfel 135
Schuss 36, 39, 55, 87, 145
Schuss (Pulver) 79, 130
Schüssel 168
Schusters Rappe 132
Schutt (und Asche) 47
Schutz (der Nacht) 146
Schutzengel 146
Schwäche 146
Schwamm 146

Schwan 149
Schwanz 12, 112, 119, 127
Schwarten 127
schwarz 146
Schwarze 117
Schwarzhandel 146
schwarzsehen 146
Schwatz, Schwätzchen 146
Schwatzliese 170
Schwebe 55
Schwefel 95
schweifwedeln, Schweif-
  wedler 84
Schweigen 115, 147
(ganz zu) schweigen 146
Schwein(e) 147
Schweiss 147
schwelen 147
schwer (nehmen) 82
Schwerste 29
Schwert 147
Schwindsucht 91
Schwips 12
Schwung 40, 49
Scylla (und Charybdis) 72
Seebär 147
Seele 77, 147
Segel 114
Seide 147
Seifensieder 106
Seil 147
(das) Seine 161
seinesgleichen 147
Seite 14, 90, 125, 144, 145, **147, 148**, 153, 157
Seitenhieb 148
Seitensprung 148
selig 69
Seligkeit 82
Semmeln 148
Senf 148
(lange) Sicht 148
Sieb 60, 157
Siebensachen 38
Siebenschläfer 140
Siegel 35, 148
Sielen 148
singen 148
Sinn 97, 119, 133
Sinnen (und Trachten) 148
Sisyphusarbeit 148

sitzen (lassen) 148
sitzenlassen 149
Sitzfleisch, Sitzleder 149
Skelett 77
so so (la la) 149
Socken 171
Sohle(n) 179
solche (und solche) 100
sondieren 38
sonnenklar 162
Sonnenschein 149
Sonntagskind 149
Sorge 149
Spalier (stehen) 149
Spanier 149
spanisch 149
Sparren 168
Spass 139, **149**, 160
spassen 150
Spatz(en) 90, 150
Spatzengehirn 150
Spätzlein 150
Speck 67
Spiegel 123, 150
Spiel 18, 77, 91, 140, 149, **150, 151**
Spielbank 25
spielen 151
Spielraum 72
Spielregeln 151
Spielteufel 151
Spielverderber 78, 151
Spiess(e) 144, 151, 169
spindeldürr 151
spinnefeind 58
Spitze 15, **151, 152**
spitze (Bemerkung) 148
Splitter 114
splitternackt 14
Sporen 152
spottbillig 39
Spottgeld 39
Spottpreis 39
Sprache 21, 36, 152, 173
sprachlos 21
sprechen 152
Spreu 152
Spritze 162
sprühen 152
Sprung, Sprünge 18, **152**, 168

Sprungbrett 152
Spucke 15
Spur(en) 58, **152**
spuren 134
Staat 112, 138
Staatsaffäre 103
Stachel 151
stadtbekannt 88, 150
Stadtgespräch 115
Stand 153
standhaft 122
standhalten 153
Standpauke 98
Standpunkt 98, **153**
Stange 78, 125, 153
stante pede 154
Stapel 29
Star 22
Stärke 153
Staub 17, 19, 84, 142, 171
(vor) Staunen 21
Stecken 42
steckenbleiben 49
Steckenpferd 153
Stecknadel 112, **153**
Stegreif 153
Steigbügel 153
Stein(e) 29, 80, 137, **153, 154**, 164
Stein (und Bein) 27
steinalt 154
steinernes (Gesicht) 154
(zum) Steinerweichen 154
steinreich 61
Steinwurf 92
Stelle 124, 130, 154
Stempel 154
Stengel 21
(zum) Sterben (langwei-
  lig) 103
Sterbensseele 112
Sterbenswörtchen 154
Stern(e) 154
sternhagelvoll 43
Steuer 136, 154
Stich 81, 155
sticheln 64
Stiefel 32, 155
Stiefkind 155
stiefmütterlich 155
Stielaugen 155

Stier 87
Stille 155
(in) Stimmung 49, 104
stinken 149
stinkfaul 155
(es) stinkt (mir) 118
Stinkwut 155
Stippvisite 152
Stirn 118, **155**
stockbesoffen 43
stocken (Gespräch) 156
(ins) Stocken 144
stockfinster 20
stocktaub 156
Stockzähne 51
Storchbeine 156
Störenfried 78
Stoss 29, 81, 135
Stosszeiten 156
Strafpredigt 98
Strandhaubitze 43
Strang, Stränge 156
Strasse 88, 156
Sträuben 173
Straussenmagen 156
Streich 156
streichen (lassen) 175
Streitaxt 157
Streitobjekt 179
Strich 102, 118, 133, **157**
Strick(e) 156
Strippe 124
Stroh 157
strohdumm 35
Strohfeuer 157
Strohhalm 157, 183
Strohkopf 157
Strohmann 157
Strom 157
(in) Strömen 32
strotzen (vor Gesundheit) 64
Strumpf, Strümpfe 39, 171
Stubenhocker 169
Stück(e) 17, 158, 159
Stuhl, Stühle 21, 156, 158
Stumpf (und Stiel) 178
Stunde 158
Stündlein 165
Stunk 158
Sturm 109, **158**

Stütze 158
Sümmchen 158
Sünde 31, 76
Sündenbock 158
Sündengeld 78
Süppchen 158
Suppe 69, 133, **158**
Süssholz 158
Szene 139, 159

Tabak 159
Tablett 56
Tag 45, 50, **159, 160**
Tag (und Nacht) 159
tagaus (tagein) 159
Tageslicht 107, 159
Tagesordnung 160
taghell 159
tagtäglich 159
Taktik 160
Taler 64
Talsohle 160
Tantalusqualen 85
Tante (Meier) 160
Tapet 160
Tapete, Tapetenwechsel 160
Tarantel 160
Tasche 61, 132, **160**
Taschentuch 20
Tassen 168
Taste 52
Tat 161
(sich) taub (stellen) 123
Tauben 161
Taubenschlag 161
taufrisch 114
Taugenichts 57
Tauziehen 83
Tee 13
Teil 39, **161**
Tempel 108
Terrain 38
Teufel 27, 28, 85, 101, 102, 126, 127, 149, **161, 162**
Text 98
Theater 162
Thomas 162
Tiefpunkt 121
Tier 162

Tinte 95, 162, 168
Tip 175
Tisch 51, 68, **162**
Tod 77, **162, 163**
Todesängste 163
Todesqualen 85
Todfeinde 58
todmüde 27
todsicher 15
todtraurig 163
todunglücklich 163
toll (und voll) 26
Ton, Töne 60, 82, 127, **163**
Tonne 41
Topf, Töpfe 90 , 118
Torschluss 158
totenblass 101
totenstill 112
(zum) Totlachen 140
Tour(en) 133, 163
Trab 28
Tracht (Prügel) 87
Tränen 19, **163**
Trauben 163
Trauerränder 163
Traufe 134
Traum 56, 163
(ins) Treffen 51
Treffer 117
(zu weit) treiben 35
(auf) Treu und Glauben 163
(in guten) Treuen 163
Tribut 164
(ins) trockene 90
(auf dem) trockenen 79
Tropfen 111, 164
Trott 164
(im) trüben 164
Trübsal 68
Trumpf, Trümpfe 45, 91, 164
Tube 164
Tuch 164
tüftelig 70
(sich) tun 109
Tunichtgut 57
Türe(n) 108, **164, 165,** 169
Türke 55, 141
Tüte(n) 56, 59
Tuten (und Blasen) 165

überfliegen 165
überflügeln 132
Ueberfluss 88
übergeschnappt 168
überschütten 165
überstürzt 100
Ufer 165
(ins) Uferlose 88
Uhr 98, 165
umfallen 165
umgarnen 121
Umschweife 32, 165, 181
Umstände 165, 183
Umstandskrämer 166
Umwege 141, 166, 181
unauslöschlich 166
unberufen 85
Ungeduld 166
ungehobelt 25
ungerupft 51, 166
ungeschminkt 32
ungeschoren 56
Unglück 28, 125
Unglücksrabe 125
(nichts für) ungut 167
Unkenrufe 162
Unkenntnis (des Gesetzes) 63
Unkosten 166
Unrat 36
Unschuld 74
Unsinn (verzapfen) 180
unterbelichtet 130
unterderhand 166
untergraben 166
unterkriegen 166
Unterkunft 166
Unterschied 53, 159
unterwegs 28
unverblümt 32

Vater 63
Veilchen 43
veralbern 18
verbeissen (Lachen usw.) 166
verbittern 85
verblendet 33
verbleuen 87
verbohren 166
verdauen 166

Verderben 167
verdrehen 167
verduften 13
verfangen (Ausrede) 181
verflixt 102
vergehen (vor Hitze) 167
Vergleich 44
vergriffen (Auflage) 167
Verhältnisse 167
verknallt 52
(sich) verkrümeln 13, 161
Verlaub 167
verlauten (lassen) 15
vernagelt 36, 106
vernarrt 117
Vernunft (annehmen) 167
verrauchen (Zorn) 167
(zum) Verrücktwerden 77
Verruf 113
Vers 167
verschlucken (Wörter) 167
verschonen 56
verschwinden 161
Versenkung 31, 167
versetzen 149
verspielen 167
(sich) versprechen (beim Reden) 167
Versprechungen 177
Verstand 15
versteht sich 167
(sich) versteifen 166
versteinert 137
verstohlen 168
Versuchsballon 38
Versuchskaninchen 168
(im) Vertrauen 137
(sich) verzehren (Neid usw.) 168
Verzug 168
Visier 168
Vogel 54, 57, 67, **108**
Vogelperspektive 169
Vogelschau 169
Vogelscheuche 169
Vogel Strauss 98
(sich) vollaufen (lassen) 43
Volldampf 53
Vollgas 164
Vollmondgesicht 169
vorankommen 169

Vorbild 169
Vordermann 59
vorgaukeln 20
vorkauen 169
vorschreiben 169
Vorschriften (machen) 137, 169
vorspiegeln 20, 39
Vorzeit 169
Vulkan 130

Waage 171
Waagschale 64
wachsam 23
Waffen 169
Wahnsinn 65
Wahrheit 169
Waisenkind, -knabe 171
Wald 26
Wallung 34
Wand, Wände 77, 97, 101, 122, **169**
Wanze 170
warmhalten 170
Wäsche 21, 170
Waschlappen 114
Waschweib 170
Wasser 18, 48, 106, 114, 115, 127, 140, 145, 157, **170, 171**
Wässerchen 171
Wasserfall 116
Wasserglas 158
Watte 124, 171
Wecker 15, 120, 168
Weg(e) 25, 29, 35, **171, 172**, 181
weggeblasen 172
Weibsbild 172
Weihrauch 172
Wein 127
weinen 19
Weisheit 104, 130
Weissglut 34
(es) weit (bringen) 172
(es zu) weit (treiben) 35, 159
Weite 17
weitschweifig 23
Weizen 152
Wellen 173

Wellenlänge 173
Welt 22, 28, 36, 104, 129, 159, **173**, **175**
Wende, Wendung 173
Wendepunkt 173
Wenn (und Aber) 173
Werbefeldzug, Werbetrommel 173
(zu) Werke (gehen) 41
Wert 173
Wesen 18
Wesens 103
Wespennest 46
Weste 42, 93, 140, 174
Westentasche 22, 87
Wette 174
wetten 72, 174
Wetterfahne 110
wichtig (tun) 127
Widerhall 16
Widerrede 173
Widerstand 174
Wiege 95, 174
Wiesel 174
Willen 17, 174
wimmeln (von Fehlern) 174
Wimper 174
Wind(e) 20, 38, 114, 122, 127, 170, **174**, **175**
Windbeutel 127
Windeln 175
windelweich 87
Windeseile 104
Windfahne 110
Windmühlen 175
Wink 175
Winkel 153, 175
Winter (im tiefsten) 162
Wirbel 99, 103
Wirbelwind 131, 175
Wirt 133
wittern (Verrat) 175
Witz 176
Wogen 124
wohl (oder übel) 176
wohlwollen 152
Wolf 176
Wolfshunger 26
Wolken 15, 176
Wolkenkuckucksheim 176

Wolle 69, 70, 75, 176
Wonne 82
Wort(e) 60, 86, 102, 109, 115, 116, **176**, **177**
Wörtlein 176
wörtlich 177
Wortwechsel 177
Wrack 77
Wucherpreise 177
Wucht 94
Wunde 178
Wunder(bare) 178
wundschreiben 53
Wunsch 56
Würfel 178
Wurm, Würmer 119, 149
Wurst 116, 178
Wurstkessel 35
Wurzel(n) 178
Wüste 13, 122
Wut 155
Wutanfall 178

X (für ein U vormachen) 20, 39
X-Beine 178

Zacke 154
Zahn, Zähne 23, 26, 39, 49, **179**
Zange 42, 179
Zangengeburt 60
Zankapfel 179
zappeln (lassen) 55
Zappelphilipp 149
zaubern 54
Zaum 90
Zaun 179
Zaunlatte 151
Zaunpfahl 175
Zeche 158
Zehen 39, 179
Zehenspitzen 179
Zehntausend 180
Zeichen 109
Zeilen 180
Zeit(en) 12, 180
Zeitliche 68
Zeitvertreib 180
zeitweilig, -weise 12
Zelte 180

Zepter 78, 124
zerschlagen (müde) 32
Zeter (und Mordio) 14
Zetergeschrei 14
Zeug 127, 134, **180**, **181**
Ziel 35, **181**
Zielscheibe 181
Zierde 181
(sich) zieren 181
Zigarre 98
Zimmermann 108
zimperlich 181
Zins 181
Zipfel 181
Zitrone 51
Zoll 89
Zorn 21, 155
Zornadern 59
Zuckerbrot 181
Zuckerlecken 182
Zug, Züge 170, **182**
zugeknöpft 41
Zügel 182
zugestehen 103
Zukunftsmusik 182
zulangen 139
zunehmen (Gewicht) 182
Zunge 41, 80, 99, 111, **182**, **183**
zungenfertig 116
Zünglein 183
zurechtweisen 98
zurückbinden 55
zurückkommen (auf etwas) 183
zurückschrecken 143
zusammenschrumpfen 183
zuschanden (werden) 88
Zustände 76
zustimmen 112
Zwang 183
Zweck 183
Zweifel 183
Zweig 183
zweimal 15, 162, 183
Zwickmühle 95
Zwietracht 183
Zwirnfaden 183
Zwischenbilanz 183

Französisch

abasourdi pp. 21
abcès s. 178
abois s.pl. 170
absence s. 13
(en) accord s. 45
accouchement s. (laborieux) 60
accoucher 152
accueil s. (glacial) 57
achever qn 66
acte s. (d'autorité) 51
action(s) s. 15
activer (une affaire) 40
adresse s. 14, 15
affaire(s) s. 75, 149
affaire s. (d'Etat) 103
affaire s. (d'or) 36
affront s. 28, 149
agneau s. 103
aidé a. 106
aigle s. 130
ailleurs adv. 99
aiguille s. 153
aile(s) s. 43, 53, 54, 55, 58, 170
air(s) s. 32, 47, 55, 98, 109, 127, 170
(à l') aise s. 77
alarme s. 15
allant s. 114
aller (mal) 13
aller (trop loin) 35
alouettes s.pl. 161
allures s.pl. 127
ambages s.pl. 32
ambiance s. 38
âme s. 47, 68, 112, 161
amende s. 127
amis s.pl. 39
amitié s. 135
amorcer (la discussion) 59
amour s. 81
(tomber) amoureux 52
ampoules s.pl. 26
amygdales s.pl. 32
an s. (quarante) 178
andouille s. 87
âne s. 43, 87, 94

anges s.pl. 47, 82, 146
(à l')anglaise 13
angles s.pl. 124
angoisse s. 78
anguille s. 12, 149
années s.pl. (d'abondance) 89
(un orage) s'annonce 17
antennes s.pl. 119
antre s. 85
aplomb s. 127
apparences s.pl. 139
apparition s. 31
appât s. 15
appel s. (du pied) 175
applaudissements s.pl. 27
apprendre 24, 139
apprentissage s. 145
appui s. 71
arabe s. 35
araignée s. 168
arbre(s) s. 26, 119
ardoise s. 101
argent s. 52, 61, 62, 78, 90, 91, 101, 116, 152
arguments s.pl. 51, 82
arguments s.pl. (massue) 63
arme s. 68, 147
armes s.pl. 93, 136, 152, 169
(d')arrache-pied 127
arracheur s. (de dents) 83
arrête v. 130
(en) arrière adv. 105
arrières s.pl. 135
arrière-pensées s.pl. 83
(ça) s'arrose 27
Artaban 149
as s. 61
ascendant s. 151
aspect s. 63
asperges s.pl. 157
asphalte s. 157
assiette s. 39, 58
atmosphère s. 28, 160
atout(s) s. 91, 164
(s')attacher 38, 78

atteinte s. 56
attenter 17, 73
aubaine s. 114
auberge s. 29
augure s. 162
autorité s. 50, 51
auto-stop s. 16
(à d') autres 69
autruche s. 98, 156
avaler 22, 28, 56
avancé a. 95
avantage s. 102
avertissement s. 175
aveugle a. 23, 33
aveuglement adv. 33
aveux s.pl. 37
avis s. 86, 112, 153

babines s.pl. 115
badiner 149, 150
bagage(s) s. 38, 171
bagatelle s. 125
baguette s. 126, 134
bain s. 95, 100, 120
(en) baisse 15
balance s. 24, 183
balançoire s. 71
balcon s. 85
balle s. 45, 62, 115, 151
ballon s. 165
ballon s. (d'essai) 39
bal(l)uchon s. 38
banc s. 25
bande s. (à part) 134
bandeau s. 33
bannière s. 101
barbe s. 51, 119
baril s. (de poudre) 130
barque s. 78
barrage s. 134
barre s. 136
bases s.pl. 69
basques s.pl. 135, 144
bât s. 38, 145
bateau s. 20, 25, 36, 119, 123
bâtiment s. 26
bâton(s) s. 29, 88, 158, 182

batteries s.pl. 91, 133, 160
battre (froid) 145
battre (son plein) 84
baume s. 25
bavette s. 146
béatitude s. 82
bébé s. 93
bec. s. 74, 111, 114, 122, 142
bégonias s.pl. 116
béguin s. 52
belle a. (comme le jour etc.) 31
(de) belles 69, 136, 143, 161
bénévolat s. 67
bénitier s. 12
berceau s. 174
berger s. 176
bergerie s. 34
besogne s. 129
bête s. + a. 35, 43, 94
(petite) bête s. 69
bête s. (noire) 20, 118, 138
bête s. (de somme) 127
beurre s. 22, 90, 132, 137
bévue s. 34
biberon s. 123
bifteck s. 37
bilan s. 31, 56
bile s. 39, 70, 75, 90, 117
billard s. 94, 113
billet s. 144
billot s. 73
biture s. 43
blague(s) s. 25, 34
blanc s. + a. 49, 137
blanc a. (comme un linge etc.) 101
blanc a. (comme neige) 42, 143, 174
blanc-bec s. 15, 123
blessure s. 178
bleu s. + a. 176
bocal s. 26, 32
bœuf(s) 106
boire (comme un trou etc.) 108
bois s. 75, 85
boisseau s. 107

boiteux a. 149
bombe s. 36, 76
bon s. + a. 93
bon s. (à rien) 46
bond s. 149, 152, 155
(petit) bonheur s. 66
bonnet s. 75, 89, 91, 162
bonshommes s.pl. 125
bord s. 36, 154
borne(s) s. 16, 35, 50, 68, 143
bosse s. 175
botte s. (de foin) 153
bottes s.pl. 84
bouc s. (émissaire) 158
bouche(s) s. 115, 116
bouche s. (bée) 21
bouche s. (close) 115
bouché a. 36
bouchée s. 39, 129
bouche-trou s. 109
bouchon s. 65, 159
boudin s. 142
boue s. 142
bougeotte s. 149
boule s. 57, 75, 95, 97
boule s. (de loto) 21
boule s. (de neige) 104
boulette s. 34
boumerang s. 147
bouquet s. 50
bourré a. 44
bourreau s. (des cœurs) 82
(en) bourrique 75
bourse s. 91, 126
bousculer 42, 80
boussole s. 97, 168
bout(s) s. 12, 17, 24, 61, 76, 181
bout s. (d'arguments) 104, 130
bout s. (du compte) 46
bout s. (du doigt) 44, 143
bout s. (de ses forces) 88
bout s. (de gras) 41
bout s. (de la langue) 115, 182
bout s. (de la lorgnette) 86
bout s. (du monde) 37
bout s. (du nez) 36, 86, 92, 124, 126

bout s. (des ongles) 139
bout s. (du rouleau) 170
bout s. (du tunnel) 29
bouts s.pl. (de chandelles) 46
bouteille s. 65, 71
boutique(s) s. 28, 103
braises s.pl. 117
brancards s.pl. 83
branche(s) s. 18, 157
bras s. 15, 18, 26, 55, 71, 73, 74, 97
bredouille a. 114
bref adv. 102
breloque s. 180
Bretagne 44
bribes s.pl. 37
bride s. 72, 90, 182
brillant a. 42
bringue s. 35
brisées s.pl. 58, 60
broncher 174
(se) bronzer 36
brosse s. (à reluire) 84
(se) brosser 146
brouillard s. 43, 100
broyer (du noir) 68
bruit s. 19, 62, 103
brûlé s. 36
(à) brûle-pourpoint 32
brusque a. 16
brute s. (déchaînée) 29
bûche s. 124, 140
budget s. 61
bulle(s) s. 26, 121
buse s. 87, 124
but s. 181
butte s. 181

ça (y est) 104
cachet s. (d'aspirine) 101
(en) cachette 135
cadavérique a. 101
cadavres s.pl. 105
cadence s. 144
cadre s. 132
café s. 159
caillou s. 90
Caïphe 128
(grosse) caisse s. 173
caisson s. 102

calcul(s)

calcul(s) s. 133
calendes s.pl. 25, 121
calibre s. 85, 106
calice s. 93
calme s. 136, 155
camp s. 17, 161, 180
campagne s. 173, 180
canaille s. 170
canard s. 29
cancanière s. 170
canne s. 108
cap s. 29, 99
cape s. 51
captiver (l'attention) 52
caquet s. 90, 111
carafe s. 95
caresser (l'idée) 107, 151
carillonner qc. 66
carotte(s) s. 107, 182
carotter qn 14
carpe s. 54
carpette s. 115
(à) carreau 23, 56
carreaux s.pl. 128
carte(s) s. 72, 91, 164
cartouches s.pl. 130
cas s. 129, 132, 158, 174
casaque s. 30
case s. 168
case s. (de départ) 121
casque s. 43, 165
(faire) casquer 14
Cassandre 162
casse s. 128
casse-tête s. 122
casseur s. (d'assiettes) 127
catholique a. 149
cause s. 56, 136, 152
causette s. 146
céder 44
ceinture s. 69, 142
célibataire s. 45
cendre(s) s. 18, 24, 147
(en) cent 174
(un) cent mètres s. 17
centre s. (d'intérêt) 42
cerveau s. 79, 98
cervelle s. 98, 102, 157
cervelle s. (de lièvre etc.) 150
chair s. 54, 90

chair s. (à pâté) 70
chair s. (de poule) 59
chaises s.pl. 158
champ s. 72
champignon(s) s. 128, 164
chance(s) s. 15, 66, 71
chandelle(s) s. 23, 114, 133, 138
change s. 20, 116
chanson s. 106
chant (du coq) 87
chantage s. (à la guerre) 136
chanter 17, 50, 148
chanterelle s. 130
chapeau s. 89, 126, 168
chapeaux s.pl. (de roues) 179
chapelet s. 109
chapitre s. 32, 177
charbons s.pl. 117
chardon(s) s. 35, 101
Charenton 168
(à) charge s. 104
charme s. 64
charretier s. 55
charrier 116
charrue s. 127
Charybde 134
chat s. 24, 56, 92, 93, 112
château(x) s. 91, 110
chaud a. 19, 37, 90
chauffer qn (à blanc) 34
(ça va) chauffer 109
chauve a. 90
(à) chaux et à ... 64, 82
chef s. 50
chemin(s) s. 25, 65, 129, 164, 171, 172, 181
chemise s. 79, 110
cheval, chevaux s. 28, 64, 80, 126
cheval s. (de bataille) 154
cheveu(x) s. 20, 69, 77, 92
cheville s. 171
chèvre s. 75, 145
chien(s) s. 40, 78, 79, 88, 89, 117
chien s. (de plomb) 47
chiendent s. 75
chiffres s.pl. 89

chignon s. 69
chinois s. 35
chou(x) s. 36, 87, 94, 95, 114, 165
chouchou s. 153
choucroute s. 92
chouette s. 94
chronique s. 62
cible s. 100, 181
ciel s. 74, 78, 82, 83, 143, 154
cierge s. 93
cigogne s. 94
cil s. 174
(moins) cinq 69, 77
circulation s. 31
clair a. (comme ...) 162
(travailler) clandestinement adv. 146
clapet s. 142
claque s. 118
claqué a. 88
clé s. 13, 141
clé s. (des champs) 17
clémence s. 66
clin s. (d'œil) 74
cliques s.pl. (et claques) 38
cloche(s) s. 26, 91, 147
cloche s. (de bois) 13, 43
clocher v. 75, 83, 114, 149
clou(s) s. 56, 79, 111
(rester) cloué a. 16
cobay s. 168
cocarde s. 43
cochons s.pl. 39, 147
cocon s. 142
cocotier s. 18, 109
cœur s. 32, 69, 73, 80, 81, 82, 87, 109, 110, 116, 117, 118, 142
cœurs s.pl. 80, 82, 97
cœur s. (de l'affaire) 93
(à) cœur (joie) 82, 105
(prendre à) cœur 16
coffre s. 64
cognée s. 55
coiffé a. 117, 149
coin(s) s. 21, 106, 153, 175
coin s. (du feu) 122
(petit) coin s. 160
(aux quatre) coins s.pl. 28

(des quatre) coins s.pl. 103
col s. 127
colère s. 155, 167, 178
colin-maillard s. 33
collage s. 44
(il les) collectionne v. 53
collet s. 100
collier s. 32
colosse s. 96
comble s. 50
comédie s. 162
comète s. 110
comme ci comme ça 149
commère s. 170
comparaison s. 83
compas s. 23
compère s. 122
comprenette s. 106
compte s. 30, 39, 84, 87, 91, 100, 133, 174
(à bon) compte s. 19
compte-gouttes s. 40
compter (jusqu'à deux) 43
con a. 35
concert s. (de sifflets) 126
(affaire) concertée a. 12
(cela se) conçoit v. 40
confiance s. 171
(voie des) confidences s.pl. 58
confiture s. 125
congédié pp. 96
conjonctures s.pl. 103
conscience s. 64
conséquence s. 137
considération s. 30
constellation s. 154
contact s. 57
contenance s. 50
contes s.pl. 63, 109, 128
contrepoids s. 60
contretemps s. 131
(lier) conversation s. 16
(la) conversation s. (tarit) 156
converti s. 165
copins s.pl. 39
coq s. 67, 70, 88, 176
coquille s. 142
(à) cor (et à cri) 104

corde s. 26, 35, 130, 147, 156
cordes s.pl. 32, 45
cordons s.pl. 40, 145
corneilles s.pl. 112
cornes s.pl. 87
corps s. 32, 48, 64
corps s. (et âme) 105
corps s. (et bien) 110
(à) corps s. (perdu) 53, 105
costume s. (d'Adam) 14
costume s. (d'Eve) 49
côte(s) s. 79, 87, 151
côté s. 90, 98, 107, 125, 146, 148
cotillon s. 135, 145
coton s. 13, 96
cou s. 71
couche s. 35, 130, 168
coucheur s. 94, 151
coude(s) s. 46, 65, 96, 175
coudées s.pl. 72
couille s. 115
(se la) couler (douce) 102, 159
couleur(s) s. 64, 85, 91, 121
couleuvre(s) s. 25, 155
coulisse s. 102, 168
coulpe s. 37
coup s. 31, 41, 54, 82, 125, 126, 140, 181
(au premier) coup 16
coup s. (bas) 69
coup s. (de balai) 30
coup s. (de bambou) 168
coup s. (de chance) 62
coup s. (de collier) 135
coup s. (de dent) 148
coup s. (d'épaule) 18
coup s. (d'épée) 140, 157
coup s. (de feu) 156
coup s. (de foudre) 33, 52
coup s. (de fourchette) 139
coup s. (de génie) 61
coup s. (de grâce) 66
coup s. (de lime) 73
coup s. (de maître) 112
coup s. (monté) 12
coup s. (dans le nez) 12
coup s. (d'œil) 23, 33

coup s. (de poing) 51, 111
coup s. (sûr) 121
coup s. (de tonnerre) 33
coup s. (de Trafalgar) 96
coup s. (de vent) 71, 152, 175
coupe s. 93, 124, 126
(n'y pas) couper 65
coupeur s. (de cheveux) 70
coups s.pl. 19, 54, 76, 87, 126
coups s.pl. (de cuiller) 74
coups s.pl. (d'encensoir) 172
coups s.pl. (d'épingles) 64
(au cent) coups s.pl. 163
(faire la) cour s. 84
courage s. 80, 81, 97, 116
courant s. 157
(au) courant 31
courbaturé a. 32
courbettes s.pl. 84
courir 38, 104
couronnes s.pl. 82
cours s. 104, 131, 182
course s. 180
(rester) court adv. 49
(c'est) couru pp. 61
coûte (que coûte) 129
couteau(x) s. 47, 58, 170
coutures s.pl. 80, 110
(être) couvé pp. 120
couvée s. 106
crachoir s. 116
cramoisi a. 53
crapaud s. 76
crâne s. 172
cravate s. 32
Crésus 61
creuset s. 53
creux s. (de la vague) 160
crever (d'envie) 53
cri(s) s. 14, 113
crible s. 110
crin(s) s. 57
croc-en-jambe s. 29
crochets s.pl. 160
crocs s.pl. 179
croisée s. (des chemins) 139

croix s. 38, 90, 101, 133, 157
croûte s. 37, 75
crû s. 113
cruche s. 35
cuir s. 51, 87
cuirasse s. 14, 33, 130
cuire 19
cuite s. 53
cul s. 84, 95, 97, 182
cul s. (béni) 30
culbuter qn 76
culot s. 155, 170
culotte s. 78, 124, 178
cuver (son vin etc.) 24

dada s. 153
dalle s. 32, 65
damné s. 85
danger s. 56, 145, 168
dangereux a. 65
dé(s) s. 12, 178
débarquer qn 23
(se) débarrasser (de qn) 12
débine s. 42
débloquer (la situation) 47
débourser 160
(cela tient) debout 72
débutant s. 15
dèche s. 42
découler 154
découragé a. 97
décrocher (un mari) 16
dégelée s. 52
dégoter qn 19
déjà vu 90
déjeuner s. (de soleil) 157
(sans) délai s. 154
délayage s. 23
délire s. 173
déluge s. 14, 26
déménager 13
(dernière) demeure s. 67
démon s. (du jeu) 151
démordre 108, 166
dénaturer 177
dénicher qn 19
dénominateur s. 120
dent s. 23, 28, 118, 142, 179
dents s.pl. 26, 88, 115

dépens s.pl. 138, 142, 160
dépense(s) s. 40, 100
dépit s. 84
dépouiller 14
déraisonnable a. 86
dérangement s. 165
dérision s. 102
(à la) dérive 13
dernier s. 140
(á la) dérobée 168
dérouiller 27
derrière s. 97
(le sourire) désarme v. 47
descente s. 65, 155
descente s. (de lit) 115
désert s. 122
désolé a. 106
désordre s. 42
dessin s. 140
dessous s. 102, 122
(le) dessus (du panier) 180
détails s.pl. 131
(les idées ont) déteint pp. 12
détente s. 40
détour(s) s. 12, 32, 35, 141
dettes s.pl. 71, 158
deuil s. 133
deux (fois) 134, 183
développement s. 144
dévoiler (ses intentions) 43
dévolu s. 23
dévorer qn (des yeux) 22
diable s. 12, 43, 76, 85, 101, 102, 126, 161
diable s. (vauvert) 173
dictionnaire s. 106
Dieu 14, 67, 83, 85, 162, 171
dieux s.pl. 78
difficultés s.pl. 80, 172
digérer 167
(toucher à la) dignité s. 154
dire (versch. Rdaa.) 44, 49
dire (son fait) 40
(se l'envoyer) dire 32
dis donc 86
(semer la) discorde s. 183
discrédit s. 113
discussions s.pl. byzantines 26

(on peut en) discuter 86
dispersé a. 175
(bien) disposé a. 152
disque s. 44
(à) distance s. 105
(aussitôt) dit... 62
(à qui le) dites-vous 137
doigt s. 20, 53, 54, 85, 90, 117, 119, 130, 132
doigts s.pl. 26, 53, 54, 70, 81, 98, 131, 140, 170
domaine s. 76, 121
donner dedans 79
dormir (comme une marmotte etc.) 116
dos s. 59, 71, 86, 118, 135, 145
dos s. (de la cuiller) 129
dose s. 69, 128, 130
dot s. 125
doucement (les basses) 136
douche s. 44, 91, 96
doué a. 92
dragée s. 55
draps s.pl. 30, 95, 120, 158
drille s. 76
(aller tout) droit adv. 119
(à bon) droit s. 57
drôle s. (de corps etc.) 78
dur a. 81, 120
(de) dures 113

eau s. 26, 48, 52, 77, 106, 114, 115, 127, 130, 163, 171
eaux s.pl. 138, 145, 163
eau s. (de bain) 93
eau s. (de boudin) 170
eau s. (de roche) 162
écailles s.pl. 20
écarlate a. 53
écarquiller (les yeux) 21
(à l')écart 84
échalas s. 35
échapper 70, 77, 79
échauffer 48, 75
échéance s. 148
échec s. 43, 138, 140, 141
échelle s. 18, 153, 180
échelons s.pl. 128
échine s. 127, 135, 136

écho s. 16, 35
échouer 21, 40
éclater (de rire) 61
éclipser 84, 132
écluses s.pl. 141
école s. 140, 145
école s. (buissonnière) 145
éconduire qn 100
écorce s. 93
écorcher 51, 132, 144
écriture s. (calligraphique) 64
écureuil s. 174
écuries s.pl. (d'Augias) 23
effacer qn 132
effervescence s. 59
effronté a. 170
égal s. 147
élastique(s) s. 40
électricité s. 109
élément s. 46
éléphant s. 46, 114
ellébore s. 168
éloges s.pl. 82
(s') éloigner (du sujet) 13
emballez, c'est pesé 104
embarras s. 155, 165
emboîter (le pas) 58
embrasser (une profession) 48
(état) embryonnaire a. 94
embûches s.pl. 50
émeri s. 106
emmerder 38
empire s. 129
(l') emporter (sur) 122
empreinte s. 154
encens s. 172
encensoir s. 172
enclume s. 72
encyclopédie s. 106
endetté a. 71
endormi s. 140
endurci s. 12
enfance s. 94, 95
enfant s. 94
enfer s. 85
(être) engoué (de qn) 117
(s') engoudir (les doigts) 53
engrenage s. 132

engueulade s. 12, 91
énigme s. 129, 133
ennui s. 100
(s') ennuyer (à mort etc.) 163
ennuyeux a. (à mourir) 103
enseigne s. 36
entamer (un problème) 17, 45
(aller en) entendre 86
(s') enterrer (dans les livres) 38
entorce s. 167
(aux) entournures s.pl. 91
entraves s.pl. 52
entrer (et sortir) 152
(se dévorer etc.) d'envie s. 119
(s') envoler 28
envoyer qn (au diable) 161
(s') épancher 81
épaté pp. 21
épaule(s) s. 14, 118, 145
épée s. 47
éperons s.pl. 152
épiderme s. 86
épine(s) s. 117
épingle(s) s. 44, 141, 153
éponge s. 43, 55, 146, 157
(s') époumoner 110
épouvantail s. 169
épreuve s. 48, 60
éreinté a. 32
ergots s.pl. 179
ermite s. 45
erreur(s) s. 30, 174
esbroufe s. 127
(poudre d') escampette s. 17
escapades s.pl. 156
(à bon) escient 107
esclandre s. 41
escogriffe s. 35
escroc s. 47
espièglerie s. 138
esprit(s) s. 19, 33, 56, 68, 97, 98, 99, 152, 168
(s') esquiver 13
estime s. 14
estomac s. 26, 156, 167

estomaqué a. 21
étalage s. 139
étapes s.pl. 59
état(s) s. 76, 77
état s. (tampon) 130
éternité s. 49
(vous n'y) êtes (pas) 51
étincelle s. 130
étoffe(s) s. 172, 181
étoile(s) s. 82, 117, 154
étrier(s) s. 138
étrivières s.pl. 87
étuve s. 25
(parole d') évangile s. 58
événement s. 165
examen s. 153
(faible) excuse s. 24
excuse s. (ne prend pas) 181
exemple s. 28, 49, 169
explication s. 176
expression s. 24
extrait s. (de naissance) 68
extrême s. 49, 151

fables s.pl. 25
façade s. 16, 110
face s. 21, 23, 32, 63, 155, 169
fâché a. 58
(se) fâcher (tout rouge) 155
façon(s) s. 129, 134, 181
faim s. (de loup etc.) 26
faire (ni un . . .) 129
(ne t'en) fais (pas) 82
fait s. 98, 161
fait s. (et cause) 125
(au) fait s. 136
(te voilà) fait pp. 24
faites v. (comme chez vous) 76
famille s. 50
famine s. 26
fanfare s. 96
fanfaron s. 94, 109, 127
fantaisie s. 72
fantômes s.pl. 128
(piquer un) fard s. 124
farine s. 106
fatigue s. 27
fauché a. 79

faute s. 140
(à la) faveur (de la nuit) 146
fêlure s. 168
(chercher) femme s. 56
fenêtres s.pl. 52
fer(s) s. 52, 103, 156
fer s. (à repasser) 47
(tenir) ferme 166
fermeté s. 136
férule s. 124, 126
fessée s. 87
fesses s.pl. 78, 80
fête s. 46, 86, 178
feu s. 36, 52, 72, 76, 78, 84, 155, 158
feu s. (et flamme) 155
feu s. (de paille) 157
feu s. (roulant) 55
feu s. (vert) 107
(long) feu s. 80, 140
(tout) feu s. (tout flamme) 52
feuille s. (de chou) 91
fiasco s. 43
ficelle(s) s. 35, 49
ficher 76, 123
fichu a. 88
fiel s. 155
fier (à bras) s. 127
figure s. 53, 63, 64, 118, 124, 143
fil s. 49, 96
fil s. (blanc) 24
fil s. (à couper le beurre) 130
fil s. (à retordre) 100, 104
(de) fil s. (en aiguille) 176
file s. (indienne) 59
filer (en douce) 13
filets s.pl. 50, 121
filière s. 128
fille s. (de l'air) 13
fils s. (de ses œuvres) 100
(c'est) fini pp. 52
fins s.pl. 181
(en) flagrant délit 161
flairer 36, 176
flambant neuf a. 57
flamboyer qn 21
flamme(s) s. 49, 158

flan s. 181
flanc s. 88
flandrin s. 35
flanquer (à la porte) 37
flèche s. 78, 126, 148
flemme s. 26
fleur(s) s. 32, 74, 96, 165
(à la) fleur (de l'âge) 34
fleurette s. 158
flot s. (d'insultes) 55
(à) flot 28, 170
flotter (dans ses vêtements) 141
foi s. 65, 163
foies s.pl. (blancs) 78
foin s. 35, 61, 76
(à) foison 87
folie(s) s. 65, 69, 113, 156
fond s. 87, 88, 93
(à) fond (de cale) 79
(de) fond (en comble) 47
fondement(s) s. 69, 109
fonds s.pl. 69, 91
fontaine s. 90
forçat s. 127
force s. (d'inertie) 174
force s. (majeure) 64
(dans la) force de l'âge 34
forêt s. 26
forfait s. 55, 169
forge s. 85
(en) forme s. 55
fort s. (en bouche) 127
fort s. (en gueule) 94
fortune s. 66, 183
foudre s. 41
(tu peux te) fouiller 56
fouler (aux pieds) 58, 142
four s. 20, 25, 43, 140
fourmis s.pl. 27
(s'en) fourrer (jusque là) 24
(ne savoir où se) fourrer 48
foutre v. 42
foutu a. 88
frais s.pl. 92, 114, 158, 166
frais a. 30, 54, 121
franc s. (dissimulé) 122
(en bon) français 32, 40
frasques s.pl. 156
frayeur s. 144

frein s. 79, 143, 166, 182
frères s.pl. (siamois) 95
fric s. 61
frigidaire, frigo s. 45
fripon s. + a. 93, 138
frisson s. 59
frissonnement s. 59
froc s. 78
froid s. + a. 34, 54, 58, 59, 90
froid s. (de canard etc.) 88
fromage s. 58, 102
front s. 118, 127, 155
frousse s. 144
fruits s.pl. 57, 65
frusques s.pl. 38
fumée s. 109, 170
fumer (comme un sapeur etc.) 141
fureur s. 57, 164

gâchis s. 95
gaffe s. 52
gain s. (de cause) 150
(vert) galant s. 145
gale s. 111
galère s. 30
galerie s. 45
galons s.pl. 152
gambades s.pl. 17
gambettes s.pl. 17
gant(s) s. 16, 32, 51, 74, 129
gardes s.pl. 23, 56
gâteau s. 94, 101
(en mettre à) gauche 90
(ne vous) gênez (pas) 183
génie s. 47, 130
genou(x) s. 27, 90, 96
genre s. 50
gens s.pl. 125, 140, 171
germe s. 93
gibier s. (de potence) 58
gifle s. 124
gilet s. 81
giron s. 81
girouette s. 110
glace s. 45
(air) glacial 113
(mettre sous) globe s. 171
gloire s. 67, 112

(à) gogo 88
(en) goguette 12
gomme s. 164
gonds s.pl. 75, 76, 77
gorge s. 47, 56, 71, 78, 92, 95, 182
gosier s. 32, 65
gosse s. 42
goupiller (l'affaire) 93
gourme s. 86
goût s. 50, 62, 63, 137, 142
goût s. (de revenez-y) 112
goût s. (du pain) 105
goutte(s) s. 20, 35, 44, 79, 111, 164, 167
gouvernail s. 78, 136
gouverner (à son gré etc.) 72
grâce(s) s. 56, 153, 167, 170
grade(s) s. 12, 39, 91, 128
grain(s) s. 23, 57, 152
grain s. (de sel) 148
graine s. 57, 75
grains s.pl. (de sable) 137
gratin s. 180
(tu peux te) gratter 56
(de son plein) gré s. 17
(bon) gré mal gré 176
grenouille s. (de bénitier) 31
griffe(s) s. 53, 95
gril s. 85, 117
(se faire) griller 36
grimaces s.pl. 68
grincheux a. 104
(en) grippe 118
grippe-sou s. 40
griser 97
grive s. 44
gros a. (comme...) 41
Gros Jean 121
guêpier s. 120
guerre s. 56
guet s. 142
gueule s. 20, 26, 92, 118, 140, 142
gueule s. (d'un o. du) loup 20, 85
(à grandes) guides s.pl. 58
guignard s. 125

guigne s. 178

habitude s. 54
hâbleur s. 94
hache s. (de guerre) 157
hacher 52, 70, 99
(faire la) haie s. 149
haïr (à la mort etc.) 126
haleine s. 18, 55
hameçon s. 15, 50
hannetons s.pl. 46
harengs s.pl. 79
haricot s. 120
(en) harmonie s. 45
harnais s. 148
hasard(s) s. 66, 178
(en) hausse 15
(de/du) haut 14, 15
(de) haut en bas 116
(des) hauts et des bas 85
(à la) hauteur s. 64
hébreu s. 35
herbe s. 170
heure(s) s. 65, 156, 165
hic s. 75, 176
(né d') hier 106
hirondelle s. 168
histoire(s) s. 24, 32, 68, 103, 162
histoire s. (à dormir debout) 103
(au plus fort de l') hiver s. 162
holà s. 134
homme s. (arrivé) 62
homme s. (d'honneur) 139
homme s. (de paille) 157
homme s. (de la rue) 110
homme s. (à toutes mains) 15
honnête a. (au plus haut point) 43
(des plus) honnêtes a. 43
honneur(s) s. 44, 67, 181
horizon s. 86, 109
hôte s. 133
huile s. 52, 124, 143, 162
(à) huis (clos) 165
huître s. 43
humeur s. 41, 104, 135

impasse s. 130
(brûler d') impatience s. 166
(accorder de l') importance s. 174
(parler) impromptu 153
(en sortir) indemne a. 77
infamie s. 89
innocent a. (comme l'enfant qui...) 93
(à l') insu (de) 135
intelligence s. 40, 88
intercéder 177
(par) intervalles s.pl. 12
intimité s. 101
intrigues s.pl. 132
iota s. 89
issue s. 25
ivraie s. 152

jambe s. 27, 28, 96, 145
jambes s.pl. 17, 21, 27, 32, 58, 96, 104, 122, 135
jambes (arquées) 122
jambes (cagneuses) 179
jambes (de coq) 156
jardin s. 15
jaunisse s. 77
Jean 83, 95
jet s. 16, 69
(faux) jeton s. 57
jeu s. 13, 74, 91, 94, 114, 136, 140, 150, 151
joie s. 40, 82
joint s. 35
(du) joli 30, 143
joues s.pl. 26, 139
joug s. 89, 124
jour(s) s. 25, 50, 64, 106, 107, 147, 153, 156, 159, 160
(au) jour le jour 72
(toute la sainte) journée s. 159
(les huit) jours s.pl. 37
jupes s.pl. 135
jupon s. 135, 145
jus s. 142
(une) justice (à rendre) 104

kif-kif 89

*(bouffer etc. des) kilomè-
    tres s.pl. 93*
lac s. 170
(les) lâcher 40
lacune s. 109
*laid s. (comme un pou
    etc.) 76*
laine s. 39
laisse s. 59
lait s. 56, 117, 123
lampe s. 26
lance s. 103
Landerneau 19
langes s.pl. 175
*langue s. 108, 111, 115,
    167, 182, 183*
langue s. (de vipère) 111
lanterne(s) s. 20, 141
lapin s. 149
(prendre le) large s. 117
largeurs s.pl. 85
larme(s) s. 19, 163, 170
*larmes s.pl. (de crocodile)
    101*
larrons s.pl. 40
(se) lasser (de voir) 137
latin s. 104
latitude s. 72
lauriers s.pl. 109
lavage s. (de cerveau) 60
lèche s. 84
lèche-bottes s. 84
lèche-cul s. 84
leçon s. 40, 105, 123
léger a. (comme l'air) 51
(à la) légère 145
légume s. 162
(plat de) lentilles s.pl. 108
(se faire) lessiver 51
lest s. 127
lettre(s) s. 39, 67
lettre s. (morte) 35, 92
*(à la/au pied de la) lettre s.
    38, 177*
lettres s.pl. (de feu) 166
leviers s.pl. 136
lèvres s.pl. 80, 108, 115
lézard s. 12, 155
liberté(s) s. 58, 79
lie s. 93

(en haut) lieu s. 124
lièvre s. 46, 60, 75, 76
ligne(s) s. 73, 108, 180
ligne s. (de compte) 30, 31
limande s. 38
limbes s.pl. 94
limite(s) s. 50, 68
linge s. 101, 170
lippe s. 118
Lisette 56
lisière s. 59
liste s. (noire) 108
lit s. 31
livide a. 108
livre(s) s. 37, 38
logé pp. (et nourri) 166
loi s. 63, 169
loin adv. 52, 152, 170, 182
(en) long (et en large) 23
(de son) long 103
(en dire) long 25
(en savoir) long 31
longueur s. (d'onde) 173
(en) longueur s. 103
lorgnette s. 86
lot s. 109
louanges s.pl. 82, 165
louche s. 149
loup s. 34, 88, 147, 176
(à la) loupe s. 110
lueur s. (d'espoir) 84
lumière s. 106, 107, 130
lune s. 35, 114, 154
(mal) luné a. 57
lurette s. 68
luron s. 76

machinations s.pl. 120
maçon s. 108
Madeleine 163
*(courir les) magasins s.pl.
    28*
maigre a. (comme...) 151
maille s. 87, 94
*main s. 54, 72, 73, 93, 106,
    122, 150, 161*
main s. (gauche) 44
(de) main s. (morte) 68
*mains s.pl. 53, 54, 72, 74,
    86, 151, 174*
mains s.pl. (nettes) 42

maître s. 80, 112
mal s. 78, 178
mal adv. (lui en a pris) 28
(de) mal (en pis) 13, 134
(avoir bien du) mal 13
maladresse s. 74
malheur(s) s. 28, 125, 162
*malheureux a.
    (comme...) 163*
malice s. 83
malin s. 68, 70, 122
malpropre s. 42
*manche s.m.+f. 18, 55,
    94, 135, 153*
manche s. (à balai) 108
manger qn (cru) 99
*manger (comme quatre)
    139*
manger (des mots) 167
*manières s.pl. 134, 165,
    181*
(grand) manitou s. 162
*(vendre sous le) manteau s.
    166*
maquiller (le bilan) 56
(visage de) marbre s. 154
marche s. arrière 127
(à bon) marché 19
marché s. (noir) 146
(bon) marcheur s. 58
mare s. 36
marée s. (en carême) 62
marge s. 72
mariage s. 37, 73
mariol s. 127
(en avoir) marre adv. 118
marrons s.pl. 92
*mars s. (o. marée en ca-
    rême) 62*
marteau s. 72
masque s. 64, 111
Mathusalem 154
(entrer en) matière s. 136
(de grand) matin s. 87
(être) matinal a. 27
(grasse) matinée s. 51
méchanceté s. 89
mèche s. 40
mécontentement s. 33
médiateur s. 113
médusé a. 137

mélasse   288   **Register Französisch**

mélasse s. 42
mêler (dans une affaire) 151
mémoire s. 60, 155
menées s.pl. 37, 75
mensonge(s) s. 47, 65, 110, 121
mentir (comme...) 83
(par le) menu 23
mer s. 94
(à la) merci s. 24
merde s. 95, 102, 142
mérinos s.pl. 104
merle s. (blanc) 131
merveille s. 82, 178
mesure(s) s. 68, 111, 132
métier s. 26, 35, 75, 117
(un cent) mètres s.pl. 17
(chercher) midi s. 45
milieu s. 113, 160
mille s. 117
(à) millions s.pl. 61
mine s. 63
mine s. (d'or) 66
miner (la réputation etc.) 166
minute (papillon) 136
miracle s. 80, 112, 178
mise s. 128
misère s. (sans nom) 117
mode s. 113
modèle s. 38, 106, 169
moelle(s) s. 27, 111, 168
mœurs s.pl. 58
moineau(x) s. 57, 150, 170
(boucler son) mois s. 61
(tendre) moitié s. 70
moment s. 12, 62, 158
monde s. 48, 57, 100, 101, 104, 159, 173
monnaie s. 59, 116
(un joli) monsieur s. 57
montagne(s) s. 26, 29, 114
monts s.pl. (et merveilles) 29
(par) monts (et par vaux) 28
(faire la) morale s. 98
morceau(x) s. 52, 75, 98, 101, 115, 134, 169
morceau s. (de roi) 172

mordant s. (de la remarque) 151
mors s. 75
mort(s) s. + a. 24, 67, 70, 101, 112
mort s. (du petit cheval) 175
mot s. 32, 43, 54, 102, 134, 165, 176, 177
mots s.pl. 32, 33, 134, 176, 177
(fin) mot s. 129
(toucher un) mot s. 15
mouche(s) s. 54, 75, 105, 112, 117, 122
mouche s. (du coche) 127
(se) moucher (du pied) 97
moue s. 118, 142
mouillé a. 49
mouise s. 42
moule s. 106
moulin s. 161
moulin s. (à paroles) 116
moulins s.pl. (à vent) 175
mourir (de chaleur) 167
mouron s. 70
(faire) mousser 75
moutarde s. 59
moutardier s. 127
mouton s. 103
(de son propre) mouvement s. 17
moyen(s) s. 68, 78, 100, 113, 132, 167
muet a. 67, 115
mule s. 139
mur(s) s. 77, 122, 169
mur s. (du son) 138
muselière s. 112
musique s. 55, 106, 128
mutisme s. 147
(faire) mystère s. 29

(donner) naissance s. 105
nature s. 18, 31, 155
naufrage s. 140
navré a. 106
nécessité s. 121
nèfles s.pl. 56
négotiations s.pl. (piétinent) 144

nègre s. 114, 127
nerf(s) s. 57, 120, 137
(mettre au) net 134
nez s. 21, 32, 33, 38, 53, 63, 64, 69, 103, 118, 119, 121, 169
nez s. (en patate) 96
nez s. (retroussé) 83
nique s. 118
(sainte) nitouche 171
noce s. 76
nœud s. 92, 95, 96
nom s. 23, 83
nom s. (de nom etc.) 102
nombril s. 117
nord s. 97
note s. 35, 160, 163
nougat s. 94
nouille s. 114
(gratter sur sa) nourriture s. 115
nouvelle(s) s. 86, 107
nu a. (comme un ver) 14
nuages s.pl. 176
nues s.pl. 15, 82
nuit s. 21, 30, 117
nuit s. (blanche) 117
nuit s. (des temps) 169
nullité s. 54
(le bon) numéro s. 109
nuque s. 117

obole s. 139
obstacle(s) s. 29, 89, 95, 171
occasion s. 41, 62
océan s. (de délices) 82
odeur s. (de sainteté) 129
œil s. 20, 21, 23, 33, 54, 55, 56, 69, 129, 147, 152, 155, 178
œillières s.pl. 139
œuf(s) s. 18, 40, 45, 90, 93, 117, 161
œuvre s. 26, 78
offense s. 167
(faire son) office s. 183
ogre s. 139
oh (et ah) 14
oie s. 35
oignons s.pl. 42, 164

oiseau s. 57, 131, 150
ombre s. 16, 59, 76, 84, 114, 139, 144
ombre s. (d'un doute) 183
ongles s.pl. 163
opinion(s) s. 89, 112
(s'y) opposer 172
or s. 61, 66, 129
orage s. 17, 109, 158
ordre(s) s. 65, 122, 137, 143, 169
ordre s. (du jour) 160
ordures s.pl. 142
oreille s. 60, 99, 110, 122, 123, 124
oreilles s.pl. 22, 62, 75, 98, 118, 119, 120, 122, 123, 124
oreiller s. 30
orfèvre s. 76
ornières s.pl. 164
os s. 27, 77, 114, 122
oubli s. 167
oubliettes s.pl. 31
(par) ouï-dire 86
ours s. 25

page s. 157, 180
paillasson s. 158
paille s. 31, 42, 51, 70
pain s. 37, 115
paire s. (de manches) 32
(envoyer) paître 161
(fiche-moi la) paix s. 56
palabres s.pl. 83
palais s. 59
pâleur s. 101
palme s. 168
panier(s) s. 35, 61, 90
panneau s. 50, 79
panse s. 26
pantoufle(s) s. 169, 180
paon s. 51, 126
papiers s.pl. 129, 153
paquet(s) s. 38, 98, 101, 151
parade s. 112, 139
paradis s. 78
parapluie s. 108
pareille s. 89, 147
paranthèse s. 119

paresse s. 155
paresseux a. (comme un loir etc.) 155
parfois adv. 12
parfum s. 31
parler (carrément etc.) 32
parler (de choses...) 41
(faire) parler (de soi) 32, 62
parole(s) s. 108, 176, 177
parole s. (d'évangile) 48
part s. (du lion) 132
parti s. 91, 125, 132
(légèrement) parti pp. 12
partie s. 46, 55, 125, 127, 150
pas s. 27, 59, 92, 98, 121, 141, 144, 145
pas s. (de clerc) 34
pas s. (de loup) 13, 179
pas s. (de tortue) 143
pas s. (d'un cheval) 18
pas s.pl. (feutrés) 13
passager s. (clandestin) 125
passe s. 125
(tout y a) passé pp. 161
(en) passer (par là) 17
(se faire) passer (pour) 24
passoire s. 60
passons v. (là-dessus) 39
pâte s. 72
pâte s. (d'homme) 77
patience s. 13, 60
patience s. (d'ange) 47
(devoir) pâtir 97
patte(s) s. 73, 112
patte s. (de velours) 92
pattes-d'oie s.pl. 100
pâture s. 122
pauvre a. (comme Job) 94
pavé s. 36, 122, 156
pavillon s. 169
pavoiser 112
(être) payé pp. (pour) 138
payer 78
pays s. 175
pays s. (de cocagne) 113, 141
pays s. (de connaissance) 76

peau s. 34, 43, 76, 77, 87, 105, 138, 139
péché s. (mignon) 146
pêcher 19, 164
(sept) péchés s.pl. 76
(faire) pédaler (etc.) 28
pédales s.pl. 104
peigne s. 110
peine s. 14, 114, 134
peine s. (perdue) 86, 107
peinture s. 118, 147
pelle s. 12
pelote s. 90
pénates s.pl. 180
penaud a. 119, 129
pencher (à croire) 119
pendant s. 147
(je veux être) pendu pp. 30
pénitence s. 18
pensées s.pl. 60
(donner à) penser 25
penses-tu 56
pente s. 25
(en) pente s. (de vitesse) 13
perche s. 35
perdu s. 104, 144
père s. 63, 105, 166
perle(s) s. 125, 175
persil s. 157
personne s. (double) 41
(en) personne s. 126
perte s. 88, 123, 166, 167
(à) perte s. (de vue) 22
pesant s. (d'or) 61
peser 13, 64
peste s. 82, 126
pet s. 109, 175
pétard s. 158
péter 97, 140
petits pains s.pl. 148
pétrifié a. 137
pétrin s. 95, 120, 158
(sous) peu 159
peur s. 19, 27, 76, 78, 144
peureux a. 76
phrases s.pl. 128
pie s. 170
(mettre en) pièces s.pl. 140
(de toutes) pièces s.pl. 109
pied s. 17, 28, 35, 57, 58,

pied

60, 67, 88, 90, 94, 98, 105, 152, 170, 179
pied s. (d'un cheval) 18
pied s. (de grue) 28
pied s. (de guerre) 101
pied s. (d'intimité) 58
pied s. (de la lettre) 67
pied s. (du mur) 46, 135
pied s. (de nez) 118, 119
(de) pied (ferme) 47
(mis à) pied 37
pieds s.pl. 27, 28, 34, 39, 58, 60, 66, 75, 78, 105, 120, 124, 170, 179
piège s. 50
Pierre 108
pierre s. 15, 19, 27, 54, 153, 154
pierre (d'achoppement)154
pierre s. (blanche) 90
pifomètre s. 40
pige s. 132
pigeon s. 114
piger 68
pile s. 29
pilori s. 129
pilule s. 17, 128
pincettes s.pl. 53, 179
pinson s. 131
pion s. 132
pipe s. 68
piper (mot) 112
piques s.pl. 64
(le) pire 29
pirouettes s.pl. 12
(au) pis aller 156
pissenlits s.pl. 68
piste s. 152
pitié s. 106
pivot s. 42
place s. 75, 103, 143, 149
plaie s. 178
plaisanter 48, 150
plaisanterie(s) s. 139, 176
(en) plan s. 95, 155
planche s. 38
plancher s. 161, 164
plat(s) s. 52, 84, 86, 162, 166
(à) plat 88
plates-bandes s.pl. 60

plâtre s. 87
plein a. (à craquer) 29
plein s. (de soupe) 41
pleurer 19, 81
plomb s. 32, 124
pluie s. 24, 60, 103, 106
plume(s) s. 51
plumer qn 14, 51
poche s. 87, 115, 132, 160, 161
poids s. 44, 64, 80, 111, 174, 182
poignet s. 27
poil s. 14, 26, 69, 104, 147
poings s.pl. 54
point(s) s. 66, 103, 131, 132, 157, 183
point s. (faible) 14, 146
point s. (fort) 153
point s. (de mire) 181
point s. (obscur) 131
point s. (de rupture) 31
point s. (saillant) 75
point s. (de vue) 17
(mal en) point s. 42
pointe s. 13, 15
pointe s. (des pieds) 179
pointe s. (de vin) 12
poire s. 18, 121
poisson s. 17, 54, 98, 143
poitrine s. 126
polichinelle s. 150
(brûler la) politesse s. 13
politique s. (de clocher) 94
pommade s. 85
pomme s. (de discorde) 179
pompe s. 179
ponts s.pl. 37
porte(s) s. 35, 108, 128, 142, 164, 165, 168
portée s. 86, 145
portrait s. 63
portugaises s.pl. 124
position s. (perdue) 128
posture s. 95
pot(s) s. 36, 90, 125, 147, 158
pot s. (aux roses) 152
pot s. (de colle) 144
pot s. (de vin) 73

potinière s. 170
potron-minet s. 87
pou(x) s. 76, 180
pouce(s) s. 26, 40, 89, 117
poudre s. 20, 36, 90, 130
poule(s) s. 18, 29, 76, 87, 121
pouls s. 179
poumons s.pl. 92
(en) poupe s. 66
pourfendeur s. 127
poursuite s. 93
pouvoir s. 110
préjudice s. 117
(le) premier venu 30
(ça ne) prend (pas) 88
prendre (mal) 12
(à tout) prendre 107
(savoir) prendre qn 148
(c'est à) prendre (ou . . .) 168
présence s. (d'esprit) 34
pression s. 42
prêté s. 116
prétentions s.pl. 97, 134
(faire) prime 164
prix s. 19, 39, 61, 62, 128, 129, 174
problème s. 129
prodige s. 178
profit s. 91, 123
proie s. (des flammes) 133
projet(s) s. 133
promesses s.pl. 177
prophète s. (de malheur) 162
proportions s.pl. 101
propos s. 79, 177
(à) propos 62
proposition s. 84
(du) propre 50
(nous voilà) propres 30
propreté s. 33
prunelle s. 19
prunier s. 98
puce(s) s. 36, 55, 98, 114, 131
puissance s. 127
puits s. 50, 76
punaise s. (de sacristie) 31

quadrature s. (du cercle) 131
quant-à-moi s. 41
quartier s. 72
quatorzième s. 131
(se mettre en) quatre 28
quelquefois adv. 12
querelle s. 179
question s. 31, 56, 74, 136
queue s. 72, 119, 141, 152
queue s. (de la poêle) 78
queue s. (de poisson) 137, 170
(à la) queue leu leu 59
quitte a. 19, 131
quitte (ou double) 91

rabat-joie s. 78
râble s. 98
racine(s) s. 178
raclée s. 52, 87
(en) rade s. 155
radis s. 79
rafraîchir 19
rage s. 155
raide a. (mort) 112
raillerie(s) s. 149
raisins s.pl. 163
raison s. 57, 59, 133, 167
raisonnable a. 68
rajeuni a. 121
rame s. 26
rampe s. 68
rancart s. 46
rang s. 84
rasoir s. 120
(se) rassasier 137
rat(s) s. 133
rat s. (de bibliothèque) 38
rat s. (d'église) 30, 94
râteliers s.pl. 110
rate s. 27
ravagé a. 168
ravages s.pl. 179
rayon s. 76, 149
réagir (négativement) 138
rebut s. 46
réchauffé s. 90
récemment adv. 159
recette s. 92
réciproque s. 116

recueillir (les fruits de ...) 48
(à) reculons adv. 101
réflexions s.pl. 60, 134
refrain s. 106
refuser (net) 65
refuser (en bloc) 26
régal s. (pour la vue) 23
regarder (de trop près) 20
regarder (de près) 31, 107
réglé pp. 15
régime s. (à poigne) 110
règle(s) s. 63, 102, 111
reins s.pl. 31, 47, 71, 136
relancer (l'économie) 16
(nouer des) relations s.pl. 16
remède s. 27, 101
remonter (dans les temps) 24
remorque s. 141
remous s.pl. 19
renard s. 75, 122
rênes s.pl. 182
repaître (ses yeux) 21
répartie s. 115
réponse s. 115
reproches s.pl. 55, 165
(se tenir sur la) réserve s. 41
(sauf votre) respect s. 167
(cela lui) ressemble v. 15
ressorts s.pl. 78
retraite s. 37, 169
retranchements s.pl. 46
(le) rêve (est à l'eau) 163
(en) revenir 21, 178
revenue s. 40
revers s. 93, 113, 114
(cela) revient (au même) 79
rhume s. 39
(ni) rime s. (ni ...) 72
rimer 167
rire (versch. Rdaa.) 102, 140
risettes s.pl. 86
risible a. 88
risque s. 121
(ne t'y) risque v. (pas) 53
roche s. 140

rogne s. 155
roi s. 143, 160
roi s. (de Prusse) 92
rôle s. 60, 137
Rollet 93
romaine s. 95
rond s. 79
ronds s.pl. (de flan) 21
ronds s.pl. (de jambes) 84
rondelles s.pl. 52
roquefort s. 159
rose a. 135
rose(s) s. 100, 114, 135, 176
(en) rose 37, 50, 60, 82
rotin s. 79
(se faire) rôtir 36
rouages s.pl. 124
roue(s) s. 29, 126, 131, 180
rouge s. + a. 151
rougir 12
rouillé a. 45
(ça) roule 39
rouler qn 123
roulettes s.pl. 143
roupillon s. 121
roussi s. 36
route(s) s. 16, 28, 85, 171, 172
royaliste a. 125
rubis s. 79
Rubicon 178
rue s. 28, 67, 150, 156
ruine s. 67, 77, 167
ruisseau s. 67
rythme s. 144

sable s. 137, 156
sabot(s) s. 13, 88
sac s. 18, 39, 90, 106, 148
saigner qn 14, 51
sain a. (et sauf) 77
saint s. 98
saint-glinglin 121, 146
sait-on jamais 30
salaires s.pl. (de famine) 89
salive s. 108, 123
sang s. 33, 34, 54, 70, 114
santé s. 13, 30, 64
sapin s. 170

sardines s.pl. 79
sauce s. 23, 76
saut s. 138, 152
(et que ça) saute v. 39
sauter (le pas) 144
savate s. 43, 74
(c'est à) savoir 56
savon s. 12, 39, 98
sceau s. 148
scène s. 38, 159
science s. 108
seaux s.pl. 32
séance s. (tenante) 154
sec s. + a. 79
sec a. (comme un hareng etc.) 151
secousse s. 96
secret s. 45, 150
Seigneur 43
(grand) seigneur s. 58
sein s. (de famille) 143
selle s. 28, 138
sellette s. 59
semaine s. 72, 121
semelle s. 89, 105, 144, 157
sens s. 20, 112, 134
sens s. (dessus dessous) 42, 98
(bon) sens s. 60, 113
(faire) sensation s. 19
sentiers s.pl. 65
série s. (noire) 125
sérieux s. + a. 48, 150
sermon s. 98
serpent s. 141
(tenir qn) serré a. 37
sevré a. 123
sexe s. (des anges) 26
(des) si (et des mais) 173
siècle(s) s. 49
(mettre du) sien 161
(des) siennes 15, 16
sifflet s. 21, 105
silence s. 46, 112, 115, 147
sillage s. 58
simple a. (comme bonjour) 94
singe s. 122
Sisyphe 148
(être maître de la) situation s. 80

(à la) six-quatre-deux 89
(et ta) sœur! 56
soif s. 43
soins s.pl. 21, 74
sol s. 35
soleil s. 87
somme s. 121, 158
(en) somme adv. 46
sommeil s. 45, 62
sommet s. 65
(à) son s. (de trompe) 66
sorcier s. 94
sorcière s. 82
sort s. 71
sou(s) s. 79, 91, 94, 126
souche s. 16, 124, 140
souci(s) s. 60, 70
soucoupes s.pl. 21, 48
souffle s. 21, 120, 177
souffler (mot) 115, 154
souffre-douleur s. 158
(à vos) souhaits s.pl. 64
(se sentir) soulagé a. 19
soulagement s. 80
souiller (son nom) 30
soupe s. 20, 75
(en avoir) soupé pp. 118
source(s) s. 14, 47, 73, 148
sourciller 174
sourcils s.pl. 155
sourd s. + a. 123, 156
sourdine s. 40, 127
sourire s. + v. 102
souris s. 29, 112
(en) sous-main 72
(se donner en) spectacle s. 139
squelette s. 77
statue s. (de sel) 137
subterfuges s.pl. 12
succès s. (fou etc.) 36
sucer qn 14, 51
sucre s. 49, 92
suée s. 85
(faire) suer 118, 120
sueur(s) s.pl. 78, 147
suivre qn (comme...) 144
sujet s. (brûlant) 46
supplice s. 55, 85, 117
sûr a. 15, 136
sur-le-champ adv. 154

(en) sursaut adv. 19
(en) suspens adv. 56
système s. 35, 120

tabac s. 87, 106
table s. 148, 162
tableau(x) s. 50, 145
tablettes s.pl. 123, 133
tac (au tac) 115
taille s. 44
talent s. 128
talon s. (d'Achille) 130
talons s.pl. 17, 26, 52
(sans) tambours (ni...) 13
tangente s. 13
Tantale 85
tapage s. 103
tapette s. 116
tapis s. 160
tapisserie s. 111
tarentule s. 160
tarte s. 122, 182
taule (tôle) s. 59
taureau s. 87
teint s. (de lis...) 113
température s. 39
tempête s. 47, 114, 158
temps s. 12, 24, 41, 74, 89, 159, 180
(le) temps (fuit) 55
temps s. (de chien) 89
(les) tenants (et les aboutissants) 31
tenir (bon) 122
tergiversations s.pl. 12
terme(s) s. 33, 58, 177
ternir (la réputation) 139
terrain s. 35, 38, 41, 46, 65, 169, 171
terre s. 18, 48, 49, 128, 171, 173
terreur s. 144
tête s. 18, 27, 33, 41, 45, 56, 60, 63, 70, 73, 75, 76, 77, 96, 97, 98, 99, 100, 106, 118, 120, 123, 134, 138, 140, 152, 155, 157
tête s. (chaude) 79
tête s. (à claques) 124
tête s. (de lune) 169

tête s. (de Turc) 80, 158
(en) tête à tête 20
(saint) Thomas 162
(qu'à cela ne) tienne v. 83
tiers s. 178
(ça a fait) tilt 68
timbale s. 168
timbre s. (fêlé) 168
timbré a. 168
(faire) tin-tin 114
tirer (au clair) 65, 134
(boire à) tir-larigot 108
(à juste) titre s. 57
toilette s. (de chat) 92
(crier sur les) toits s.pl. 66
(rouge comme une) tomate s. 124
tombe s. 67
tombeau s. 67, 179
tomber (bas) 64
tomber (à plat) 43
tomber (sur...) 172
ton s. 48, 60, 127, 163
tonneau s. 106
toqué a. 168
torchons s.pl. 90
(à) torrents s.pl. 32
torse s. 126
(à) tort (et à travers) 32, 61
torture s. 55, 85, 98
tôt (ou tard) 159
touche s. 13
toupet s. 155, 170
tour s.m. 25, 78, 104, 122, 156, 175
tours s.pl. (et détours) 175
tour (à tour) 134
tour(s) s.m. (à gauche) 148, 163
tour s.f. (d'ivoire) 46, 142
tournant s. 78, 173
(en un) tournemain 74
tourner 29, 42, 75
tourner (rond) 114
(mal) tourner 25
tournis s. 97
tournure s. 64, 173
(et voilà) tout 104
traces s.pl. 47, 58
train s. 29, 39, 49, 55
train s. (d'enfer) 179

train s. (du monde) 104
train s. (onze) 132
(petit) train s. 164
traînée s. (de poudre) 104
trait s. 157, 182
trait s. (d'esprit) 61
trait s. (de lumière) 61
trame s. 132
tranche(s) s. 52
tranche-montagne s. 127
transpercer (du regard) 43
travail s. (à l'œil) 67
travail s. (noir) 146
(de) travers adv. 12, 40, 70, 147
treize (à la douzaine) 137
tremblement s. (de terre) 42
trembler (comme une feuille etc.) 48
trempe s. 85, 106, 145
tremplin s. 152
trente et un s. 138
(les) trente-six 89
trente-sixième (dessous) 95
tribut s. 164
tripette s. 79
triste a. (comme...) 163
trognon s. 123
trompe-l'œil s. 110
trottoir s. 157
(c'en est) trop 69
trou s. 37, 59, 120, 172
trous s.pl. (du nez) 26
trouble-fête s. 78
trouillomètre s. 78
trousses s.pl. 144
truc(s) s. 35
tubes s.pl. 179
(à) tue-tête 71, 92
(se) tuer (au travail) 27, 162
tuile s. 96
tunnel s. 20
Turc 26
tutelle s. 59
tuyau s. 175
type s. 78

(à l')unisson 45
usez (n'abusez pas) 68

usure s. 116, 181
(joindre l') utile à... 16

vache s. 29, 32, 43, 89
vacherie s. 89
vague s. 108
vaisssseaux s.pl. 37
valeur s. 174
valise s. 35
(sans) vanité s. 136
vapeur s. 154
vase s. 46
va-tout s. 91
(à) vau-l'eau 13, 104
vaurien s. 57
(à la) va-vite 89
veau s. (d'or) 90
vedette s. 132, 139
veille s. 129
veilleuse s. 45
veine s. (de pendu) 66
veine(s) s. 115, 125
velours s. 143
vengeance s. 83, 131
venin s. 46, 155
(voir) venir 13
(où veut-il en) venir? 83
vent(s) s. 39, 43, 66, 110, 113, 124, 172, 174, 175, 177
vente s. (à la sauvette) 146
ventre s. 26, 83, 84, 114, 157, 179
ventre (à terre) 59
ventru s. 41
verbe s. (haut) 177
vérités s.pl. 98, 107, 169
verni a. 147
verre s. 13, 158, 183
verrous s.pl. 59
vers s.pl. 46, 119
(à) verse 32
(des) vertes (et des...) 85
(en) verve s. 49
vessies s.pl. 20
veste s. 140, 141, 165
vêtements s.pl. 141
victoire s. (à la Pyrrhus) 131
vide s. 108, 142
vie s. 14, 37, 56, 75, 76, 85,

104, 105, 107, 127, 131, 150
vie s. (de château) 141
vie s. (de chien) 88
vie s. (d'enfer) 85
vieux s. + a. 75
vif s. 93, 111, 130
vif-argent s. 131
vignes s.pl. 43
(en) vigueur s. 100
(entre deux) vins s.pl. 12
violence s. 135, 183
violon(s) s. 55, 59, 153
virage s. (en épingle) 70
(se faire) virer 37
vis s. 42, 143, 182
visage s. 63, 154
visées s.pl. 97, 181
viser qn 15, 83, 181
visière s. 168

visite s. (éclair) 152
vitres s.pl. 112, 128
vivre 24, 75, 105, 125
vivre (d'amour et...) 109
vivres s.pl. 37, 62
(manquer sa) vocation s. 29
vœu s. (pieux) 56
(en) vogue s. 113
voie(s) s. 13, 65, 141, 152, 171, 172
voie s. (des tribunaux) 133
voile s.m.+f. 17, 33, 43, 141
voir (rouge) 59, 164
(faire) voir (clair) 22
voix s. 115, 137, 177
voix s. (d'or) 92
voix s. (de la raison) 134
voix s. (sépulcrale) 67

vol s. 177
vol s. (d'oiseau) 109, 169
volcan s. 130
volée s. 87
(les quatre) volontés s.pl. 174
(de) vous à moi 137
(au) vu (et au su) 122
vue(s) s. 20, 22, 23, 86, 97
(à) vue (de nez) 40

yaourt s. 92
yeux s.pl. 20, 21, 22, 33, 78, 108, 118, 140

zèbre s. 17
zéro s. 54, 121
zizanie s. 183

Italienisch

abbattere 166
abbindolare 102
abboccare 15
abbottonato a. 41
abbracciare (una professione) 48
acca s. 35, 165, 167
accalappiare 16
accarezzare (l'idea di...) 107, 151
accecato a. 33
acceleratore s. 164
accesso s. (d'ira) 178
accetta s. 18
acciuga s. 79, 151
accollare 71
accondiscendere 138
accordo s. 45, 173
acqua s. 13, 48, 52, 68, 88, 99, 104, 114, 124, 125, 157, 170, 171
acquolina s. 115
adagio (Biagio)136
Adamo 44
addossare 71
affare s. (combinato) 13
affare s. (di stato) 103
affarone s. 36
affetto s. 81
agiatezza s. 31
aglio s. 17
agnello s. 103
ago s. 74, 153
(né) ai (né bai) 54, 115
ala, ali s. 27, 53, 54, 55, 97, 127, 149
albergo s. (della luna) 82
albero s. 26, 114
alcool s. 155
algebra s. 86
allegrone s. 76
allori s.pl. 109
altare s. 82, 108
alterco s. 177
altezza s. 64
alti s.pl. 85, 107
alticcio a. 12
(dall') alto 14, 122, 169

alzata s. (d'ingegno) 61
amaro s. + a. 85
amici s.pl. 39, 167
ammazzarsi 162
ammazzasette s. 127
ammuffire 122
amor s. (di pace) 56
(per) amore (o...) 176
angoscia s. 163
anguilla s. 12
anima s. 81, 88, 105, 113
anima s. (dannata) 47, 71, 144
animo s. 34, 48, 64, 81, 97, 116
annessi s.pl. (e connessi) 42
anni s.pl. 49
annoiarsi 163
ansia s. 168
anticamera s. (del cervello) 56
antifona s. 175
(sant') Antonio 69
aperto a. 56
apparenze s.pl. 139
applausi s.pl. 27
appoggio s. 62, 71
aquila s. 130
arca s. 76
arco s. 45
argento s. (vivo) 131
argilla s. 96
argine s. 134
argomento s. 51, 82, 128, 153, 183
aria s. 32, 63, 82, 109, 110, 127, 160, 174
arma, armi s. 16, 55, 136, 152, 169
armonia s. 45
arnese s. 39
arrenarsi 49
arrivarci 86
arrossire 124
arrostirsi 36
arrugginito a. 45
artigli s.pl. 53

ascendente s. 151
ascia s. (di guerra) 157
(all') asciutto 79, 114
ascolto s. 60
asino s. 25, 26, 29, 56, 75, 87
aspetto s. 63
assenza s. 13
asso s. 42, 155, 164
assomigliarsi 44
assorbito a. 19
asta s. 72
astro s. 154
atmosfera s. 38
attaccare discorso 16
attentare 17, 73
attenzione s. 52, 60
atti s.pl. 15, 132
auge s. 154
autostop s. 16
avanzo s. (di galera) 58
avaro s. 110
avviare 45, 59
avvio s. 154

babbeo s. 87, 124
baccelli s.pl. 81
bacchetta s. 126
baciapile s. 30
badessa s. 127
baffi s.pl. 51, 53
bagnato a. 49
bagno s. 93
baia s. 119
baiocco s. 79
balenare 99
ballare 36, 141
balle s.pl. 25
balsamo s. 25
bambagia s. 171
bambino s. 59, 93, 94, 95, 165
banco s. 25, 72
banderuola s. 110
bandiera s. 177
bando s. (agli scherzi) 139
bandolo s. 49
baracca s. 43, 55

barba s. 26, 120, 156
barba s. *(d'uomo)* 127
barca s. 36
barriere s.pl. 143
(in) base s. *(a)* 107
basi s.pl. 69
(dal) basso s. 128
basta v. 130, 134
bastiancontrario s. 121
bastone s. 29, 158, 182
battaglia s. *(perduta)* 128
batter s. *(d'occhio)* 74
battere 83
batterie s.pl. 91
battersela 13
battuta s. 115
bava s. 155
bavaglio s. 112
bazzecola s. 125
beatitudine s. 82
becco s. 32, 79, 104, 111, 115, 142
beffe s.pl. 18
(delle) belle 107, 136, 178
bellezza s. 31
bello s. *(deve venire)* 30
benda s. 33
bendisposto a. 152
(ti sta) bene adv. 62
benedire 101
(dare il) benservito 156
bere 25, 27
bere (come un otre etc.) 108
(o) bere (o affogare) 168
berlina s. 129
bestemmiare (come un turco etc.) 55
bestia s. 75, 164
biada s. 125
bianco a. *(come un cencio etc.)* 101
bianco (per nero) 25
biblioteca s. 106
bicchiere s. 13, 44, 183
bidone s. 79, 123, 149
bifolco s. 25
bigliettoni s.pl. 78
bigotta s. 31
bilancia s. 24, 56, 67
bilancio s. 31, 183

bile s. 155
(a tutta) birra 179
bisbigliare 100
bivio s. 139
(a) bizzeffe 88
(in) blocco s. 26
bocca s. 21, 49, 79, 101, 108, 111, 112, 114, 115, 116, 118
(in) bocca s. *(al lupo)* 71
(a) bocca s. *(dolce)* 177
boccacce s.pl. 68
boccone s. 17, 75, 115
bolla s. *(di sapone)* 170
bollare 129
bomba s. 36
bontà s. *(in persona)* 126
boomerang s. 38
borsa s. 40
(a) botta (e risposta) 115
botte s. 50, 138, 168
botte s.pl. 52
bottega s. 103
bottiglia s. 71
botto s. 71
bottone s. 123
bozzolo s. 142
braccia s.pl. 18, 26, 71, 74, 153
braccio s. 73
brace s. 53
brache s.pl. 80, 128
breccia s. 148
(farla) breve 102, 129
briccone s. 57
briciolo s. 57
briglia s. 182
brillo a. 12
brivido s. 59
broda s. 49
brodo s. 82, 142
(a) bruciapelo 32
bruciaticcio s. 36
buccia s. 54, 106
buco s. 46, 120, 140, 153, 157
buco s. *(nell'acqua)* 157
budella s.pl. 26
bue, buoi s. 87
bufera s. 158
bugia s. 65, 121

bugiardo s. 83
buio s. + a. 20, 43
(alla) buona 165
buono a. *(come il pane)* 77
burrasca s. 109
busillis s. 75
bussola s. 50, 97
bustarella s. 73
buzzo s. 26

cacasenno s. 121
caccia s. 93
(venir) cacciato pp. 35
cacio s. 114
cadere (in basso) 64
cagnolino s. 59
calcagna s.pl. 17, 52
(a) calci s.pl. 58
calcio s. 66
calderone s. 90
caldo s. + a. 25, 37, 90, 167
calendario s. 118
calende s.pl. *(greche)* 25, 121
calibro s. 106
calice s. 93
calli s.pl. 179
calloso a. 12
calma s. 34, 47, 136
calze s. pl. 49, 68, 119
calzolaio s. 101
calzoni s.pl. 78, 94, 124
camicia s. 51, 79, 97, 149
(buon) camminatore s. 58
cammino s. 25, 171
campagna s. 173
campana s. 89, 124, 147, 171
campanile s. 169
campanilismo s. 94
campare 43
campo s. 51, 72, 76, 86, 121, 132
camposanto s. 117
canarino s. 150
candela s. 114
cane s. 25, 42, 88, 113, 119, 125, 129, 162
cannonata s. 94
cantare 148

cantilena s. 106
canto s. 87, 145
cantonata s. 34
(alle) capate s.pl. 97
capello s. 49, 69, 70, 96, 118
(a) capello 16
(non) capirci (nulla) 95
(l'ha) capita pp. 68
capitale s. 91
capitare (male) 14, 33
capo s. 45, 48, 72, 76, 80, 97, 99, 106, 152
(a) capofitto 99, 100
capogiro s. 97
cappella s. 34
cappello s. 89, 126
capra s. 100
capro s. (espiatorio) 158
carabattole s.pl. 38, 55
carattere s. 18
carbon s. (bianco) 89
carboni s.pl. 117
carità s. 83
carne s. 54, 81, 90
carota s. 25
carreggiata s. 65
carriera s. 59
carro s. 127, 158
carta s. 72, 91, 121, 164, 177
carte s.pl. (quarantotto) 76, 88, 118
cartuccia s. 130, 164
casa s. 76, 122
casacca s. 30, 110, 165
(a) casaccio s. 32
cascamorto s. 159
cascare 15, 79
caso s. 66, 129, 156
(gran) cassa s. 173
castagna s. 92, 158, 161
castelli s.pl. 110
castello s. (di carte) 91
(a) catafascio s. 42
catasta s. 29
catechizzare 98
catene s.pl. 52
cateratte s.pl. 32, 141
(a) catinelle s.pl. 32
causa s. (comune) 136

caval s. (di san Francesco) 132
cavallo s. 29, 127, 146
cavezza s. 156
cavia s. 168
caviglie s.pl. 171
cavillatore s. 70
cavolo s. 20, 56, 68, 90, 178
cece s. 68, 153
cembalo s. 66
cencio s. 77, 88
cenere s. 18, 147
cenno s. 99, 175
centesimo s. 79, 126
centro s. 132
(far) centro s. 117
(le vai) cercando 52
cerchio s. 145
cervella s.pl. 102
cervello s. 98, 99, 106, 168
cervello s. (di gallina etc.) 150
ceto s. 101
chiacchiere s.pl. 146
chiaro s. + a. 32, 65, 162
chiasso s. 103
chiave s. 59
chicchere s.pl. 138
chierica s. 90
chilometri s.pl. 93
china s. 25
chiodo s. 62, 117, 156
cicca s. 42, 79
cicchetto s. 39
cicogna s. 94
cieco s. + a. 33
cielo s. 40, 72, 78, 82, 101, 143, 154, 159
cifre s.pl. 89
ciglio s. 174
cima s. 121, 130
cimitero s. 105
cinghia s. 69, 142
cintola s. 69
circolazione s. 31, 105
circostanze s.pl. 103
(lavorare) clandestinamente adv. 146
clemenza s. 66
coccodrillo s. 101

coda s. 46, 70, 119, 127, 141, 152
coda s. (del maiale) 114
coda s. (dell'occhio) 168
colla s. 144
collera s. 166
collo s. 18, 55, 71, 100, 123, 166
colmo s. 50
colombaia s. 66
colore s. 50, 76, 113, 137, 151, 178
colosso s. 96
colpa s. 140, 145
colpire 15
colpi s.pl. (di spillo) 65
colpo s. 24, 41, 45, 68, 69, 96, 145
colpo s. (di fulmine) 33
colpo s. (di grazia) 66
colpo s. (d'occhio) 23
colpo s. (di spugna) 157
coltello s. 47, 164
comandare 124
(l'hai) combinata (bella) 143
commedia s. 40, 110
commuovere 81
(prendersela) comoda 102, 180
comodo a. 27, 76
complimenti s.pl. 96, 165, 181, 183
comprendonio s. 106
comunella s. 40
concertato a. 13
conciato a. 24
concubinato s. 44
confidenza s. 58
considerazione s. 30
consigli s.pl. 105
contare (fino a dieci) 43, 130
contatto s. 57
conto s. 30, 59, 87, 133, 158, 175
contrabasso s. 85
contrappeso s. 60
(in) contrario s. 172
contrattempo s. 131
contributo s. 161

controvento adv. *158*
conversazione s. *55, 156*
convinto a. *52*
coraggio s. *81, 97, 117*
corda s. *17, 24, 35, 45, 55, 104, 162*
cordoni s.pl. *(della borsa) 160*
corna s.pl. *85, 87, 118, 127, 179*
corno s. *165, 178*
Cornovaglia *87*
corpo s. *64, 105*
corpo s. *(e anima) 53*
corpo s. *(di Bacco) 102*
corrente s. + a. *59, 157, 158*
(al) corrente *31*
corsa s. *134*
corso s. *84, 104, 182*
(far la) corte s. *84*
cosa s. *(morta e . . .) 68*
coscienza s. *64*
cose s.pl. *(fritte) 90*
così, così *149*
costare *(caro) 131*
costo s. *129*
costole s.pl. *71, 87, 144, 151*
costume s. *(adamitico) 14*
costume s. *(evitico) 49*
cotenna s. *51*
cotone s. *124*
cotta s. *53, 97*
(di) cotte *(e di crude) 49*
covo s. *37*
cresta s. *70, 90, 127*
crimine s. *65*
cristiano s. *113*
croce s. *38, 49, 101, 133, 157*
crociolarsi *12*
cuccagna s. *80, 176*
cucchiaio s. *88*
cucco s. *154*
cuffia s. *44*
culla s. *27, 174*
cullare *177*
culo s. *18, 81, 87, 147*
cuoia s.pl. *68*
cuore s. *32, 80, 81, 82*

(a) cuore s. *16*
cuore s. *(di coniglio) 76*
curva s. *(a ferro di . . .) 70*

dado s. *178*
dagli oggi . . . *83*
dannazione s. *101, 102*
debiti s.pl. *71, 101, 158*
debole s., debolezza s. *146*
defenestrare *23*
demone s. *99*
denaro s. *40, 52, 61, 62, 79, 160*
denominatore s. *120*
dente s. *118, 129*
dente s. *(roditore) 179*
denti s.pl. *26, 28, 32, 69, 74, 179*
deserto s. *123*
desiderio s. *56*
detto pp. *(fatto) 62*
(tenerlo per) detto pp. *124*
diavolo s. *12, 27, 38, 43, 76, 85, 88, 101, 102, 122, 126, 128, 149, 161, 173, 175*
difficoltà s. *80, 172*
diffidare *171*
digerire *118, 167*
dighe s.pl. *143*
dilungarsi *23*
(ultima) dimora s. *67*
dinosauro s. *162*
Dio *32, 83*
dipendere *74, 80*
dipinto pp. *27*
diplomatico s. *41*
dire *(versch. Rdaa.) 137, 181, 183*
dire (la sua) *148*
(a buon) diritto s. *57*
(andare) diritto adv. *119*
(a) disagio s. *77*
disarmare *47*
discredito s. *113*
(alla) discrezione s. *24*
discussione s. *59*
discutere *86*
disdetta s. *125*
disgrazia s. *125, 167*

disonore s. *(della famiglia) 138*
dispiacere *106*
(andare) distante *172*
distanza s. *41*
dita s.pl. *53, 115*
dito s. *18, 26, 124, 130*
diverbio s. *177*
doccia s. *44*
dolce s. *46*
donnaiolo s. *53*
doppio a. *41*
dormiglione s. *140*
dormirci *(sopra) 30*
dorso s. *87*
dose s. *111, 128*
(di) dosso *71*
Dottore *(faccenda) 15*
(da ogni) dove *103*
dubbio s. *56*
(il) due *(a briscola) 131, 137*
(al) dunque *93, 136*
(tenere) duro adv. *108*

eco s. *16, 35*
economia s. *16, 46*
elefante s. *46*
enciclopedia s. *106*
enigma s. *133*
(non ci) entra *136*
entusiasmo s. *173*
epitaffio s. *83*
erba s. *113*
Erode *128*
erre s. *49*
erta s. *23, 56*
esame s. *31, 80, 107, 153*
esaurito a. *167*
esca s. *50, 52*
escludere *24*
esempio s. *28, 49, 169*
estremo s. *49, 151, 170*
età s. *34*
eternità s. *28, 49*

faccia s. *21, 23, 32, 41, 63, 64, 68, 98, 118, 119, 122*
faccia s. *(da funerale) 63*
faccia s. *(a luna) 169*
faccia s. *(da schiaffi) 124*

faccia s. *(della terra) 48*
faccia s. *(tosta)170*
facile a. *(a dirsi) 111*
fagotto s. *38*
falde s.pl. *32, 138*
fallire *61*
fama s. *67, 94*
fame s. *26*
famiglia s. *93*
fanalino s. *(di coda) 141*
fanfarone s. *94*
fango s. *67, 142*
fantasma, -i s. *128, 139*
farfalle s.pl. *180*
farina s. *113*
(in) fasce s.pl. *175*
fascio s. *90, 120*
fatica s. *(sprecata) 107*
fatto s. *35, 75, 136, 164*
favella s. *21*
favola s. *115*
favorito s. *(della sorte)149*
fede s. *65, 176*
(rimanere) fedele a. *153*
fegato s. *155*
ferita s. *178*
(stare) fermo a. *149*
ferro s. *46, 58, 85, 113*
fervore s. *84*
fesso s. *39, 87, 123*
festa s. *30, 80, 105, 156*
fiaccola s. *107*
fianco s. *36, 144*
fiasco s. *43, 87, 140, 141*
fiato s. *21, 66, 92, 123, 177, 182*
ficcanaso s. *118*
fico s. *178*
ficosecco s. *79, 130*
fidare *127*
fifa s. *78*
figlio s. *(della fortuna) 149*
figlio s. *(della serva) 137*
figura s. *53*
figuraccia s. *33*
figurino s. *44*
fil s. *(di vita) 49*
fila s. *(indiana)59*
fila s.pl. *49, 141*
filo s. *49, 96, 100*
filo s. *(conduttore) 49*

filo s. *(di paglia) 157*
filo s. *(del rasoio) 130, 143*
filo s. *(di seta) 45*
filo s. *(di speranza) 84*
(a) filo s. *(doppio) 95*
(per) filo *(e per segno) 44, 87*
(in) fin s. *(dei conti) 46*
fine s. *(del topo) 50*
finestra s. *52*
(secondi) fini s.pl. *83, 84*
finta s. *43*
fio s. *158*
fiocchi s.pl. *38, 138*
(a) fior s. *(di labbra) 102*
fiore s. *81, 132*
fiore s. *(dell'età) 34*
fisico s. *(di ferro) 64*
fitta s. *81*
(il) fiume nasce . . . *47*
fiuto s. *119*
(in) flagrante *161*
foga s. *(del discorso) 84*
foglia s. *48, 175*
follia s. *65*
fondamento s. *69, 109*
fondato a. *72*
fondo s. *46, 69, 93, 160*
(in) fondo s. *(all'anima) 43*
fontana s. *163*
fonte s. *73*
fonti s.pl. *(ufficiali) 148*
forca s. *20, 161*
forchetta s. *139*
forfait s. *55*
forma s. *58, 64*
(in) forse *56*
forte s. *153*
fortuna s. *66, 183*
fortunato a. *66*
forza s. *100, 122, 183*
forza s. *(maggiore) 64*
fossa s. *67, 85*
fosso s. *144*
(farla) franca *77*
frate s. *47, 161*
frecce s.pl. *45*
frecciata s. *15, 65, 82, 148*
freddezza s. *145*
freddo s. + a. *27, 88*
fregarsene *178*

fregato pp. *79*
fregatura s. *79, 123*
freno s. *90, 134, 182*
fresco s. + a. *30, 37, 56, 59, 79, 178*
fretta s. *36, 89*
friggere *161*
frizzi s.pl. *65*
fronte s. *118, 155*
frottole s.pl. *25*
frutti s.pl. *48*
fulminato pp. *41*
fulmine s. *33, 36, 126, 175*
fumare *(come un camino etc.) 141*
fumo s. *20, 127, 170*
fune s. *17, 32*
funghi s.pl. *128, 171*
fuoco s. *52, 53, 72, 75, 129, 130*
fuoco s. *(di paglia) 157*
furbo s. *(matricolato etc.) 122*
furia s. *75, 155, 160*
furore s. *57*
fuscello s. *114*
fuso s. *93*

(a) **gabbo** s. *145*
gaffe s. *52*
gala s. *138*
galantuomo s. *139*
(a) galla *159, 170*
gallina s. *87*
gallo s. *70*
galloni s.pl. *152*
gamba s. *27, 74*
(in) gamba *41, 172*
(sotto) gamba *145*
gambe s.pl. *17, 27, 58, 68, 114, 122, 132*
gambe s.pl. *(a X) 179*
gamberetti s.pl. *101*
gamberi s.pl. *101*
ganasce s.pl. *139*
gangheri s.pl. *76, 77*
gara s. *134*
gatta s. *92, 122, 149*
gattabuia s. *59*
gatto s. *92*
gatto s. *(di ferro) 47*

gavetta s. 128
gazzetta s. 83
gelido a. 46, 113
generoso a. 73
genio s. 17, 47, 100, 157
Gesù (e Maria) 30
getto s. 69
ghiaccio s. 45
(in) ghingheri s.pl. 138
ghiro s. 116
giacomo 96
ginepraio s. 46
ginocchio, -ia s. 96, 127
giocco s. 116
giochetto s. 94
gioco s. 18, 74, 91, 114, 150, 151, 156
giogo s. 89
giornaluccio s. 91
giornata s. 72, 159
(gli otto) giorni s.pl. 37
giorno s. 156, 159, 160, 168
giorno s. (del giudizio) 146
giorno s. (del mai) 121
Giotto 106
giovialone s. 76
girare 28, 42
giri s.pl. (di parole) 32
giro s. 18, 28, 75, 119
giunco s. 45
giurare 78
giustizia s. (sommaria) 129
glaciale a. 57
gloria s. 39, 67
gnorri s. 43
gobba s. 87
gobbone s. 87
goccia s. 44, 111, 164
goccia s. (di sangue) 144
gogna s. 129
gola s. 32, 47, 71, 83, 92
(a) gola s. (spiegata) 104
gomitate s.pl. 46
gomito s. 44, 46, 96
gonnella s. 135, 145
gozzo s. 26, 70
gradi s.pl. 128
graffiasanti s.pl. 30
graffiata s. 65
gramigna s. 128

grana s. 61, 104
granchio s. 20, 34, 40
granelli s.pl. (di sabbia) 137
grano s. 152
grassone s. 41
gravità s. 66
grazia s. 69
(le buone) grazie s.pl. 66, 154
greppia s. 58
grido s. 113
grillo s. 67, 68, 75, 150
grinfie s.pl. 53, 95
grondaie s.pl. 134
groppo s. 95
(della) grossa 116
(beve) grosso 56
grossolano a. 25
gruzzolo s. 90, 121, 158
guadagno s. 95
guai s.pl. 95, 104, 120, 141
guanciali s.pl. 62
guanto s. 51, 74
guardare (losco etc.) 147
guardia s. 23, 56
guarigione s. 30
guastafeste s. 78, 151
guinzaglio s. 72, 112
guscio s. 142, 175
gusto s. 62, 63, 112

hobby s. 153

idea s. 43, 166
ignoranza s. (della legge) 63
imbestialire 34
imbroccare 40
imbroglio s. 114
immaginare 40
immaginazione s. 128, 182
immagine s. 150
immischiarsi 75, 151
impaccio s. 95, 141
impaniarsi 50
impappinarsi 49
imparare 24, 139
imparentato a. 44
impazienza s. 166
impazzire 77

impennacchiarsi 138
impettito a. 127
impiccio s. 79, 83, 95, 120
importanza s. 137, 174
importazioni s.pl. 42
impronta s. 154
impulso s. 17, 40
impuntarsi 83
inaudito a. 23, 89
incandescente a. 48
(per) incanto s. 172, 178
incendio s. 104
incensare 172
inchiodato pp. 16
incline a. (a credere) 120
incognita s. 32
(all') incontrario s. 40
(venire) incontro 172
incrinarsi 135
incudine s. 72
indebitato a. 71
indipendente a. 58
indovinare 22
inetto s. + a. 65
infamia s. 89
inferno s. 85, 126, 161
inferriate s.pl. 59
infilare 40
infondato a. 109
informare 31
inganno s. 65, 132
inghiottire 141, 150
(all') inglese 13
ingoiare 84, 149
ingranaggio s. 132
iniziativa s. 50, 115
(dall') inizio s. 24
innamorato a. (cotto) 122
insabbiare 137
insalutato (ospite) 13
insanguinarsi 34
insegne s.pl. 91
insensibile a. 12
insomma adv. 102
intavolare (un problema) 17
intimato a. 58
intimidire 34
intimità s. 101
intimo s. 111
intonaco s. 16

intrighi

intrighi s.pl. 132
inverno s. 162
invidia s. 119
invischiarsi 50
ira s. 49, 167
isolarsi 142

labbra s.pl. 108
laccio s. 50
lacrime s.pl. 19, 104, 163, 170
lacuna s. 109
ladri s.pl. 40
lama s. 147
lamenti s.pl. 14
lampo s. 61, 74, 126
lana s. 26, 106, 114
lancia s. 103
lanternino s. 45, 153
lardo, lardello s. 67
(alla) larga 14, 36, 105
largo s. 17, 35
larva s. 139
lasagne s.pl. 67, 161
lasciar (fare) 174
lasciar (correre) 20, 146
lastrico s. 31, 61, 88, 156
latino s. + a 37, 40, 175
lato s. 122, 148
latta s. 35
latte s. 113, 117, 123
lattemiele s. 86
lattuga s. 34
lavaggio s. (di cervello) 60
lavata s. (di capo) 39, 91, 98
lavorare (come un negro etc.) 127
lavoro s. 19
leccapiedi s. 84
leccasanti s. 30
leccone s. 84
leccornie s.pl. 182
lega s. 40, 145
(alla) leggera 145
leggero a. 51
legna s. 48, 52
(di buona) lena s. 135
(piatto di) lenticchie s.pl. 108
lenzuola s.pl. 51

leone s. 26, 85
lepre s. 76
lesto a. (di lingua) 115
lesto a. (di mano) 53
(alla) lettera 38, 177
letto s. 31, 120
letto s. (di rose) 135, 176
(far) leva s. 78
leve s.pl. (del potere) 136
lezione s. 40, 105, 124
libertà s. 72, 79
libro s. 37, 38, 108
licenziare 96
limata s. 73
limitato a. 36
limite s. 35, 68, 143, 156
linea s. 13, 84, 108, 132
linea s. (d'aria) 109
lingua s. 41, 53, 111, 116, 182
linguacciuto a. 111
lira s. 126
(passarla) liscia 21
liscio a. 39, 143, 149
lite s. 179
livello s. 44
lodi s.pl. 82
(alla) lontana 14, 44
lucciole s.pl. 20
luce s. 106, 107, 148, 159
luce s. (fosca) 139
lucertole s.pl. 151
lucido a. 33, 44
lucignolo s. 35
lumaca s. 143
lume s. (di naso) 40
lumicino s. 170
luminare s. 130
luna s. 20, 57, 104, 114, 154
lunario s. 43, 83
(saperla) lunga 31
(per le) lunghe 103
(in) lungo e in largo 87
luogo s. 124, 175
lupo s. 28, 34, 78, 176
lupo s. (di mare) 147

(non c'è) **ma** (che tenga) 173
macchia s. 17, 42, 93, 174

machinetta s. 116
Maddalena (pentita) 37
(per la) maggiore 164
magro a. (come un chiodo etc.) 151
malalingua s. 111
malanno s. 125
malcontento a. 33
maldisposto a. 129
(farsi venire) male 53
malefatte s.pl. 75
(in) malora s. 161
mammelle s.pl. 94
man s. (forte) 72
mandare (giù) 118
maneggi s.pl. 75
manetta s. 179
mangiare (come un lupo etc.) 139
mangiatoia s. 58
mani s.pl. (bucate) 61
manica s. 18, 21, 70, 135, 154
manichino s. 44
manico s. 55, 60, 87, 108, 155
manie s.pl. (di grandezza) 69
maniera s. 63
mani s.pl. 12, 19, 26, 34, 53, 54, 70, 72, 73, 74, 78, 114, 161
mano s. 16, 18, 21, 53, 72, 73, 106, 119, 151
manna s. 161
mantello s. 110
(far) marameo s. 118
marcia s. (indietro) 128
marciapiede s. 157
mare s. 36, 171, 181
mare s. (di debiti) 71
mari s.pl. (e monti) 29, 153
(viva) Maria 53
marinaio s. 74
marmotta s. 116
martello s. 15
mascalzone s. 170
maschera s. 64, 111
mascherina s. 13
masticare (una lingua) 132
matassa s. 65

matrimonio s. (annullato) 37
Matusalemme 154
mazzo s. 90
mediatore s. 113
(alla) meglio 43
mellifluo a. 92
memento s. 40
memoria s. 155
(a) menadito 143
meningi s.pl. 98
mente s. 97, 99, 120, 123, 124
mentire (come...) 83
menzogna s. 110
mercato s. (nero) 146
(a buon) mercato 19
merenda s. 20
messa s. 99
mestiere s. 26, 30, 42, 75
mestolo s. 78, 124
metà s. 70
mezzi s.pl. (violenti) 63
mezzo s. 78, 113
(a) mezzo adv. 70
Michelaccio 26, 141
midolla s.pl. 111
miele s. 86
millantatore s. 127
minare 166
minestra s. 32, 37, 90, 106, 120, 133, 168
miniera s. 66
mira s. 23, 97, 100, 140, 148
mirabilia s.pl. 29
miracolo s. 55, 178
mirare 83, 97, 181
miserere s. 170
mistero s. 29, 35
misura s. 111, 132
misurare 13
mitragliatrice s. 116
moccolo s. 104
moda s. 113
modello s. 169
modo s. (nitido) 64
(né) modo né misura 68
moggio s. 127
moglie s. 56, 137
moine s.pl. 86

molle s.pl. 179
(a) momenti 69
momento s. 158, 180
mondo s. 37, 41, 48, 57, 104, 129, 159, 171, 173, 175
moneta s. 116
monna s. 44
montagna s. 29, 173
(a) monte s. 48, 76, 133, 170
morire (dalla voglia) 53
morso s. 15, 182
mortaio s. 157
morte s. 28, 34, 89
morto s. + a. 24, 112
mosca s. 39, 54, 57, 75, 112, 114, 171
mosca s. (bianca) 131
mosca s. (cocchiera) 127
mostra s. 139
(in) moto s. 28
mucchio s. 29, 78, 90
mulinare 140
mulino s. 116, 175
muriccioli s.pl. 150
muro s. 47, 123, 169
muro s. (del suono) 138
museruola s. 112
musica s. 174
muso s. 59, 64, 68, 142

(far) nascere 35
nascosto a. 135
(di) nascosto adv. 13
naso s. 36, 60, 83, 86, 118, 119, 142
nato pp. (ieri) 106
natura s. 139, 155
naufragare 140
naufragio s. 140
nebbia s. 157, 170
necessità s. 121
negare 104
negozi s.pl. 28
nerbo s. 136
nero a. (come un corvo etc.) 146
nero (su bianco) 144, 146
nervi s.pl. 120
nervoso s. 120

neve s. 143
nido s. 37
nocciolo s. 79, 93, 129
nodo s. 45, 95, 129
nodo s. (gordiano) 96
noia s. 54
noioso a. (da morire) 103
nome s. 30, 93, 94
nonna s. 69
norma s. (e regola) 123
nota s. 163
(a chiare) note s.pl. 32
notte s. 117, 146
notte s. (bianca) 21
notte s. (dei tempi) 169
nottole s.pl. 48
(andare a) nozze s.pl. 143
nudo a. 14
numero s. 60, 116, 160
nuora s. 175
nuovo a. (fiammante) 57
nuovo a. (di zecca) 57
nuvole s.pl. 15, 176

O (di Giotto) 106
obole s. 139
oca s. 157
occhi s.pl. 15, 20, 21, 22, 33, 87, 92, 140, 155
occhiata s. 33
occhio s. 20, 21, 22, 54, 78, 118
occhiolino s. 23
odiare (a morte) 126
odore s. 36, 109, 176
offesa s. 28, 149
oggidì adv. 160
olio s. 52, 124
(passare) oltre adv. 160
ombelico s. 117
ombra s. 16, 84, 132, 144, 171, 183
oncia s. 57, 79
onoranze s.pl. 67
onore s. 67
opera s. (magistrale) 112
opinione s. 86, 112, 153
ora s. 165, 166
ora s. (di punta) 156
orco s. 144
ordine s. 122, 143, 169

orecchie s.pl. 22, 123, 130
orecchio s. 98, 123, 124, 130
orgoglio s. 116
origini s.pl. 14
orizzonte s. 86
orma s. 58, 154
oro s. 61, 116, 129
orrore s. 78
ortica s. 106
oscuro s. 43
ossesso s. 144
ossigeno s. 18
ossa s.pl. 32, 77, 87
osso s. 122, 152, 166, 170
osso s. (del collo) 71
ostacolo s. 89, 171
oste s. 133
ostracismo s. 129
ostrica s. 144
otre s. 44, 127

(lasciami in) **pace** 56
padella s. 134
padre s. 63
padreterno s. 127, 162
padrone s. 78, 80
paese s. 126, 161
paesucolo s. 120
paga s. (misera) 89
pagando ger. (e pregando) 61
pagare 79
pagina s. (di gloria) 112
pagliaio s. 52
paio s. (di maniche) 32
(a) palate s.pl. 61
palato s. 59
palla s. 18, 55, 62, 177
palma s. 74, 168
palma s. (di mano) 146
palmenti s.pl. 139
palmo s. 20, 89
palo s. 88, 108, 142
pan s. (bagnato) 89
panchi s.pl. 88
pancia s. 26
pancione s. 41
pancotto s. 157
pandemonio s. 161

pane s. 37, 81, 93, 95, 98, 115, 116, 122
panie s.pl. 50
panierino s. 161
panni s.pl. 47, 49, 76, 80, 103, 125, 170
pantaloni s.pl. 124
papa s. 67, 101, 176
(alla) papale 98
papalino a. 125
papasso s. 127
papavero s. 162
papera s. 167
pappa s. 157
paragone s. 83
paraocchi s.pl. 139
parare 13
paravento s. 135
(tra) parentesi s.pl. 119
parere s. 30, 112, 153
pareti s.pl. 169
(alla) pari 44, 171
parlantina s. 116
parola s. 24, 51, 54, 71, 115, 119, 132, 154, 176, 177
parola s. (d'onore) 73
(in una) parola s. 102
parole s.pl. 16, 165, 167, 176, 177
parte s. 45, 110 ,125
parte s. (del leone) 132
partita s. 125, 150
partito s. 125
parto s. 60
pascere (d'aria etc.) 177
Pasqua 131, 150
passatempo s. 180
passeggiata s. 74, 94
passeggero s. (clandestino) 125
passerotto s. 34
passi s.pl. 92, 94, 121
passo s. 40, 145, 167, 172, 180
(gran) passo s. 144
pasta s. 77, 115, 150
pasticcio s. 30, 95, 120, 132, 158
pasto s. 122
patata s. 96

paternale s. 59
paternoster s. 44
Patrasso 68
patrimonio s. 173
patto s. 161, 174
paura s. 27, 76, 78, 85, 144, 155, 162
pavimento s. 103
pavone s. 126
pavoneggiare 126
pazienza s. 25, 60, 83
pazienza s. (eroica etc.) 47
pazzo a. 117
pece s. 106
pecetta s. 65
pecora s. 34, 51, 138
peggio s. 29, 43, 46, 102
pelare 14
pelato a. (come un uovo etc.) 90
pelle s. 51, 59, 77, 105, 150
pelle s. (d'oca) 59
pelo s. 21, 49, 51, 69, 70, 86, 87, 106, 123
pena s. 106, 114, 134
penne s.pl. 51, 55, 166
(a) pennello s. 16
penombra s. 84
(ma che ti) pensi 56
pensiero s. 60, 70
pentirsi 19
pentola s. 109, 175
peperone s. 124
(lasciar) perdere 53, 104
pere s.pl. 100
pericolo s. 56, 168
perle s.pl. 125
perno s. 42
persona s. (di cuore) 80
persona s. (doppia) 57
pertica s. 35
pesare 67
pescare 19
pesce s. 29, 43, 54, 99, 115, 162
pesce s. (d'aprile) 17
peso s. 64, 80, 104, 111, 174
peste s.pl. 49, 95, 126, 155
pettegola s. 170
pettegolezze s.pl. 62

petto   **Register Italienisch**

petto s. 37, 44
pezza s. (da piedi) 42, 140
(a) pezzi s.pl. 140
pezzo s. (di ghiaccio) 54
pezzo s. (di pane) 39
(tutto d'un) pezzo s. 69
piacere s. + v. 82
piaga s. 178
pialla s. 38
pianta s. 109, 121
piatto s. 120
piazza s. 28, 29, 30, 66, 90, 156, 162
picche s.pl. 100
picchiapetto s. 30
piccioni s.pl. 54
(farsi) piccolo a. 127
pidocchio s. 40
(a) piè sospinto 145
piede s. 45, 58, 67
piede s. (di guerra) 101
piedi s.pl. 27, 39, 55, 71, 77, 78, 83, 84, 88, 114, 119, 154, 172, 179
piedistallo s. 82
piega s. 173, 174
pieno a. (zeppo) 29
pietà s. 47, 154
pietra s. 153, 154
pietra s. (dello scandalo) 154
pifferi s.pl. 114
(che ti) piglia 105
pignolo s. 166
pila s. 29
pillola s. 17, 128
pioggia s. 24, 60
piombare 143
pipata s. 39
pisolino s. 121
piste s.pl. 152
pistola s. 47
(del) più (e del meno) 41
piuma s. 51
pive s.pl. 114, 119
pizzicore s. 54
poco fa adv. 159
(fra) poco adv. 159
(a fra) poco adv. 65
politica s. (del pugno di ferro) 110

pollo s. 43, 87, 88, 125
polmoni s.pl. 110
polpette s.pl. 70
polso s. 179
poltiglia s. 70
poltrone s. 155
polvere s. 20, 56, 68, 87, 130
pomo s. (della discordia) 179
pompa s. (magna) 138
ponti s.pl. 37
Ponzio 128
popolo s. 150
porco s. 26
porcospino s. 101
pori s.pl. 147
porre (in chiaro) 134
porta s. 17, 108, 119, 164, 165
portare (via) 25
porto s. 39, 161
posizione s. (chiave) 141
possesso s. 74
(à più non) posso 71, 104, 127
posticino s. 160
posto s. 79, 128, 161
(a) posto s. 30, 39, 60, 65, 75, 109, 143
potere s. 110, 136
povero a. (in canna) 94
pozzo s. 20, 50, 76
preda s. (delle fiamme) 133
predica s. 12, 59
(o) prendere (o lasciare) 168
presenza s. 22
pressione s. 42
prestanome s. 157
presunzione s. 127
prete s. 175
pretesa s. 128, 159
prezzi s.pl. (salati) 62
prezzi s.pl. (usurari) 77
prezzo s. 39, 128
primo venuto s. 30
(in) procinto 152
profitto s. 91
(a) profusione s. 88
progetto s. 29, 133

(a) proposito 62
proposta s. 84
prospettive s.pl. 15
prova s. 53, 60
(a tutta) prova s. 48
pugno s. 20, 72, 110, 124
pugno s. (di mosche) 114
pulce s. 55
Pulcinella 150
pulcino s. 49, 129
pullulare (di errori) 174
punta s. (delle dita) 44, 53, 143
punta s. (della lingua) 182
punta s. (di piedi) 179
puntini s.pl. 70
(a) puntino 97
punto s. 75, 112, 130, 131, 176
punto s. (e basta) 131
punto s. (cruciale) 139
punto s. (debole) 14
punto s. (morto) 130, 144
punto s. (nero) 131
(di) punto (in bianco) 96, 164
pupilla s. 19
putiferio s. 158
puzzare 36, 149
puzzo s. 36, 162

quadrare 100
quadratura s. (del circolo) 131
(di) quando (in . . .) 12
quattrino s. 61, 79, 91
(dirne) quattro 98
(farsi in) quattro 28
(in) quattro (e quattr'otto) 18, 74, 129
questione s. (d'opinione) 17
questione s. (scottante) 46
questioni s.pl. (bizantine) 26
quiete s. 155
quinte s.pl. 49, 102

rabbia s. 40, 84, 155
radere (al suolo) 47
radice s. 124, 178

ragione s. 59, 133, 134
ragno s. 88
ramanzina s. 98
ramo s. 18
ramo s. (di pazzia) 168
ranno s. 86, 157
rapa s. 79
rapporti s.pl. 16
razza s. 45
realista a. 125
redini s.pl. 78, 182
registro s. 163, 174
regno s. 46
regola s. 63, 163
relitto s. (umano) 77
remi s.pl. 55
rena s. 137
(a) repentaglio s. 77
resistenza s. 174
respiro s. 19, 81, 92
responsabilità s. 91, 145
resto s. 39
rete s. 50, 120, 121
retorica s. 128
ricco a. (sfondato) 61
riccordino s. 40
ricordo s. 166
(far) ricredere 30
ridere (versch. Rdaa.) 102, 140, 176
ridicolo s. + a. 103
ridire 69, 180
(a) ridosso 164
riempitivo s. 109
(matura) riflessione s. 134, 183
riga s. 60, 180
rigare (dritto) 75, 134
(a) rigor s. (di termine) 107
riguardo s. 105
(per le) rime s.pl. 98
rimedio s. 27, 101
rimorchiare qd. 141
rimproveri s.pl. 55, 165
rinato a. 121
rinfrescare 19
(alla) rinfusa 42
rintanato pp. 122, 169
risa s.pl. 102
risata s. 61, 108
riscaldare 48

rischio s. 77, 147, 151
risciacquata s. 98
riso s. 166
risonanza s. 16, 35
risparmi s.pl. 183
rispettare (norme) 84
rispetto s. 167
risposta s. 115, 131
ritirata s. 128
ritorcere (le accuse) 151
ritratto s. 63
rivangare 24
roba s. (da chiodi) 50
roba s. (vecchia) 68
Roma (e toma) 29
rosa, roseo a. 37, 135
rosa s. 13
rosario s. 148
rose s.pl. (e fiori) 60
rospo s. 17
rosso s. 90, 124
rotella s. 168
rotta s. 154
(a) rotta (di collo) 17
rottame s. 46
(avere) rotto pp. (con) 52
rotto s. (della cuffia) 19
rovescio s. (della medaglia) 93
(a) rovescio 12, 21, 40
rovina s. 71, 88, 161, 167
(a) ruba 148
rubacuori s. 82
rumore s. 19
ruota s. 73, 126, 131
ruotare 42
russare 85
rustico a. 25

sabbia s. 98, 137
saccentone s. 68, 121
sacco s. 26, 78, 132, 148
sacco s. (d'ossa) 77
sacramenti s.pl. 42
sale s. 104, 137
salsicce s.pl. 70
salto s. 40, 152
saltomortali s.pl. 28
salute s. 13, 64, 133
salva s. (di fischi) 126
sangue s. 27, 33, 34, 51, 53, 54, 70, 81, 114, 147, 155
sanguisuga s. 144
santerello s. 171
santi s.pl. (e madonne) 31
santo s. 99, 146
sapientone s. 108
sapore s. (del bastone) 87
sardine s.pl. 79
sasso s. 15, 120, 137, 154
satanasso s. 29
saturazione s. 60
saziarsi 137
sbagliare (di grosso) 51, 85
sballarle v. 94, 116
sbaraglio s. 91
sbornia s. 12, 24, 92
sbrigati v. 39
scacco s. 138
(a lunga) scadenza s. 148
scalognato s. 125
scalpore s. 19, 103
scamorza s. 54
scamparla v. (bella) 77
scandalo s. 19, 101
scapolarsela v. 141
scapolo s. 45
scappata s. 13
scapatella s. 148
scappatina s. 152
scarpa s. 68, 94, 145, 171
scartina s. 54
scatola s. 92, 118, 120
scatolino s. 44
scena s. 31, 38, 132, 159, 162, 167
scenata s. 159
scheletro s. 77
scherno s. 181
scherzare 48, 149
scherzi s.pl. 149
schiaffo s. 124
schiappa s. 54
schiena s. 59
scia s. 58
scialare 152
scilinguagnolo s. 101, 116
Scilla (e Cariddi) 72
sciocco a. 36
scivolare 18
scocciare 120

scoglio s. 88, 95, 158
scoiattolo s. 174
(quanto) scommettiamo 174
scompiglio s. 77
sconcertarsi 50
scongiuri s.pl. 40
scopo s. 156, 181, 183
scorza s. 51, 93
scotto s. 158
scrivere (in bella) 134
scudi s.pl. 82
scuola s. 145, 147
scusa s. 24, 181
sdolcinato s. 159
(nelle) secche s.pl. 95
secco s. 79
segatura s. 157
(si è) segnato pp. male 57
segno s. 35, 60, 90, 99, 117, 143
segreto s. 45, 92, 115, 150
sella s. 28, 138
seminato s. 13
senno s. 61
seno s. 143
senso s. (d'onore) 44
(buon) senso s. 113
senti v. (un po') 86
(per) sentito (dire) 86
sentore s. 175
(in) separata sede 20
(sul) serio s. 48, 150
serpe s. 141
serrafila s. 141
sesso s. (degli angeli) 26
sete s. 43
sfacciataggine s. 120, 155
sfacciato s. 170
sfogarsi v. 109
sfoggio s. 112, 139
sfortuna s. 125
sforzo s. 78
sfuggire (di mano) 103
sgambetto s. 29
(agli) sgoccioli s.pl. 79
sgolarsi 110
sgridata s. 12, 86, 98
sguardo s. 23, 33
sicuro s. + a. 15, 59, 136

silenzio s. 46, 112, 115, 147
sillaba s. 154, 167
silurare 13
Sisifo 148
sistemare 93
situazione s. 44, 173
slancio s. 40
smargiasso s. 127
smascherare 47
smidollato s. 115
smorzare 40
(alta) società s. 180
sodo s. 136
soffio s. 74
soffocare 93
sogno s. 163
soldi s.pl. 39, 52, 61, 62, 90, 101
soldo s. (di cacio) 42
sole s. 59, 149
sole s. (d'agosto) 51
solfa s. 106
(da) solo 100
sonno s. (del giusto) 62
sopportarlo v. 65
sopracciglia s.pl. 155
(di) soprassalto 19
sopravvento s. 122
(a) soqquadro 76, 98
sordo s. + a. 123, 156
sorte s. 70
(in) sospeso 56, 94
sospetto s. 48
sottane s.pl. 135, 145
sotterfugi s.pl. 12
sottile s. 20
sottobanco adv. 166
sottomano adv. 166
sottosopra adv. 42
spaccamonti s. 127
spacciarsi v. (per) 24
spaccone s. 94, 127
spada s. 103, 136
spalle s.pl. 14, 27, 46, 71, 87, 135, 142, 160
spanciata s. 26
spanna s. 42
(a) spasso s. 100, 119, 156
spaventapasseri s. 169
spavento s. 144

specchio s. 33
spellare qd. 14
spendere (e spandere) 61
speranza s. 15
speriamo v. (di sì) 30
spese s.pl. 100, 138
spettacolo s. 23
(a tutto) spiano 127
(per le) spicce 129
spifferare (tutto) 145
spilungone s. 35
spine s.pl. 55, 85, 117
spinta s. 18, 153
spirito s. 152
spontaneamente adv. 17
sporcarsi v. (il nome) 30
sprecato a. 92
spugna s. 55, 146
squadra s. 76
squadrare 116
(a) squarciagola 71, 92
staffe s.pl. 45, 50, 100, 145
stalle s.pl. (d'Augia) 23
stampo s. 106, 140
stanchezza s. 27
stanco a. (morto) 27
stanga(ta) s. 123
(lasciamo) stare 39
starnuto s. 94
stato s. (cuscinetto) 130
stato s. (interessante) 165
statua s. 115
(a) stecchetto 37, 91, 142
stella s. 23, 82, 154, 175
stesso s. 79
stima s. 14
stinchi s.pl. 120
stivali s.pl. 86, 120
stizza s. 117, 155
stoccata s. 148
stoffa s. 92, 172, 181
stomaco s. 26, 110, 118, 156
stoppa s. 52
storia s. 106, 129, 162, 181
(andare) storto 140
strada s. 25, 85, 104, 113, 156, 171, 172
straripare 165
stratagemmi s.pl. 12
strega s. 82

strette s.pl. 42, 47, 95, 135
strigliata s. 98
strumenti s.pl. 89
struscione s. 84
struzzo s. 98
stucco s. 15, 21, 86, 97, 137
stupidaggini s.pl. 181
successo s. 25, 36, 57, 92, 143, 183
succube s. 124
sudore s. 59, 147
(una delle) sue 15, 17
sugello s. (del silenzio) 148
sugo s. (di bosco) 87
(senza) sugo s. 137
suocera s. 88
suola s. 105
suolo s. 35
suoni s.pl. 89
superbia s. 127
svantaggio s. 117
svelare 107
svignarsela v. 13, 18
svolta s. 173

tabula s. (rasa) 162
tacchi s.pl. 17
tacchino s. 126
taglia s. 129
tagliare (corto e netto) 129
tagliato pp. (all' antica) 140
taglio s. 129, 147
talento s. 128
tallone s. (d'Achille) 130
talora adv. 12
tana s. 85
tangente s. 18
Tantalo 85
(ogni) tanto adv. 12
tappe s.pl. 129, 181
tappeto s. 160
tappezzeria s. 111
tappo s. (da botte) 42
tarantola s. 131
tartaruga s. 143
tasca s. 61, 79, 87, 91, 118, 120, 160
tasto s. 80, 130
tattica s. 160
tavolino s. 38, 162

tegola s. 96
tempesta s. 155, 158
tempo s. 26, 60, 72, 89, 114, 158, 160, 180
tempo s. (vola) 55
temporale s. 17
tempra s. 85
tende s.pl. 180
tensione s. 42
tentativo s. 16
tergiversazioni s.pl. 129
termine s. 14, 40, 177
terno s. 109
terra s. 34, 48, 68, 76
terremoto s. 131
terreno s. 35, 39, 84
testa s. 30, 41, 45, 50, 61, 73, 76, 79, 97, 98, 99, 100, 106, 114, 117, 123, 134, 138, 151, 155, 157, 167
testa s. (di turco) 158
testardo s. 41
testone s. 41
tetti s.pl. 66
timone s. 136
timpani s.pl. 123
tinte s.pl. 50
tipaccio s. 57
tipo s. (bizzarro etc.) 78
tira v. (e molla) 83
tirapiedi s. 84
tiratina s. (d'orecchi) 98
tiremolla s. 83
tiro s. 145, 156
tiro s. (di schioppo) 92
tocco s.+ a. 73
tomba s. 67
(san) Tommaso 162
tomo s. 78
tondo a. 65
tono s. 60, 97, 127, 163
(finto) tonto s. 43, 94
topo s. 29, 38, 133
torbido s. 164
torchiare qd. 51
tornaconto s. 133
toro s. 87
torrente s. (d'ingiurie) 55
torsolo s. 79
tosto adv. (o tardi) 159

trabocchetto s. 50
traccia s. 48, 152
trafiggere 43
tramare qc. 140
tramontana s. 97
trampoli s.pl. 156
trampolino s. 152
tran tran s. 164
tranello s. 50
(lasciar) trapelare 15
trappola s. 50
(di) traverso adv. 70, 147
tregua s. 18, 116
tremarella s. 78
trenta num. 73
trentuno num. 18
tributo s. 164
tromba s. 85
trotto s. (dell'asino) 157
trucco s. 35, 152
truffatore s. 47
turco s.+ a. 35
(a) turno s. 134
tutela s. 59
(con) tutti (quanti) 110
tutto (per tutto) 59

ubriaco a. 44
uccellino s. 150
uccello s. (del malaugurio) 162
(a) ufo 67
ugola s. 32, 92
uguale s.+ a. 100, 147
umore s. 104, 135
uncini s.pl. 69
unghie s.pl. 53, 74, 95, 163, 179
uomo, uomini s. 62, 115
uomo s. (di paglia) 157
uomo s. (qualunque) 110
uovo, uova s. 29, 40, 45, 94, 133
uragano s. (di proteste) 47
urto s. 58
uscio s. 47, 61, 142
(in) uso s. 59
usura s. 181
utile s. 16
uva s. 163

(o la) va (o la spacca) 31
(in) vacca 87
vaglio s. 110
valanga s. 104
valle s. (di Giosafat) 121
vangelo s. 49
vantaggio s. 22, 122, 170
vantarsi v. 136
vanto s. (della famiglia) 181
(a) vanvera 32
vascelli s.pl. 37
vaso s. 48
vecchio s. 75
(non) vederci v. (più) 100
vedere (chiaro) 106
vedere (nero) 146
vedere (rosso) 59
(non farti più) vedere 22
vedute s.pl. 86
(a) vela s. (e a remo) 46
(dire qc.) velatamente adv. 33
veleno s. 46, 155
velo s. (del mistero) 141
(in) vena s. 41, 49, 115
vendetta s. 83, 131
vene s.pl. 59
venerdì s. 168
(di là da) venire 52, 182
(sulle) ventitré 89
vento s. 39, 52, 66, 109, 110, 122, 138, 149, 175
ventura s. 66
verbo s. 115
(al) verde s. 79, 88
(a) verga s. 48
verità s. 44, 167, 169
verme s. 14

verso s. 72, 148, 181
vertice s. 65
vertigini s.pl. 86
vescica s. 127
vespaio s. 46
vetrina s. 139
vetturino s. (Gamba) 132
via s. 25, 78, 107, 113, 171, 172
via s. (dell' orto) 122
via s. (di scampo) 25, 84
viaggio s. 68
vicolo s. (cieco) 144
vicolo s. (morto) 144
vie s.pl. (legali) 133
vie s.pl. (oblique) 166
vie s.pl. (traverse) 141, 163
(in) vigore s. 100
vincoli s.pl. 52
vino s. 162
(darsi per) vinto a. 169
visibilio s. 40
visita s. (delle sette chiese)128
viso s. 63, 150, 168
vista s. 20, 23, 84
(a prima) vista s. 33
vita s. 14, 37, 58, 75, 77, 105, 138, 150, 167
vita s. (da eremita) 45
vita s. (da papi) 67
vita s. (da principe) 67
vita s. (del beato porco) 141
vite s. 143, 163
vitellino s. 163
vitello s. (d'oro) 90
viti s.pl. 113
vittime s.pl. 112

vitto s. (e alloggio) 166
vittoria s. (di Pirro) 131
vivacchiare 43
vivo s. + a. 71, 86, 93, 130
vivo a. (e vegeto) 54
vizio s. 50
voce s. 62, 71, 177
voce s. (d'oltretomba) 67
(in) voga s. 164
volere (o volare) 176
volo s. 13, 18, 19, 28, 62, 148
(a) volo s. (d'uccello) 169
volontà s. 17
volpe s. 75, 122, 163
volta s. 19, 25
(a) volte 12
volto s. 64
vulcano s. 130
vuoto s. + a. 108, 109
(a) vuoto 32, 140, 144, 157

zampa s. 84
zampe s.pl. (di gallina) 100
zampino s. 118, 150
zanne s.pl. 179
zappa s. 18
zebedei s.pl. 120
zelo s. 40
zero s. + num. 54, 79, 121
zimbello s. 181
zitella s. 138
zitto a. 112
zizzania s. 183
zotico s. 25
zucca s. 36, 57, 157
zuccone s. 41
zuppa s. 89, 157

Englisch

(what's it all) **a**bout 134, 176
absence 13
absent-minded 99
abundance s. 88
accord s. 17
account s. 31, 60, 133
Achilles' heel s. 130
act s. 64, 161
action(s) s. 13, 112
Adam 14
address(es) s. 14, 142
ado s. 26, 183
advice s. 105
affront s. 149
afloat adv. 170
ages s.pl. 49, 169
aghast adv. 129
agog adv. 166
agony s., agonies s. 85
agree v. 112
agreement s. 45
ahead adv. 183
aim s. + v. 83, 97, 181
aimed pp. (at) 15
air(s) s. 43, 48, 82, 109, 127, 165
alarm s. 15
alert s. 23, 56
alive a. (and kicking) 54
(after) all 46
(blind) alley s. 144
(make) allowance s. 133
all-time low s. 121
aloof adv. 41
altogether s. 14
amiss adv. 71
(guardian) angel s. 146
anger s. 59, 84, 117, 155, 166
angle s. 29, 42
answer(s) s. + v. 91, 93, 108, 116, 130
anticipate v. 22, 47
ants s.pl. 131
appeal v. 17
appearances s.pl. 139
apple s. 149

apple of discord 179
april fool s. 17
apron-string(s) s. 124, 135
area s. 175
argue v. 173
argument(s) s. 51, 64, 82
arm(s) s. 32, 42, 71, 78
(at) arm's length 105
armchair decision s. 162
arrow s. 46
artillery s. 63
(look) askance adv. 147
aspen leaf s. 48
ass s. 84, 87
attempt s. 17
attention s. 52
Augean stables s.pl. 23

(say) **b**a 171
baby s. 93, 149
back s. 29, 71, 86, 117, 135, 136, 150, 155
back s. (of beyond) 37, 173
back s. (of o's hand) 87
back down v. 128
backbone s. 136
backfire v. 87
background s. 13, 84, 132
bad s. + a. 28
(half) bad a. 46
bag s. 61, 161
bag (and baggage) s. 93
bait s. 15, 50
balance s. + v. 24, 49, 56, 94, 143, 171
bald a. 90
ball s. 25, 41, 55, 92, 154
balloon s. 36
balsam s. 25
bandbox s. 44
bank(s) s. 25, 165
bargain v. 174
barge pole s. 179
barrel(s) s. 41, 72, 163
(prison) bars s.pl. 59
basis s. 69, 107
bask v. 12
bat(s) s. 50, 168

bath-water s. 93
battle s. 128
(at) bay s. 135, 138
beam s. 41
beanpole s. 35
beans s.pl. 98, 148
bear up v. 166
beard s. 26
bearings s.pl. 98
beat s. + v. 86
bed s. 31, 57, 158
bed s. (of roses) 135
bee s. 168
Beelzebub 27
beer s. 137
beggar s. 31
beginner s. 16
beginning s. (of time) 48
being s. 105
belfry s. 168
bell s. 64
belly s. 26
belt s. 37, 69
bend v. 77, 96
bent s. 99
berserk s. 29
berth s. 35
(be) beside o.s. 77
besotted a. 117
(make the) best 148, 150
bet v. 73, 174
betrayal s. 176
between you and me 137
biceps s. 135
bigheaded a. 69
big-mouthed a. 94
bigot s. 30, 31
bill s. 158
bird(s) s. 27, 53, 54, 92, 106, 150
birdbrain s. 150
bird's eye view s. 169
birthday suit s. 14
bit(s) s. 135, 141, 148, 161
bite s. + v. 28, 75, 99
bitten pp. 79
(go) black a. 22
black (and blue) a. 87

black (and white) a. 146
blacklist s. 108
black-marketeer s. 146
blame s. 97, 140, 145
blanket s. 151
(full) blast s. 53
blazes s.pl. 161
blazon s. + v. 66
bleed s.o. v. 14, 51
(God) bless you 64
blind a. 33, 123
blindfold a. + adv. 140
blind-man's-buff 33
blindness s. 33
blinkers s.pl. 139
blockhead s. 87, 157
blockheaded a. 36
(fat) bloke s. 41
blood s. 33, 34, 59
bloomer s. 34
blow s. + v. 69, 96, 128
blow up v. 103
blue s. + a. 68, 146
blue-blooded a. 34
blue-eyed boy s. 181
blues s.pl. 68
blunder s. 34
board s. 38, 166
boaster s. 94, 127
boasting s. 136
boat s. 36
Bob 104
bold a. (as brass) 170
bolt s. 33, 130
bolt upright adv. 93
bombshell s. 36
bone(s) s. 87
bone s. (of contention) 179
bone-idle a. 155
bone-lazy a. 155
book(s) s. 37, 38, 56, 60, 133
(closed) book s. 35
(good) books s.pl. 154
bookworm s. 38
boomerang s. 38
boost v. (business) 16
boots s.pl. 70, 78, 84
bored a. (stiff etc.) 163
boring ger. 103
born pp. (yesterday) 106

bosom s. 143
bosom-friends s.pl. 39
boss s. 80
bottle s. 71
bottom s. + v. 69, 93, 160
bottom s. (of the sea) 126
boundless a. 68
bounds s.pl. 68, 111, 132
bow s. + v. 39, 116
bow-legs s.pl. 122
bowstrings s.pl. 120
box-office (success) 92
braggart s. 94, 127
brainless a. 157
brains s.pl. 92, 98, 102
brainwashing s. 60
brain wave s. 61
brand-new a. 57
brass tacks s.pl. 136
bread s. 35, 37, 67
break s. + v. 157
breast s. 37
breath s. 18, 21, 26, 86, 107, 177
breathe v. 19, 81, 154
breathtaking a. 23, 32
breeches s.pl. 70, 124
breeding-ground s. 37
brick s. 47, 71
bridge(s) s. 45
briefly adv. 102
brightest s. 130
bring home v. 118
bristling ger. (with mistakes) 174
British 71
broach v. 17
(as) broad (as it is long) 89
broken (French etc.) 132
brow s. 155
browbeat v. 34
brush off s. + v. 71, 100
brush up v. 19
buck s. 126
bucket(s) s. 163
bud s. 93
budge v. 89
buffer state s. 130
bug s. 67, 149
bugger (off) v. 38, 162
bull s. 46, 87

bull's eye s. 117
bull shit s. 181
bullet s. 102
bump v. (into) 172
bun s. 168
burden s. 38, 104
bush(es) s. 13, 36, 165
bushel s. 107
business s. 12, 16, 42, 75, 98, 136, 160, 164
butt s. 181
butter s. + v. 171
butter up v. 86, 173
butterflies s.pl. 90
button s. 79
bygones s.pl. 146

cable s. 68
cake(s) s. 50, 148, 168
(golden) calf s. 90
calm down v. 167
candle s. 133, 171
cannon fodder s. 90
canoe s. 58
cant s. 106
capital s. 91
card(s) s. 46, 55, 91
care less 90, 178
career s. 59
cart s. 127
cash s. 91
castles s.pl. 110
casualities s.pl. 112
cat(s) s. 39, 88, 92, 125
cat-and-dog life s. 88
cats and dogs 32
catnap s. 121
cat's lick s. 92
cat's paw s. 92
catch s. + v. 114, 125, 178
catholic a. 125
(common) cause s. 136
cave in v. 165
chaff s. 152
chains s.pl. 52
chalk s. + v. 20, 101, 159, 165
chance s. 62, 66, 180, 182
change s. (of scenery o. wallpaper) 160
chaos s. 42

Register Englisch   311   **chapter**

chapter s. *(and verse) 146*
character s. *78, 125*
charge s. *73*
charm s. *159*
chase around v. *28*
chat s. *146*
check s. *68, 72, 138*
cheer s. *41, 116*
chest s. *101*
chestnut(s) s. *26, 92*
chickenfeed s. *125*
chickenhearted a. *76*
child s. *94, 95*
childhood s. *94*
child's play s. *94*
chime in v. *86*
chimney s. *141*
chin s. *97, 122*
chip(s) s. *63*
chorus s. *(of whistles . . .) 126*
church-mouse s. *94*
cipher s. *54*
circle(s) s. *101*
circumstances s.pl. *103*
clamour v. *104*
claws s.pl. *179*
clear a. *35*
cleft stick s. *95*
climax s. *50*
climb down v. *127, 128*
cloak s. *110*
clock s. *132*
clockwork s. *143*
close-lipped a. *41*
clothes s.pl. *141*
clouds s.pl. *176*
cloud-cuckoo-land s. *176*
clovenhoof s. *64*
clover s. *67, 176*
clue s. *43, 152*
clutches s.pl. *24, 53, 66, 95*
coals s.pl. *48, 85*
coast s. *109*
coat s. *40*
cock *70, 162*
(fighting) cock *55*
cockles s.pl. *80*
coin s. *116*
cold s. + a. *88, 90, 114, 145*
cold-hearted a. *81*

colossus s. *96*
colour(s) s. *50, 64, 91, 127*
come v. *(back) 183*
come off it *130*
coming (or going) ger. *99*
(on short) commons s.pl. *142*
compass s. *86*
compliments s.pl. *96, 165*
composure s. *50*
conscience s. *64*
consideration s. *31, 134*
constitution s. *64*
contact(s) s. *16, 57*
contempt s. *88*
control s. *80*
conversation s. *16, 55*
convinced a. *52*
cookie s. *104*
cool s. + a. *34*
copperplate s. *64*
(fair) copy s. *134*
copy-book s. *42, 167*
cord s. *16*
core s. *93*
corner(s) s. *47, 95, 103, 164, 171*
corns s.pl. *179*
(at all) costs s.pl. *129*
cotton-wool s. *171*
countenance s. *63*
counter s. *166*
counterbalance v. *60*
courage s. *81*
course s. *104, 113, 154*
court s. + v. *84*
courting ger. *56*
cover s. *135*
cows s.pl. *146*
crackers a. *168*
cradle s. *174*
craze s. *113*
cream s. *132*
credence s. *65*
credit s. *65*
creeps s.pl. *59*
crestfallen a. *97, 129*
cricket s. *131*
crimson a. *53, 124*
(stop) croaking *162*
crocodile tears s.pl. *101*

cross s. + v. *38, 70*
crosspatch s. *101*
crossroads s.pl. *139*
crow s. *87, 110*
crow's feet s.pl. *100*
crowned pp. *(with success) 57*
crush s. *53*
crux s. *75*
cry s. + v. *20, 163*
(far) cry s. *52, 182*
cry-baby s. *170*
crystal-clear a. *162*
cudgels s.pl. *103*
cue s. + v. *175*
cuff s. *153*
cup(s) s. *44, 111*
cup s. *(of tea) 50, 136*
curb v. *182*
cure s. *27*
curtain s. *157*
customer s. *39, 94, 125*
cut s. + v. *85*
cut s.o. out v. *25*
cut s.o. short v. *176*

daggers s.pl. *43, 58, 101*
daisy s. *114*
damn (it) v. *102*
damper s. *40*
dance s. *119*
danger s. *168*
dark s. + a. *20, 43*
darkness s. *146*
date s. *153*
(up to) date *31*
day(s) s. *159, 160, 180*
daydreaming ger. *60*
daylight s. *29, 106, 156, 159, 162*
dawn s. *106*
dead a. *24, 27*
dead beat a. *32*
deadlock s. *144*
deadtired a. *27*
deaf a. *123*
deal s. *36*
death s. *77, 85, 162, 163*
death's door s. *67, 170*
deathblow s. *66*
debt s. *71, 101, 158*

deep   312   **Register Englisch**

deep a. 86
deep one s. 122
defuse v. (a situation) 47
deliberations s.pl. 83
demon gambler s. 151
denominator s. 120
dense a. 36, 106
depth s. 29, 35, 86
(in) detail s. 131
devil s. 46, 72, 82, 85, 126, 161, 162
diamond s. 26
dice s.pl. 150
Dick 68
die s. + v. 99, 166, 167, 178, 183
different a. 171
difficulties s.pl. 80, 172
dig(s) s. 82, 148
diplomatic(ally) a. + adv. 41
dirt s. 42, 140, 142
dirt-cheap a. 39
dirty s. 156
disadvantage s. 117
disarm v. 47
disaster s. 52, 167
discredit s. 113
discussion s. 59
(well) disposed a. 152
distance s. 41, 105
ditchwater s. 103
do (or die) v. 31, 150
dodges s.pl. 122, 141, 152
(that) does (it) v. 134
dog(s) s. 88, 122, 160
(top) dog s. 162
dog's life s. 88
dog-cheap a. 39
doldrums s.pl. 68
dole s. 156
(be) done (for) pp. 88
(have) done (with) pp. 52
donkey s. 116
doom s. 167
doomsday s. 121, 146
door(s) s. 22, 37, 108, 164, 165
doornail s. 112
dose s. 128
dot v. 70

double (or quit) 91
double-dealer s. 41
double-faced a. 41
double-tongued a. 41
doubt s. 48
downgrade s. 13
downhill adv. 13, 101
drag on v. 79, 103
drain s. 52
draught s. 93
draw s. + v. 116
(top) drawer s. 180
(mortal) dread a. 163
dream s. + v. 113, 163, 174, 182
dressing-down s. 12, 91, 98
drink s. + v. 27, 155
drive s. + v. 14, 115
driving s. 83
drop s. + v. 27, 28, 44, 65, 111, 164
drop in v. 143
drunk a. 44
dry up v. 49
duck(s) s. 41, 140
dud s. 54
dumbfound(ed) v. + pp. 15
dummy s. 124, 157
dumps s.pl. 68
dunce s. 141
(at) dusk s. 117
dust s. + v. 20, 68, 142
Dutch s. + a. 35, 50
Dutchman 30
dying (to . . .) ger. 54

ear s. 35, 60, 122, 123, 124
ears s.pl. 98, 122, 123, 124
earnest a. 48
earth s. 44, 48, 173
ease s. 74, 77
easy a. 136
eat v. (like a horse etc.) 139
(what's) eating (you) 105
(false) economies s.pl. 46
edge s. 151
eel s. 12
effort(s) s. 78, 100
egg(s) s. 15, 57, 91, 133, 177

eight num. 44
elbows s.pl. 46
element s. 46
eleventh hour s. 158
embers s.pl. 24
empty-handed a. 114
encyclopa(e)dia s. 106
end(s) s. 61, 97, 100, 107, 181
end s. (of o's nose) 36
end s. (of trouble) 100, 101, 104
end s. (of the world) 28, 126, 173
(that's the) end (of it) 131
engineer s. 45
English a. 40
enlarge v. 23
envy s. 119
epitome s. 38
escape s. 77
even a. 131
examination s. 31, 153
example s. 28, 49, 169
excuse s. 24, 181
expatiate v. 23
expense s. 100, 160, 166
experimental a. (stage) 94
(rough) exterior s. 93
extreme(s) s. 25, 49, 151
eye s. 19, 21, 22, 23, 33, 54, 123
eyes s.pl. 20, 21, 22, 23, 76, 155
eyelid(s) s. 174
eyesore s. 20
eyetooth s. 53
eyewash s. 110

face s. + v. 16, 21, 22, 47, 63, 64, 68, 107, 118, 124, 150, 162
failure s. 65, 140
fair a. 147, 148
fall v. (behind) 84
fall v. (flat) 170
fall v. (foul) 69
familiarities s.pl. 147
family s. 50
family way s. 165
famished pp. 26

Register Englisch   313   **farfetched**

farfetched a. 69
farthing s. 79
fashion s. 113
fast (and loose) 18, 140
fat s. 36, 138, 161
fathead s. 157
father s. 63
fault s. 180
fear s. 78, 144
feather(s) s. 51, 97
featherbedded pp. 161
fed up pp. 118
feelers s.pl. 39
feelings s.pl. 21, 167
feet s.pl. 18, 27, 28, 58, 80
feet s.pl. (of clay) 96
(jolly) fellow s. 76
ferment s. 59
fib s. 25
fiddle s. 54, 60
fidgety s. 149
figure(s) s. 53, 89, 108
figurehead s. 157
file s. + v. 15
filth s. 67
(a) fine (one) 164
finger(s) s. 26, 40, 53, 54, 74, 98, 118, 130
fingertips s.pl. 44
fire s. 36, 52, 156
first (thing) 43, 165
first (water) 170
firsthand adv. 73
fish s. 54, 78, 108
fish-blooded a. 54
fishwife s. 55
fishy a. 149
fit s. + v. 77
fit s. (of rage) 178
fit s. (of generosity) 17
fix s. + v. 95, 120, 132
fizzle out v. 137
flabbergasted pp. 15
flair s. 119
flame s. 52
flap s. 77
flash s. + v. 61, 140, 157
(that's) flat a. 131
flatter v. 142
flea s. 98
fleece v. 14

flesh s. 54, 59
flint s. 40
flirt v. (with the idea) 107
flood s. (of insults) 55
floor s. 177
flop s. + v. 43
flush a. 91
fly s. + v. 54, 55, 69
(let) fly v. 73
(high) flyer s. 97
foam s. + v. 155
food s. 25
fool s. + v. 18, 39, 43, 94, 119
fool around v. 186
foot s. 51, 52, 53, 56, 67, 120, 148
foothold s. 58
footstep(s) s. 58, 144
force s. (majeur) 64
(in) force s. 100
forelock s. 62
form s. 55, 163
forte s. 153
fortune s. 66
fox s. 34
(make) free a. 79
freezing ger. 27, 113
French a. 13
fright s. 144
frog s. 57
(in) front (of) 22
fruit(s) s. 48, 57
fruition s. 25
frying pan s. 134
fuel s. 52
fun s. 18, 76
funds s.pl. 79
funk s. 78
funny a. 181
fur s. 158
fuss s. 103, 181
fuss-pot s. 166
future s. 160

gab s. 142
game(s) s. 18, 75, 150, 151
gap s. 109
gape v. 112
garden path s. 65, 119
garret s. 168

(last) gasp s. 170
gauntlet s. 51
gaze s. 33
genious s. 47
gentleman s. 139
get v. (along) 24
get v. off 19
get v. (over it) 167
get v. through 181
ghost s. 47, 68
gift s. (of the gab) 116
gingerly adv. 45, 53
girls s.pl. 53
(I'll) give (it) 86
glance s. + v. 33, 168
glasses s.pl. 37
gleam s. (of hope) 114
glory s. 68, 105
glove(s) s. 16, 63, 74
go v. (astray, awry, wrong) 25
go v. (far) 159, 172
go v. (far back) 24
go v. (into it) 39
go v. (on and on) 23
go v. (places) 172
go out v. 180
(at first) go s. 16
(in one) go s. 19, 182
(on the) go s. 18, 28, 152
goal s. 181
goat s. 75
God 83
godforsaken a. (place) 120
god-send s. 62
gold s. 19, 61
gold mine s. 66
good-for-nothing s. 57
good gracious 83
good nature s. 126
goodness s. 101
(for) goodness' sake 83
(with) goods (and chattels) s.pl. 137
goose s. 18, 133
Gordian knot s. 96
gospel truth s. 49, 116
grain s. 157
grain s. (of salt) 67
grapes s.pl. 163
(on the) grapevine s. 166

grasp s. 19
grass s. 129, 157
grave s. 67
grease v. 73
Greek a. 35
greenhorn s. 16, 123
grimaces s.pl. 68
grin v. (and bear) 150
grist s. 114
groove s. 65
ground s. 18, 35, 65, 84, 89, 121, 136, 163, 169, 170
grudge s. 118
grumpy a. 104
guard s. + v. 23, 33, 56
guard s. (of honour) 149
(by) guess s. (and...) 40
guinea pig s. 168
gun(s) s. 50, 63, 133, 153
guts s.pl. 118
gutter s. 67

hag s. 138
hair s. 34, 69, 70, 76, 120, 174
hair's breadth s. 21
hairpin bend s. 70
hale a. (and hearty) 54
half s. 70
halfway adv. 172
(by) halves s.pl. 70
hammer s. 53, 72, 135
hand s. 18, 27, 72, 73, 74, 75, 91, 95, 110, 138
hand (in glove) 40
hands s.pl. 19, 24, 53, 66, 74, 110, 114, 151, 160
handle s. + v. 75, 100
hang s. 35
hanged pp. 30
hangover s. 92
hard a. 42
hard-boiled a. 12
hard-hearted a. 81
harm s. 167
harm's way s. 146
harness s. 148
hat(s) s. 18, 35, 89, 90, 115, 181
hatchet s. 157

hawk s. 165
head s. 34, 45, 60, 70, 71, 76, 86, 91, 97, 98, 99, 110, 116, 127, 140, 151, 152, 170
head s. (and ears) 69
head s. (or tail) 72, 96, 167
(from) head (to foot) 14
headache s. 100, 122, 149
headlong adv. 100, 167
headway s. 144, 169, 172
health s. 13, 64
hearing s. + ger. 86, 124
hearsay s. 86
heart s. 34, 81, 82, 93, 97, 168
heart s. (and soul) 52, 105
heart s. (of stone) 154
heart-to-heart talk s. 176
heartstrings s.pl. 82
heat s. 25, 84, 109
heated a. 48
heaven(s) s. 67, 78, 82, 83, 141
heel(s) s. 18, 52, 68
hell s. 38, 39, 41, 85, 102, 121, 161, 162
hell-cat s. 82
helm s. 136
helter-skelter adv. 18
henpecked a. 125
hermit s. 45
herring s. 54
hide s.. 77, 87
hills s.pl. 154
hinges s.pl. 57
hint s. 15, 33, 175
histrionics s.pl. 162
hit s. 36
hitch s. 114, 143
hitchhike v. 16
hobby s. 153
hogs s.pl. 133
hold s. 182
hole s. 95, 120
hollow s. 72
homage s. 14
home (and dry) 150
(at) home adv. 76
honest(ly) a. + adv. 44, 73
honeyed a. 92

honour s. 44, 58, 73
(last) honours s.pl. 67
hoof s. 132
hook(s) s. 68
(by) hook (or by crook) 31
hop s. + v. 161
hope v. (for the best) 30
hop-o'-my-thumb s. 42
horizon s. 86
hornet's nest s. 46
horns s.pl. 87, 127
horror s. 144
horse(s) s. 32, 127, 157
horse's mouth s. 73
host s. 133
hot a. 36, 85
hot a. (from the press) 37
hotbed s. 37
hot-blooded a. 34
hothead s. 79
hotheaded a. 75
hotspur s. 79
hour s. 165
house s. 27, 91
huddle s. 100
hue s. (and cry) 14
humble pie s. 127
hump s. 29, 120
hurdle s. 95
hurry s. 36
hurt v. 154
husband s. 16

ice s. 45
idea s. 43
idle away v. 26
(no) ifs (or buts) 173
image s. 63
imagination s. 128
imagine v. 40
imbibe v. 117
impasse s. 144
impatience s. 166
impertinence s. 131
import(s) s. 42
importance s. 174
impudence s. 131
inch s. 69
inclined a. (to think) 120
indelible a. 166
Indian file s. 59

infancy s. 175
inferior a. 44
injured innocence s. 142
innocently adv. 83
ins (and outs) s.pl. 35, 175
insignificance s. 84
inspection s. 31, 107
insult(s) s. 29, 98
intimates s.pl. 101
iron(s) s. 45
itching ger. 54
ivory tower s. 46

jacket s. 87
Jack-of-all-trades 15
jackpot s. 109
Jack Robinson 74
jam s. 95
jeopardize v. 56
jet-black a. 146
(in a) jiffy 74
job s. 41, 58, 60, 102, 117
(put up) job s. 13
jog trott s. 164
(out of) joint s. 57
joke s. + v. 103, 149
joking ger. 48, 176
joking (apart) 139
joking matter s. 150
joy s. 40, 63
juice s. 142
jump s. + v. 18, 168, 183
justice s. 66

kettle s. (of fish) 30
key official s. 141
kick s. + v. 37, 44, 70
(no) kidding 139, 176
kidney s. 106
kill s. + v. 59, 154
killing ger. 27, 140
killjoy s. 78, 151
(in) kind 116
kindness s. 126
kite s. 39
kith s. (and kin) 93
kittens s.pl. 77
knees s.pl. 96
knife s. 47, 113, 170
knock down v. 21, 76
knock-kneed a. 179

know s. + v. 30, 45
know-all s. 68, 121
knuckle (under) v. 169
knuckles s.pl. 98

labour s. (of love) 67
lady-killer s. 82
lamb s. 103
lamppost s. 35
lance s. 103
land s. 39, 141, 171
land s. (of milk . . .) 113
language s. 41, 173
lap s. 138, 143
(at) large adv. 58
(of) late adv. 159
lath s. 151
Latin a. 37
laugh s. + v. 88
laugh v. (versch. Rdaa.) 102
laughing-stock s. 181
laughter s. 61, 108
launching pad s. 152
laurels s.pl. 109
law s. 60, 63
lazybones s. 155
lead s. + v. 25, 32
leaf, leaves s. 14, 139
league s. 161
leap s. + v. 152
learning s. 24
leash s. 72
leave s. + v. 61
lecture v. 98
leech s. 144
lees s.pl. 93
leg(s) s. 18, 27, 28, 58, 83, 170
legal a. (action etc.) 133
leg-up s. 18, 138
(full) length s. 103
(great) length s. 28
leopard s. 139
lesson s. 40, 105, 124
let off v. 175
letter s. 37, 38
(zero) level s. 121
liberties s.pl. 79
lickspittle s. 84
lie s. + v. 65, 83, 110

(white) lie s. 121
life s. 14, 15, 43, 56, 68, 75, 77, 85, 102, 104, 105, 107, 123, 144
life s. (and death) 150
(thumb a) lift s. 16
light s. + a. 29, 107, 130, 145, 159, 171
light-fingered a. 53
(greased) lightning s. 126
like (for like) 116
like (with like) 83
lilies s.pl. 113
lily-livered a. 76
lily white a. 143
limb s. 147
limelight s. 122, 132, 139
limit(s) s. 50, 68, 111
limp v. 137
line(s) s. 60, 68, 127, 136, 180
linen s. 170
lion's den s. 85
lion's mouth s. 85
lion's share s. 132
lips s.pl. 108
literally adv. 38, 177
liven up v. 38
living s. 24, 37
load s. + v. 81
lock (stock and barrel) 27
log s. 94
loggerheads s.pl. 69
(before) long 160
look s. 31, 33, 63, 107
lookout s. 142
loophole s. 84
loser s. 102
loss s. 65
(a fat) lot s. 96
lots s.pl. 70
loudmouth s. 127
(for) love (or money) s. 129
(all-time) low s. 121
luck s. 66, 125, 147
lucky a. 66, 147
lull s. 155
lump s. + v. 90, 92, 95
lurch s. 95, 155
luxury s. 67

machinery   316   **Register Englisch**

machinery s. (of bureaucracy) 132
mad a. 77
(have it) made pp. 62
maggots s.pl. 168
make away v. 105
makings s.pl. 181
man, men s. 16, 115, 125
man s. (in the street) 110
(veiled) manner s. 33
manner s. (of speaking) 134
manners s.pl. 75
march s. 123, 132
March hare s. 168
marines s.pl. 69
mark s. + v. 35, 39, 51, 85, 117, 154, 181
marriage s. 37
marrow s. 27
mask s. 64
masses s.pl. 29
master s. 80
mastermind s. 49
masterstroke s. 112
mat s. 95
match s. 44, 112, 125, 171
matter(s) s. 81, 83, 137
matter s. (of opinion) 17
means s.pl. 113, 141, 167
(by all) means s.pl. 129
meant pp. (for) 15
medium s. 113
memory s. 60, 155
mercy s. 24, 66, 72
mess s. 17, 30, 95, 120, 143
mess s. (of potage) 108
Methusala 154
mile(s) s. 33, 93, 116
milk s. + v. 14
mill s. 145
(one in a) million 131
mince v. (matters) 32
mincemeat s. 70
mind s. + v. 15, 30, 84, 86, 97, 99
mine s. 36
minute s. 83, 136
miracle(s) s. 55, 178
mire s. 95, 142
mirror s. 150

misfire v. 140
misfortune s. 125
miss s. 53
mite s. 139
mixed up a. 99
money s. 40, 52, 61, 62, 91, 101, 152
money's worth s. 133
money-maker s. 92
monkey s. 75
month s. (of Sundays) 49
mood s. 104, 135
moon s. 89
moreish adv. 112
mother's milk s. 117
mo(u)ld s. 106
mountain s. 29, 114
mousehole s. 48
mouth s. 53, 94, 97, 111, 115, 116
move s. 28, 39, 144, 171
(too) much (of . . .) 69
mud s. 142
mum's (the word) 115
murder s. 14, 65, 144
muscle s. 174
mushrooms s.pl. 128
music s. 65, 158
mustard s. 52
mute a. 54, 115
muzzle v. 112
mystery s. 133

nail s. 117
name s. 30, 93, 94, 113
nap s. 91
narrow-minded a. 36
nature s. 18, 54, 155
navel-picking s. 117
neck s. 39, 71, 100, 178
neck (and crop) 178
neck (or nothing) 31
needle(s) s. + v. 65, 153
nerve(s) s. 120
nest s. 55, 120, 158
nice a. (to eat) 15
nick s. (of time) 62
night s. 21
(at) nightfall s. 117
(to the) nines 44, 138
nineteen num. 116

nip round v. 152
nod v. 99
nonentity s. 54
nonsense s. 65, 150, 181
nook s. (and cranny) 153
noose s. 50
nose s. 14, 20, 53, 59, 86, 98, 118, 119, 160
(snub or tiptilted) nose s. 83
(bulbous) nose s. 96
note s. 163
nothing doing 56
(at) nought s. 175
(come to) nought s. 140
now (and then) adv. 12
nowadays adv. 160
(in the) nude s. 49
nut(s) s. 122, 179
nutshell s. 102

oar(s) s. 26, 135
oats s.pl. 87
oblivion s. 31
obstacle(s) s. 29, 89, 95
o'clock 66
odd a. 149
odd man out 131
(on the) off-chance 66
offence s. 167
oil s. + v. 52, 124
onions s.pl. 75
open s., v. + a. 91, 168
openhanded a. 73
openmouthed a. 21
opinion(s) s. 153
opportunity s. 62, 103
order s. 161
order about v. 137
ostrich s. (policy) 98
oust v. 23
outlook s. 86
outspoken a. 32
ovation s. 27
(all) over adv. 15, 80
overboard adv. 36
overcrowded a. 29
overflow v. 165
oversweet a. 92

pace(s) s. 80, 144, 180

packet s. 78
packing s. 12
pair s. (of shoes) 32
palatable a. 142
palate s. 59
pale a. 101
palm s. 73
pang s. 81
(in) panic s. 100
(on a) par s. 171
parish pump politics s.pl. 94
part s. + v. 125, 138
parting s. (of the ways) 139
party s. 125
party line s. 134
pastime s. 180
pat a. 94
path s. 176
patience s. 60
patience s. (of Job etc.) 47
pay v. 19, 28, 79, 181
peace s. 56
peacock s. 126, 149
peak hours s.pl. 156
peanuts s.pl. 39
pearls s.pl. 125
peas s.pl. 44
pecker s. 122
peg s. 127, 128
peg out v. 68
penny s. 69, 78, 79, 126, 158, 160
perch s. 68
person s. 121
Peter 108
petrify v. 137
philosopher's stone s. 45
Piccadilly Circus 161
pickings s.pl. 132
pickle s. 95, 158
pick up v. 19
picnic s. 182
picture s. 31, 32, 50
picture s. (of health) 113
pie s. 150
piece(s) s. 49, 69
pig s. 92
pigeon s. 50
pigeonhole s. 25
pigheaded a. 41, 138

pile s. 36, 62, 90
pill s. 17, 128
pillar s. 128
pillory s. + v. 129
pin(s) s. 27, 44, 112, 178
(tickled) pink a. 143
(give the) pip s. 120
pipe down v. 109
pistol s. 47
pit s. 50
pitch s. 133, 150
pitch-dark a. 20
pittance s. 89
pityable a. 47
place(s) s. 34, 88, 103, 143
(out of) place s. 128
plague s. 126
plain a. (as . . .) 20, 162
plainly spoken 41
plan(s) s. 76
planks s.pl. 36
planned pp. 72
(let's) play (it safe) 30
plight s. 95
plod along v. 43
plot v. 132
(hatch) plots s.pl. 132
plumes s.pl. 51
plunge s. 144
pocket(s) s. 36, 91, 149, 160, 161
point s. 16, 21, 32, 72, 74, 75, 104, 108, 160, 164, 174, 176
(strong) point s. 153
(weak) point s. 14, 146
point by point 131
(beside the) point s. 136
(keep to the) point s. 136
point-blank adv. 32
poison s. 126
poker s. 63, 108
(big stick) policy s. 110
(long range) policy s. 148
pose v. 24
position s. 103
post s. 156
pot s. 170
potbelly s. 41
powder s. (and shot) 130
powder keg s. 130

power s. 110, 153
(common) practice s. 59, 132
(sharp) practice s. 178
praise(s) s. + v. 82, 165, 173
precedent s. 145
predicament s. 95
preserve s. 60
(bad) press s. 129
pressure s. 42
prey s. + v. 110, 133
price(s) s. 62, 128, 129, 178
(at any) price adv. 129
pride s. 126, 127
prime s. (of life) 34
(out of) print s. 167
(in) private s. 20
prize s. 168
problem s. 17
prodigy s. (of learning) 76
promise v. (the moon etc.) 29
prop s. 71, 158
proposal s. 84
pros (and cons) s.pl. 83
prospects s.pl. 15
publicity campaign s. 173
pudding face s. 169
pull s. + v. 18, 135, 156
pulse s. 179
Punch 143
punch(es) s. 32, 68, 69, 137
purpose s. 24, 183
purse strings s.pl. 40, 126
put by v. 90
put out v. 166
Pyrrhic victory s. 131

quagmire s. 95
quantity s. 32
quarrel s. + v. 179
quarter(s) s. 148
question s. + v. 31, 56
queue up v. 141
quick s. 81, 111
quick a. (as a flash etc.) 174
quicksilver s. 131

quiet s. + a. 29, 72, 166
quits a. 131
Q-street s. 95

rack s. 55, 161
rag(s) s. 91, 138, 164
rage s. 75, 113, 155
rail v. 49
rails s.pl. 85
railway station s. 161
rain s. + v. 24, 32, 78
rainy day s. 121
rake s. + v. 151
ramrod s. 93, 108
ranks s.pl. 128
rap s. 178
rat(s) s. 36, 133, 176
rattle off v. 143
ravages s.pl. 179
raw s. 130
raze v. (to the ground) 47
razor's edge s. 143
reach s. 86
rear s. 141, 152
reason s. + v. 57, 64, 134, 167
reasonable a. 86
(frosty) reception s. 57
recluse s. 45
recovery s. 30
(in) red s. 101
(see) red a. 59, 75, 155
red-handed a. 161
refuse v. 65
rein(s) s. 90, 182
related a. 44
remedy s. 27, 101
remember v. 124
repartee s. 116
report s. 62
reproaches s.pl. 55, 165
resistance s. 174
respect(s) s. 14, 167
responsability s. 91
response s. 16
restrain v. 183
retreat s. 169
reverse s. (of the coin) 93
revolve v. 42
rhyme s. (nor reason) 72

ride s. + v. 18, 20, 39, 79, 123
rife a. 145
rift s. 135
right(s) s. + a. 40, 62, 65
(set s.o.) right a. 30
riot s. 182
riot act s. 98
rise v. (to speak) 177
road s. 13
roast v. 36
robbery s. 178
rock(s) s. 79, 88, 170
rock bottom s. 121
rocker s. 168
rod s. 53
rolling ger. 40
roof s. 76
roost s. 125
root out v. 178
rope(s) s. 35, 72
roses s.pl. 176
rosy a. 37, 135
roundabout way s. 141, 166
row s. 41
rub s. + v. 75, 130, 157
rub off v. 12
rubbish s. 181
Rubicon 178
rug s. 67
ruin s. 167
rules s.pl. 63, 84
(a) rum (one) 78
rumour s. 62
run v. 104
run down v. 49
run v. hell . . .179
run v. high 48
run v. over 76
run v. smoothly 39
(on the) run s. 28
running s. 23, 134
rush hours s.pl. 156
rushed pp. 42
rusty a. 45
rut s. 65, 164

sabre s. 136
sack s. 37, 156
sackcloth s. 18

sad a. 163
saddle s. + v. 71, 138
(play) safe adv. 121
(no sooner) said pp. 62
sail(s) s. 110, 127
salt s. 130
same (thing) 79
sand(s) s. 137, 157, 165
sardines s.pl. 79
savings s.pl. 183
say s. 24, 60, 137, 177
(I) say v. 86
scale(s) s. 20, 24, 183
scallywag s. 59
scape goat s. 158
scare crow s. 169
scaredy-cat s. 76
scarlet a. 53, 124
scene(s) s. 31, 38, 102, 159, 167
school s. 140, 145
scope s. 72
score s. 87
scot-free adv. 166
scrape s. 95
scrap-heap s. 46
scratch s. 121
scream s. + v. 140
screw(s) s. 42, 144, 168
scruff s. (of the neck) 100
sea(s) s. 43, 44, 147
sea-dog s. 147
seal s. 148
second wind s. 130
secret s. + a. 45, 119, 150
seeds s.pl. (of discord) 183
self-contemplation s. 117
sensation s. 57
sense(s) s. 57, 96
(common) sense s. 113
(in closed) session s. 165
setback s. 141
sewn up pp. 39
shade s. 132
shadow(s) s. 18, 76, 128, 139, 144, 183
shakes s.pl. 74
shame s. 83
Shank's pony s. 132
shape s. 39, 55, 64
(a close) shave s. 21

(black) sheep s. 138
sheep's eyes s.pl. 33
sheet(s) s. 32, 44, 101
shelf s. 25
shell s. 142
shelve v. 15, 25
shilling s. 62
shining light s. 130
shirt s. 34, 51, 75, 79
shivers s.pl. 59
shoe(s) s. 15, 77, 84, 145
shoe leather s. 105
shoot s. + v. 178
shop(s) s. 14, 103
short a. 12, 102
(keep) short a. 37
(big) shot s. 162
shoulder(s) s. 100, 135, 145
shout v. (o.s. hoarse) 110
shove s. 18
show s. + v. 75, 139
show off v. 45, 127, 139
(short) shrift s. 129
shrug v. 14
shudder s. 59
shut up v. 142
shy a. 183
sick a. (and tired) 118
side(s) s. 24, 37, 107, 125, 145, 146, 148
(dark) side s. 146
sidewipe s. 148
sieve s. 157
sigh s. (of relief) 19
sight(s) s. 20, 23, 24, 31, 83, 171
(at first) sight s. 33
silence s. 46, 112, 115, 147
sin s. 44
sing v. (small) 90
single file s. 59
sink s. + v. 64, 161
sissy s. 115
situation s. 64, 80
six of one . . . 89
(at) sixes (and sevens) 42
size s. 90
skeleton s. 131
skim v. (over) 165
skin s. 49, 51, 77, 166

skin s. (of o's teeth) 14, 70, 77
skinflint s. 40
skirt s. 145
skull s. 106
sky s. 82
slap s. 96, 124
slapdash worker s. 89
slate s. 168, 174
sleep s. + v. 24, 30, 62, 70, 82
sleepyhead s. 140
sleeve(s) s. 18, 51, 80, 135, 140
slice s. (of the cake) 101
slip s. + v. 167
slip out v. 79
slouch s. 92
slowcoach s. 140
(on the) sly 168
slyboots s. 122
smasher s. 172
smile(s) s. + v. 63, 102
smoke s. 170
snack s. 75
snag s. 75, 114, 131, 149
snail's pace s. 143
snake s. 57, 141
snappy a. 39
snare s. 50
snook s. 118
snooze s. 121
snowball s. 105
soak s. + v. 14
socks s.pl. 60, 135
soft-soap v. 86
softy s. 115
sometimes adv. 12
song s. 39, 60
(see you) soon adv. 65
soot s. 146
sorry a. 106
(all) sorts s.pl. 100
soul s. 77, 113
sound s. + a. 115
sound barrier s. 139
sound out v. 39
soup s. 95
source(s) s. 47, 73, 148
space s. 108
spade s. 93

Spaniard s. 149
spanner s. 29
sparkle v. 152
sparrow s. 179
(frankly) speaking ger. 44
(strictly) speaking ger. 46, 107
spectacles s.pl. 37
speed s. 179
spick-and-span a. 33
spindly legs s.pl. 156
spineless a. 136, 137
spirits s.pl. 41, 50, 104
spit v. 152
splash s. 19
spoilsport s. 78, 151
spoke s. 29, 131
sponge s. 55, 142
spoon-fed pp. 161
spoon-feed v. 169
sport s. 18
spot(s) s. 16, 95, 141
(on the) spot s. 154
(weak) spot s. 33, 130
sprawling ger. 103
spunk s. 115
spurs s.pl. 152
square one 121
squaring of the circle 131
squeak s. 21, 77
squeeze s. 42
squirm v. 12
staff s. 158
stake s. + v. 151
(at) stake 150
stamp s. 85, 106, 145, 154
standard s. 90
star(s) s. 23, 66, 154
stare s. + v. 22
stark-naked a. 14
start s. + v. 19
starvation wages s.pl. 89
starve v. 43
state s. 77
stay-at-home s. 122
steal v. 25
steam s. 40, 100
steamhammer s. 90
step(s) s. 58, 92, 111
stepping stone s. 152
stew v. 142

stick s. + v. 166, 173, 182
stiff a. 78
stink s. + v. 158
stir s. 19, 57
stitch s. 14, 49
stock s. 15, 31, 183
stomach s. 26, 110
stone s. 78, 81, 153
stone-dead a. 112
stone-deaf a. 156
stone's throw a. 92
stony a. (look) 154
stony-broke a. 79
stools s.pl. 158
stop(s) s. 75, 78, 106, 134, 143
stopgap s. 109
storage s. 45
store s. 33, 174
storm s. 47, 158
story s. 24, 32, 62, 68, 90, 102, 106, 162
stowaway s. 125
straight a. (and narrow) 25, 171
straight out adv. 32
straighten out v. 65, 134
strangle v. 71
straw s. 70, 111, 157, 178
(the last) straw s. 50, 51
streak s. 35
street(s) s. 156, 157
strength s. 107
stride s. 74
string(s) s. 46, 49, 80
stroke s. 62, 96
strong a. + adv. 55, 58
stubborn a. 41
(get) stuck pp. 49
stuff s. + v. 85
stumbling block s. 154
style s. 40, 58
subject s. 13, 76, 128
suck up v. 84
sucker s. 39, 123
sugary a. 92
suggestion s. 84
suicide s. 73
suit v. 101
sum s. 78, 158
summit s. 65

Sundays 121
surprise s. 178
suspicion s. 48
swaggerer s. 94
swallow v. 106, 149, 167
swear v. (by . . .) 78
swear v. (like a trooper etc.) 55
sweat s. 34, 78, 94, 147
sweep s. 30, 162
swim v. (or sink) 168
swindler s. 47
swing s. + v. 72, 84, 93
swollen head s. 90

tack s. 85
tackle v. 16, 46, 78
tactics s.pl. 160
tail s. 18, 119, 127, 151, 166
take v. (a lot) 135
take v. (it or leave it) 168
take up v. (a profession) 48
taken in pp. 56
talents s.pl. 128
tales s.pl. 145
talk v. (big) 127, 177
talk v. (in clichés) 128
talk s. (of the town) 62, 115
talking-to s. 12, 98
tantrum s. 178
Tartar 14
task s. 148
taste s. + v. 63, 116, 136
tea s. (in China) 129
tears s.pl. 20, 104, 163
teeth s.pl. 26, 98, 111, 120, 176, 179
(you are) telling (me) 137
telling-off s. 91
temper s. 104
tent s. 180
tenterhooks s.pl. 55, 117
terms s.pl. 58, 147, 169
territory s. 121
terror s. 144
test s. 53, 80, 145
tether s. 88
Thames 130
thick a. 127, 159
thief, thieves s. 34, 81

(a) thing s. (or two) 107, 177
(fine) things s.pl. 136
(wishful) thinking s. 56
thirst s. 43
this and that 41
Thomas 162
thorn(s) s. 20, 117
thougth(s) s. 60, 80, 96, 97, 99
thrashing s. 87
thread s. 49
throat s. 71, 98, 182
through adv. 43, 87, 139
thumb(s) s. 26, 125, 126
thunder s. 132
thunderstorm s. 17
thunderstruck pp. 15, 41, 97
tick off v. 98
tide s. 32, 157, 158
tight a. 44
tight-fisted a. 126
tight-lipped a. 41
tight-rope s. 147
tile s. 168
time(s) s. 55, 57, 66, 114, 129, 160, 180
(a rotten) time s. 42
(in no) time s. 74
(at) times adv. 12
time-server s. 110
tinge s. + v. 151
tinker's curse (o. cuss) s. 79, 178
tip s. (of the tongue) 182
tip-off s. 175
tipsy a. 12
(on) tiptoe adv. 179
toady s. 84
toes s.pl. 18, 23, 41, 56, 179
toll s. 131, 164
tomahawk s. 157
Tom Thumb 42
tone s. 60, 162
tongue(s) s. 19, 41, 62, 108, 111, 115, 116, 182
tooth s. (and nail) 74
top s. 71, 92, 100, 122, 162
(from) top s. (to toe) 48, 99

top-heavy a. 85
topsy-turvy adv. 42, 98
touch(es) s. 16, 57, 73
touch v. (and go) 94, 143
tow s. 141
towel s. 55
town s. 76, 150
toy s. 151
trace(s) s. 156
track s. 25, 65, 85, 152, 172
trade s. 26, 48
tragedy s. 28
trail s. 152
trap(s) s. 38, 50, 121, 142
tree(s) s. 18, 85, 95
trick(s) s. 89, 122, 152, 156
trifle(s) s. + v. 26, 149, 183
trim v. 55
trimmings s.pl. 42
trip up v. 29
trouble s. + v. 52, 75, 109, 114, 142, 158, 162
trousers s.pl. 124
truant s. 145
trump(s) s. 91, 164
trumpet s. 66
trust s. + v. 164
truth s. 169
try v. (hard) 78
tune s. 60, 126, 163
turn v. (for the better) 173
turn v. (for the worse) 173
turn-coat s. 110
turn down v. 12
turn out v. 28
turning point s. 173
(in o. by) turns s.pl. 134
tutelage s. 59
twice num. 183
twig s. 68
twinkling s. 74
twist v. 167, 177
two (a penny of . . .) 137

ugly a. 76
(Dutch) uncle s. 98
underhand(ed) a. (methods) 163
undermine v. 166
understood pp. 167
undoing s. 71

unearth v. 107
unfounded a. 109
unmask v. 47, 111
unrest s. 59
unscathed pp. 51, 77
(it's) up (to) 74
upper crust s. 180
upper hand s. 122
upper lip s. 122
upper stor(e)y s. 168
ups s.pl. (and downs) 85
upside down adv. 98
uptake s. 19, 106

(at face) value s. 116
vanish v. 172
veil s. 141
vengeance s. 131
vent s. + v. 40, 109
view s. 20, 22, 112, 146, 153
vigour s. 137
viper s. 141
virtue s. 121
vocation s. 30, 172
voice s. 67, 71, 92, 110, 115
volumes s.pl. 25

wag s. 138
waist-line s. 108
wait v. (and see) 13
wake s. 58
walker s. 58
wall(s) s. 47, 84, 169
wallflower s. 111
war s. 101
warning s. 123
wash-out s. 54
waste s. (of breath) 123
waste s. (of time) 92, 107
water(s) s. 72, 90, 95, 120, 157, 164, 170, 171
wave s. (of enthusiasm) 173
wave length s. 173
way(s) s. 12, 25, 113, 145, 171, 172, 174, 177, 181
(by the) way adv. 119
(in a small) way s. 128
way out s. 25, 84

weakling s. 115
weakness s. 146
wealth s. 62
weapons s.pl. 169
weather s. 89
weathercock s. 110
web s. 120
weigh v. 13, 67
weight s. 81, 182
well-off a. 31
well-to-do a. 31
(go) west 68
wet a. (through) 49
wet-blanket s. 78
while s. 12
whip hand s. 122
whipping boy s. 158
whirlwind s. 131, 175
whisker(s) s. 26, 119
whistle s. + v. 32, 133
whitewash v. 114
wholesale s. 27
wigging s. 91
wilderness s. 13
wildfire s. 104, 116
wild goose chase s. 128, 140
(talk) wildly adv. 32
(free) will s. 17
(of his own) will s. 99
willy-nilly adv. 176
wind(s) s. 36, 66, 123, 157, 170, 174, 175
windfall s. 62
windmills s.pl. 175
wing(s) s. 27, 28, 54, 55
wink(s) s. + v. 21, 23, 121
winter s. 162
(live) wire s. 131
wisdom s. 138
wise a. 22, 31
wise-acre s. 121
wiser a. comp. 95
wishy-washy a. 137
wit's end s. 104
witch s. 82
witch-hunt s. 93
wolf s. 176
wonders s.pl. 178
wood(s) s. 26, 29, 85
wool s. 39

word(s) s. 49, 63, 71, 115,
    176, 177
(in) word s. (and deed) 132
work s. + v. 19, 96
(short) work s. 129
work v. (like a slave etc.)
    127
world(s) s. 22, 26, 57, 60,
    66, 129, 158, 159, 173,
    175

worm out v. 12
worry v. 82
worse s. + a. 30
worst s. 156
worsted pp. 102
wound(s) s. 178
wreck s. 77, 120
write v. (home) 12, 134
write off v. 133
wrong a. + adv. 71, 75

yardstick s. 90
yarn s. 25
(fat) years s.pl. 89
yoke s. 89

zero s. 54

Verzeichnis der Sprichwörter

Deutsche Sprichwörter

Die Zahlen hinter den Sprichwörtern beziehen sich auf die Nummern der Sprichwörter.

A Wer A sagt, muss B sagen. 1
Aas Wo Aas ist... 2
Abend Der Abend rot, der Morgen grau... 3
Abendrot gut Wetter Bot'. 3
Abwesenden Die Abwesenden haben immer... 4
Aff Ein Aff bleibt ein Aff... 5
Allzu scharf macht schartig. 208
Allzuviel ist ungesund. 208
Alten Wie die Alten sungen... 18
Alter macht zwar weiss... 7
Alter schützt vor Torheit nicht. 7
Anfang Aller Anfang ist schwer. 9
Angel Wer nichts an die Angel steckt... 65
Antwort Keine Antwort ist auch... 10
Apfel Der Apfel fällt nicht... 18
Apfel Ein fauler Apfel steckt... 266
Appetit Der Appetit kommt beim Essen. 11
Arbeit macht das Leben süss. 12
Arbeit Erst die Arbeit, dann... 13
Arbeit Wie die Arbeit, so der Lohn. 14
Arm Besser den Arm gebrochen... 15
Armen Die Armen helfen die Füchse fangen... 41
Armut schändet nicht. 16
Armut Wenn die Armut zur Tür eingeht... 17
Art lässt nicht von Art. 18
Aufgeschoben ist nicht aufgehoben. 19
Auge Das Auge des Herrn macht... 20
Augen Aus den Augen... 21
Aus nichts wird nichts. 225
Ausgang Der Ausgang wird es lehren. 354
Ausnahme Die Ausnahme bestätigt... 253
Aussen fix und innen nix. 77

Bächlein Viele Bächlein machen... 340
Bad Es hilft kein Bad... 213
Bart Wasch mir den Bart... 129
Bauch Ein voller Bauch... 23

Bauern Die dümmsten Bauern haben... 113
Baum Den Baum erkennt man... 341
Baum Es ist kein Baum... 24
Baum Je höher der Baum... 287
Baum Wenn der Baum gefallen ist... 25
Baum Wie der Baum... 18
Bäume Es ist dafür gesorgt, dass die Bäume... 34
Beharrlichkeit führt zum Ziel. 26
Beil Wirf das Beil nicht so weit... 173
Beispiele Schlechte Beispiele verderben... 27
Berg und Tal kommen nicht zusammen... 29
Berg Wenn der Berg nicht zum... 28
Besen Neue Besen kehren gut. 30
Besser arm in Ehren... 16
Besser spät als nie. 283
Bessre Das Bessre ist des Guten Feind. 31
Bett Wer sein Bett verkauft... 32
Beute Man soll die Beute nicht... 22
Beuteln Aus fremden Beuteln... 134
Beweise Klingende Beweise überführen... 100
Bissen Man soll den Bissen nicht... 34
Blinden Unter den Blinden ist... 35
Borgen macht Sorgen. 36
Böse Das Böse schreibt man in Stein... 37
Brei Der Brei wird nicht so heiss gegessen... 38
Brot Wes Brot ich ess'... 39
Bücken muss man sich... 156
Busch Der eine klopft auf den Busch... 41
Büsche haben Ohren... 329

David Als David kam ins Alter... 293
Decke Man muss sich nach der Decke strecken. 42
Diebe Die grossen Diebe hängen... 44
Diebe Kleine Diebe hängt man... 43

Ding Gut Ding will Weile haben. 45
Ding Jedes Ding zu seiner Zeit. 73
Dinge Aller guten Dinge sind drei. 46
Doppelt genäht hält besser. 47
Dorn und Disteln stechen sehr... 280
Dorn Was ein Dorn werden will... 126
Dreck Je mehr man den Dreck rührt... 48
Dummen Die Dummen werden nicht alle. 50
Dunkeln Im Dunkeln ist gut munkeln. 51

Ehrlich währt am längsten. 52
Ei Besser ein Ei im Frieden... 54
Ei Besser ein Ei heute... 284
Ei Das Ei will klüger sein... 53
Ei Ein faules Ei verdirbt... 266
Ei Während zwei zanken um ein Ei... 286
Eid Ein Eid vom Freier... 55
Eifer Blinder Eifer schadet nur. 56
Eigenlob (o. Eigenruhm) stinkt. 57
Eile mit Weile. 58
Eines schickt sich nicht für alle. 59
Einigkeit macht stark. 60
Einmal ist keinmal. 61
Eintracht nährt... 83
Eisen Man muss das Eisen schmieden... 62
Ende gut, alles gut. 63
Erst komm' ich... 135
Erst wägen, dann wagen. 323
Es ist nichts so fein gesponnen... 282
Es schlägt nicht immer ein... 350
Es wird nichts so heiss gegessen... 38
Esel Der Esel geht nur einmal aufs Eis. 170
Esel Ein Esel schilt den andern Langohr. 66
Esel Es haben nicht alle Esel lange Ohren. 66
Esel Was von mir ein Esel spricht... 67
Esel Wenn's dem Esel zu wohl wird... 68
Esel Wo sich der Esel einmal stösst... 69
Eul' Was dem einen sein Eul'... 70

Fässer Leere Fässer klingen hohl. 149
Feind Dem fliehenden Feind soll man... 72
Fell Man soll das Fell des Bären... 22
Feste Man muss die Feste feiern... 73
Feuer Wer ins Feuer bläst... 74
Fisch Besser ein kleiner Fisch... 76
Fisch Der Fisch will schwimmen. 75
Fleiss Ohne Fleiss kein Preis. 78
Frass Mehr sterben vom Frass... 79

Freu dich nicht zu früh. 288
Freud Auf Freud folgt Leid. 255
Freund Allmanns Freund, jedermanns Geck. 81
Freund Ein guter Freund ist mehr wert... 82
Freund Jedermanns Freund ist niemandes... 81
Freunde erkennt man in der Not. 80
Freunde in der Not... 80
Freundschaft geht über Verwandtschaft. 82
Friede ernährt... 83
Frisch gewagt ist halb gewonnen. 84
Früchte Verbotene Früchte schmecken... 85
Früh übt sich... 131
Fuchs Schlafender Fuchs fängt kein Huhn. 217
Füssen Besser mit den Füssen gestrauchelt... 86

Gänse Die Gänse gehen überall barfuss. 331
Gast Der Gast ist wie der Fisch... 87
Gast Dreitägiger Gast ist eine Last. 87
Gaul Auch der beste Gaul stolpert einmal. 88
Gaul Einem geschenkten Gaul... 89
Geben ist seliger als Nehmen. 90
Geduld bringt Rosen. 91
Geduld Mit Geduld und Spucke... 91
Geduld Mit Geduld und Zeit... 91
Gefahr Wer sich in Gefahr begibt... 92
Gegensätze berühren sich. 93
Gehängten Im Hause des Gehängten... 132
Geizige Je mehr der Geizige hat... 95
Geld allein macht nicht glücklich. 97
Geld ist ein guter Diener... 101
Geld kommt immer zu Geld. 99
Geld regiert die Welt. 96
Geld stinkt nicht. 98
Geld Man muss dem Geld gebieten... 101
Geld Redet Geld, so schweigt die Welt. 100
Geldsachen In Geldsachen hört die Freundschaft auf. 102
Gelegenheit macht Diebe. 103
Gelegenheit Wer eine Gelegenheit hat... 104
Geredet ist geredet... 105
Geschenke Kleine Geschenke erhalten... 107

Geschmack Über den Geschmack
lässt... 70
Geschrei Viel Geschrei und wenig Wolle. 190
Gewalt geht vor Recht. 108
Gewalt Mit einer Handvoll Gewalt... 108
Gewissen Ein gutes Gewissen ist... 109
Glas Im Glas ersaufen mehr... 79
Glashaus Wer im Glashaus sitzt... 111
Glaube Der Glaube versetzt Berge. 112
Gleich getan, ist viel gespart. 258
Gleich und gleich gesellt sich gern. 115
Glück geht über Verstand. 113
Glück in der Liebe... 116
Glück und Glas, wie leicht... 114
Glück Jeder ist seines Glückes Schmied. 1118
Glück Wem das Glück aufspielt... 117
Gold Es ist nicht alles Gold... 119
Gott An Gottes Segen ist alles gelegen. 121
Gott Wem Gott ein Amt gibt... 120
Grube Wer andern eine Grube gräbt... 122
Grün Das schönste Grün wird auch Heu. 123
Gut Unrecht Gut gedeiht nicht. 110
Gute Das Gute ist der Feind... 31
Güte Mit Güte erreicht man mehr... 124

Haar Auch ein Haar wirft seinen Schatten. 125
Häkchen Was ein Häkchen werden will... 126
Hammer Goldener Hammer bricht... 128
Hammer Lieber Hammer als Amboss. 127
Hand Eine Hand wäscht die andre. 129
Handwerk hat goldenen Boden. 130
Hänschen Was Hänschen nicht lernt... 131
Harren Mit Harren und Hoffen... 91
Hasen Wer auf zwei Hasen zielt... 6
Haus Mein Haus ist meine Welt. 133
Haut Aus fremder Haut ist... 134
Hemd Das Hemd ist mir näher... 135
Henne Eine blinde Henne (ein blindes Huhn)... 136
Henne Was von der Henne kommt... 18
Herd Eigner Herd ist Goldes wert. 137
Herr Wie der Herr... 138
Herren Bei grossen Herren kann man sich... 139

Herren Mit grossen Herren ist nicht gut... 139
Herz Wes das Herz voll ist... 140
Heute rot, morgen tot. 261
Hinterher hat man gut reden. 141
Hinterher ist man am klügsten. 141
Hochmut kommt vor dem Fall. 142
Hochzeiten Man kann nicht auf zwei Hochzeiten... 143
Hölle Der Weg zur Hölle... 144
Holz Altes Holz gibt gutes Feuer. 146
Holz Nicht jedes Holz gibt einen Bolz. 145
Horcher Der Horcher an der Wand... 147
Hühner die viel gackern... 149
Hund Blöder Hund wird selten fett. 324
Hund Kommt man über den Hund... 151
Hund Wer den Hund schlagen will... 150
Hunde Bellende Hunde beissen nicht. 152
Hunde Schlafende Hunde soll man... 153
Hunde Viele Hunde sind des Hasen Tod. 154
Hunde Wer mit Hunden zu Bett geht... 27
Hunger ist der beste Koch. 155
Hute Mit dem Hute in der Hand... 156

Irren ist menschlich. 157

Jeder weiss am besten... 275
Jugend kennt keine Tugend. 160
Jung gewohnt, alt getan. 161

Karren Die knarrigen Karren gehen... 163
Katze Die Katze lässt das Mausen nicht. 165
Katze Wenn die Katze aus dem Haus ist... 164
Katzen Bei Nacht sind alle Katzen grau. 166
Katzen Hüte dich vor Katzen... 167
Kern Wer den Kern essen will... 78
Kind Wenn das Kind in den Brunnen... 40
Kind Wer sein Kind lieb hat... 168
Kinder und Narren sagen die Wahrheit. 171
Kinder Gebrannte Kinder... 170
Kinder Wie man die Kinder gewöhnt hat... 169
Kläger Wo kein Kläger ist... 172
Kleider machen Leute. 174
Kleider Wirf nicht weg die alten Kleider... 173
Kleine Wer das Kleine nicht ehrt... 236
Kleinem Mit Kleinem fängt man an... 175

Klotz Auf einen groben Klotz... 176
Klügere Der Klügere gibt nach. 177
Klügeren Die Klügeren gehen... 177
Köche Viele Köche verderben den Brei. 178
Kohl Aufgewärmter Kohl war niemals gut. 179
König Daheim bin ich König. 133
Kopf Was man nicht im Kopf hat... 180
Kopf Wer keinen Kopf hat... 180
Köpfe Viele Köpfe, viele Sinne. 181
Krähe Eine Krähe hackt der andern... 182
Krämer Jeder Krämer lobt seine Ware. 183
Krug Der Krug geht zum Brunnen... 184
Kunst bringt Gunst. 130
Kürze In der Kürze liegt die Würze. 185
Kutte Die Kutte macht noch nicht... 186

Land Bleibe im Land und... 188
Länder Andre Länder, andre Sitten. 189
Lärm Viel Lärm um nichts. 190
Laus Besser eine Laus im Kraut... 284
Leid Geteiltes Leid ist halbes Leid. 191
Letzte Der Letzte bezahlt die Zeche. 192
Letzten Den Letzten beissen die Hunde. 192
Leute Lass die Leute reden und... 67
Leuten Allen Leuten recht getan... 193
Licht Wo viel Licht ist... 194
Liebe macht blind. 197
Liebe Alte Liebe rostet nicht. 195
Liebe Die Liebe (des Mannes) geht... 196
Liebe Von der Liebe kann man nicht leben. 198
Lieber dumm leben als... 49
Lippe Zwischen Lippe und Kelches Rand... 200
Löwe Ist der Löwe tot... 201
Lügen haben kurze Beine. 202

Macht geht vor Recht. 108
Magen Einem hungrigen Magen ist... 206
Magen Mit leerem Magen ist nicht gut... 205
Man soll sich nicht verschwören. 320
Mann Der Mann, der das Wenn und Aber erdacht... 351
Mann Selbst ist der Mann. 281
Mann Ein Mann, ein Wort. 207
Mass Alles mit Mass und Ziel. 208
Meister Es ist noch kein Meister... 209

Mensch Der Mensch denkt und... 210
Mensch Es hofft der Mensch... 211
Mit vielem hält man haus... 321
Mohr Der Mohr hat seine Pflicht getan... 308
Mohr Einen Mohren kann man nicht... 213
Morgen ist auch ein Tag. 215
Morgen morgen, nur nicht heute... 214
Morgenstund hat Gold im Mund. 217
Mortuis De mortuis nihil nisi bene. 303
Mund Trunkner Mund tut Wahrheit kund. 337
Müssiggang ist aller Laster Anfang. 218
Mutigen Dem Mutigen hilft Gott (o. gehört die Welt). 219

Nächste Jeder ist sich selbst der Nächste. 135
Narr Ein Narr fragt mehr... 220
Narren Die Narren werden nicht alle. 50
Narren Jedem Narren gefällt seine Kappe. 221
Narren Nicht alle Narren haben Kappen. 222
Narrenhände beschmutzen... 223
Neid ist des Glücks Gefährte. 224
Niemand ist unersetzlich. 226
Not kennt kein Gebot. 230
Not lehrt beten. 229
Not macht erfinderisch. 228
Not In der Not schmeckt jedes Brot. 227
Nürnberger Die Nürnberger hängen keinen... 22

Ohren Bei tauben Ohren... 231
Ohren Tauben Ohren ist schlecht predigen. 231
Ohren Wer Ohren hat zu hören... 232

Pack schlägt sich... 182
Papier Das Papier ist geduldig. 233
Pastor Der Pastor predigt nicht zweimal. 234
Pech Wer Pech angreift... 235
Pfeifen Man muss Pfeifen schneiden... 62
Pfennig Wer den Pfennig nicht ehrt... 236
Pfennig Viele Pfennige machen einen Taler. 237
Pferde Lassen sich zum Wasser bringen... 238
Probieren geht übers Studieren. 239

Prophet Der Prophet gilt nichts... 240
Putz Heute im Putz... 261

Quelle Aus der Quelle soll man schöpfen. 241

Raben zeugen keine Tauben. 242
Rache ist süss. 243
Rat Guter Rat kommt über Nacht. 245
Rauch Kein Rauch ohne Feuer. 247
Rauch Ohne Rauch kein Feuer. 247
Rechnung Kurze Rechnung, lange Freundschaft. 102
Rede Eines Mannes Rede ist keine Rede... 250
Rede Kurze Rede, gute Rede. 185
Reden ist leichter als Tun. 319
Regel Keine Regel ohne Ausnahme. 252
Regen Auf Regen folgt Sonnenschein. 254
Reichtum Leg deinen Reichtum... 256
Reiter Wenn der Reiter nichts taugt... 257
Richter sollen zwei gleiche Ohren haben. 248
Riss Ein kleiner Riss ist... 258
Rock Ein schöner Rock ziert den Stock. 174
Rohr Wer im Rohr sitzt... 259
Rom wurde nicht in einem Tag gebaut. 45
Rose Keine Rose ohne Dornen. 260

Saat Wie die Saat, so die Ernte. 32
Sack Den Sack schlägt man... 262
Sage mir, mit wem du gehst... 263
Sarg Ein hölzerner Sarg ist besser... 16
Schaden Durch Schaden wird man klug. 264
Schaden Wer den Schaden hat... 265
Schaf Ein räudiges Schaf... 266
Schaf Wer sich zum Schaf macht... 267
Schande Fallen ist keine Schande... 71
Scheiden bringt Leiden. 268
Scheiden und Meiden tut weh. 268
Schein Der Schein trügt. 269
Schmiedlein Man soll nicht zum Schmiedlein... 272
Schmieren und Salben hilft allenthalben. 273
Schönheit Von der Schönheit kann man... 274
Schreiber Wenn der Schreiber nichts taugt... 257
Schritt vor Schritt kommt auch ans Ziel. 26
Schuster bleib bei deinem Leisten. 276

Schuster Der Schuster hat die schlechtesten Schuhe. 277
Schwalbe Eine Schwalbe macht... 278
Schweigen Vom Schweigen tut dir die Zunge... 279
Schwerter Scharfe Schwerter schneiden... 280
Seinen Den Seinen gibt's der Herr... 113
Selber essen macht fett. 135
Silber Reden ist Silber... 251
Sonne Die Sonne bringt es an den Tag. 282
Speck Mit Speck fängt man Mäuse. 124
Sperling Ein Sperling in der Hand... 284
Spinne am Morgen... 285
Stärkere Der Stärkere hat immer recht. 108
Stein Wer einen Stein über sich wirft... 122
Stiche, die nicht bluten... 280
Stillstand ist Rückschritt. 244
Streiche Vom ersten Streiche... 45

Tag Man soll den Tag... 288
Tage Es ist nicht alle Tage Sonntag. 289
Tage Es ist noch nicht aller Tage Abend. 288
Tat Nach der Tat weiss auch... 141
Tauben Niemandem fliegen die gebratenen Tauben... 290
Teuerste Das Teuerste ist oft... 291
Teufel Der Teufel ist nicht so schwarz... 294
Teufel In der Not frisst der Teufel... 227
Teufel Man soll den Teufel nicht... 348
Teufel Wenn der Teufel alt wird... 293
Teufel Wenn man dem Teufel den kleinen... 292
Tierchen Jedem Tierchen sein Pläsierchen. 295
Tod Arm oder reich, der Tod... 298
Tod Der Tod klopft bei allen an... 298
Tod Des einen Tod (o. Not)... 296
Tod Gegen den Tod ist kein Kraut gewachsen. 297
Ton Der Ton macht die Musik. 299
Topf Jeder Topf findet seinen Deckel. 300
Töpfchen Im kleinsten Töpfchen ist... 301
Töpfchen Kein Töpfchen so schief... 300
Toten Von den Toten soll man... 303
Trau, schau wem. 304
Träume sind Schäume. 305
Tropfen Steter Tropfen höhlt den Stein. 26

Tue recht und scheue niemand. 249
Tür Zwischen Tür und Wand... 306
Übermut tut selten gut. 68
Übung macht den Meister. 307
Undank ist der Welt Lohn. 308
Unglück Ein Unglück kommt selten allein. 309
Unheil Man soll über ein Unheil nicht... 310
Unkraut verdirbt nicht. 311
Unrecht Lieber Unrecht leiden als... 312
Unstet wird nicht reich. 188
Unverhofft kommt oft. 313
Unzufriedene Der Unzufriedene hat oft... 314
Ursache Kleine Ursache, grosse Wirkung. 315

Vater Ein Vater ernährt eher... 316
Vater Was der Vater erspart... 317
Vater Der Vater ein Sparer... 317
Vergleich Besser ein magerer Vergleich... 318
Vergnügt sein geht über reich sein. 362
Versprechen und Halten ist zweierlei. 319
Viele Wenig machen ein Viel. 340
Vogel Den Vogel am Gesang... 322
Vogel Ein Vogel in der Schüssel... 284
Vogel Wie der Vogel... 18
Von nichts kommt nichts. 225
Vorbei ist vorbei. 106
Vorbeugen ist besser als heilen. 323
Vorgetan und nachbedacht... 323
Vorsicht ist besser als Nachsicht. 323
Vorsicht ist die Mutter der Weisheit. 323

Wagen Geht der Wagen wohl... 224
Wahl Wer die Wahl hat... (325)
Wahrheit Die Wahrheit will an den Tag. 326
Wahrheit Die Wahrheit wird wohl erdrückt... 326
Wald Wie man in den Wald ruft... 328
Wände haben Ohren. 329
Wanderer Wenn der Wanderer getrunken hat... 308
Ware Gute Ware lobt sich selbst. 330
Was dem einen recht ist... 248
Was dich nicht brennt... 306

Was du heute kannst besorgen... 216
Was du nicht willst, das man dir tu'... 344
Was geschehen ist, ist geschehen. 106
Was ich nicht weiss... 338
Was kümmert's mich... 67
Was lange währt... 327
Was man sich eingebrockt hat... 32
Was nicht ist, kann noch werden. 158
Was sich liebt, das neckt sich. 199
Wasser hat keine Balken. 333
Wasser Das Wasser ist am besten an der Quelle. 241
Wasser Es wird überall mit Wasser gekocht. 331
Wasser Stille Wasser gründen tief. 332
Weg Auf dem Weg, den viele gehen... 334
Weg Der gerade Weg ist der beste. 52
Wege Alle Wege führen nach Rom. 335
Weihnachten im Klee... 336
Weihnachten Grüne Weihnachten... 336
Wein auf Bier... 33
Wein Im Wein liegt Wahrheit. 337
Welt So geht es in der Welt... 339
Wem nicht zu raten ist... 246
Wen's juckt, der kratze sich. 159
Wenn man einem übel will... 150
Wenn man jemanden hängen will... 150
Wenn zwei sich streiten... 286
Wenn's am besten schmeckt... 270
Wer allzuviel beginnt... 6
Wer einmal lügt... 203
Wer einmal trifft... 278
Wer ernten will... 65
Wer gut schmiert... 273
Wer hat, dem wird gegeben. 99
Wer hoch steigt... 287
Wer klug ist... 306
Wer lügt, der stiehlt. 204
Wer nicht hören will... 148
Wer nichts wagt, gewinnt nichts. 324
Wer oft schiesst, trifft endlich. 26
Wer rastet, rostet. 244
Wer schweigt, sagt ja. 10
Wer sich auf andere verlässt... 8
Wer sich entschuldigt... 64
Wer viel schnitzt, macht viel Späne. 194
Wer wagt, gewinnt. 84
Wer zuerst kommt, mahlt zuerst. 361

Wer zuletzt lacht... 187
Wer zuviel beweist... 64
Wer zuviel fasst... 6
Werk Am Werk erkennt man den Meister. 341
Wie du mir, so ich dir. 212
Wie gewonnen, so zerronnen. 110
Wie man sich bettet... 32
Wie man's treibt, so geht's. 32
Wild Dieser jagt das Wild... 41
Wille Des Menschen Wille ist... 343
Wille Wo ein Wille ist... 342
Wind Wer Wind sät... 345
Wissen ist Macht. 346
Wo es schmerzt... 271
Wo gehobelt wird... 94
Wo nichts ist, hat (selbst) der Kaiser... 162
Wo viel ist... 99
Wohltun trägt Zinsen. 347
Wolf Wenn man den Wolf nennt... 348
Wolf Wenn man vom Wolf (o. Teufel) spricht... 348
Wölfen Man muss mit den Wölfen heulen. 349

Wolken Nicht alle Wolken regnen. 350
Wort Doch kaum war ihm das Wort entfahren... 105
Worten Von Worten zu Werken ist... 319
Wörtlein Wenn das Wörtlein Wenn nicht wär'... 351
Würden sind Bürden. 352
Wurm Auch der Wurm krümmt sich... 353
Wurst wider Wurst. 212
Wurst Brätst du mir die Wurst... 129

Zeit gewonnen, alles gewonnen. 359
Zeit ist Geld. 358
Zeit Die Zeit heilt Wunden. 355
Zeit Die Zeit wird es lehren. 354
Zeit Kommt Zeit, kommt Rat. 245
Zeit Spare in der Zeit... 356
Zeit Wer nicht kommt zur rechten Zeit... 357
Zorn ohne Macht wird verlacht. 360
Zufriedene Der Zufriedene hat immer genug. 362
Zufriedenheit ist der grösste Reichtum. 362
Zweck Der Zweck heiligt die Mittel. 363

Proverbes français

A beau dire vrai qui a menti. 203
Abîme L'abîme appelle l'abîme. 309
Abondance De l'abondance du cœur... 140
Absents Les absents ont toujours tort. 4
Affaires A demain les affaires. 215
Aigle L'aigle n'engendra pas... 242
Aiguille On ne peut cacher l'aiguille... 326
Ail Qui se frotte à l'ail... 235
Air Qui crache en l'air... 122
Alouettes Les alouettes rôties ne... 290
Ami Au prêter ami... 36
Ami L'ami de tout le monde... 81
Ami Mieux vaut prochain ami... 82
Amis Les amis sont rares... 80
Amour On ne peut vivre d'amour... 198
Amours Il n'y a pas de laides amours. 197
Amours On revient toujours à ses... 195
Amours Vieilles amours et vieux tisons... 195
Âne A rude âne rude ânier. 176
Âne Quand un âne va bien... 68
Âne Qui ne peut frapper l'âne... 262
Âne Tout âne qui tombe... 71
Âne Un âne appelle l'autre... 66
Âne Un âne ne trébuche... 69
Apparences Les apparences sont trompeuses. 269
Apparences Il ne faut pas se fier... 269
Appétit L'appétit vient en mangeant. 11
Appétit Il faut demeurer sur son appétit. 270
Apprenti n'est pas maître. 209
Après (coup) on a beau dire. 141
Araignée du matin... 285
Arbre Quand l'arbre est tombé... 25
Arbre Vieil arbre d'un coup... 45
Argent L'argent est le maître... 96
Argent L'argent est un bon serviteur... 101
Argent L'argent gouverne... 96
Argent L'argent n'a pas d'odeur. 98
Argent L'argent ne fait pas le bonheur. 97
Arrangement Un mauvais arrangement vaut... 318
Artisan Chacun est l'artisan... 118
Audace Avec de l'audace on arrive à tout. 219

Avare L'avare crierait famine... 95
Avec des si on mettrait... 351

Balle Il faut prendre la balle au bond. 104
Barbier Un barbier rase l'autre. 119
Battus Les battus paient l'amende. 265
Belette Il faut se méfier d'une belette morte. 323
Besoin C'est dans le besoin... 80
Bête Qui se fait bête... 267
Bien donné ne se reprend pas. 234
Bien mal acquis ne profite pas. 110
Bien faire et laisser dire. 249
Bienfait Un bienfait n'est jamais perdu. 347
Bisbilles Les bisbilles entretiennent l'amour. 199
Bœuf On a beau mener le bœuf... 238
Bœuf Quand on a avalé le bœuf... 151
Bois Le bois a des oreilles... 329
Bois Tout bois n'est pas bon... 145
Bonheur Le bonheur est fragile... 114
Bon marché Le bon marché coûte toujours cher. 291
Bouche En bouche close n'entre mouche. 279
Brebis Une brebis galeuse gâte... 266
Bruit Tant de bruit pour une omelette. 190
Buisson Il n'y a si petit buisson... 125
Buissons L'un a battu les buissons... 41

Cadavre Où que soit le cadavre... 2
Cadeaux Les petits cadeaux entretiennent... 107
Cage La belle cage ne nourrit pas... 274
Cage On ferme la cage quand... 40
Casseurs Les casseurs sont les payeurs. 265
Cause Petite cause, grands effets. 315
Chagrin partagé... 191
Chair Aujourd'hui en chair... 261
Charbonnier est maître chez soi. 133
Chariot Pour faire aller le chariot... 273
Charité bien ordonnée... 135
Charretier Il n'y a si bon charretier... 88
Chasse Qui va à la chasse... 357
Chat A bon chat bon rat. 212

Chat échaudé craint l'eau froide.   170
Chat Il ne faut pas réveiller le chat ...   153
Chat Il n'est si petit chat ...   125
Chat Quand le chat n'est pas là ...   164
Chat Qui naquit chat ...   165
Chats La nuit tous les chats ...   166
Chaussure Chacun trouve chaussure ...   300
Chemin A chemin battu ne croît ...   334
Chemins Tous les chemins mènent à Rome.   335
Cheval A cheval donné on ne ...   89
Cheval Il n'est si bon cheval ...   88
Cheval Il vaut mieux être cheval ...   127
Chèvre A la chandelle la chèvre ...   166
Chèvre Où la chèvre est attachée ...   188
Chien en vie vaut mieux ...   49
Chien Bon chien chasse ...   18
Chien Qui hante chien ...   27
Chien Qui veut noyer son chien ...   27
Chiens Il ne faut pas se moquer des chiens ...   288
Chiens Les chiens aboient ...   67
Chiens Pendant que les chiens s'entregrondent ...   286
Chiens Tous les chiens qui aboient ...   152
Chose défendue, chose désirée.   85
Chose dite, chose faite.   207
Chose A chose faite point de retour.   106
Chose Chaque chose en son temps.   73
Chose Une chose ne sied pas ...   59
Choses Il ne faut pas négliger les petites choses.   236
Choses Toutes les bonnes choses ...   46
Ciel Le ciel est bleu partout.   331
Clé La clé d'or ouvre ...   128
Cloche Qui n'entend qu'une cloche ...   250
Cœur A cœur vaillant rien ...   84
Commencement Il y a commencement à tout.   209
Compagnies Les mauvaises compagnies ...   27
Comptes Les bons comptes font ...   102
Conscience Une bonne conscience est ...   109
Conseil Fais par bon conseil ...   323
Contentement passe richesse.   362
Contrefait Un contrefait ose appeler ...   66

Corbeaux Les corbeaux ne crèvent pas ...   182
Corde Il ne faut pas acheter la corde ...   22
Corde Il ne faut pas parler de corde ...   132
Cordes Il est bon d'avoir deux cordes ...   47
Cordonniers Les cordonniers sont toujours ...   277
Coupe Il y a loin de la coupe aux lèvres.   200
Courroux est vain ...   360
Couteau Un couteau aiguise l'autre.   129
Coutume Une fois n'est pas coutume.   61
Cruche Tant va la cruche à l'eau ...   184
Cuir Du cuir d'autrui large courroie.   134
Cuisiniers Trop de cuisiniers gâtent ...   178

Dada A chacun son dada.   295
Défiance est mère de sûreté.   304
Demande Telle demande, telle réponse.   328
Dépens On devient sage à ses dépens.   264
Dernier Au dernier les os.   192
Dernier Le dernier, le loup le mange.   192
Diable Le diable devenu vieux ...   293
Diable Il ne faut pas parler du diable ...   348
Diable Il n'est pas si diable ...   294
Diable On ne peut pas peigner un diable ...   162
Dieu A qui Dieu confie une charge ...   120
Dieu A qui se lève matin, Dieu aide ...   217
Dieu Il vaut mieux s'adresser à Dieu ...   272
Dieu Tout dépend de la bénédiction de Dieu.   121
Différer est la guise des paresseux.   241
Diseurs Les grands diseurs ne sont pas ...   149
Dis-moi qui tu hantes ...   263
Doigt Il ne faut pas mettre le doigt ...   306
Doigt Quand on lui en donne long ...   292
Dommage rend sage.   264
Douceur Plus fait douceur que violence.   124
Dupe Mieux vaut être dupe que fripon.   312

Eau L'eau trouble est ...   51
Eau L'eau va toujours à la rivière.   99
Eau Il n'est pire eau ...   332
Economies Il n'y a pas de petites économies.   236
Ecuelle Qui s'attend à l'écuelle ...   8

Empereur Où il n'y a rien, l'empereur... 162
Enclume Entre l'enclume et le marteau... 306
Enfer L'enfer est pavé... 144
Ennemi Le mieux est l'ennemi du bien. 31
Entendeur A bon entendeur salut! 232
Epine L'épine en naissant... 126
Erreur L'erreur est humaine. 157
Etincelle Petite étincelle engendre... 315
Exception L'exception confirme la règle. 253
Excès L'excès en tout est un défaut. 208
Expérience passe science. 239
Extrêmes Les extrêmes se touchent. 93

Faim La faim chasse le loup... 230
Faim Lorsque la faim est à la porte... 17
Fais ce que dois... 249
Fer Il faut battre le fer... 62
Fête Ce n'est pas tous les jours fête. 289
Fils Chacun est le fils... 118
Fin La fin couronnera le tout. 63
Fin La fin justifie les moyens. 363
Flûte Ce qui vient de la flûte... 110
Foi La foi déplace les montagnes. 112
Force La force prime le droit. 108
Forgeron C'est en forgeant qu'on... 307
Fortune La fortune sourit aux audacieux. 84 + 219
Fortune La fortune vient en dormant. 113
Fortune Bien danse à qui la fortune chante. 117
Fou A chaque fou sa marotte. 295
Fou Les noms des fous se trouvent partout. 223
Fou Tous les fous ne sont pas... 221
Fou Un fou fait plus de questions... 220
Four On ne peut être à la fois au four... 143
Four Un vieux four est plus aisé... 146
Foyer Un foyer à soi vaut... 137
Frelons Il ne faut pas émouvoir les frelons. 74
Fumée Pas de fumée sans feu. 247

Gantelet Ce que le gantelet gagne... 110
Gland D'un petit gland sourd... 24
Gourmandise La gourmandise tue... 79
Goût A bon goût et faim... 155
Goûts Des goûts et des couleurs... 70

Goutte à goutte l'eau... 26
Goutte à goutte remplit la cuve. 340
Grives Faute de grives on mange... 227

Habit L'habit ne fait pas le moine. 186
Hâte-toi lentement. 58
Herbe Mauvaise herbe croît toujours. 311
Hirondelle Une hirondelle ne fait pas... 278
Homme L'homme propose... 210
Homme On ne peut prendre un homme rasé... 213
Homme Un homme d'honneur n'a... 207
Honnêteté C'est avec l'honnêteté qu'on va... 52
Honneurs Qui sont en grands honneurs... 352
Honte Ce n'est pas honte de choir... 71
Honteux Jamais honteux n'eut belle amie. 219
Hôte L'hôte et la pluie... 87
Hôte L'hôte et le poisson... 87

Il faut puiser quand la corde... 62
Il faut semer pour récolter. 65
Il faut semer qui... 65
Il ne faut compter que sur soi-même. 281
Il Il ne faut jamais dire: fontaine... 320
Il n'y a point assez... 314
Imbécile Un imbécile fait parfois... 136
Imprévu L'imprévu est moins rare... 313
Injures Les injures s'inscrivent... 37
Innocents Aux innocents les mains pleines. 113

Jamais deux sans trois. 46
Jean C'est gros Jean qui veut... 53
Jean Bête Quand Jean Bête est mort... 50
Je loue celui qui me nourrit. 39
Jeu A beau jeu beau retour. 243
Jeu Heureux au jeu... 116
Jeunesse Il faut que jeunesse se passe. 160
Laine Mieux vaut perdre la laine... 15
Langue La langue va où... 271
Langue Il faut tourner sept fois la langue... 105
Langue Un coup de langue est pire... 280

Lendemain Il ne faut pas remettre au lendemain... 216
Lièvres Il ne faut pas courir deux lièvres... 6
Lime Au long aller la lime... 26
Lit Comme on fait son lit... 32
Loup Le loup change de poil... 165
Loup Quand le loup est pris... 201
Loup Quand on parle du loup... 348
Loups Les loups ne se mangent pas... 182
Loups Il faut hurler avec les loups. 349

Main De la main à la bouche... 200
Main Une main lave l'autre. 129
Maître On ne naît pas maître. 209
Maître Tel maître, tel valet. 138
Malheur Le malheur des uns... 296
Malheur Un malheur en amène un autre. 309
Manche Il faut faire la manche... 42
Manière La manière fait tout. 299
Manteau Il faut tailler son manteau... 34
Marmite La marmite dit au chaudron... 66
Matin Le matin est l'ami des Muses. 217
Mensonge Le mensonge ne conduit pas loin. 202
Menteur Le menteur n'est jamais cru... 203
Menteur Le menteur ne va pas loin. 202
Mentir c'est voler. 204
Mercier Chaque mercier prise... 183
Merde Plus on remue la merde... 48
Mérites A chacun selon ses mérites. 14
Métier A chacun son métier. 276
Métier Chacun son métier, les vaches... 276
Métier Il n'est si petit métier... 130
Métier Qui a métier a rente. 130
Miel La douceur du miel ne console pas... 167
Mieux vaut donner que recevoir. 90
Mieux vaut prévenir que guérir. 323
Mieux vaut prévoir que pourvoir. 323
Mieux vaut tard que jamais. 283
Moineau Un moineau dans la main... 284
Monde Le monde paye d'ingratitude. 308
Monde Il est ainsi en ce monde... 339
Monnaie On vous rend toujours la monnaie... 328
Montagne Puisque la montagne ne vient pas... 28

Montagnes Deux montagnes ne se rencontrent... 29
Mort Au mort et à l'absent... 303
Mort La mort frappe sans respect. 298
Mort Contre la mort point de remède. 297
Morts Les morts sont bientôt oubliés. 302
Mot Qui ne dit mot consent. 10
Mouche La mouche se brûle... 92
Mouches On ne prend pas les mouches... 124
Mouches On prend plus de mouches... 124
Moulin Il faut tourner le moulin... 62
Murailles Les murailles sont le papier... 223
Mûrier Il vaut mieux être mûrier... 49
Murs Les murs ont des oreilles. 329

Naturel Chassez le naturel... 18
Nécessité est mère d'industrie. 228
Nécessité fait loi. 230
Nécessité Dans la nécessité on a recours... 229
Ne fais pas à autrui... 344
Noël au jeu... 336
Noël aux buissons... 336
Noël A Noël au balcon... 336
Noix Qui a des noix en casse... 321
Nombre A la fin on est accablé par le nombre. 154
Noyau Il faut casser le noyau... 78
Nuit La nuit porte conseil. 245

Occasion L'occasion fait le larron. 103
Œil L'œil du fermier vaut fumier. 20
Œuf Mieux vaut en paix un œuf... 54
Œuf Mieux vaut promptement un œuf... 284
Œuf Qui vole un œuf... 175
Œufs Il ne faut pas mettre tous les œufs... 256
Œuvre A l'œuvre on connaît l'artisan. 341
Oiseau A chaque oiseau son nid... 221
Oiseau Petit à petit l'oiseau... 26 + 45
Oisiveté L'oisiveté est mère... 218
Omelette On ne fait pas d'omelette... 94
Omelette Point d'omelette sans œufs. 225
On ne fait rien de rien. 225
On ne peut contenter tout le monde... 193

On n'est jamais si bien servi... 281
On récolte ce qu'on a semé. 32
Ondes Les ondes sont perfides. 333
Or Où l'or parle... 100
Or Tout ce qui reluit n'est pas or. 119
Orange L'orange pressée on jette l'écorce. 308
Oreille Qui tend l'oreille... 147
Orgueil L'orgueil précède la chute. 142
Os Les os sont pour les absents. 4
Ouvrier Mauvais ouvrier ne trouve... 257
Ouvriers Les mauvais ouvriers ont toujours... 257

Paille Avec la paille et le temps... 91
Pain dérobé réveille l'appétit. 85
Pain Nul pain sans peine. 78
Paix La paix amasse... 83
Paniers adieux, les vendanges... 308
Papier Le papier souffre tout. 233
Paris (o. Rome) n'a pas été bâtie... 45
Parois blanches, parois fendues. 77
Paroisse Chacun prêche pour sa paroisse. 135
Parole La parole est d'argent... 251
Parti A parti pris point de conseil. 246
Partie remise n'est pas perdue. 19
Partir, c'est mourir un peu. 268
Pas Il n'y a que le premier pas... 9
Patience et longueur de temps... 91
Patience passe science. 91
Patience La patience vient à bout... 91
Pauvreté n'est pas vice. 16
Pays Autres pays, autres mœurs. 189
Peau Il ne faut pas vendre la peau de l'ours... 22
Peau Ma peau m'est plus proche... 135
Peine On n'a rien sans peine. 78
Père A père amasseur, fils gaspilleur. 317
Père Tel père, tel fils. 18
Père Un père peut nourrir... 316
Péril Qui cherche le péril périt. 92
Persévérance Avec de la persévérance... 26
Pied Il vaut mieux glisser du pied... 86
Pieds Meilleur nus pieds... 76
Pierre qui roule... 188
Pierres On ne jette pas de pierres... 224

Pilote Il n'y a pas de mauvais pilote... 117
Plaignant A défaut de plaignant... 172
Plaisanteries Les plaisanteries les plus... 185
Pluie Après la pluie le beau temps. 254
Pluie Petite pluie abat grand vent. 315
Plume A la plume et au chant... 322
Plume La belle plume fait le bel oiseau. 174
Poêle Qui tient la poêle par la queue... 259
Poids Il ne doit pas y avoir deux poids... 248
Poil Un poil fait ombre. 125
Poire Il faut garder une poire... 356
Poisson sans boisson... 75
Poisson Le grand poisson mange le petit. 44
Poisson Petit poisson deviendra grand. 158
Pomme La pomme ne tombe... 18
Pomme Souvent la plus belle pomme... 77
Pont Il faut faire un pont d'or... 72
Pots Dans les petits pots sont... 301
Pots Les pots fêlés sont ceux... 163
Poulain Ce que poulain prend... 161
Poules Les poules qui gloussent... 149
Poussin chante comme... 169
Précautions Deux précautions valent... 47 + 323
Premier levé, premier chaussé. 361
Promettre et tenir sont deux. 319
Prophète Nul n'est prophète... 240
Prudence est mère de sûreté. 323

Quand on n'avance pas... 244
Querelles Les petites querelles entretiennent... 199
Qui a bu boira. 165
Qui aime bien, châtie bien. 168
Qui bien commence... 84
Qui jeune n'apprend... 131
Qui ne risque rien n'a rien. 324
Qui peut le plus peut le moins. 151
Qui plus haut monte... 287
Qui prouve trop... 64
Qui se loue, s'emboue. 57
Qui se ressemble, s'assemble. 115
Qui se sent galeux se gratte. 159
Qui se sent morveux... 159
Qui s'excuse, s'accuse. 64

Qui s'y frotte, s'y pique. 148
Qui trop embrasse... 6
Qui trop se hâte... 58
Qui va doucement... 58
Qui va lèche... 244
Qui vivra verra. 354

Raison La raison du plus fort... 108
Règle Pas de règle sans exception. 252
Remède Il y a remède à tout... 297
Renard A renard endormi ne vient... 290
Renommée Bonne renommée vaut mieux... 16
Repas Après repas étude ne va. 23
Rhubarbe Passez-moi la rhubarbe... 212
Rien de si caché qui... 282
Rien ne vaut son chez-soi. 137
Rira bien qui rira le dernier. 187
Rivières Les rivières retournent à la mer. 99
Robe Il faut tailler la robe... 42
Roi Le roi est mort... 226
Rose Il n'est si belle rose... 123
Roses Point de roses sans épines. 260
Rouge au soir... 3
Royaume Au royaume des aveugles... 35
Ruisseau Il ne faut pas puiser au ruisseau... 241
Ruisseaux Ce sont les petits ruisseaux... 340
Ruisseaux Les petits ruisseaux font... 315

Sac Un sac vide ne saurait... 205
Sacs Dans les petits sacs sont... 301
Sage C'est le plus sage qui cède. 177
Saint Le saint de la ville ne fait pas... 240
Sang Bon sang ne peut mentir. 18
Sauce Il n'est sauce que d'appétit. 155
Savoir c'est pouvoir. 346
Savoir De savoir vient avoir. 346
Seigneur Qui avec son seigneur mange... 139
Semer Le semer et la moisson... 73
Serment de joueur... 55
S'il ne tient qu'à jurer... 55
Singe Ce n'est pas à un vieux singe... 53
Singe Un singe vêtu de pourpre... 5
Soleil Quand on parle du soleil... 348

Songe Tout songe est mensonge. 305
Sots Les sots ne meurent pas. 50
Soulier Chacun sait où le soulier... 275
Soupe La soupe réchauffée ne vaut rien. 179
Soupes Des soupes et des amours... 195
Sourd Il n'y a pire sourd... 231
Sous Epargnez les sous... 237

Taillis Au fond du taillis sont... 78
Tel est pris qui... 122
Temps Après bon temps on se repent. 255
Temps Le temps blanchit les têtes... 7
Temps Le temps, c'est de l'argent. 358
Temps Le temps panse... 355
Temps Le temps remédie à tout. 355
Temps Qui a le temps a la vie. 359
Tête A laver la tête d'un âne... 213
Tête Quand on n'a pas de tête... 180
Tête Qui a la tête de cire... 111
Têtes Vingt têtes, vingt avis. 181
Ton C'est le ton qui... 299
Tonneaux Ce sont les tonneaux vides... 149
Toujours faire se peut... 158
Tout est bien qui... 63
Tout nouveau tout beau. 30
Tout s'arrange avec le temps. 38
Tout vient à point... 91 + 327
Toutes les fois qu'il tonne... 350
Train Petit train va loin. 26
Travail Le travail d'abord... 13
Travail Le travail fait le charme... 12
Trop gratter cuit... 208
Trop tranchant ne coupe pas... 208
Trou Le trou et l'occasion... 103

Un L'un meurt dont l'autre vit. 296
Un «tiens» vaut mieux que... 284
Union L'union fait la force. 60
Usage rend maître. 307
Usez, n'abusez pas. 208

Veau Autant meurt veau que vache. 298
Vendredi Tel qui rit vendredi... 288
Vent Le vent de prospérité change... 114
Vent Qui sème le vent... 345
Ventre affamé n'a pas d'oreilles. 206

Venu Le premier venu engrène. 361
Ver Il n'y a pas de si petit ver... 353
Vérité La vérité est dans le vin. 337
Vérité La vérité perce toujours. 326
Vérité La vérité comme l'huile vient... 326
Vérité La vérité sort de la bouche... 171
Verres Qui casse les verres... 32
Victoire Il ne faut pas chanter victoire... 288
Vie Tant qu'il y a de la vie... 211
Vilain A vilain vilain et demi. 176

Vin sur bière... 33
Vin A bon vin point d'enseigne. 330
Vin Le vin est tiré... 1
Voleurs Les voleurs privés sont... 43
Voleurs On pend les petits voleurs... 43
Vouloir c'est pouvoir. 342

Yeux Ce que les yeux ne voient pas... 338
Yeux Loin des yeux... 21

Zèle Trop de zèle nuit. 56

Proverbi italiani

Abbondanza Per l'abbondanza del cuor... 140
Abito L'abito non fa il monaco. 176
Accordo Meglio un magro accordo... 318
Accusatore Nessun accusatore... 172
Acqua passata non macina più. 106
Acqua L'acqua cheta rompe i ponti. 332
Acqua L'acqua va al mare. 99
Albero Anche l'albero più grande... 24
Albero Sopra l'albero caduto... 25
Altro è promettere, altro è mantenere. 319
Amici Gli amici si conoscono... 80
Amici I veri amici sono come... 80
Amici Nelle sventure si conoscono... 80
Amico di tutti... 81
Amico Meglio un amico che... 82
Amore antico non invecchia. 195
Amore L'amore non è bello se... 199
Amore L'amore non fa bollire... 198
Amore L'amore rende ciechi. 197
Amore Il primo amore non si dimentica più. 195
Amore Non c'è amore senza amaro. 260
Apparenza L'apparenza inganna. 269
Appetito L'appetito è il miglior cuoco. 155
Appetito L'appetito vien mangiando. 11
Aquila D'aquila non nasce colomba. 242
Arte Chi ha arte, ha parte. 130
Asino L'asino, dove è cascato... 69
Asino Meglio un asino vivo... 49

Bagnato Piove sul bagnato. 309
Ballo Quand' uno è in ballo... 1
Barba ben insaponata... 84
Bellezza La bellezza delle donne è... 197
Bisogno Il bisogno aguzza l'ingegno. 228
Bisogno Il bisogno fa trottare la vecchia. 227
Bisogno Il bisogno non ha legge. 230
Bocca In bocca chiusa non entrò... 279
Botte Sono le botte vuote... 149
Brevità La brevità dà sapore... 185
Bue Il bue dice cornuto all'asino. 66
Bugia La bugia ha le gambe corte. 202
Bugiardo Chi è bugiardo è ladro. 204

Bugiardo Il bugiardo conosciuto... 203
Calzolaio In casa di calzolaio... 277
Can che abbaia non morde. 152
Can Chi tocca il can che giace... 92
Cane non mangia cane. 182
Cane Chi il suo cane vuol ammazzare... 150
Cane Non svegliare il cane... 153
Cane Una volta corre il cane... 261
Cani Chi va a letto coi cani... 27
Canzone Domani è la canzone... 214
Capo Chi ha il capo di cera... 111
Carestia In tempo di carestia il diavolo... 227
Carestia In tempo di carestia pan raffermo. 227
Carità La prima carità comincia... 135
Carne A carne di lupo... 176
Carne Non bisogna mettere troppa carne... 34
Carogne Dove sono carogne... 2
Carro A voler che il carro non cigoli... 273
Carro Dura di più un carro sciupato... 163
Carrucola La carrucola non frulla... 273
Carta La carta non diventa rossa. 273
Carte Chi, giocando a carte... 104
Casa mia, casa mia... 137
Casa In casa sua ognuno è re. 133
Casa La mia casa è il mio regno. 133
Catenacci I catenacci, se devono... 273
Caval A caval donato non si guarda... 89
Cavallo Chi non può battere il cavallo... 262
Cavolo riscaldato non... 179
Cenere Sotto la bianca cenere... 332
Ceppo Chi fa il ceppo al sole... 336
Chi aspettar puòle... 91
Chi ben comincia... 84
Chi comincia e non s'arresta... 26
Chi di venti non sa... 131
Chi dorme non piglia pesci. 217
Chi è assente ha sempre torto. 4
Chi fa da sé fa per tre. 281
Chi fa trenta può... 151

Chi la dura, la vince. 26
Chi la fa, l'aspetti. 212
Chi la vuole a lesso... 70
Chi mal semina, mal raccoglie. 32
Chi molto pratica, molto impara. 307
Chi non risica, rosica. 324
Chi non semina, non raccoglie. 65
Chi non tiene conto del poco... 236
Chi non vuol essere consigliato... 246
Chi parla semina, chi tace raccoglie. 251
Chi più fa, meno fa. 6
Chi più ne ha, più ne vorrebbe. 11
Chi più spende, meno spende. 291
Chi presta, tempesta. 36
Chi primo arriva, prima alloggia. 361
Chi rompe, paga. 32 + 148
Chi si contenta, gode. 362
Chi si ferma è perduto. 244
Chi si loda, s'imbroda. 57
Chi si scusa, si accusa. 64
Chi sputa in su, lo sputo... 122
Chi tace acconsente. 10
Chi tardi arriva, male alloggia. 357
Chi troppo abbraccia... 6
Chi troppo si fida... 304
Chi troppo in alto sale... 287
Chi va piano, va sano. 58
Chi vive sperando... 91
Chi vivrà, vedrà. 354
Ciabattini I ciabattini hanno sempre... 277
Ciascuno a modo suo. 295
Ciechi In terra di ciechi... 35
Cieco Anche un cieco a volte... 136
Ciliegie Non è buono mangiare ciliegie... 139
Ciocco Vesti un ciocco, pare un fiocco. 174
Ciuco Il ciuco dà del bue all'asino. 66
Come si semina, si raccoglie. 32
Con molto si sta bene... 321
Con niente non si fa niente. 225
Condimento Il miglior condimento è l'appetito. 155
Contento Dopo il contento vien... 255
Conti chiari, amici cari. 102
Corda Non parlar di corda... 132
Cosa fatta capo ha. 106
Cosa Umana cosa è errare. 157
Coscienza Chi ha la coscienza a posto... 109

Coscienza Chi ha la coscienza pulita... 109
Cose Le cose capitano quando... 313
Cose Non bisogna impicciarsi di cose... 306
Cozzate A far alle cozzate col muro... 139
Cuochi Troppi cuochi guastano... 178
Cuoio Del cuoio d'altri si fanno... 134

Danno Chi ha il danno... 265
Dare Rende più felice il dare... 90
Denari Dove ci sono denari... 99
Denaro Il denaro è il re del mondo. 96
Denaro Il denaro è un buon servo... 101
Denaro Il denaro guadagnato facilmente... 110
Denaro Il denaro non fa la felicità. 97
Denaro Il denaro non puzza. 98
Dente Più vicino è il dente... 135
Denti Prima i denti, poi... 135
Detto Dal detto al fatto c'è... 319
Dì Il buon dì si conosce... 126
Diavolo Il diavolo non è brutto... 294
Diavolo Il diavolo, quando è vecchio... 293
Dimmi chi tratti (o. con chi bazzichi)... 263
Dio li fa e poi... 115
Dio ti guarda da quella gatta... 167
Dire Tra il dire e il fare... 319
Disgrazie Le disgrazie non vengono... 309
Dito Dàgli un dito e... 292
Dito E meglio perdere il dito... 15
Domane Ogni domane porta il suo pane. 245
Dovere Fa il dovere e non temere. 249
Dovere Prima il dovere, poi... 13

Eccezione L'eccezione conferma la regola. 253
Erba L'erba non cresce sulla strada maestra. 334
Esempi I cattivi esempi guastano... 27
Esercizio L'esercizio fa il (buon) maestro. 307
Estremi Gli estremi si toccano. 93

Fa che devi, avvenga che può. 249
Fabbro Ciascuno è fabbro... 118
Fame La fame caccia il lupo... 230
Fame La fame condisce... 155
Fame Quando la fame vien... 17
Fame Quando c'è la fame... 227

Farfalla La farfalla gira... 92
Farina La farina del diavolo... 110
Farina Senza farina non si fa... 225
Fatto Dopo il fatto ognuno... 141 + 291
Fede La fede smuove le montagne. 112
Ferro Bisogna battere il ferro... 62
Festa Bisogna far la festa... 73
Fidarsi è bene... 304
Figlio Chi ama suo figlio... 168
Figliuola Dico a te figliuola... 262
Figura Oggi in figura, domani... 261
Fine Il fine giustifica i mezzi. 363
Fine La fine corona l'opera. 63
Fiume A fiume torbido guadagno... 51
Foglia Non si smuove foglia... 121
Fortuna e dormi. 113
Fortuna Assai bene balla a chi fortuna... 117
Fortuna Chi ha fortuna in amore... 116
Fortuna La fortuna aiuta... 219
Fortuna La fortuna ha i pie' di vetro. 114
Fortuna Ognuno fa la sua propria fortuna. 118
Fortuna Vale più un'oncia di fortuna... 113
Forza Quando viene la forza... 108
Fossa Chi scava la fossa agli altri... 122
Frittate Non si fanno frittate... 94
Frutti Dai frutti si conosce l'albero. 341
Frutto Bisogna cogliere il frutto... 62
Frutto Il frutto proibito... 85
Fumo Molto fumo e poco arrosto. 190
Fumo Non c'è fumo senza fuoco. 247
Fuoco Il fuoco che non mi scalda... 306
Fuoco Non tagliare il fuoco col ferro. 74

Galera A rubar poco si va in galera... 43
Galli Troppi galli a cantar... 178
Gallina Chi di gallina nasce... 18
Gatta scottata all'acqua... 170
Gatta Figli di gatta pigliano topi. 165
Gatta Quando manca la gatta... 164
Gatta Tanto va la gatta al lardo... 184
Gatte Al buio (o. di notte) tutte le gatte... 166
Gatto Quando non c'è il gatto... 164
Gioco Ogni bel gioco dura poco. 114
Giorni Non tutti i giorni è domenica. 289
Giorno Non bisogna lodar il bel giorno... 288

Giorno Val più un buon giorno... 54
Giovane Chi da giovane ha un vizio... 161
Giovinezza non ha saggezza. 160
Giudizio Chi ha giudizio l'adoperi. 177
Giuramenti I giuramenti degli innamorati... 55
Gloria Non fu mai gloria senza invidia. 224
Goccia La goccia scava la pietra. 26
Gocciole Dove piove ci sono le gocciole. 94
Gola Ne ammazza più la gola... 79
Granata nuova spazza... 30
Granello A granello a granello s'empie... 340
Gusti Dei gusti non si disputa. 70
Gusti Tutti i gusti sono gusti. 70

Incudine Tra l'incudine e il martello... 306
Inferno La via dell'inferno... 144
Ira L'ira senza forza non vale una scorza. 360
Intenditore A buon intenditore... 232

Lasagne A nessuno piovono le lasagne... 290
Lavoro Quale il lavoro... 14
Legna Bisogna fare legna... 62
Legno Non d'ogni legno si può... 145
Leone Morto il leone... 201
Letto Come uno si fa il letto... 32
Lingua La lingua batte dove... 271
Lingua La lingua non ha osso, ma... 280
Lingue Cattive lingue tagliano... 280
Litiganti Fra due litiganti il terzo gode. 286
Lupo Chi ha il lupo in bocca... 348
Lupo Il lupo perde il pelo... 165
Lupus in fabula. 348

Maestro Nessuno nasce maestro. 209
Mal comune, mezzo gaudio. 191
Malanno Un malanno non viene mai solo. 309
Male non fare, paura non avere. 249
Male Un male tira l'altro. 309
Malerba La malerba non muore mai. 311
Man diritta e bocca monda... 156
Mano Una mano lava l'altra. 129
Mare Il mare è traditore. 333
Marito Il marito si prende per la gola. 196
Matti I vecchi matti sono... 7
Matti Non tutti i matti stanno... 222

Matto Ne sa più un matto... 275
Matto Un matto sa più domandare... 220
Meglio prevedere che provvedere. 323
Meglio prevenire che curare. 323
Meglio tardi che mai. 283
Meglio Il meglio è nemico del bene. 31
Mercante Ogni mercante lode... 183
Mestiere Chi ha un mestiere... 130
Mestiere Chi vuol fare l'altrui mestiere... 276
Mestiere Un mestiere in mano... 130
Mestolo Chi ha il mestolo in mano... 259
Minchioni Il se e il ma son due minchioni... 351
Modo Chi fa a modo suo... 343
Moglie Non sempre ride la moglie del ladro. 288
Molino Chi va al molino s'infarina. 235
Monaci Trenta monaci e un abate... 238
Mondo A questo mondo chi nuota... 339
Mondo Il mondo non fu fatto in un giorno. 45
Mondo Il mondo paga d'ingratitudine. 308
Mondo Tutto il mondo è paese. 331
Monocoli Beati i monocoli in terra... 35
Montagna Se la montagna non va a Maometta... 28
Monti I monti stanno fermi... 29
Moro Lavando un moro si perde... 213
Morte tua, vita mia. 296
Morte Contro la morte non c'è... 297
Morte La morte, da brava democratica... 298
Morte La morte del lupo è... 296
Morti I morti e gli andati... 302
Morto Al morto non si deve far torto. 303
Mosca Anche la mosca ha la sua collera. 353
Mosche Si pigliano più mosche... 124
Muri I muri hanno orecchi. 329
Muro bianco carta de' pazzi. 223

Natale asciutto, Pasqua bagnata. 336
Nave La nave è più sicura... 47
Necessità La necessità aguzza l'ingegno. 228
Necessità La necessità conduce a Dio. 229
Necessità non conosce legge. 230
Nemico A nemico che fugge... 162
Nessuno può dare quel... 162
Nodi Tutti i nodi vengono al pettine. 282

Nome E meglio aver buon nome che... 16
Non bisogna mai giurare su niente. 320
Non c'è due senza tre. 46
Non dir quattro... 22
Non fare ad altri quello... 344
Non fu mai fatta tanto liscia... 282
Non olet. 98
Non rimandare a domani... 216
Non si può cantare e... 143
Non si può fare a modo di tutti. 193
Non si può piacere a tutti. 193
Notte La notte è madre dei consigli. 245
Nulla nasce dal nulla. 225
Numero Uno non fa numero. 61

Occasione L'occasione fa l'uomo ladro. 103
Occhi Lontan dagli occhi... 21
Occhio non vede, cuore non duole. 338
Occhio L'occhio del padrone ingrassa... 20
Oche Cento oche ammazzano un lupo. 154
Ognuno raccoglie ciò... 32
Onori Gli onori sono oneri. 352
Opera fatta, maestro in pozzo. 308
Ora L'ora del mattino ha... 217
Oro Dove l'oro parla... 100
Oro Non è tutto oro... 119
Oro Non si deve prendere tutto per oro colato. 38
Ospite L'ospite è come il pesce... 87
Ospite L'ospite e il pesce... 87
Ozio L'ozio è il padre dei vizi. 218

Pace la pace nutre... 83
Padella La padella dice al paiuolo... 66
Padre A padre avaro, figliolo prodigo. 137
Padre Quale il padre... 18
Padre Un padre è capace di mantenere... 316
Padrone Tal padrone, tal servitore. 138
Paese che vai, usanza che trovi. 189
Pagliaio Quando il pagliaio vecchio... 146
Pan di sudore ha... 12
Pan Consèrvati un pan... 356
Pan Più vale un pan con... 54
Pancia vuota non ascolta ragione. 206
Pane Non c'è pane senza pena. 78
Panni I panni rifanno le stanghe. 174
Papa Morto un papa se ne fa un altro. 226

Paperi I paperi menano a bere... 53
Parola detta e sasso tirato... 105
Parola La parola è d'argento... 251
Parti Non si possono sostenere due parti... 143
Partire è un po' morire. 268
Partita rimandata non è persa. 19
Passo Bisogna fare il passo secondo... 42
Passo Il passo più duro... 9
Pasta A rimenar la pasta... 327
Pasticciere, fa il tuo mestiere. 276
Patti chiari, amici cari. 102
Patti chiari, amicizia lunga. 102
Pazzo Ad ogni pazzo piace... 221
Pecora Chi pecora si fa... 267
Pecora La pecora che più bela... 149
Pecora Una pecora marcia ne guasta... 266
Pelle Non vendere la pelle d'orso... 22
Pelo Ogni pelo ha la sua ombra. 125
Pensarci prima per non pentirsi poi. 323
Pentola Dura di più una pentola rotta... 163
Pentola Ogni pentola ha il suo coperchio. 300
Pericolo Chi ama il pericolo... 92
Pesce Il pesce grande mangia... 44
Pesce Il pesce nasce nell'acqua... 75
Pesi Non si deve avere due pesi... 248
Piacer fatto non va perduto. 347
Piatto Non è bene mangiare nel piatto... 139
Piedi Non tutti i piedi stanno... 59
Pietra mossa non fa mucchio. 188
Pifferi I pifferi di montagna andarono... 122
Pioggia Dopo la pioggia viene... 254
Pochi Molti pochi fanno un assai. 340
Polvere Chi offende scrive in polvere... 37
Porta A porta aperta anche il giusto... 103
Porta Vuoi tu aprire qualunque porta?... 128
Porte L'eccelse ed umil porte batte... 298
Povertà non è vizio. 16
Povertà non guasta gentilizia. 16
Povertà Meglio povertà onorata... 16
Pratica Val più la pratica... 239
Presente E meglio un presente che... 284
Prete Sbaglia il prete all'altare... 88
Prima fare e poi pensare... 323

Profeta Nessuno è profeta... 240
Promessa Ogni promessa è debito. 207
Prudenza è madre di sicurezza. 323
Prudenza La prudenza non è mai troppa. 47

Quattrino A quattrino a quattrino si fa... 237
Quattrini Coi quattrini si fa tutto. 96
Quello che non è oggi... 158

Ragione La ragione è del più forte. 108
Raglio d'asino non arrivò... 67
Ragno di mattina porta... 285
Regola Ogni regola patisce eccezione. 252
Ricchezza La ricchezza comincia da zero. 236
Ride bene chi ride l'ultimo. 187
Rimedio A tutto c'è rimedio... 297
Roma non fu fatta in un giorno. 45
Rondine Una rondine non fa primavera. 278
Rosa Niuna rosa così bella... 123
Rosa Non c'è rosa senza spine. 260
Rosso di sera... 3
Ruscelli I piccoli ruscelli fanno... 340

Sacco vuoto non sta ritto. 205
Saggio Il più saggio cede. 177
Salita A gran salita gran discesa. 287
Sangue Buon sangue non mente. 18
Sangue Non si può cavar sangue... 162
Santo Ad ogni santo la sua preghiera. 39
Sapere è potere. 346
Sapere Dal sapere vien l'avere. 346
Sarto Il sarto fa il mantello... 34
Sbagliando s'impara. 264
Sbagliare è umano. 71
Scala Per giungere in capo alla scala... 26
Scaltro A scaltro scaltro e mezzo. 176
Scarpa Dove stringe la scarpa... 275
Scimmia Chi scimmia nasce... 5
Scimmia La scimmia è sempre scimmia. 5
Scintilla Piccola scintilla può... 315
Scolte Chi sta alle scolte... 147
Scusa non richiesta... 64
Secchia Tante volte va al pozzo la secchia... 184
Senno Del senno di poi... 141
Si raccoglie quel che si semina. 169

Simile Ogni simile ama il suo simile. 115
Sogni I sogni sono favole. 305
Sole Il sole scopre ogni cosa. 282
Sordo Non c'è peggior sordo... 231
Soverchio Il soverchio rompe il coperchio. 208
Speranza La speranza è l'ultima a morire. 211
Spezierie Le spezierie migliori stanno... 301
Spilla Chi ruba una spilla... 175
Spina Al nascer la spina porta... 126
Stalla Si chiude la stalla quando... 40
Sterco Lo sterco, più si rimescola... 48
Stolti Di stolti è pieno il mondo. 50
Stolti Gli stolti non finiscono mai. 50
Strada Chi va diritto non fallisce strada. 52
Strade Tutte le strade conducono a Roma. 335
Suono E il suono che fa la musica. 299
Superbia La superbia andò a cavallo... 142
Superbia Quando la superbia galoppa... 142
Superfluo Chi compera il superfluo... 356

Tal sonata, tal ballata. 328
Tavola Bisogna alzarsi da tavola... 270
Tempo Bisogna dar tempo al tempo. 45
Tempo Chi ha tempo, non aspetti tempo. 216 + 359
Tempo Col tempo e con la paglia... 91
Tempo Il tempo è il miglior medico. 355
Tempo Il tempo è prezioso. 358
Tempo Il tempo porta consiglio. 245
Tempo Il tempo sana tutti i mali. 355
Tentar non nuoce. 239
Testa A testa bianca... 7

Testa Chi ha la testa di vetro... 111
Testa Chi non ha testa, abbia gambe. 180
Testa Non bisogna fasciarsi la testa... 310
Teste Tante teste, tante idee (o. tanti cervelli). 181
Trino Ogni trino è perfetto. 46
Troppo Il troppo stroppia. 56 + 208
Tutto è bene quel... 63

Uccello Ad ogni uccello il... 221
Uccello Al cantar l'uccello... 322
Ultimo All'ultimo tocca il peggio. 192
Unione L'unione fa la forza. 60
Uomo L'uomo propone... 210
Uovo Meglio un uovo oggi... 284

Venerdì Chi ride di venerdì... 288
Venter Plenus venter non... 23
Vento Chi semina vento, raccoglie... 345
Ventre digiuno non ode nessuno. 206
Verità Chi vuol sapere la verità... 171
Verità La verità è nel vino. 337
Verità La verità può languire... 326
Veste Bisogna fare la veste... 42
Via Chi lascia la via vecchia... 173
Vie Per più vie si va a Roma. 335
Vino Il buon vino non vuole frasca. 330
Vino In vino veritas. 337
Vista Bella in vista... 77
Vita Finché c'è vita... 211
Vittoria Non cantar vittoria... 288
Volere è potere. 342
Volontà Di buone volontà è pien... 144
Volpe Con la volpe convien volpeggiare. 349

Zelo Il troppo zelo nuoce. 56
Zoppo Chi va con lo zoppo... 27

English Proverbs

Absent The absent are always in the wrong. 4
Absent Never were the absent in the right. 4
Accounting There is no accounting . . . 70
Ado Much ado about nothing. 190
Adversity is the school of wisdom. 264
Advice The best advice is found . . . 245
Agreement An ill agreement is . . . 318
All's well that ends well. 63
Anger cannot stand . . . 360
Ape An ape's an ape . . . 5
Appearances are deceptive. 269
Appetite comes with eating. 11
Architect Every man is the architect . . . 118
Art He who has an art . . . 130
As soon as you have drunk . . . 308
As you give so . . . 328
As you have brewed . . . 32
Ass An ass is but an ass . . . 5
Ass Every ass loves . . . 221
Ass Wherever an ass falls . . . 69
Aunt If my aunt had been . . . 351

Back Scratch my back and . . . 129
Bag An empty bag cannot . . . 205
Bait Good bait catches . . . 124
Beard It is not the beard . . . 186
Bed As you make your bed . . . 32
Bed Early to bed and . . . 217
Bees that have honey . . . 167
Beggars breed and . . . 41
Beggars can't be choosers. 227
Beginning Every beginning is hard. 9
Bellies Hungry bellies have no ears. 206
Belly A fat belly, a lean brain. 23
Belly An empty belly bears no body. 206
Best is cheapest. 291
Better beg than steal. 52
Better buy than borrow. 36
Better known than trusted. 304
Better late than never. 283
Better safe than sorry. 47 + 323
Bird A bird in the hand . . . 284
Bird A bird is known . . . 322
Bird Every bird loves . . . 221

Bird The early bird catches the worm. 217
Birds of a feather . . . 115
Biter The biter must be bit. 176
Biter The biter will be bitten. 122
Blind Among the blind . . . 35
Blood will tell. 18
Blood True blood will show itself. 18
Bone What's bred in the bone . . . 18
Boys will be boys. 160
Brains The brains don't lie . . . 7
Bread Dry bread is better . . . 54
Breakfast Sing before breakfast . . . 288
Breath One man's breath is . . . 296
Brevity is the soul of wit. 185
Bridge Don't cross the bridge . . . 310
Brooms New brooms sweep clean. 30
Business before pleasure. 13

Candles When the candles are out . . . 166
Cap If the cap fits wear it. 159
Cap Let him whom the cap fits . . . 159
Carrion Where there is carrion . . . 2
Cat When the cat's away . . . 164
Cats will always catch mice. 165
Caution is the mother . . . 323
Charitable The charitable give out at the door . . . 347
Charity begins at home. 135
Chickens Don't count your chickens . . . 22
Child A child may have too much . . . 169
Child Give me a child . . . 169
Child The burnt child dreads . . . 170
Children and fools speak . . . 171
Children We are all Adam's children. 331
Chips From chipping come chips. 94
Choice The wider the choice . . . 325
Christmas comes but . . . 73
Christmas in mud . . . 336
Christmas A green Christmas . . . 336
Clay Common clay has . . . 311
Cloth Don't spread the cloth . . . 22
Clouds All clouds bring not rain. 350
Coat Cut your coat according . . . 42
Coat It is not the coat . . . 186

Cobbler, stick to your last. 276
Cock The young cock crows . . . 18
Communications Evil communications corrupt . . . 27
Conscience Quiet conscience sleeps . . . 109
Content is happiness. 362
Cooks Too many cooks spoil the broth. 178
Count not four except . . . 22
Countries So many countries . . . 189
Country In the country of the blind . . . 35
Cowl It is not the cowl . . . 186
Crab You cannot make a crab . . . 213
Cradle What's learnt in the cradle . . . 131
Cry Much cry and little wool. 190

Dark In the dark all cats . . . 166
Dead Of the dead be nothing . . . 303
Death alone can kill hope. 211
Death spares neither . . . 298
Deed The deed comes back . . . 122
Devil Speak of the devil . . . 348
Devil The devil is not so black . . . 294
Devil The devil take the hindmost. 192
Devil The devil was sick . . . 293
Devil What is got over the devil's back . . . 110
Devils Raise no more devils . . . 74
Dirt Who deals in dirt . . . 235
Do as you would be done by. 344
Do not halloo (o. triumph) before . . . 288
Do right and fear no man. 249
Do well and dread no shame. 249
Dog does not eat dog. 182
Dog Better a living dog . . . 49
Dog He that's resolved to beat a dog . . . 150
Dog It is hard to teach an old dog . . . 131
Dogs Barking dogs seldom bite. 152
Dogs If you lie down with dogs . . . 27
Dogs Let sleeping dogs lie. 153
Dogs Two dogs fight for . . . 286
Don't cry before you are hurt. 310
Don't cry before you are out of the wood. 288
Don't put off till tomorrow . . . 216
Door A creaking door hangs . . . 163
Door An open door may tempt a saint. 103
Dreams are the stuff . . . 305
Dropping Constant dropping wears . . . 26

Drops Many drops make . . . 340
Drops Many drops of water . . . 154
Duty Do your duty come . . . 249

Each to his own. 295
Ears May he who has ears . . . 232
Egg He that will steal an egg . . . 175
Eggs Don't put all your eggs . . . 256
End At the end of the game . . . 298
End The end justifies . . . 363
Enemy For a flying enemy make . . . 72
Enough is as good as a feast. 362
Envy always shoots . . . 224
Err To err is human. 157
Evening An evening red . . . 3
Every one as they like best . . . 70
Everything comes to him . . . 91
Exception The exception proves the rule. 253
Excuses always proceed . . . 64
Extremes meet. 93
Eye What the eye doesn't see . . . 338

Face A fair face may hide . . . 77
Faith can (re)move mountains. 112
Father A miserly father makes . . . 317
Father One father is enough . . . 316
Feather A feather in hand . . . 284
Feathers Fine feathers make fine birds. 174
Fighting There is no fighting . . . 154
Finger You must not put your finger . . . 153
First come, first served. 361
Fish and wine go together. 75
Fish Big fish eat . . . 44
Fish Fresh fish and guests . . . 87
Fish Fresh fish and strangers . . . 87
Fishwoman Did you ever hear a fishwoman . . . 183
Flame An old flame never dies. 195
Flames The flames of love won't . . . 198
Flies You will catch more flies . . . 124
Fling After your fling watch . . . 122
Flint In the coldest flint . . . 332
Food More die by food than famine. 79
Fool A fool may ask . . . 220
Fool (There is) no fool like an old fool. 7
Fools never die out. 50
Fools If all fools wore . . . 222

Foot Better the foot slip ... 86
Forbearance is not acquittance. 19
Ford Never praise a ford ... 288
Fortune and glass ... 114
Fortune favours fools. 113 + 219
Fortune favours the bold (o. the brave). 219
Fortune He dances well to whom fortune pipes. 117
Friend A friend in need ... 80
Friend A good friend is ... 82
Friend Everybody's friend is ... 81
Friends in need ... 80
Friends may meet ... 29
Friends Tell me who your friends are ... 263
Fruit Forbidden fruit taste ... 85
Fruit He that would have the fruit ... 78

Gifts Small gifts will best ... 107
Glass and good luck ... 114
God's blessing gained ... 121
Gold All that glitters ... 119
Gold Today gold, tomorrow dust. 261
Gold You may speak with your gold ... 53
Gone is gone. 106
Good cheap is dear. 291
Good is good, but better carries it. 31
Goods He that has plenty of goods ... 99
Goods Ill-gotten goods never prosper. 110
Goose A wild goose never ... 242
Goose He that has a goose ... 99
Grain by grain and the hen ... 26
Grain by grain the hen ... 340
Grand-mother Don't teach your grand-mother ... 53
Grass grows not ... 334
Grocer Every grocer praises ... 183

Hair No hair so small ... 125
Hammer It is better to be the hammer ... 127
Hand Put not thy hand ... 306
Hare First catch your hare ... 22
Hares may pull ... 201
Haste Make haste slowly. 58
Haste The more haste ... 56
Hay Make hay while the sun shines. 62
He laughs best ... 187
He now reaps ... 32
He praises that wishes to sell. 183

He that comes first to the hill ... 361
He that comes last ... 192
He that died half a year ago ... 302
He that eats till he is sick ... 270
He that gapes until he is fed ... 290
He that grasps at too much ... 6
He that praises himself ... 57
He that will not be counselled ... 246
He that will not hear ... 148
He that would please all ... 193
He who does lend ... 36
He who excuses himself ... 64
He who goes a-borrowing ... 36
He who will reap must sow. 65
Head The wiser head gives in. 177
Head Use your head to save your heels. 180
Head You cannot put an old head ... 160
Heads So many heads, so many minds. 181
Heart Faint heart never ... 219 + 324
Heart What the heart thinks ... 140
Heart When the heart is full ... 140
Heaven Better go to heaven in rags ... 16
Heed Take heed of meat twice boiled. 179
Hell (The way to) hell is paved ... 144
Hindsight is easier than foresight. 141
Home My home is my castle. 133
Honesty is the best policy. 52
Honours Great honours are ... 352
Horse Never look a gift horse ... 89
Horse You can lead a horse ... 238
Hunger is the best sauce. 155
Hunger makes hard beans sweet. 155

Idleness is the parent ... 218
If one has much ... 321
If you grease well ... 273
If you rest you rust. 244
If you trust before ... 304
Ill Better suffer ill than ... 312
Ill Of one ill come many. 309
Inch Give him an inch ... 292
Injuries are written in brass. 37
Iron (You must) strike the iron ... 62
It is good fishing in troubled waters. 51
It is more blessed to give ... 90

Jack Every Jack has his Jill. 300
Jest Better lose a jest ... 15

Joy No joy without annoy. 261
Jupiter laughs at the injuries . . . 55

Kernel He that will eat the kernel . . . 78
Key A golden key opens . . . 128
Key A silver key can open . . . 128
Kind A man's kind is . . . 344
King The king is dead . . . 226
Kitten Wanton kitten make sober cats. 161
Knowledge is power. 346

Land Dwell in the land and . . . 188
Land No land without stones . . . 260
Last come, last served. 357
Laugh The laugh is always on the loser. 265
Laundress The laundress washes . . . 259
Law One law for the rich . . . 43
Leak A small leak will . . . 315
Learn to say before you sing. 45
Leg Lose a leg rather than a life. 15
Leopard The leopard cannot change his spots. 165
Liar A liar is not believed . . . 203
Liar Show me a liar and . . . 204
Lie A lie never lives to be old. 202
Lies have short wings. 202
Life While there is life . . . 211
Light Everyhting comes to light . . . 282
Light The brighter the light . . . 194
Lightly come, lightly go. 110
Lip honour costs little. 156
Lips Don't scald your lips . . . 306
Listeners hear no good . . . 147
Little and often fills . . . 237
Lock No lock will hold . . . 128
Log Roll my log and . . . 129
Look before you leap. 304 + 323
Love is blind. 197
Love Lucky in love . . . 116
Love Old love is never forgotten. 195
Love Old love lies deap. 195

Man proposes and . . . 210
Man A blind man may . . . 136
Man A discontented man knows . . . 314
Man Every man thinks . . . 221
Man Every man to his taste. 295
Man No man is born wise and learned. 209

Man The greater the man . . . 194
Man The wiser man is . . . 177
Many a little makes a mickle. 340
Marksman A good marksman may miss. 88
Master Like master like man. 138
Master No one is born a master. 209
Master The master is known . . . 341
Master The master's eye is worth . . . 20
Master The master's foot makes . . . 20
Measure is treasure. 208
Meat One man's meat is . . . 70 + 296
Medicine There is no medicine . . . 297
Men He that all men will please . . . 193
Men Many men, many kinds. 181
Might (goes) before right. 108
Mill The mill cannot grind . . . 106
Misfortunes seldom come alone. 309
Money does not smell. 208
Money is a good servant . . . 101
Money is not everything. 97
Money makes the world go round. 96
Money When money speaks . . . 100
Moon The moon does not care for . . . 67
Mountain If the mountain will not come . . . 28
Mouth A close mouth catches . . . 279

Name A good name is better . . . 16
Necessity is the mother . . . 228
Necessity knows (o. has) no law. 230
Never quarrel with your bread and butter. 39
Never say die. 91
Never say never again. 321
Night is the mother of counsel. 245
No one is more deaf . . . 230
Nothing comes of nothing. 225
Nothing is certain but . . . 313
Nothing venture, nothing win. 324
Nothing From nothing nothing can come. 225
Nought Where nought's to be got . . . 162
Number one is the first law of nature. 135
Number Three is a lucky number. 46
Numbers Sheer numbers will get you down. 154
Nut There's a nut for . . . 300

Oak Every oak has been an acorn. 24

Omelet One cannot make an omelet ... 94
Once bitten twice shy. 170
One does not count. 61
One is no custom. 61
One should leave off ... 270
Opportunity makes the thief. 103
Opposites attract one another. 93

Pains No pains, no gains. 78
Paper endures all. 233
Parties Hear all parties. 250
Partings are sad things. 268
Patience and snare catch ... 91
Peace A bad peace is better ... 83
Pence Take care of the pence ... 236
Penny and penny, laid up ... 237 + 340
Penny In for a penny ... 1
Penny Who will not keep a penny ... 236
People who live in glass houses ... 111
Pigs might fly if ... 351
Pin He that will steal a pin ... 175
Pin See a pin and ... 285
Pitch Who touches pitch ... 235
Pitcher The pitcher that goes ... 184
Place There's no place like home. 137
Postponed is not abandoned. 19
Pot The pot calls the kettle black. 66
Pottage Old pottage is sooner ... 146
Poverty is not a crime. 16
Poverty When poverty comes in ... 17
Practice is better than theory. 239
Practice makes perfect. 307
Practice An ounce of practice is ... 239
Praise A man's praise in his own mouth stinks. 57
Prevention An ounce of prevention is ... 323
Pride goes before a fall. 142
Pride goes before and shame ... 142
Promise A promise is a promise. 207
Proof The proof of the pudding ... 239
Prophet A prophet has no honour ... 240
Prophet No prophet is accepted ... 240
Pudding Too much pudding may ... 208
Pullet A pullet in the pen ... 284
Purse You cannot make a silk purse ... 213

Quality speaks for itself. 330
Quarrel The quarrel of lovers is ... 199

Question As the question ... 328

Race Slow but sure wins the race. 26
Raven The raven said to the rook ... 66
Reckoning Even reckoning makes ... 102
Reed Every reed will not ... 145
Remedy There is a remedy for ... 297
Revenge is sweet. 243
Roads All roads lead to Rome. 335
Rod Spare the rod ... 168
Rome was not built in a day. 45
Rome When at Rome ... 349
Rope Name not a rope ... 132
Rose The fairest rose at last ... 123
Rose There is no rose ... 260
Rudeness must be met by rudeness. 176
Rule There is no general rule ... 252

Sadness and gladness succeed each other. 255
Sail Make not your sail too big ... 34
Sauce What's sauce for the goose ... 248
Saying and doing ... 319
Scratch me and I'll scratch you. 129
Sea Praise the sea but ... 333
Sea The sea is not planked over. 333
Self do, self have. 281
Servant A good servant must have ... 14
Sheep He that makes himself a sheep ... 267
Shirt Near is my shirt ... 135
Shoe Every one knows best where the shoe ... 275
Shoe Every shoe fits not ... 59
Shoe None knows where the shoe ... 275
Sight Out of sight ... 21
Silence gives consent. 10
Sir Like sir, like son. 18
Skill comes with office. 120
Skin Don't sell the skin ... 22
Skirts Who has skirts of straw ... 111
Slip There is many a slip ... 200
Smoke There's no smoke ... 247
Soon got, soon gone. 110
Sorrow draws us ... 229
Sorrow A sorrow shared ... 191
Soul In default of a soul ... 227
Soup Of soup and love ... 195
Spare when you are young ... 356

Spark Of a small spark . . . 315
Speech is silver . . . 251
Stable The stable door is shut when . . . 40
Start A good start is half the battle. 84
Step after step the ladder is ascended. 26
Step The first step is the hardest. 9
Stitch A stitch in time . . . 258
Stone A rolling stone gathers no moss. 188
Stone Never take a stone to . . . 208
Stone The stone that lies . . . 306
Storm In a storm any port. 227
Streams Shallow streams make . . . 149
Strokes Little strokes fell great oaks. 26
Sucker There is a sucker born . . . 50
Sun The sun shines . . . 331
Sunday does not come . . . 289
Sunshine follows rain. 254
Swallow One swallow does not make . . . 278
Sweet No sweet without sweat. 12 + 78

Tailor The tailor makes the man. 174
Tailor The tailor's wife is . . . 277
Take no more than you are able to bear. 34
Tastes differ. 70
That's enough for one day. 215
The higher you climb . . . 287
The more one has the more one wants. 11
The more you stir . . . 48
Thieves Little thieves are hanged . . . 43
Thing It is one thing to promise . . . 319
Things are never as bad . . . 38
Things All good things go by threes. 46
Things Good things are wrapped up . . . 301
Things You can't do two things . . . 143
Thongs There is good cutting large thongs . . . 134
Thorn A thorn comes into the world . . . 126
Thorn It early pricks that will be a thorn. 126
Time heals all wounds. 355
Time is a great healer. 355
Time is everything. 359
Time is money. 358
Time will show. 354
Time Gain time, gain life. 359
Tit for tat. 212
To put off is not to put aside. 19
Tomorrow, tomorrow, not today . . . 214
Tone It is the tone that . . . 299

Tongue ever turns to . . . 271
Too far east is west. 93
Trade A trade in hand finds . . . 130
Trade A useful trade is . . . 130
Tree The highest tree has . . . 287
Tree When the tree is fallen (down) . . . 25
Trouble He that seeks trouble . . . 74
Trouble He who looks for trouble . . . 92
Truth and oil ever above. 326
Truth (o. murder) will out. 282
Truth There is truth in wine. 337
Try before you trust. 304
Turn One good turn deserves . . . 129
Turns Ten good turns lie dead . . . 37
Twig Just as the twig is bent . . . 126
Two are better than one. 47

Unexpected The unexpected always happens. 313
United we stand . . . 83
Unity is strength. 60
Use It's no use crying . . . 106

Vessels Empty vessels make . . . 149

Walls have ears. 329
Walls White walls are fools' writing paper. 223
Waste not, want not. 356
Water Don't throw out your dirty water . . . 173
Waters Still waters run deep. 332
Way The way to a man's heart . . . 196
Way There is more than one way . . . 335
Ways There are many ways . . . 335
Weak The weak always go . . . 139
Weed One ill weed mars . . . 266
Weeds always grow. 311
Weeds want no sowing. 311
Weeds Bad weeds grow tall. 311
Weeds Ill weeds grow apace. 311
Well begun is half done. 84
What isn't yet may . . . 158
Whoso learns young . . . 131
Will Where there is a will . . . 342
Wind He that sows the wind . . . 345
Wind Who spits against the wind . . . 122
Wine upon beer . . . 33

Word An honest man's word . . . 207
Word From word to deed . . . 319
Words have wings. 105
Words Clear words make long friends. 102
Words Many words hurt . . . 280
Work first and play afterwards. 13
Work Good work takes time. 327

Workman A bad workman always . . . 257
World The world is a ladder . . . 339
World The world pays with . . . 308
Worm Even a worm will turn. 353

You may gape long enough . . . 290

Vorbemerkungen zum Vokabular

Da beim Leser dieses Buches wesentliche Grundkenntnisse der hier in Vergleich gebrachten Sprachen vorausgesetzt werden dürfen, wurde auf eine phonetische Umschrift verzichtet.

Die mehrsilbigen italienischen und englischen Wörter tragen im Gegensatz zu den französischen einen starken Akzent. Wo allenfalls Unsicherheit bestehen könnte, welche Silbe betont ist, wurde diese durch einen daruntergesetzten Punkt gekennzeichnet. Für das Italienische gilt hier die Regel: der Akzent liegt auf der vorletzten Silbe. Nur wo dies nicht der Fall ist, wurde der Punkt gesetzt.

Bei den französischen und italienischen Substantiven wurde grundsätzlich das Geschlecht angegeben, auch wenn das bei den italienischen auf -o und -a als überflüssig erscheinen mag. Ausnahmen gibt es ja auch hier.

Vokabular

Französisch

abois m. (v. aboyer)/von der Meute gestellt (Wild)
accablé pp./überwältigt
accoucher/niederkommen, gebären
accus m. pl. (fam. für accumulateurs)/(Auto)Batterie
acharné a./hartnäckig, erbittert
achever/beenden, den Rest o. Gnadenstoss geben
aiguiser/schärfen, wetzen
ail m./Knoblauch
airain m./Erz
alouette f./Lerche
amende f./Geldstrafe, Busse (ursprüngl.: ein öffentl. Schuldbekenntnis ablegen)
amygdales m. pl./Mandeln (anat.)
anguille f./Aal
antre m./Höhle
aplomb m./senkrechte Stellung, e-r Person: Gleichgewicht
ardoise f./Schiefer, Schiefertafel
argile f./Letten, Ton

atténuer/mildern
aubaine f./grosser Glücksfall, unerhofftes Glück
aune f./Elle (altes Längenmass)

balluchon m./(Kleider)Bündel
barre f./Ruderstange
basque f./(Rock)Schoss
bât m./Packsattel
baver/speicheln, geifern
bavette f./(Sabber)Lätzchen
bayer/nur in bayer aux corneilles: den Krähen nachschauen
bée a./nur in bouche bée (béant = weit offen)
béguin m./(Frauen- o. Kinder)Haube; fig. u. fam. vorübergehende Verliebtheit
belette f./Wiesel
bénitier m./Weihwasserbecken
berceau m./Wiege

berlue f./nur in diesem Ausdruck: Blendung (von éblouir)
besogne f./Arbeit
biberon m./Saugflasche
bière f./Sarg
bile f./Gallenflüssigkeit; schlechte Laune
bille f./Marmel, Klicker
billot m./Hack-, Hauklotz; Richtblock
bisbille f./kleiner Streit
blason m./(Wappen)schild
boisseau m./Gefäss, Scheffel
botte f. de foin/Heubund
boucler/beim Wandern in einem Bogen zum Ausgangspunkt zurückkehren
boudin m./Blutwurst
bouffer/essen, fressen
boulette f./Kügelchen
boulot m. fam./Arbeit
bourré a./gestopft voll
bourrique f./Esel(in)
brancard m./Deichselstange
branler/wackeln
braque a./verschroben
brebis f./weibl. Schaf
bredouille a./nur in diesem Ausdruck: v. e-m Jäger o. Angler, der nichts gefangen hat
breloque f./früher: milit. Trompeten- o. Hornsignal zur Beendigung der Achtungstellung, was Bewegung und Durcheinander auslöste
bribes f. pl./(Gesprächs)Brocken
brisées f. pl./geknickte Zweige (zur Markierung der Fährte des Wildes)
broncher/meist verneint: sans b.: ohne zu murren
brouter/weiden, grasen
broyer/zerkleinern; von Farben: anreiben
buse f./1. Bussard; 2. fig. u. verächtl. v. e-r Frau: dumme Gans/Ziege
butte f./Erdhügel, Anhöhe, butte de tir: Sandhügel mit den Schiessscheiben

calendes f. pl./im alten Rom die Kalenden
campagne f./Landschaft, Land; battre la c.: die Gegend kreuz u. quer durchstreifen

caquet m./das Gackern
carotter/begaunern, stibitzen
case f./Feld (Schachbrett, Kreuzworträtsel)
chair f./Fleisch (im Gegensatz zu Knochen), Fruchtfleisch
chantage m./Erpressung
chapitre m./Versammlung der Dom-, Stiftsherren
charge f./jur. Verpflichtung
charrier/Last fahren, karren
chaudron m./(Koch)Kessel
chêne m./Eiche
cheville f./(Fuss)Knöchel
choir (lit.)/fallen
chouchou m./Liebling
cible f./Zielscheibe
cicatriser/vernarben
cinglé a./übergeschnappt, plemplem
cire f./Wachs
claque 1. f./Claque (Gesamtheit der Claqueure) 2. m. + f./Klapphut
clerc m./Gehilfe e-s Notars usw., Kanzleiangestellter
cliques f. pl. (dial.)/Holzschuhe
clocher/hinken, aber nur fig., sonst boiter
coche m./früher Kutsche
cognée f./(Holzfäller)Axt
coin m./Prägestempel für Münzen
contrefait m./Missgestalteter
coquille f./Muschel, Gehäuse
corner/hupen, tuten
corvéable/fronpflichtig
cotillon m. (lit.)/Unterrock
couche f./Schicht, Belag
coucheur m. (mauvais c.)/Meckerer, Streithammel
coule f./im Ausdruck être à la c.: alle Tricks kennen – das Wort wird in Zusammenhang gebracht sowohl mit couleur (Farbe) als auch mit couler (fliessen)
couler (tech.)/giessen
couleuvre f./Natter
couver/Eier aus-, bebrüten; fig. Rache brüten, dann auch verhätscheln
crachat m./Spucke, Speichel
crachoir m./Spucknapf
crémaillère f./Kesselhaken

crêpe f./Pfann-, Eierkuchen
crêper/toupieren
creuset m./Schmelztiegel
crever/durchbohren, aufschlitzen
crible m./(grobes) Sieb
croc m./Fangzahn
crochet m./Haken, Umweg
cuite f./Rausch (Alkohol)

dada m./Hottepferd (für Kinder), fig. Steckenpferd
dalle f./Steinplatte, Fliese
damer/(Schachspiel) den Bauer zur Dame machen
déblayer/frei machen, aufräumen (z. B. nach e-m Erdrutsch)
décorner/die Hörner entfernen
dégelée f./Tracht Prügel
dégot(t)er/auftreiben, aufgabeln
démordre/nur in diesem Ausdruck: eigentl. vom Beissen ablassen
dépouiller/Haut o. Fell abziehen
dératé m./nur in diesem Ausdruck: dérater: die Milz herausnehmen
dérouiller/entrosten
dessiller/(afr. ciller = die Augen e-s Raubvogels zunähen, um ihn für die Jagd zu dressieren)
détente f./Abzug am Gewehr
détraquer/kaputt machen
dru a. + adv./dicht
dupe f./Geprellte, Dumme

échaudé pp./verbrüht
échelle f./Leiter; faire la courte é. à qn. = jem. Hilfestellung leisten beim Hinaufklettern
échelon m./(Leiter)Sprosse
éclipser/(Sonne, Mond) verfinstern; fig. in den Schatten stellen
écorce f./(Baum)Rinde
écorcher/das Fell abziehen
écuelle f./Schale, Napf
égratigner/(zer)kratzen
s'emballer/durchgehen (Pferd)
emboîter/einfügen, -passen
s'embouer/nur in diesem Sprichwort (la boue = Schmutz, Dreck)
embûches f. pl./Fallen, Fallstricke
émeri m./Schmirgel

émissaire/versch. Bedeutungen, u. a. Abzugskanal (Stausee usw.); fig. bouc é. = Sündenbock
encensoir m./Weihrauchfass
enclume f./Amboss
engendrer/erzeugen, verursachen
engourdir/gefühllos o. taub machen
s'engouer/schwärmen, Feuer u. Flamme sein
engrener/die Dreschmaschine mit Garben beschicken, Garben einlegen
enragé a./tollwütig
ensablé pp./mit Sand bedeckt
entournure f./Teil des Ärmels unter der Achselhöhle
entraver/behindern, hemmen
éperdu a./ausser sich, wie toll
s'époumoner/sich die Lunge müde machen (mit Reden, Schreien usw.)
esbroufe f./Wichtigtuerei
escampette f./nur in diesem Ausdruck (afr. escamper = fliehen)
escient/nur im Ausdruck à bon escient = nach reifl. Ueberlegung (vgl. sciemment = wissend)
espièglerie f./Schalkhaftigkeit
étancher/abdichten
étrier m./Steigbügel
expirer/sterben

fanfaron m./Aufschneider, Prahlhans
fêlé a./mit e-m Sprung, Riss
férule f./(Zucht)Rute
fesse f./Gesässbacke
ficher/werfen, schmeissen
fiel m./Galle
figer/fest, dick werden lassen (Öl, Sauce)
flemme f./Faulheit, Trägheit
fleurette f./nur in diesem Ausdruck (eigentl. Blümlein)
(à) flot, être à flot/flott sein (Schiff)
(à) foison/in Hülle und Fülle, in rauhen Mengen
forçat m./Galeerensträfling, Zwangsarbeiter
fourcher/Erde, Mist mit e-r Gabel umschichten; hier sich versprochen haben
fracas m./Lärm, Gepolter
frasque f./Eskapade, Streich

frelon m./Hornisse
fric m. fam./Zaster, Kies, Moos usw. (Geld)
fripon m./Schelm, Spitzbube
frousse f./Heidenangst, Bammel
frusques f. pl./alte Kleider, Klamotten

gâcher/Mörtel anmachen; fig. u. a. verpfuschen
galeux a./räudig
galon m./Borte, Tresse, allg. Galone
gantelet m./Handschuh (Beizjagd)
gésir/liegen (nur noch in «ci-gît» = «hier ruht» auf Grabsteinen)
giroflée f. bot./Goldlack
giron m./Schoss (fig. der Familie usw.)
givré a./mit Rauhreif bedeckt
gland m./Eichel
globe m./Glassturz, -glocke
glousser/glucken (Henne)
glu f./(Vogel)Leim
gober/schnappen, verschlingen
gosier m./Schlund, Rachen, Kehle
goujon m./Gründling (Fisch)
goupiller/mit Splinten o. Stiften versehen
gourme f./früher: Eitergrind
graine f./Samenkorn
gratte-cul m. bot./Hagebutte
grippe f./Grippe; fig. Abneigung
grive f./Drossel
grue f./Kranich
guet m./nur in diesem Ausdruck (guetter = lauern)
guigne f./kleine, saftige Süsskirsche
guise f./(Art und) Weise

'hameçon m./Angelhaken
'hanneton m./Maikäfer
'hanter/häufig besuchen (in diesem Sinn nur noch im Sprichwort «dis-moi qui tu hantes...», sonst château hanté par des fantômes/Spukschloss)
'harnais m./Geschirr (von Zugtieren)
'holà int./holla, he (da), auch halt!
huile f./Oel; fig. wichtige Persönlichkeit

imbiber/(durch)tränken
impasse f./Sackgasse
infuse a. nur f./eingeflösst

ivraie f. bot./Lolch; fig. u. poet. Unkraut

jacasser/schreien (Elster)
joint m. anat./Gelenk; fig. der springende Punkt

laisse f./Leine (für Tiere)
lange m./Windel
larder/spicken (Fleisch mit Speck); fig. durchbohren
latitude f. geogr./Breite; fig. Bewegungsfreiheit
lessive f./Waschmittel, Wäsche
liard m./alte franz. Kupfermünze
lie f./Hefe, Bodensatz
linotte f./Hänfling (Vogel)
louche a./undurchsichtig, verdächtig
louis m./alte Münze (Louisdor)
lurette f./von heurette = Stündlein (nur in diesem Ausdruck)

mâcher/kauen
maille f./alte Kupfermünze
maquiller/schminken
mare f./kleiner Teich, Tümpel
marées f. pl./Gezeiten
marge f./Rand e-r (Buch- usw.)Seite; fig. Spielraum
mariol(le) m., f./Schlaumeier, Pfiffikus
massue f./Keule
massue a./schlagend (Argument)
mèche f./Docht, Lunte
menées f. pl./Intrigen, Ränkespiel
mijoter/auf kleiner Flamme kochen
mille m./das Schwarze der Zielscheibe
mors m./Gebiss (am Zaum)
morveux a./rotznäsig
moule m./(Guss)Form
mouron m. bot./Gauchheil
mûrier m./Maulbeerbaum

navet m. bot./Brassicarübe
nèfle f. bot./Mispel
noise f./Händelei (nur in diesem Ausdruck)
nouille f./Nudel; fig. Schlappschwanz, «Flasche»
nourrice f./Säugamme, Pflegemutter

œillères f. pl./Scheuklappen
ogre m./(im Märchen) Menschenfresser
onguent m./Salbe
opiner/(durch Kopfnicken) zustimmen
ordures f. pl./Abfälle, Müll
ornière f./Rad-, Wagenspur
outrage m./schwere Kränkung; fig. Verheerung

paître/weiden
palme f./Palmwedel
(se) pâmer/eigentl. ohnmächtig werden (vor Freude, Lachen usw.)
panade f./Brotsuppe
panneau m./Jagdnetz (für Kaninchen usw.)
panser/(Wunde) verbinden
paroisse f./Kirchspiel
passe-lacet m./Durchziehnadel
patate f./Süsskartoffel
pâtir/leiden, büssen müssen
pavillon m./Flagge
pavoiser/(Gebäude usw.) beflaggen
pelote f./Knäuel
pénates m. pl./Hausgötter im alten Rom
penaud a./betreten, kleinlaut
pet m./Pup, Furz
pétard m./Knallkörper; Krach, Lärm
pétrin m./Backtrog; fig. Patsche, Klemme
pie f./Elster
piétiner/stampfen, treten
pifomètre m. fam./guter, richtiger Riecher
piger fam./kapieren
pignon m./Giebel

rouages m. pl./Räderwerk, Getriebe
roulette f./Rolle
roupie f./Rupie (indische Münze), aber in diesem Ausdruck vor allem auch sansonnet nicht zu deuten
roussi m./Brandgeruch
ruer/ausschlagen (Pferd usw.)
ruminer/wiederkäuen

saigner/zur Ader lassen
(à la) saint-glinglin/nur in diesem Ausdruck: am St. Nimmerleinstag
salive f./Speichel
savate f./abgetragener Schuh, Pantoffel
sein m./weibl. Brust; fig. Schoss, Kreis (der Familie)
séné m. bot./Sennesstrauch, -blätter
sevrer/(Kind) entwöhnen, abstillen
sillage m./Kielwasser
sort m./Los, Schicksal
sort m./faire un sort à cq. etw. aufessen, austrinken
souche f./Baumstrunk
suée f./Schweissausbruch
supplanter/verdrängen, ausstechen
supplice m./Marter, Folter

taillable a./zollpflichtig
taillis m./Dickicht, Unterholz
tancer/rügen, schelten
tanner/gerben
tapage m./Lärm, Radau; fig. Wirbel
tapette f./Fliegenklappe
taquiner/necken
tarir/versiegen, austrocknen
taule + tôle f. argot/Kittchen, Knast
ternir/trüben
timbale f./Glöcklein am Mast des «Hauden-Lukas»
timbre m./Glocke, die mit e-m Hammer angeschlagen wird
tison m./glimmendes Holzstück
toqué a./verdreht, bekloppt
tortiller/zusammendrehen
touche f. (rester sur la t.)/Ersatzspieler, der nicht eingesetzt wird
tramer text./Fäden einschiessen
trébucher/stolpern, straucheln
trempe f./Härtung (v. Stahl)
tringle f./Stange
tripette f./nur in diesem Ausdruck = Pfifferling
trouillomètre m./von pop. trouille f. = Angst, Schiss (eigentl. Schissmeter)
trousses f. pl./früher e-e Art Beinkleid, heute nur noch in diesem Ausdruck

trouvaille f./glückl. Fund
tutelle f./Vormundschaft
tuyau m./Rohr, Röhre; fig. Tip.

usure f./Abnutzung, Verschleiss;
 Wucherzins

vaillant a./tapfer, unverzagt
vau l'eau, aller à v./stromabwärts treiben
véreux a./wurmstichig
vernir/firnissen
verser/umstürzen (Wagen)
vessie f./(Harn)Blase
virer (de bord) mar./wenden
vitesse f./Schnelligkeit; 4e vitesse =
 4. Gang (Auto)
voltige f./(Zirkus)Akrobatik; haute v. =
 Trapeznummer

Italienisch

abbindolare/betrügen
acca f. + m./(Buchstabe) H
accalappiare/hereinlegen, fangen
acceleratore m./Gaspedal
acciuga f./Sardine
accoppiare/paaren, vereinigen
aguzzare/spitzen, schärfen; fig. reizen, anregen
aia f./Tenne
altarino m./kleiner Altar
ammuffire/schimmelig werden
ancora f./Anker
antifona f./Vorgesang zu den Psalmen; fig. kurze Einleitung zu etwas
appaiare/paaren
aratro m./Pflug
arboscello m./Bäumlein
arca f./Truhe, Arche
argine m./Damm
arruffare/verwirren
asta f./Versteigerung
atroce(mente) a., adv./entsetzlich, furchtbar
avvio m./Anbahnung, Beginn
avvizzire/(ver)welken

babbeo m./Tölpel, Tropf
baccello m./Hülse
bagnato m./Nässe, Nass
baiocco m./Kupfermünze des einstigen Kirchenstaates, jetzt scherzh. für Geld
baldoria f./Ausgelassenheit, Lustigkeit
balia f./(Säug)Amme
balzo m./Satz, Sprung
bambagia f./Watte
banderuola f./Wind-, Wetterfahne
bando m./Verbannung
bandolo m./Ende e-s Knäuels
barattare/tauschen
battuta f./schlagfertige Antwort
bavaglio m./(Mund)Knebel
bazzecola f./Nichtigkeit, Kleinigkeit
beffa f./Streich, Posse
berlina f./Pranger
bigio a./grau, dunkel
bisbigliare/flüstern

bivio m./Weggabelung
botto m./Schlag, Knall
bozzolo m./Kokon
braca f./Beinkleid, Hose
brace f./Glut
branco m./Herde
brandire/schwingen, schwenken
briscola f./ein Kartenspiel
bruscolo m./Körnchen, Stäubchen, Splitter
budella f. pl./Gedärme, Eingeweide
busillis m./Schwierigkeit

calcare/treten, stampfen
calderone m./grosser Kessel
callo m./Schwiele, Hühnerauge
campare/leben, sein Leben fristen
camuffare/tarnen
cantilena f./Singsang
capitolo m./Versammlung der Dom-, Stiftsherren
(a) capofitto/kopfüber
cappone m./Kapaun, Masthahn
carabattola f./Plunder, Kram
carreggiata f./Fahrbahn, Wagenspur
casacca f./(Soldaten)Rock
cascamorto m./Schmachtlappen
cava f./Bruch, Grube; fig. Fundgrube
cavezza f./Halfter; fig. Fessel
caviglia f./(Fuss)Knöchel
cavillatore m./Haarspalter, Wortklauber
ceppo m./Baumstrunk; fig. Weihnachten
ciabattino m./Flickschuster
cicala f./Zikade
cicca f./Stummel, Kippe
cicchetto m./Verweis, Rüffel
cimato a./gestutzt (Haare bei Hunden)
ciocco m./Baumstrunk; fig. Tölpel
ciuco m./Esel (fam. für asino)
colato, pp. v. colare/gesiebt
combutta f./Bande, Sippschaft
comunella f./Abmachung, Vereinbarung
conciare/(Steine) zuhauen
cornuto m./Horntier
cotenna f./Schwarte
cotta f./Kochen; fig. Verliebtheit

covare/(aus)brüten, hegen, nähren
cozzata f./Hörnerstoss, Zusammenstoss
crusca f./Kleie
cuccagna f./Schlaraffenland
cucco m./1. (fam.) Liebling, 2. Kuckuck
cuffia f./Haube, Kappe
culla f./Wiege

digrignare/fletschen, (v. Personen) mit den Zähnen knirschen
dipanare/abhaspeln, aufwickeln; fig. entwirren
eccelso a./erhaben
epitaffio m./Grabinschrift
esca f./Köder; auch Zunder (zum Feuermachen)
espiatorio a./Sühne...
esulare/hinausgehen über

falda f./Schicht, Lage; Flocke
fante m./Bube (Kartenspiel)
fase f./versch. Bedeut., hier: Takt (v. Motor)
fatato a./verzaubert
feccia f./Bodensatz, Hefe
fiacca f./Müdigkeit
fiaccola f./Fackel; Licht, Leuchte
fiele m./Galle
figurino m./Modeskizze, Modeheft
fio m./nur in «pagare il fio», sonst feudo = Lehen
fiocco m./Schleife, Band; fig. coi fiocchi = vortrefflich, herrlich
(a)fiore di/an o. auf der Oberfläche (des Wassers usw.)
fiuto m./Spürsinn, Witterung, Nase
fosco a./dunkel(farbig)
frasca f./Zweig; Strauss (Zeichen, dass Wein ausgeschenkt wird)
frecciata f./Pfeilschuss; Stichelei, Bosheit
fregare/betrügen, beschwindeln
frollo a./mürbe, weich
frullare/(vorbei)schwirren
frullato a./gequirlt, geschlagen
furbizia f./Schlauheit

galateo m./Anstandsbuch, Knigge
(a) galla/an der Oberfläche (des Wassers)
gallone m./Borte, Tresse

gamberetto m./Garnele (gambero: Krebs)
ganghero m./(Tür)Angel
gattabuia f. pop./Knast, Kittchen
gaudio m./Freude, Wonne
gavetta f./Blechnapf
(in) ghingheri/aufgeputzt, geschniegelt
ghiotto a./(be)gierig
giuggiola f. bot./Brustbeere
gozzo m./Kropf
gramigna f. bot./Quecke
granata f./Besen
granchio m./Krabbe; fig. Schnitzer, Bock
greppia f./Futtertrog, Krippe
groppa f./Kruppe, Kreuz
groppo m./Knoten
gruzzolo m./Sparpfennig
guinzaglio m./(Hunde)Leine

imbrodare/bekleckern, beschmutzen
impelagarsi/sich stürzen, sich verwickeln
impettito a./kerzengerade, steif
impicciarsi/sich einmischen
impiccio m./lästige Angelegenheit, Klemme
incappare/geraten
incrementare/steigern, erhöhen
incrinarsi/Sprünge o. Risse bekommen
incudine f./Amboss
infocato pp./glühend
infondere/einflössen
intessere/ein-, verweben
intingere/eintauchen
intonaco m./(Ver)Putz; scherzh. Schminke
intorbidire/trüben

lambiccare/destillieren
languire/dahinsiechen
lardello m./Speckstreifen
larva f. zool./Larve; fig. Schatten, Gespenst
leccornia f./Leckerbissen
lega f./Legierung
lena f./Kraft
lesinare/sparen, knausern
lettere f. pl. di scatola/Riesenbuchstaben
leva f./Hebel

liquidare/auszahlen
listare/einfassen
loglio m. bot./Lolch
lucciola f./Leuchtkäfer, Glühwürmchen
luminare m./Leuchte (der Wissenschaft)
lunario m./Kalender, Almanach

macchia f./1. Flecken
2. Buschwald
malaugurio m./böse Vorbedeutung
malora f./Verderben, Unglück
maneggi m. pl./Machenschaften, Ränke
mascherina f./Maske; maskierte Frau, maskiertes Kind
matassa f./Strähne, Strang
matricolato a./abgefeimt
mecca f./Paradies
meninge f./Hirnhaut
mercede f. lit./Lohn
mestolo m./Koch-, Rührlöffel
miccia f./Zündschnur, Lunte
midolla f. pl./Mark
minchione m./Dummkopf, Tölpel
moccolo m./Kerzenstummel; auch Fluchwort
moggio m./Scheffel
mogio a./schlapp
moina f./Liebkosung, Hätschelei
molla f./1. Feder
2. Zange
mollare/los-, freilassen
morsa f./Schraubstock
mortaio m./Mörser
mulinare/nachgrübeln über

nerbo m./Ochsenziemer, Peitsche; fig. Kraft
nespola f. bot./Mispel

oncia f./Unze (kleine Gewichtseinheit)
onere m. lit./Last, Bürde
ordire, tess./anzetteln
ossesso m./Besessene
otre m./Schlauch
ovile m./Schafstall

padreterno m./Gottvater; fig. Wichtigtuer
paiolo m./Kochtopf

palata f./Schaufelvoll
palla f., essere in palla/den Ball behalten, davon fig. «in Form» sein
palmento m./Kelterwanne
palmo m./Spanne (Längenmass)
pancotto m./Brotbrei
pania f./Vogelleim
papasso m./Pope, Anführer
papavero m. bot./Mohn; fig. wichtige Persönlichkeit
papera f./junge Gans; fig. falscher Zungenschlag
parata f./Sperre, Abwehr
pascere/füttern
passerotto m./Spätzlein; fig. Bock, Schnitzer
pasticcio m./Pastete; fig. Patsche, Klemme
paternale f./Strafpredigt, Standpauke
patto m./Vereinbarung, Abmachung
pelo m., fare il pelo e il contropelo a qd./jem. mit dem u. gegen den Strich rasieren
(a) pennello/haargenau
pesta f./Spur, Fussstapfe
pestare/treten auf
peste f./Pest
pialla f./Hobel
pianta f., di sana pianta/von Grund auf
pica f./Pik (Kartenspiel)
pie' (für piedi m. pl.)/Füsse
piega f./Falte; fig. Wendung
piombare/herabfallen
piva f./Dudelsack
pizzico m./Prise
poppa f./Heck
portoghese m./Portugiese; fig. Zaungast
pozzo m./(Schacht)Brunnen
presunzione f./Anmassung, Dünkelhaftigkeit
pretesa f./Zumutung
prudere/jucken
pulpito m./Kanzel
puntare/setzen, wetten
putiferio m./Lärm, Krach

quadrare, fam./passen, gefallen
quinta f./Kulisse

rabbuffo m./Verweis, Rüffel
raccattare/zusammenlesen
raffermo a./altbacken
raglio m./das Iahen, Eselsgeschrei
ranno m./Lauge
rapa f./Rübe
razzolare/scharren
rigare/(durch)furchen; fam. spuren
rimboccare/auf-, hochkrempeln
rimenare/umrühren
rimorchiare/ins Schlepptau nehmen
rintanato a./verkrochen, eingeschlossen
ritorcere/umdrehen; zurückgeben
rizzare/aufrichten, aufstellen
rodere/(zer)nagen, zerfressen
rospo m./Kröte
rotella f./Rädchen
rotta f./Kurs
rottame m./Wrack, Schrott

saldare/begleichen, bezahlen
sanguisuga f./Blutegel
sapientone m./Besserwisser, Neunmalkluger
saturazione f./Sättigungsgrad
sbalzare/werfen, schleudern
sbaraglio m./Niederwerfung, Zerschmetterung
sbarcare/ausladen, löschen
sbornia f./Rausch, Betrunkenheit
sbrogliare/entwirren
(a) scacchi/gehäuselt, kariert (v. scacco = Schachfeld)
scalpore m./Aufsehen, Lärm
scaltro a./schlau, listig, verschlagen
scampare/entrinnen
scapolare/entkommen
scavalcare/überholen, überflügeln
sceverare lit./trennen
schiattare/bersten, platzen
scia f./Kielwasser
scialare/vergeuden, verprassen
scilinguagnolo m./Zungenband
sciorinare/zum Trocknen aufhängen
sciupare/beschädigen, verderben, vergeuden
scocciare/ärgern, belästigen
scodellare/anrichten (Essen)
scotto m. ant./Zeche

scure f./Beil, Axt
segnarsi/sich bekreuzigen
segno m./Zeichen, Mal; Zielscheibe, Ziel
seminato m./Saatfeld
senno m./Verstand, Vernunft
senno di poi/verspäteter Einfall
seno m./weibl. Brust; fig. Schoss, Kreis (der Familie)
sentenza f./Urteil, Urteilsspruch
sentore m./Ahnung, Witterung
sfogare/auslassen, abreagieren
sfoggio m./Prunk, Gepränge
sgranare/auskernen, aushülsen
sgranchire/strecken, dehnen
sguazzare/planschen, plätschern
silurare/torpedieren, ausbooten
smussare/abkanten, abstumpfen; fig. mildern
sodo m./Grund, fester Boden
sodo adv./heftig, kräftig
solfa f./Gedudel, eintöniges Geleier
sonaglio m./Schelle
sopraffare/überwältigen, übermannen
sorcio m./Maus
soverchio a./übermässig
spandere/(aus)streuen
spiattellare/ausplaudern, weitererzählen
spiccio a./kurz angebunden
spifferare/ausplaudern
spillare/abknöpfen, abzwacken
spola f./Weberschiffchen
staffa f./Steigbügel
staio m./Scheffel
stampo m./Gussform
stecca f./falscher Ton, falsche Note
stecchetto m./Stäbchen
(a) stecchetto/knapp, kärglich
stecchito a./starr, steif
stillare/tropfen
stinco m./Schienbein
stizza f./Aerger, Grimm
stoccata f./Degenstoss; fig. Hieb
strappata f./Reissen, Ruck
striglia f./Striegel; fig. Schelte
strombazzare/ausposaunen
stroncare/abreissen, abbrechen
stroppiare/verstümmeln
stuzzicare/stochern; sticheln, reizen
succube m./höriger Mensch, Sklave

tana f./Höhle
tappa f./Etappe, Teilstrecke
tara f./Fehler, Mangel
tarpare/beschneiden, stutzen
tartaruga f./Schildkröte
tempestare/wüten, toben
tempra f./Härte (z. B. Stahl), fig. Wesen, Natur
terno m./Terne f. = Zusammenstellung von drei Nummern im Lotto
timpano m./Trommelfell
tocco a./verrückt, bekloppt
torcere/Fäden zwirnen
torsolo m./Kohlstrunk, Griebs
traboccare/überlaufen, überfliessen
trampolo m./Stelze
trastulla/nur in «erba trastulla», trastullare = jem. (z. B. ein Kind) mit Possen unterhalten
tratto m./(Weg)Strecke
traverso a./quer(liegend)
tregua f./Waffenstillstand, Kampfpause
tribolare/leiden, sich plagen
triglia f./See-, Meerbarbe (Fisch)
trino a./dreifältig
tutela f./Bevormundung, Vormundschaft

ugola f./Gaumenzäpfchen
uncino m./Haken
unto, pp. v. ungere/geschmiert

vaglio m./Sieb
(a) vanvera/aufs Geratewohl, auf gut Glück
volpeggiare/verschlagen sein

zampa f./Pfote
zanna f./Stosszahn, Hauer
zappa f./Hacke
zebedei m. pl. scherz./Hoden
zecca f./Münzprägestätte
zimbello m./Lockvogel; fig. Gegenstand o. Zielscheibe des Spottes
zizzania f. bot./Taumellolch; fig. Zwietracht
zoppicare/hinken
zucca f./Kürbis; scherz. Kopf.

Englisch

abreast adv./Seite an Seite
acorn/Eichel
acquittance/Erfüllung (e-r Verpflichtung)
adder/Natter
adherent/Anhänger (e-r Partei usw.)
ado/Aufhebens, Wesens
adrift adv. + pred. a./umhertreibend, Wind u. Wellen preisgegeben
afield adv./im o. auf dem Feld, in der Ferne
agog adv. + pred. a./gespannt, erpicht
amber/Bernstein
apace adv./schnell, rasch
astray adv./vom rechten Weg ab, auf e-m Irrweg
ay(e) adv. poet. o. dial./immer, ewig

bait/Köder
balk o. baulk/durchkreuzen, vereiteln
bandbox/Hutschachtel
barge-pole/Bootstange
bark/(Baum)Rinde
bask/sich aalen, sonnen
bat/blinzeln, zwinkern
bat/Fledermaus
bat/Schlagholz (Baseball u. Kricket)
(at) bay/(v. bellen) gestellt sein (Wild)
bearing/Betragen, Verhalten
beaver/Biber
belfry/Glockenstuhl
berth/Seeraum (der Ausdruck bedeutet wörtlich: jem. weit von der Küste entfernt halten)
blaze/lodernde Flamme
blazon/herausstreichen, rühmen
blight/vernichten, zerstören
blinkers/Scheuklappen
blot/beklecksen
blunder/(grober) Fehler
bolt/1. Blitzstrahl
2. Schraube mit Mutter
bombshell/Bombe, vor allem. fig.
bond/Schuldurkunde
boost v./eigentl.: e-m Kletternden nachhelfen, jem. o. etw. nachhelfen

botch/pfuschen
brass/Messing; hist. Bronze, dafür heute auch bronze
bray/schreien (bes. v. Esel)
bred pp. v. breed/gebären; züchten; fig. hervorrufen, verursachen
brittle/spröde, zerbrechlich
broach/(ein Fass) anstechen, (Thema) anschneiden
browbeat/einschüchtern, tyrannisieren
bucket/Eimer, Kübel
bud/Knospe
bur bot./Klette
bushel/Scheffel

cap/krönen, abschliessen
capon/Kapaun, Masthahn
cast/giessen
catch/«Haken», Schwierigkeit
chaff/Spreu
chattels s. pl./Mobilien, bewegliches Eigentum
check/Behinderung
cheer/Speise und Trank
chime/läuten, erklingen; fig. harmonisieren
chip/Splitter, Span; Spielmarke
choke/erwürgen, erdrosseln
chuck/werfen, schleudern
chump/Holzklotz; fig. + sl. Kopf, «Birne»
clad pp. v. clothe/bekleidet
clay/Lehm, Ton
cleft/Spalte, davon cleft stick = Klemme
clench/zusammenpressen
clover/Klee
clutch/Klaue, Kralle
cobbler/(Flick)Schuster
cockle/(essbare) Herzmuschel
cog/(e-n Würfel mit Blei) beschweren
colt's tooth/Milchzahn
commons/Gemeinschaftsessen (bes. im College)
compass/Kompass; Grenzen, Schranken
cookie (am.)/(süsser) Keks
cope/meistern, gewachsen sein

cowl/Mönchskutte
crackers a. sl./verrückt
craft/(Hand-, Kunst-)Fertigkeit
crane/(Hals) ausrecken
creep/prickeln, schaudern
cricket/Grille
crop/Kropf (der Vögel)
crush sl./schwärmen, «verknallt» sein
cub/Junges (Fuchs usw.)
cud/Klumpen wiedergekäuten Futters; sl. Priemchen Kautabak
cudgel s. + v./Knüttel, Keule; verprügeln
cue/(theat.) Stichwort; Wink, Fingerzeig; fig. Schlüssel
cuff/(Hosen-)Aufschlag, Stulpe
curb/Zügel anlegen, bändigen
curdle/gerinnen o. erstarren lassen
cushy sl./angenehm, gemütlich

dagger/Dolch
dangle/baumeln
deadlock/völliger Stillstand, Sackgasse
den/Höhle, Bau
deuce/eine Eins o. Zwei beim Würfeln; fig. «Pech!» als Ausruf statt «Teufel!»
dice pl. v. die/Würfel
dig/Puff, Stoss
dodge/Sprung zur Seite; fig. Kniff, Trick
dog/beharrlich verfolgen
doldrums pl. geogr./Kalmengürtel; Niedergeschlagenheit
dole/Arbeitslosenunterstützung
downgrade/Gefälle
drain/Strassenrinne
draught/Arzneitrank
dreg/Bodensatz, Hefe
dumbfounded a./verblüfft, sprachlos
dumps pl./miese Laune, Niedergeschlagenheit
dummy/Kleider-, Schaufensterpuppe; Strohmann

ensnare/bestricken, umgarnen
eyetooth/Eckzahn

fan/anfachen
feast/(religiöses o. jährlich wiederkehrendes) Fest; Festessen

fen/Sumpfland, Moor
fib/kleine Lüge, Flunkerei
figurehead/Galionsfigur; fig. Strohmann
fix/Klemme, Patsche
fizzle/verpuffen
flabbergasted/verblüfft
fleece/(Schafe) scheren; ausplündern, schröpfen
flick/schnellende Bewegung, Ruck
flint/Kiesel(stein)
flog/peitschen, schlagen
flush a./(über)voll, reichlich vorhanden
forbearance/Unterlassung
foil/durchkreuzen, vermasseln
friar/(Bettel)Mönch
funk fam./Bammel, «Schiss»

gander/Gänserich
gape/gaffen, glotzen
garret/Dachstube, Mansarde
gingerly adv./behutsam, sachte
gizzard/Vormagen; scherz. fam. Magen
glib a./zungenfertig, gewandt
gnat/Mücke
grain/Korn usw.; fig. Wesen, Natur
grate/reiben, mahlen
grist/Mahlgut
groove/Rinne, Furche
grudge/Widerwille, Groll
guts s. pl./Eingeweide

hangdog/Galgenvogel
hangdog look/Armsündermiene
harness/Geschirr (v. Zugtieren)
hatched, pp. v. hatch/ausgebrütet
haul/ziehen, zerren
helm/Ruder, Steuer
henpecked a./unter dem Pantoffel stehend
hide/Haut, Fell
hinge/(Tür)Angel
histrionics/schauspielerische Darstellungskunst, «Schauspielerei»
hitch/Knoten, «Haken»
hoary a./altersgrau, silberhaarig
hob fam./Unfug
hoop/Reifen
hump/Buckel, kleiner Hügel

imbibe/trinken, schlürfen, einsaugen
itch/jucken; dürsten nach

jag dial./kleine Ladung
jar/kratzen
jiff fam./Augenblick
jog/weitermachen, «weiterwursteln»
juggle/schwindelhaft manipulieren

kid/Zicklein
kith and kin/Bekannte u. Verwandte
knuckle under/sich unterwerfen, klein beigeben

last/Leisten (des Schuhmachers)
launching pad/Startplatz, Abschussrampe
leech/Blutegel
lees s. pl./Bodensatz, Hefe
limb/(Kelch)Rand
litter/Wurf (v. Tieren)
load/schwerer machen
loggerhead/Dummkopf, Schafskopf
loophole/Guckloch, Sehschlitz; fig. Schlupfloch
lull/kurze Ruhepause; Windstille
lurch/haushohe Niederlage; fig. Rückschlag

maggot/Made
mar/verderben
march/Marschstrecke
marksman/(Meister)Schütze
match/Ebenbürtiger
mickle dial./Menge
mire/Schlamm, Sumpf
miserly a./geizig, knickerig
mite/Heller, Scherflein
mo(u)ld/Gussform
molehill/Maulwurfshügel
muck/Mist, Dreck/verächtl. (schnödes) Geld, Mammon
muzzle/Maulkorb anlegen, knebeln (z. B. Presse)

nailer/Nagelschmied
nap/Napoleon (ein Kartenspiel), davon: das höchste Risiko eingehen
nimble a./flink, gewandt

nip/kneifen, klemmen
noose/Schlinge
numb a./starr, erstarrt
nut/Nuss; sl. Kopf, «Birne»

oar/Ruder, Riemen
odds s. pl./Ungleichheit, Ueberlegenheit, -macht

packet/Päckchen; sl. ein Haufen Geld
pad/trotten
parch/rösten, ausdörren
pawn/(Schachspiel) Bauer
pecker/«Zinken», Nase
peg out/(Land) abstecken
pen/Hühnerstall
perch/Hühnerstange
pickings/Nachlese, Überbleibsel
pickle/Essigsauce (zum Einlegen)
pigeonhole/in eine Schublade o. beiseite legen
pike/Hecht
pinch/kneifen, zwicken
pins s. pl./«Stelzen» (Beine)
pitch/Wurf
plank/mit Planken belegen
plunge/(Kopf)Sprung
poach/unerlaubt jagen, wildern
poke/kleiner Sack, Beutel
poke/(Kopf, Nase) strecken
poker/Schürhaken
prance/paradieren, einherstolzieren
prey/nagen, zehren
prime/Anfang, Blüte(zeit)
punch/(Faust)Schlag
pundit/Pandit (brahmanischer Gelehrter)

quagmire/Morast, Sumpfland
queer/verderben, vermasseln
quench/löschen, stillen
quick/lebendes, empfindliches Fleisch
quiver/Köcher

rack/Folterbank, Streckfolter
raise/heben, (e-n Geist) beschwören, zitieren
ram/Widder, Schafbock
ram-rod/Ladestock

rap/Heller, Deut
rap/klopfen, pochen
rattle off/losrattern
raw/wundgeriebene Stelle
reed/Schilfrohr
reel/sich (schnell) drehen
repine/murren, klagen
rift/Sprung, Riss
riot/Aufruhr
rip fam./sausen, rasen
rise/Steigen (des Fisches), Schnappen (nach dem Köder)
rock/rütteln, schütteln
rocker/Kufe (e-r Wiege)
rook/Saatkrähe
roost/Hühnerstall
roughshod a./scharf beschlagen (Pferd); fig. rücksichtslos
row/Krach, Krawall
rub/Schwierigkeit
ruffle/kräuseln, sträuben
rug/kleiner Teppich + grosse wollene (Reise- usw.)Decke
rum a. sl./«komisch», eigenartig
rut/Wagenspur

scald/verbrühen
scale/Schuppe
scheme/Böses planen
scope/Spielraum, Bewegungsfreiheit
score/Startlinie (get off at full s.: «losrasen»), auch Punktliste, Wertung
scot/Zahlung, Beitrag
scotch/unschädlich machen, vernichten
scrape/Auseinandersetzung
scrap-heap/Abfall- o. Schrotthaufen
scream s. + v./Gekreische; schreien, kreischen
shed/vergiessen; (Hörner) abstossen
sheer a./rein, pur, nichts als
shelve/aufs Bücherbrett u. damit beiseite stellen
shot/Schütze (big shot = grosses Tier)
shove/Schubs, Stoss
shrift rel. hist./Beichte; (short s. = Galgenfrist)
shun/meiden, ausweichen
sissy fam./Weichling
skim/abschöpfen

skull/Schädel
snag/Knorren, Aststumpf, «Haken»
snap/Kleinigkeit, «todsichere» Sache
snare/Schlinge, Falle
snuff/auslöschen
spatter/beschmutzen
spellbound a./gebannt, fasziniert
spike/vernageln
spilt pp. v. spill/verschüttet, vergossen
spin/(herum)wirbeln
spoon-feed/mit dem Löffel füttern; fig. vorkauen
sprat/Sprotte (Fisch)
spring/(Mineral-, Oel-)Quelle, Brunnen
sprout/wachsen o. spriessen lassen
square/quadratisch machen
squeak/Quietschen
squeeze/auspressen
stab/stechen
stake/abstecken
stamp/Prägestempel
stark/steif, starr
stick up (for)/sich einsetzen (für)
stile/Zauntritt
stint o. s./sich etw. einbrocken
stock/Grundkapital, Aktien
stop/Register (e-r Orgel)
strain s. + v./1. Strapaze
2. sich aufs äusserste anstrengen, sich überanstrengen
stride s. + v./1. gemessener Schritt
2. schreiten
strut/sich brüsten
subside/sich senken; fig. nachlassen
sucker fam./Dumme, (gutgläubiger) Trottel
sulk/Schmollen, schlechte Laune
swing/Schaukel

tack s. + v./1. Kurs, Weg; 2. lavieren
tar/teeren
taut a./straff, gespannt
tenterhook/Spannhaken
tether/Haltestrick (für Vieh)
thrill/erschauern lassen, erregen
tick/(Kissen- usw.)Bezug
tick off/abhaken
tide/treiben; fig. tide over = hinweghelfen

tilt hist./(im Turnier) mit eingelegter Lanze anrennen
tin tack/Tapezierernagel
tip/kippen, neigen
toad/Kröte
toll/hist. Strassenzoll, Tribut
tow/Schleppen, Schlepparbeit
traps pl. fam./Klamotten, Siebensachen
trim/Ordnung, richtiger Zustand
trimmings pl./Zutaten (bei Kleidern); «Verzierung», «Garnierung»
trooper milit./Reiter, Kavallerist
trot out/(Pferd) vorführen; fig. fam. (mit etw.) renommieren
trough/Trog, Mulde; Wellental, Talsohle
truant/Schulschwänzer
tuck/verstauen
tutelage/Bevormundung, Vormundschaft
twiddle/(müssig) herumdrehen, spielen mit

underhand a./heimlich, verstohlen
undoing/Unglück, Verderben, Ruin
unfleeced/v. fleece = (Schafe) scheren; fig. ausplündern
upshot/(End)Ergebnis

unscathed a./unversehrt

varlet/Schelm, Schuft
vent/Abzugsöffnung, Auslass
venture/(gewagtes) Unternehmen
(at a) venture/auf gut Glück

wag/Spassvogel
wag/schwenken, wedeln
wake/Kielwasser
walk/(Geflügel)Auslauf
wallet/Beutel, Brieftasche
wanton a./ausgelassen, wild
wear thin/fadenscheinig werden
wedge/Keil
whip hand/Peitschenhand (rechte Hand des Reiters)
whistle/Pfeife, Flöte; fig. fam. Kehle
wild fire/verheerendes Feuer
wire, live wire/stromführender Draht
worm/sich schlängeln, sich einschleichen
wriggle/sich winden
wring/drücken (Schuh usw.)

yell/gellend (auf)schreien
yield up/auf-, hergeben

Literaturverzeichnis

Knaurs Wörterbuch der Synonyme (Lexikographisches Institut, München, 1982)

Mackensen: 10 000 Zitate, Redensarten, Sprichwörter (Füllhorn-Sachbuch-Verlag, Stuttgart, 1981)

Lutz Röhrich: Lexikon der sprichwörtlichen Redensarten (Herder, Freiburg i/Br., 1973)

Roland W. Fink-Henseler: Handbuch deutscher Sprichwörter (Gondrom Verlag, Bayreuth, 1983)

G. Büchner: «Geflügelte Worte»

A. Rey et S. Chantreau: Dict. des Expressions et Locutions (les usuels du Robert, Paris, 1980)

F. Montreynaud, A. Pierron et F. Suzzoni: Dict. de Proverbes et Dictons (les usuels du Robert, Paris, 1980)

Sachs/Villatte: Grosswörterbuch der französischen Sprache (Langenscheidt, 1979)

«Sansoni»: Grosswörterbuch der italienischen Sprache (Langenscheidt, 1978)

F. Palazzi: Novissimo Dizionario della Lingua Italiana (Casa Editrice Ceschina, Milano, 1951)

A. Arthaber: Dizionario comparato di Proverbi e Modi Proverbiali (U. Hoepli, Milano, 1981)

«Muret/Sanders»: Grosswörterbuch der englischen Sprache (Langenscheidt, 1980/1982)

Cassels German Dictionary (Cassels & Co., London, 1951)

R. Fergusson: The Penguin Dictionary of Proverbs (Penguin Books Ltd., Harmondsworth, Engl. 1983)

Mario Wandruszka: Die Mehrsprachigkeit des Menschen; R. Piper & Co., München, 1978